复合人才之路——北京第二外国语学院2014年"复合人才社会调研促进计划"项目成果选

李小牧 ◎ 主编
庄阳 朱磊 ◎ 副主编

北京·旅游教育出版社

责任编辑：刘彦会

**图书在版编目（CIP）数据**

复合人才之路：北京第二外国语学院2014年"复合人才社会调研促进计划"项目成果选／李小牧主编．——北京：旅游教育出版社，2016.5

ISBN 978-7-5637-3387-3

Ⅰ．①复… Ⅱ．①李… Ⅲ．①高等学校—人才培养—中国—文集②外语教学—教学研究—高等学校—文集 Ⅳ．①G649.2-53②H09-53

中国版本图书馆CIP数据核字（2016）第082621号

复合人才之路——北京第二外国语学院2014年
"复合人才社会调研促进计划"项目成果选

李小牧　主编

庄　阳　朱　磊　副主编

| 出版单位 | 旅游教育出版社 |
|---|---|
| 地　　址 | 北京市朝阳区定福庄南里1号 |
| 邮　　编 | 100024 |
| 发行电话 | （010）65778403 65728372 65767462（传真） |
| 本社网址 | www.tepcb.com |
| E - mail | tepfx@163.com |
| 排版单位 | 北京旅教文化传播有限公司 |
| 印刷单位 | 北京京华虎彩印刷有限公司 |
| 经销单位 | 新华书店 |
| 开　　本 | 787毫米×1092毫米　1/16 |
| 印　　张 | 20 |
| 字　　数 | 355千字 |
| 版　　次 | 2016年5月第1版 |
| 印　　次 | 2016年5月第1次印刷 |
| 定　　价 | 49.00元 |

（图书如有装订差错请与发行部联系）

# 调研现场

（第1小组）在深圳大学合影

（第2小组）访问慧聪网
（成都）创始人 黄荷

（第3小组）在上海汽车工业销售有限公司合影

（第4小组）采访瞬间

（第5小组）复旦大学杨浦校区

（第6小组）与四川大学研究生合影

（第8小组）四川外国语大学

（第9小组）团队在深圳合影

（第10小组）在上海财经大学门前合影

（第11小组）与大连外国语大学日院研究生辅导员行政老师合影

（第13小组）在北京第二外国语学院北门合影

（第14小组）历时3个小时的访谈结束后合影

（第15小组）调研小组讨论照片

（第16小组）在青岛大学旅游管理学院合影

（第17小组）和湖州师范学院学生合影

（第 18 小组）在四川外国语大学校门前合影

（第 19 小组）德语系铭牌前合影

# 前　言

人类社会早已进入知识经济时代,人才资源已成为世界各国最具竞争性的战略资源。不论是宏观上国家社会的战略发展还是微观上各类组织的革新求变都对复合型人才形成了迫在眉睫的需求。同时,人才作为核心竞争力的重要组成部分,直接影响一个国家的综合实力和创新基础。因此,拥有一支高素质、高水平的复合型人才队伍,是一个国家自强并屹立于民族之林不可或缺的竞争优势,是一个企业领先于市场不可比拟的生存法宝。早在2010年,《国家中长期教育改革和发展规划纲要(2010—2020年)》中就已经提出要"重点扩大应用型、复合型、技能型人才培养规模"的人才培养理念。可以看出,复合型人才的培养不仅是顺应当今时代进步之潮流,也是顺应国家发展之需求,更是顺应高校改革之必然。因此,培养复合型人才,既需要高校从大处着眼战略布局,又要从细微处着手具体落实;既需要高校解放思想、实事求是、深化推进教育革新,又需要高校注重实践、稳扎稳打、着重提高人才素质。鉴于此,北京第二外国语学院在研究生群体中广泛开展了"复合人才社会调研促进计划"。

"复合人才社会调研促进计划"积极鼓励研究生开展实习实践活动,提高研究生参与科研活动的实效性,促进课堂教学与社会实践的紧密结合。古语有云:"引而伸之,触类而长之,天下之能事毕矣。"——触类旁通开辟有识之士求索求成的便捷之径;后世教育家让·雅克·卢梭也曾经说过:"虽然人的智力不能把所有的学问都掌握,但只是选择一门而对其他学科一窍不通,那他对所研究的那门学问也就往往不会有透彻的了解。"——融会贯通铸造大师风范求真求善的养成之路。北二外"复合人才社会调研促进计划"秉承前人治学求知的理念,希望能够通过该计划提升研究生运用不同学科的思维方法分析和解决问题的能力,进一步实现研究生综合素质的复合。

此次整理出版的调查报告,均是我校研究生在该计划支持下取得的优秀调研成果。成果涉及领域广泛、包含内容丰富,既有关于高校教学管理的部分也有关于学生创新创业的内容。因此,本书无论是从信息涵盖量上还是视野开拓度上均有一定的启发意义。在该书发行之际,再次向作者及其指导老师表示衷心的祝贺!

# 目 录
## CONTENTS

## 01 教学与课堂

对比外语院校与综合性大学德语系教学管理模式的异同
　　——以北京第二外国语学院和同济大学为例 …………………… 3
京外高校研究生课堂教学内容与形式反馈 …………………………… 17
上海高校韩国语研究生课堂教学内容与形式反馈 …………………… 26
思维创新理论关照下的高校法语研究生课堂教学 …………………… 37
京外高校旅游管理专业研究生课堂教学内容与形式反馈 …………… 46
关于 MTI 教学内容及形式反馈的调研 ………………………………… 62

## 02 实践与创新

京内、外语言类高校英语专业硕士研究生科研创新、社会实践情况调查
　　——以大外、川外和二外为例 ……………………………………… 75
京外高校管理类硕士研究生学术创新与学术实践活动交流 ………… 87

## 03 就业与创业

二外毕业研究生京外就业/创业影响因素分析 ……………………… 103

英语类研究生面向京外就业创业调查
　　——以二外英语学院为例 ……………………………………… 121

北京第二外国语学院旅游管理专业研究生就业质量调查 ………… 131

二外经管类学术型研究生重点就业单位用人标准及招聘工作研究 … 153

二外毕业研究生就业幸福感调查 …………………………………… 175

## 04 校友与生活

二外旅游管理专业研究生校友跟踪与调查 ………………………… 193

外国语言学及应用语言学校友跟踪与发展 ………………………… 213

京外高校研究生奖助政策对比与反馈 ……………………………… 237

## 05 学生工作

改革前沿阵地的外语类高校研学组织管理体制探析 ……………… 259

京外高校研究生校园文化生活聚焦 ………………………………… 279

京外高校研究生社团文化生活聚焦 ………………………………… 290

聚焦厦门大学外文学院硕士生校园文化,为北二外校园文化
　　建设注入新活力 …………………………………………………… 300

# 01 教学与课堂

# 对比外语院校与综合性大学德语系教学管理模式的异同

## ——以北京第二外国语学院和同济大学为例

调研注册团队编号:19
调研注册团队领队:邹雪平

作　者:邹雪平　颜　利　景　昕　兰　晶　蔡明明[*]

[摘　要] 随着社会的不断发展,国际交流越来越频繁密切,外语发挥着越来越重要的作用,社会对于优秀的专业外语人才的需求越来越迫切,因而外语作为一门专业学科,其教育管理模式的革新和进步也应该引起重视。

本文选取北京第二外国语学院和同济大学两所学校,分别作为外语院校和综合性大学的代表,通过对这两所学校的德语研究生培养目标、入学形式、培养方式和质量评估四个人才培养模式要素进行分析对比,探索新时期新阶段外语教学管理模式的革新发展之路。

[关键词] 德语;研究生;教学管理模式;北京第二外国语学院;上海同济大学

## 一、教学管理模式

### (一)教学管理模式

所谓"模式",《现代汉语大词典》解释为某种事物的标准形式或使人可以照着做的

---

[*] 邹雪平,女,满族,1990年生,辽宁省凤城市人,北京第二外国语学院德语系2013级硕士研究生;颜利,女,汉族,1990年生,重庆市人,北京第二外国语学院德语系2013级硕士研究生;景昕,女,汉族,1990年生,黑龙江省哈尔滨市人,北京第二外国语学院德语系2013级硕士研究生;兰晶,女,汉族,1992年生,内蒙古自治区赤峰市人,北京第二外国语学院德语系2013级硕士研究生;蔡明明,女,汉族,1988年生,山东省临沂市人,北京第二外国语学院德语系2013级硕士研究生。

标准样式。"一般来说,模式是对现实事件的内在机制以及事件之间关系的直观和简洁的描述。"[1]它是理论的一种简化形式,具有构造、解释、启发、预测等多种功能,可向人们提供某一事件的整体形象和明确信息。通俗地说,就是应用实物形状、关系、图标、数学公式等来表达模式发展的内在联系,以达到直观明了、易于掌握的效果。

《中国教育百科全书》对高等学校的教学管理界定为"按照高等学校的培养目标的要求,使学校教学活动顺利进行的管理工作。根据高等教育的客观规律,对教学工作制订切实可行的计划、组织落实、检查监督和控制质量,以实现培养目标"。《教育大辞典》对教学管理界定为"按照教学规律和特点,对教学工作进行的计划、组织、控制、监督的过程"。

为了便于进一步说明学校教学管理各组成部分因素之间的内在联系,现将教学管理按其纵向(校、系、专业、室、人)、横向(教务、质量、教材、实验室等)、时间层次(年度、中期、长期)关系建立一个系统模式(如图1所示),以便建立一个科学的管理体系,更好地把各个部门的管理组织起来,形成一个有机整体,以达到相互协调、顺利运转的目的。

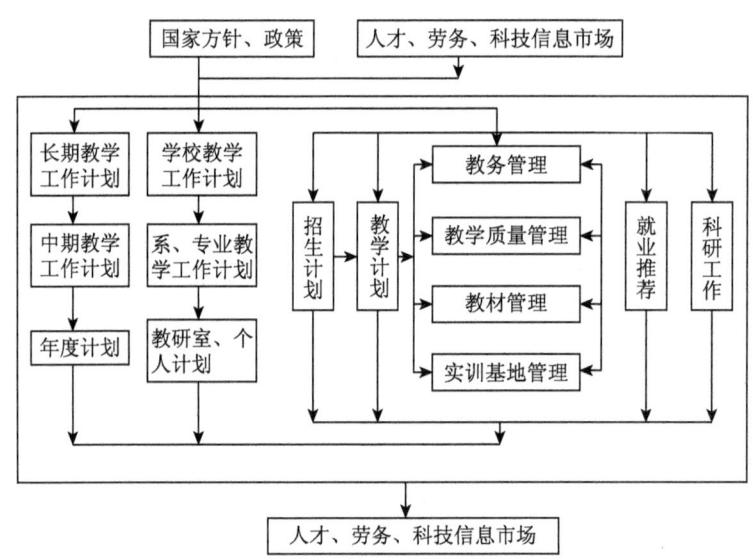

图1 教学管理内在联系

综上所述,研究生教学管理可以归纳为:按照研究生教育的客观规律和特点,依据研究生教育的人才培养目标要求,对学校教学活动进行有计划地组织、安排、控制、监督并全面实施的过程。

高校教学管理模式可以细分为高校教学计划的管理、高校教学运行管理、高校教学队伍建设管理、高校教育教学规律、高校人才培养模式、高校基本建设管理六个方面,由于篇幅有限,本论文主要围绕研究生人才培养模式进行。

(二)研究生人才培养模式的含义及构成要素

研究生培养模式是指在一定的教育思想、教育理论和特定需求指导下,由为实现培养目标(含培养规格)而形成的研究生培养过程的诸要素构成的标准样式与运行方式,它是研究生培养过程特性的一种总体性表现。

研究生培养过程是由许多环节、多种因素交互作用的复杂结构系统,而研究生培养模式实际上是培养系统(培养过程)的一种简化、抽象和类比表示。首先,培养系统是由多个要素组成的整体。研究生培养包括招生、教学、科研、毕业论文设计或撰写、论文答辩或考核以及学位授予或证书授予等环节。其次培养系统具有层次性。我们在考察研究生培养系统时并非考察它的全部元素,而是按照模式研究法,抽取主要要素进行研究,要素可以只是单个元素,也可以是若干元素的组合或者元素之间的某种关系,元素与要素形成隶属关系。研究生培养模式涉及"培养什么样的人"及"怎样培养"两方面的命题,据此考察研究生培养系统,构成研究生培养模式的主要要素有:培养目标、入学形式、培养方式和质量评价。[1]

### 1. 培养目标

培养目标指通过培养活动使作为培养对象的研究生在知识、能力、素质结构上所要达到的基本要求和规格标准。它规定了研究生的培养方向和规格要求,回答了"培养什么样的人"的问题,是整个培养活动的出发点和归宿,具有导向作用;它制约着研究生培养模式的选择与构成,对入学形式、培养方式、质量评价等要素具有统摄作用。

### 2. 入学形式

研究生入学形式是指针对不同的培养对象,制定入学基本形式和实施招收研究生的途径和方式。研究生入学形式在内容上兼顾了或折射出培养对象的特点,又有着某种培养目标的指向。要满足特定的培养对象的需要,并使这种需要与既定的入学标准适当结合起来,势必要调整或选择适合的入学形式。

### 3. 培养方式

"培养方式是根据培养目标及生源特征,对培养对象进行培养的过程中所采取的基本方法或形式"。[2]培养方式与入学形式有前后相继关系,在某种程度上入学形式也决定着培养方式的特点,如博士生入学形式与硕士生入学形式的不同也决定着培养方式的区别;不同培养对象(如学术型与应用型人才)入学形式的差别,也同样决定着培养方式的特点与不同。培养方式回答了"怎样培养"的问题,一般包括培养年限、课程教学、科学研究、导师指导等具体培养措施和方法。

### 4. 质量评价

质量评价是指以培养目标和规格为依据,对培养过程进行的监控和培养结果进行的检验所采取的相关措施。质量评价通过收集培养过程中各方面的信息,依据一定的标准对培养过程及所培养的人才的质量与效益做出的客观衡量和科学判断,并及时进行反馈与调节,以实现和达到既定的目标。考核制度与论文质量评定是两种常见的评价方式,它们是保证实现研究生培养目标的手段,也是确保研究生培养合理淘汰的关键所在。

## 二、同济大学与北京第二外国语学院德语研究生教学管理模式对比分析

### (一)同济大学德语研究生教学管理模式

同济大学的前身是由德国医生宝隆(Dr. Paulun)于1907年创建的德文医学堂,其德语教学可谓是中国德语教学的缩影。除其外国语学院下属的德语语言文学专业外,公共德语也是同济大学的一大特色,而中德学院和中德工程学院因语言学习和科学技术学习的完美结合也成为同济大学的两大特色学院。由于其中德工程学院仅招收本科学生,因而在本篇论文中,笔者将重点从同济大学德语系、中德学院两处的研究生教学管理入手,深入分析同济大学德语相关研究生教学管理模式,找出其德语教学的独特之处,以供借鉴。

**1. 德语语言专业**

同济大学德语系1983年获得了硕士学位授予权,近些年结合我国德语研究的实际情况,将研究课题延伸到德汉比较、德汉互译等领域,开始招收MTI笔译方向的学生,形成了自己的一套教学管理方法。笔者重点选择了教学管理模式中若干微观角度对同济大学德语语言文学的学术型硕士培养和专业型硕士培养进行分析,这部分也是与北京第二外国语学院具有对应关系的专业方向,具有直接的对比性。

(1)学术型硕士培养

1)入学形式

同济大学德语系每年招收9~10名学术型硕士研究生,招收主要采取两种方式,即推免生和全国统考。推免生可以不用参与全国统考,但是需要参加面试。而通过全国统考选拔的学生,同样也要参加由同济大学德语系进行的面试。

笔试主要考四门课程:英语,政治以及两门专业课(现代德语和德汉互译)。其中政治和英语试题是全国卷,两门专业课则由本校出题。

复试环节主要由专业笔试、专业面试两大部分组成。专业笔试主要考查学生的语言学基础和文学基础;听力部分是由德语系的外教现场读文章并提问,考查学生的听力、理解和归纳的能力;专业面试部分包括自我介绍、读文章以及回答老师的即兴提问,考查学生的口语水平和应变能力。考生的综合排名由初试成绩(40%)和复试成绩(60%)按权重相加得出入学考试总成绩,以此作为拟录取依据。经过对同济德语系部分同学的采访和调查,笔者归纳出几点同济德语系老师在复试中特别注重的学生素质,即自信、乐于表达和良好的口语表达能力。

2)培养方式

同济大学德语系的学术型硕士研究生学制为2.5年,其中课程学习为1~1.5年,论文工作不少于1年。硕士生在校学习年限最长不超过4年。对部分提前完成培养计划(在校注册时间不少于1.5年)、学位论文符合申请答辩的研究生,经过规定的审批程序可以提前答辩、毕业并申请学位。

德语语言文学方向下共设有 6 个专业,分别是德语语言学、德语文学、中德翻译学、中德跨文化交际、德国国情学与文化学以及教学法,其中外语教学法方向采用隔年招生的方式。在选课时学生们会优先选择自己专业内的课程,但是由于每个专业的课程学分达不到培养方案中总学分的要求,因此学生们还会根据兴趣选择一些其他方向的课程,因此不同方向之间的课程没有严格的划分,而每个方向的导师除了教授自己专业方向的课程外,还会根据自己的研究课题教授其他方向的一些课程。在上课方式方面,笔者通过对语言学和文学方向的同学的采访了解到,研究生的课程基本没有固定的教科书,而是由老师在课前发讲义,或者是推荐给学生一些必读书目,上课的方式主要是老师讲解加学生们做报告。

学分设置方面,按照教学培养方案的要求,硕士研究生在校期间至少要修满 28 学分才能毕业,其中公共学位课 6 学分,专业学位课 12 学分,非学位课 8 学分,必修环节 2 学分。一般情况下会要求学生们在研一期间把要求的学分修够,以便能在研二出国交流或者潜心写论文。同济大学德语系在学分设置中的一个独特之处,是在必修环节学生要参加不少于四次的公共讲座。

同济大学德语系的国际交流合作项目非常之多,他们与德国的波鸿鲁尔大学(Ruhr – Universität Bochum)、达姆施塔特技术大学(TU – Darmstadt)、马堡大学(Philipps – Universität Marburg)、不来梅大学(Universität Bremen)、斯图加特大学(Universität Stuttgart)、康斯坦茨大学(Universität Konstanz)等校建立了校际合作关系,还与科隆大学(Universität Köln)、马格德堡大学(Universität Magdeburg)、波恩大学(Universität Bonn)、艾森大学(Universität Duisburg – Essen)建立了院际合作交流关系。每年,都会有来自这些学校的专家到德语系进行讲学,组织教师培训或开展合作科研。此外,他们还与波鸿鲁尔大学、柏林洪堡大学等院校建立了出国交流的项目,每半年会派出一批学生前往德国进行交流。在德交流期间学生以交换生的身份可以选修一些自己感兴趣或与专业相关的课程,在此期间也可以开始撰写论文。

3)质量评价

学术型硕士研究生的论文开题是在第二学年进行,硕士生学位论文应在导师指导下独立完成,用于论文的实际工作时间不得少于一年。由于学术型硕士研究生进行的主要是语言学习和研究,因此学校要求学术型硕士研究生必须用本专业语言(即德语)撰写学位论文。硕士生在校期间必须发表 1 篇以上学术论文(含学术期刊、论文集、国内外学术研讨会上宣读的论文及正式出版的译著)。

在毕业实习方面,学校或院系层面没有固定的实习基地,学生自主选择实习机会。据调查,每年去上海大众、保时捷等德企实习的研究生占较高比例。此外,有一些企业或用人单位在需要相关人员的时候也会和老师们联系,由老师进行推荐。这类硕士研究生毕业从事的工作大多为文职类工作。

(2)MTI 专业硕士培养

同济大学德语 MTI 翻译硕士专业学位目前仅有德语笔译一个方向,致力于培养具有专业翻译能力的高级德语翻译人才。按照培养方案的要求,此学位获得者应具有坚实的双语语言基础和娴熟的语言交际能力,掌握翻译理论知识和翻译实践技能,在经过系统的理论学习和翻译实践后,能够胜任科技、经贸、商务、法律和文化等方面的翻译任务。

1) 入学形式

同学术型硕士研究生一样,MTI 专业硕士研究生的招生方式也分为全国统考和推免生,推免生只需参加面试即可,面试考试在全国统考之前进行,推免生和统考生的录取比例约为9:13。参加全国统考的学生同样需要参加初试和复试,初试四门科目分别为:政治理论,翻译硕士德语,德语翻译基础和汉语写作与百科知识,由此可见,MTI 不仅仅注重学生的语言能力培养,还注重学生的与翻译相关的能力和平时的知识积累。复试环节主要考查学生综合的翻译能力,参考书主要有:《德汉翻译基础教程》《德汉科技翻译基础教程》《德汉翻译入门》,可见同济大学德语 MTI 笔译方向对于科技翻译有一定的侧重。

2) 培养方式

同济大学 MTI 笔译翻译硕士的培养采用脱产式学习,学制为两年,视其修满学分与完成论文情况,最多不超过五年,最低不低于两年。系里还成立了导师组,采取集体培养与个人负责相结合的指导方式。

MTI 的课程设置非常丰富,在德汉笔译的层面下还开设了德汉经济翻译、德汉科技翻译、德汉专题翻译以及翻译理论与实践。此外德语语言学、德语语言史、中德跨文化交际和德汉对比语言学等多个领域的课程也作为选修课出现在培养方案中。MTI 学生除了参加培养计划以内的选修课程外,还要参加系里定期举行的讲座和报告以及其他的活动。在两年的培养期内,每人应至少参加 10 次的讲座和报告,并至少写一份关于报告或讲座的综述,该综述将计入翻译实践的人文翻译成果中。

同济大学德语系的 MTI 硕士同学术型硕士一样仍采用学分制管理。修满规定的学分方能撰写学位论文,论文经答辩通过方可申请翻译硕士专业学位,届时学生所修总学分不应少于38学分。

在课程教学方面,虽然同济大学德语系 MTI 只开设了笔译方向,但是也会开设口译课程,课上外教和老师配合教学,进行翻译场景的模拟。而专题翻译是由不同的老师根据自己擅长的专题,采用研讨式教学以及项目翻译的方式授课,即教学单位承接各类文体的翻译任务以及模拟现场翻译,教师进行理论与实践相结合的讲评。另外中国语言文化课主要是把中国文化经典如《黄帝内经》《礼记》等翻译成德语,第一学期以古文的翻译为主,第二学期则是把现代文学翻译为德语,结课形式为上交翻译成果以及个人翻译心得。

3) 质量评价

与学术型硕士递交学术论文的形式不同,MTI 硕士可以选择以下三种方式来撰写自己的学位论文:

①选择中外文本进行翻译,字数不少于 10 000 字,并根据译文就翻译问题写出不少

于 5000 字的研究报告。

②就笔译的某个环节展开实验,并就实验结果进行分析,写出不少于 10 000 字的实验报告。

③撰写翻译研究论文,字数不少于 15 000 字。

学生可以任选三种方式中的一种来撰写自己的学位论文,字数均以汉字计算。

此外,同济 MTI 硕士的培养非常重视实践环节,要求学生在毕业前完成至少 10 万字的翻译实践。对于翻译实践,德语系做了如下规定:

①只有研究生在校期间的翻译方可累加;

②翻译类型应该涵盖以下几种翻译类型中的至少三种:人文、外交、科技、新闻、影音翻译。其中,人文学科资料翻译以及外交翻译为必修任务,人文学科资料翻译字数不少于 5 万字,外交翻译字数不应少于 2 万字。

为了保证翻译质量,系里会抽取 30% 的研究生参加盲审,在导师指定的任务中随机抽取 5 千字作为盲审内容。盲审未通过者,不得参加翻译实践答辩会。

学位论文答辩的评审是采用匿名评审的方法来进行的,论文评阅人中至少有一位是校外专家,答辩委员会成员中必须有一位具有丰富的笔译实践经验且具有高级专业技术职称的专家。

### 2. 中德学院

同济大学中德学院成立于 1998 年,是由中德两国政府共同倡导成立的国际合作办学机构,隶属于同济大学。中德学院以培养硕士研究生为主,设电子与信息工程、机械与车辆工程、经济与管理三个学部。

中德学院与德国一流大学紧密合作、联合办学,德国著名高校慕尼黑工业大学、波鸿鲁尔大学、柏林工业大学和柏林洪堡大学分别参与了学院三个学部的全面建设。除了获得同济大学和德国学术交流中心(DAAD)的财政支持外,中德学院还拥有近 30 家中德一流企业资助的基金教席和联合实验室。

(1)入学形式

中德学院是一个只面向研究生教育的学院,同其他研究生招生条件一样,报考中德学院的考生必须参加全国研究生统考。全国统考的考试科目有英语/德语,政治和数学,而不同的专业也会进行不同内容的专业科目考试,对本科所学专业及德语水平没有特殊限制,但会对有德语知识背景的学生给予优先考虑。

(2)培养方式

1)教学安排

中德学院学制为 3 年,具体教学安排为①:

---

① 从第三学期开始,学院会定期安排国外教授及专家进行讲座,每次集中授课约 20 学时,部分专业的学生有机会赴德留学 1~2 个学期,也有可能赴德国合作高校参加双硕士学位项目。在第四学期的暑假,学院会安排学生赴德留学或进行为期数星期的实习。

入学前暑假:德语强化课程

第一学期:德语初级、中级强化课程

第二学期:专业课、德语中级强化课程,德福考前培训

第三学期:专业课,参加德福考试

第四学期:专业课,德语课

第五学期:专业课

第六学期:撰写专业论文

2)学院特色

作为同济大学的特色学院,中德学院有许多不同于其他学院的独特之处。首先,中德学院采用汉德双语教学,学习德国研究生的培养模式,面向实践,贴近企业需求。此外,中德学院充分利用其丰富的师资优势,每个专业都会分配中德两名专职负责人,中方教授多有海外留学经验,而德方教授也都来自德国的著名高校。学习期间,优秀学生有机会获得海外留学资助,同时攻读同济大学和德国精英大学双硕士学位,并且学生有机会获得多种多样的中外奖学金①。

此外,学院还会为将要前往德国的中国学生以及来到中国的德国学生提供语言互助项目,借此来帮助德国学生可以更好地适应中国生活,而中国学生也可以通过这个机会更好地为即将到来的国外生活做准备。

(二)北京第二外国语学院德语研究生教学管理模式

北京第二外国语学院德语系创立于1964年,自2006年起开始招收学术型研究生,以培养适应社会和具有一定学术研究能力的复合型人才为目标。目前设有三个研究方向,分别是跨文化研究、翻译理论与实践研究(口译)和外语教学比较研究。从2013年起,北京第二外国语学院又把注意力从学术研究领域拓展到了翻译实践领域,开始了MTI研究生的招生。

在本章节中,笔者将对北京第二外国语学院德语系教学管理模式进行介绍分析,为论文的下一章节的对比分析作铺垫。

德语语言文学专业

(1)学术型硕士培养

1)入学形式

自2013年起没有再招收推免学生,所有考生都需要参加全国统一的研究生入学考试,只有政治一门是全国统考,其他三门考试均为学校自主命题,英语试题难度略低于全国统一考试的英语科目,考查重点有所不同。基础德语和德语综合考试的考查重点除了德语基础知识以外,跨文化交际也是重中之重,这一点反映了北京第二外国语学院德语系以中德跨文化交流为重点方向的独特之处。

---

① 中国政府奖学金、德国总理奖学金、德国总统奖学金、德意志学术交流中心奖学金、西门子奖学金、大众奖学金、哈尼尔奖学金、汉莎奖学金等。

复试主要分为德语面试和英语面试,重点考查学生的听力和交流能力。英语面试主要采取自由对话的形式,德语面试形式每年会略有变化,但是基本出发点都是考查学生的语言能力和交际能力,考试内容会基本分为翻译和对话,而最终成绩评判是将初试复试成绩按一定比重相加,以期能够最合理最科学地对学生的水平作出评判。

2)培养方式

学术型硕士的培养实行的是导师制,研究生从入学起配备固定的导师,并跟随导师共同研究导师所专长的方向领域。德语系目前开设了三个研究方向,分别是跨文化研究、翻译理论与实践研究和外语教学比较研究。学术研究生学制为三年,课程学习三至四个学期,论文撰写与答辩一年。研究生一般用二分之一的时间从事科学研究和学位论文工作,其他时间进行课程学习、社会实践及专业实习。德语系与德国大学有许多合作交流项目,比如与德国美因茨大学翻译学院的合作,每年德方老师会到北京第二外国语学院进行短期讲学,学生通过考试可以到德国交换学习。此外还有许多国内外的知名学者来到德语系,为研究生开展讲座。

学术型研究生的课程分为必修课和选修课。必修课包括公共必修课8学分(马克思主义与社会科学方法论等),一级学科通开课2学分(公共必修),二级学科通开课6学分(德语基础理论课程),专业必修课8学分。选修课包括公共选修课2学分和专业选修课10学分。研究生在学习期内必须修满课程36学分,实习2学分,共38学分。教学采取讲授、专题讲座、研讨、练习、自学、报告、论文相结合的形式。提倡研讨式教学,以自学为主,辅以讲授、讨论、文献阅读和读书报告等教学方式,特别注重培养研究生的自学能力、独立分析问题和解决问题的能力。

3)质量评价

学术型研究生论文在导师的指导下完成,论文语言自选,完成后要交给答辩委员会成员进行审阅。论文答辩时采取外校教授至少一人、本校教授两人的比例组成答辩委员会,硕士学位论文须经论文答辩委员会三分之二以上的票数通过,并建议授予硕士学位后,方能提交校学位评定委员会审批。完成学位论文并通过论文答辩才能授予硕士学位。

除此之外,研究生毕业前都必须进行实习并提交实习证明。有一些企业单位跟德语系老师长期保持联系合作,每年都会有不少学生通过学校的推荐进入国际广播电台、新华网、各大外语图书出版社等单位进行实习。此外,学生自主寻找实习机会,进入北京奔驰、一汽大众、上海宝马北京分厂、歌德学院、德国工商总会等著名企业进行与德语有关的实习。

(2)MTI专业硕士培养

2014年,北京第二外国语学院德语系首次招收翻译硕士专业学位(MTI)德语口笔译方向的研究生,其职业指向性明确,即培养能适应全球经济一体化不断深入及国家国际竞争力不断增强的需要,具备熟练的口、笔译技能和宽广的知识面,能够胜任不同专业领域需要的高层次、应用型、专业性的口、笔译人才。下文将着重介绍MTI专业硕士研究生的招生方式、培养方式及质量评价,由于2014年才首次招收MTI专业硕士,因此在就业方面没有相关信息可供参考。

1) 入学形式

MTI的入学考试与学术型硕士有明显的不同,虽然考生依然要参加全国统考,但考MTI的同学只参加全国的政治统一考试,而不参加英语的统一考试。今年MTI只招收了口译方向的专业硕士,其考试科目分为思想政治理论(全国统考)、翻译硕士德语(外国语),德语翻译基础(业务科考试科目一),汉语写作与百科知识(业务科考试科目二)。其参考书目只指定了一本朱小雪老师的《翻译理论与实践——功能翻译学的口笔译教程》,其他均是水平测试不限教材。虽然在初试中没有对英语的检测,但在复试中将有第二外语口语和听力测试,考试形式为对话问答。第二外语测试科目包括二外英语、二外日语、二外法语、二外俄语和二外西班牙语,考生可任选一门参加考试,入学后考生按照选定的第二外语科目参加学习。可见此种选拔方式为第二外语非英语的考生开通了一条捷径。

2) 培养方式

翻译专业硕士德语笔译和德语口译方向学制均为两年,论文撰写在最后一个学期进行,由德语系指派校内、外导师进行指导并组织论文答辩。专业型硕士的导师是不固定的,是由导师组,也就是所有的导师都会对研究生负责。毕业生要掌握翻译学科的基础理论知识,具备过硬的综合素质、良好的职业道德、较强的语言运用能力、宽广的知识面,能够独立地、高质量地从事口、笔译工作,并在一两个专业领域具备较强的专业知识。目前德语系只招收了MTI口译方向的研究生。在培养计划中,MTI口译硕士必须在规定的学习年限内修满课堂教学课程的45学分,成绩合格方可毕业。其中,公共必修课7学分包括:政治理论,中国语言文化;公共选修课4学分包括:第二外语,国际政治与经济;专业必修课6学分包括:翻译概论,笔译理论与技巧,口译理论与技巧;方向必修8学分包括:交替口译,同声传译;方向选修课16学分以及4学分的不少于400小时的口译实践。

3) 质量评价

MTI学生须经中期考核合格且论文资格审查合格后方可撰写论文。写作时间为一个学期,专业硕士的学习更加强调实践,所以在论文的撰写方面有4种不同的形式,包括:①翻译实习报告。学生在导师的指导下参加口笔译实习,并就实习过程写出不少于15 000词的实习报告。②翻译实践报告。学生在导师的指导下选择中文或德文的文本进行原创性翻译,字数不少于10 000汉字,并就翻译的过程写出不少于5000词的实践报告。③翻译实验报告。学生在导师的指导下就口、笔译的某个环节展开实验,并就实验结果进行分析,写出不少于15 000词的实验报告。④翻译研究论文。学生在导师指导下撰写翻译研究论文,字数不少于15 000词。无论采用上述任何形式,学位论文都必须用外语撰写,行文格式符合学术规范。

## 三、两所学校教学管理模式对比及启示

### （一）两所学校教学管理模式的对比

从上文对两所学校研究生教学管理模式的对比分析中可以发现，研究生的培养主要分为学术型研究生和专业型研究生，两所学校的培养方式和管理模式既有相同相似之处，又有着不同程度的差异。

在德语语言专业研究生方面，两所学校的培养模式更多具有相似性：首先在学术型研究生培养方面，两所学校的招生方式均以全国统招为主，考试试题内容和形式也是由学校老师依据其培养目标和培养计划自行进行设计，尽可能对学生的各方面能力进行科学合理的考核和评估。入学后对学生的培养实行脱产制培养，主要采取学分制和导师制的培养模式，上课形式采取学生主导、老师辅导的模式。课堂的教学内容采取主题式而非教材式的形式，由老师和学生共同完成主题的确定，老师为学生推荐教材。学分课程设置方面，将课程分为不同的模块，不同研究方向的学生针对自身的情况和兴趣选择所修课程。在研究生学习期间，学生均有机会到以外语作为母语的国家进行交换学习，与此同时，还会有国外的专家学者来校做学术报告和短期讲学。对于两所学校学术研究生教学质量评估，都是以最终的论文作为评判的依据。而在实习就业方面，两所学校没有固定的实习基地，但是有相关需求的企业由于往届学生优秀的表现而源源不断地招收该校学生，同时也会有一些企业跟老师联系，为学生提供实习的平台。在德语语言专业硕士培养方面，在培养方向上均为翻译方向，学制两年，在招生考试中不仅仅考查学生的外语水平，还将学生的母语水平作为考查的一个重点。培养过程中也会涉及中国语言相关方面的知识传授和翻译技巧的训练和培养，相比之下更注重实践方面的训练。在教学质量评估上，最终的毕业论文形式更多样，可供学生选择。

由于两所学校自身的不同特点，其教学管理模式也存在着一定的差异：首先，在学术研究生的培养上，同济大学学硕招收中，推免学生仍占有一定比例，而北京第二外国语学院自2013年起至今已没有再招收推免研究生，因而在生源结构上具有一定的差异。入学考试中，同济大学初试的第二外语——英语考试采用全国统一考试的试卷，而北京第二外国语学院采用的是学校自主命题的试卷，在难度和考查的重点上有所不同。在研究生培养过程中，同济大学学术研究生为2.5年学制，相对于北京第二外国语学院的3年学制较短，而学分的修得上，同济大学28学分也明显少于北京第二外国语学院的38学分。学期课程结束后除提交论文以外，同济大学还有闭卷考试的考查。同济大学学术研究生在校期间必须发表一篇以上学术论文，相比之下，对于专业方向科研项目就没有过多要求，北京第二外国语学院依照惯例每届学生在校期间都会参加至少一个专业方向的科研项目。其次，在专业硕士方面，同济大学主要针对笔译方向，而北京第二外国语学院首次开设的MTI专业硕士为口译方向，并且无推免学生，考试的内容依据学校自身设计而定，非统一内容。在校期间，相对于同济大学的38个学分，北京第二外国语学院德语专业硕

士需修满45学分。课程内容方面,同济大学更侧重科技经济方面,而这点在北京第二外国语学院MTI招生简章中没有体现。由于北京第二外国语学院是首次招收MTI专业硕士,具体的实施情况还无从考察,所以只能从招生简章上做简单对比。

中德学院作为语言与专业完美结合的代表,是此次调研的一个重点,也是这次调研的一个重要的收获。从根本上来说,中德学院与德语语言专业的研究生有着本质上的不同,后者是以语言为专业主体,以相关学科研究方向为导向,而前者是以其专业方向为主体,以语言为补充,以拓展其专业领域研究的广度和深度。尽管两者出发点不同,但是鉴于中德学院的成功经验,也给德语语言专业方向研究生的培养以启示。语言作为一个沟通的手段,在运用中一定会依托一定的媒介,而这种媒介正是专业知识和技能。从以往的经验和现今德语语言专业毕业生从业的具体情况来看,语言上的劣势,专业上的劣势一定程度上为学生的发展带来了阻碍。

从以上对比情况来看,两所学校在德语语言专业研究生教学管理上有许多相似之处,无论是招生、培养还是最终的评估上,整个思想框架大致相同,依据不同的培养目标和学校自身特点,在具体的培养管理上有所差异。而同济大学中德学院作为一个具有特色的培养单位,其培养理念和培养模式为传统的德语语言专业学生,尤其是已具备一定语言基础的德语专业研究生的培养指明了一个新的方向,对这种较为具有创新特点的教学管理模式的研究对于未来德语专业研究生的培养具有重要意义。

(二)启示

随着世界化和国际化的不断深入和发展,掌握外语的专业人才越来越成为发展大潮中的宠儿。作为外语专业的学生,如何顺应时代的发展,提高自身技能是我们不断思考的问题。而作为教学法方向的德语语言专业的学生,未来的外语教育趋势和方向也是我们需要在教学中面对的问题。多年来的经验和成果告诉我们:外语专业的设置和外语人才的培养是必要的,但是外语专业毕业生走出校门走向社会时的种种困惑和种种问题也向我们提出了一个问题——如何更好地提高外语专业学生的工作技能,实现外语专业学生的社会价值?

从上文的分析中我们以小见大,从外语专业人才培养比较成功的两所学校对比中试图寻找外语人才培养模式的经验和规律。通过笔者深入地调查研究主要总结出以下几点:

**1. 外语人才的培养紧跟时代社会发展潮流,具有国际化视角**

外语人才,尤其是如研究生这样的高等教育人才的培养要明确培养目标,而培养目标的制定也离不开时代发展的需要这个标杆。从个人的角度来说,不断学习,不断提高自身能力是为了自身价值得以最大化实现,而从国家和教育的角度来说,对高等教育人才的培养也是为了能使人才和知识在国家社会发展中充分发挥其积极作用。要想达到这样的目标就必须最大程度地使需与求相契合,培养社会需要的有用人才。外语专业由于其自身的跨文化性需要更多地交流和沟通,只有在不断的交流中,两种文化才能更好地被理解,被连接,外语才能真正成为一架没有障碍的桥梁,这也是高校中越来越多国内外校际交流的原因和意义,中外共同培养更有利于外语专业学生的发展和提高。

### 2. 外语人才的培养应更具专业性和针对性

外语作为一种语言,更多的是一种沟通的工具,与其他专业相比,不具备专业性,因而在一些专业领域的工作中只会一门语言是远远不够的,这也是外语毕业生在毕业后进入工作后的真切感受。以德语为例,目前德中两国在机械、汽车、医药等方面有密切的合作,在中国也有许多德中合资企业,外语专业的学生即使语言能力再高再优秀,在这样的企业中做专业方面的翻译也依然困难重重。反过来说也正是这样类似的困难,一定程度上限制了外语专业学生的发展。因而让外语更具专业性,让人才培养更具针对性,不仅有助于人才自身的发展,也有助于社会的发展,有助于教育功能的发挥。

### 3. 外语教学管理更具特色,外语人才培养更加个性化

外语专业作为一个独立的专业学科具有其自身的特点,因而在教学管理上也应结合其自身的特殊性创造适合自身的培养方式。与此同时,不同学校有其自身的特点和优势,这也应该作为教学管理中的一个借鉴和考量的因素。以此次调研主题为例,外语院校作为以外语专业为主打专业品牌的院校在对外语专业的关注度,重视程度和发展深度方面都具有一定的优势,学校校风更加开放,更注重国际化,因而外语专业发展中也要充分利用这个优势,抓住机会,促进专业学科的发展。而相比之下综合性大学由于其专业学科的多样性能够为外语专业的拓展提供更广阔的基础,语言和专业学科的结合具有更大的优势。

## 四、结语

随着国际间交流的愈发密切,外语的作用越来越突出,社会对于外语人才的需求越来越多,外语作为一门专业学科,其教育管理模式的革新和进步也应该引起重视。

本文从优化外语高等人才(本文以德语研究生为例)教学模式的目的出发,选取北京第二外国语学院和同济大学两所学校分别作为外语院校和综合性大学的代表,对两所学校德语研究生教学管理模式进行了对比分析。笔者通过对两所学校研究生培养目标、入学形式、培养方式和质量评估四个人才培养模式要素的介绍、对比和分析,发现两所学校德语语言专业学术型硕士和专业型硕士在各个方面有相似之处,也有所不同,各有特色,各有千秋。而作为语言与专业相结合的教学管理模式的代表,同济大学中德学院为德语语言培养方向提供了一种新的思想和方向,尽管这个院系并非新近诞生的,但随着近些年社会对外语人才的需求越来越多样化,这种管理模式和办学思想也值得大家思考和借鉴,外语能力加专业知识定会有助于广大外语专业人才在未来有更好更广阔的发展。

本文为笔者结合书面资料和实地调研成果撰写而成,由于时间有限,调研的范围有一定的局限性,加之笔者为在读学生,对于一些问题的观察分析视角有所偏颇,对某些问

题的分析和研究还不够透彻，但笔者认为这个主题很具有现实性，值得研究和思考，因此希望能以此文抛砖引玉，为广大教育工作者提供一种思路和方向，也希望未来能够有能力、有见地、有思想的研究者丰富该主题领域的研究。

**参考文献**

胡玲琳.我国高校研究生培养模式研究[M].上海:复旦大学出版社,2012.

# 京外高校研究生课堂教学内容与形式反馈

调研注册团队编号:8
调研注册团队领队:张文颖

作　者:李　雪　何俊青　叶玲萍　冯玉璋　郁　青

[摘　要] 2014年9月18日,"复合人才社会调研促进计划"——四川外国语大学和四川大学的调研活动起航了。成员为日语语言专业日本文学方向的六名同学:李雪、徐苑露、叶玲萍、何俊青、郁青、冯玉璋。此次调研带队的是北京第二外国语学院日语副院长——张文颖老师。为期6天的调研,大家带着自己的使命,即"将学术理论与社会实践相结合,引导研究生在了解认识社会的同时提高创新思维意识",愉快地登上了去往重庆的飞机。本次调研的两所院校是位于重庆的四川外国语大学和位于成都的四川大学。其中,四川外国语学院日语系是由老一辈日本文学研究家兼日语诗人黄瀛教授建设起来的,其日语学科一直占据着西南地区"领头羊"的位置。而四川大学的日语系是全国最早建立的日本语言文学专业之一,是中国日语教育研究会常务理事单位,中国日本文学研究会理事单位。以这两所高校作为调查对象,通过调研的形式,来了解北京第二外国语学院之外的院校的研究生教学内容及形式。只有通过交流的形式,才能得到思考,才能有意识地去反思,而不至于变成"井底之蛙"。交流是双向的,我们在汲取外校有益思想的同时,也担负着传播北京第二外国语学院精神的使命。另外,本次调研还能扩大交流群体,共享资源,这仅仅是个起点。

本次调研的行程如下:首先一行7人到达重庆,实地调查四川外国语大学日语专业的教学内容及形式。与四川外国语大学的日语系研究生进行交流。特别期待的是得到杨伟教授的提点。杨伟教授是四川外语学院日本学研究所所长,其发表的《少女漫画·女作家·日本人》在学术界有很重要的影响,而且作为一名优秀的翻译家,他在日语界颇有名气。在四川外国语大学的调研顺利结束后,计划去往成都,调查四川大学日语系的教学内容及形式。通过与川大日语系研究生互动交流的形式,实现1+1>2的双赢效果。

本次"京外高校研究生课堂教学内容与形式反馈"在国内的教育体系中并不是首例,但也不是国内课堂教学形式的主流。本次京外调研选择在9月初全国高校开学之后,在时间上可行性较大。开学之初,同学们已经从放假模式开始转换过来,并且在得到充分的休息之后能够打起十二分的精神进行交流与思考。赶在制订学期计划之前进行交流,对于交流双方的学生来说,也能及时地调整自己的思想状态和计划。我们希望通过此次活动,学习到不同的教学形式,了解更多可能划入教学体系的内容,从而进行调整和改变。实地调研的最大好处在于能够亲眼所见,亲耳所闻,收获到的必定是发自内心的和通过自我反思、思考的。通过这种形式,我们可以在行为现场进行观察和思考,具有其他方法所不及的弹性。深入对方的环境进行实地调查,虽然花费一定的财力、物力、时间和金钱,但是换得的成果也将非同寻常。特别是通过亲身经历和思考,相信能展示出更加鲜活的成果。

本论文分为以下几个段落:第一部分,研究生课堂的基本现状,通过查阅基础数据和资料展示目前研究生课堂的基本情况,从而引出本次调研的目的和意义;第二部分,此次京外调研的基本流程,主要按照时间顺序详细介绍本次调研的流程;第三部分,调研的基本内容及成果。这是本次调研、也是本篇论文的核心部分。基于实际的调研情况,叙述调研的基本内容,并根据实际的感受,综合小组成员的意见,整合出实际的调研成果;第四部分,结论和对本调研团队完成任务的客观评价。

[关键词] 教育;外语;交流

# 一、研究生基本现状、调研目的、意义

(一)研究生课堂基本现状

随着1999年本科生招生规模的持续扩大,硕士研究生的数量大大增加。然而教育规模的持续扩大使得硕士研究生教育在面临历史发展机遇的同时也面临着一系列问题,引发了社会各界对硕士生培养质量的高度关注,质疑之声不绝于耳。因此深入研究硕士生教育教学现状,回应社会各界的质疑,具有重要的现实意义。

然而课堂教学作为培养硕士研究生创新能力的关键环节,未得到应有的重视。按照学位条例的规定,在硕士研究生培养期间,完成课程学习和进行科学研究是硕士生必须经历的两项学习活动。这两项学习活动在硕士培养期间并非各自孤立,而是紧密结合在一起的。如果将硕士研究生在校期间的学习场所划分为课堂和课外,那么课程学习和科研能力的培养都离不开课堂。课堂教学,目前仍然是我国高校培养过程中的一个最主要和基本的教学组织形式,硕士生也不例外。在课堂上,教师将本专业的学术前沿和研究动态介绍给学生,对于学生掌握本门学科坚实的基础理论、系统的专门知识,掌握相应的技能、方法,专业兴趣的提高以及创新能力的培养都将起到重要的作用。

在硕士生培养期间,通常用 2 到 4 个学期完成课程学习,无论是高校还是任课教师(多是硕导、博导)、学生,在课堂教学中都投入了巨大的人力物力。高水平的师资是否能带来优等的硕士生质量?学生对课堂教学的看法如何?因此,深入考察研究生课堂教学形式与内容就显得极为必要。

（二）调研目的

本次调研的目的在于:考查硕士研究生对研究生课堂教学形式与内容的情况,了解其对教师教授和自身学习的看法,了解硕士研究生教育教学的现状,找出课堂教学过程中值得肯定的成绩以及存在的问题,进一步探究不满意的深层原因,在现有满意程度的基础上,探讨如何通过教育和教学改革使学生的满意程度增加,旨在促进我国硕士研究生教育的发展及其培养质量的不断提高。

（三）调研意义

1. 理论意义

（1）本研究通过对硕士研究生课堂教学的相关问题进行理论分析,深入地认识硕士研究生教育教学的特点,了解课堂教学在当前我国硕士研究生培养过程中的实际影响与地位,从而有助于从微观视角推动硕士研究生教育教学理论的发展。

（2）研究硕士研究生对教师课堂教授及指导的满意程度以及对自身课堂学习情况的满意程度,不仅有利于教师反思如何以积极的教学行为、态度、方法教书育人,同时也有利于硕士研究生反思自身的学习动机、态度、方法及行为,从而丰富高校教师专业化发展理论和硕士研究生学习观理论的研究。

（3）由于我国建立硕士研究生教育与学位制度只有 20 多年的时间,硕士研究生教育通常都是作为高等教育的一个重要组成部分进行研究,硕士研究生教学没有形成系统完整的理论体系。也正是在这一意义上,对硕士研究生课堂教学形式与内容有关问题进行理论分析与研究,可以丰富与深化当前我国硕士研究生教育教学评估的理论研究。

2. 现实意义

近年来硕士研究生教育面临着一系列新的问题,如硕士研究生质量滑坡、硕士研究生学历贬值、就业难等,使得如何保证硕士研究生教育教学质量、如何确保硕士研究生素质的呼声渐高。虽然相关的管理部门和硕士研究生培养单位高度重视,并切实采取了措施加强硕士研究生的管理工作,但是,在硕士研究生教学质量管理实践中,仍然有不少的问题需要解决。对硕士研究生课堂教学中存在的问题进行分析并提出解决方案,也是本研究的现实意义之所在。具体表现在:

（1）有利于促进教师教学质量的提高

本研究通过对硕士研究生课堂教学形式与内容的分析和探讨,有利于教师根据学生评教的反馈,为改进和调整教学指明方向,并反思在课堂教学过程中如何提高学生的学习兴趣,及时掌握学术前沿动态,从而培养硕士研究生学习与创造知识的能力,促进教师教学质量的提高。

(2) 有利于促进学生学习质量的提高

学生的读研动机不端正必然造成部分硕士研究生入学后学习目标偏离和研究动力不足,从而影响硕士研究生教育质量的提高。本研究通过对硕士研究生课堂教学形式与内容的分析和探讨,有利于硕士研究生反思自身的学习动机、态度、方法及行为,从而在现有满意程度的基础上,通过研究生教育和教学改革,使硕士生端正学习动机,激发学习兴趣,明确学习目标,改进学习方法,促进学生身心发展及学习质量提高。

(3) 有利于高校课堂教学管理

对硕士研究生课堂教学状况进行实地研究并结合相关理论提出教学改革的建议,有助于我国高校管理部门对教师教授和学生学习情况有更准确的了解,进而可以为提高硕士研究生培养质量、促进硕士研究生教学改革提供有益借鉴。

## 二、调研流程

(一) 四川外国语大学

金秋九月,在张文颖教授的带领下,我们一行7个人开始了短期的京外调研之行。我们与四川外国语大学和四川大学的老师和学生们进行了交流,了解了川外和川大的课程设置、学习情况之外,也对自己的学习科研情况加以反思,可谓收益颇丰。

9月18日,我们师生一行7人出发前往美丽的山城重庆进行调研活动。飞机到达机场时已经是晚上九点半左右,重庆正下着小雨,我们呼吸着南方湿润的空气,匆匆赶往酒店。重庆的出租车全是黄色的铃木,看起来小巧可爱又环保。赶到我们入住的酒店已经是10点多了,没有好好地欣赏重庆的夜景,我们很快进入了梦乡。

第二天早晨,大家早早地吃过早饭,到酒店附近的重庆大学进行了参观。重庆大学校园很大,校园里绿树荫荫,有许多南方特有的植物,让我们感受到了另一种风情。重庆的地势高低起伏,上坡下坡,本以为是站在平地上,其实是在三楼高的位置。下午,我们来到了此次调研之行的第一站——四川外国语大学。川外是中国中西部综合实力最强的语言类高校,是新中国最早创建的4所外语院校之一,中国八大传统外语高等学府之一,坐落于歌乐山下,嘉陵江边,校园旁边就是革命遗址——红岩博物馆和白公馆、渣滓洞,川外的同学们肯定可以感受到当年革命烈士们的英雄情怀。从川外的大门进去,是一眼望不到头的蜿蜒曲折的山路,蜀道难啊,爬到了山上,再顺着楼梯往下走一段,就来到了位于山中的四川外国语大学校园。这里虽然也是白茫茫的,但却与北京的雾霾不同,是真正的雾气萦绕,如同一个天然氧吧。首先接待我们的是毕业于北京第二外国语学院、现在在川外读研究生的一名学生,在她的带领下,我们参观了川外日语系的资料室。到了下午3点,在日语系杨伟老师和另一名老师的主持下,我们与川外日语系的研究生同学们展开了交流活动。活动中,我们就日语系研究生的课程安排、教材选用、上课方式、考试方式等进行了交流,同学们热情地回答了我们的问题。在张文颖老师的建议下,我们各自谈了自己毕业论文的情况,杨伟老师对我们的毕业论文题目进行了指导,提出了许多宝贵的意见。最后,我们一起愉快地合了影,结束了这次访问。

(二)四川大学

21日,我们从重庆出发,前往成都。此次我们打算去四川大学进行调研。虽然是星期日,但是四川大学日语系的研究生同学们仍然来到教室,热情地接待了我们。由于研三的学生比较忙,这次主要是研二的学生接待我们。由于人数很多,我们自然分成三个小组,同样对他们的课程安排、教材选用以及上课、考试方式进行了调查,同时也了解到,同学们最大的苦恼就是查阅资料比较困难。川大没有让研究生出国交流的机会,同时学校资料室的日语方面的杂志和期刊也比较少,因此,在写论文时,为了能查到更多的资料,同学们会专门来到北京,到日研中心等比较前沿的机构查阅资料。这让我们不禁感慨,在北京上学是多么地方便。很快,时间临近傍晚,我们与川大的同学依依惜别,离开了这个美丽的校园。

由于开题答辩的关系,我们没有在成都久留,第二天一大早就乘上了回北京的火车。此次调研计划虽然时间不长,还有很多想要交流的问题由于时间问题只能暂时搁置,但是我们看到了另外一批日语系研究生的学习风貌,了解了四川两所著名大学里日语系的"生存"状况,也给我们提供了一个反思的机会。在信息网络如此发达的今天,我们互留了联系方式,相信此次交流仅仅是个起点。

## 三、基本内容与成果

在四川外国语大学,我们首先参观了他们的日语资料室。据该校同学介绍,学院正在对日语书籍进行分类整理工作,因此目前资料室的书籍数量较少。日语资料室图书种类涉及日本文学、日语语言学、日本文化、日本社会以及少量的翻译类工具书。其中,我们特别注意到,该校日本文学类书籍偏重日本古典文献和近代作家作品,例如《平家物语》《万叶集》以及大江健三郎、夏目漱石、井伏鳟二等大家之作,而当代日本作家作品的数量显得较为单薄,我们推测,这可能和该校文学方向导师所研究的领域有关。

由于我们本次调研的课题是"京外高校研究生课堂教学内容与形式反馈",因此,在与四川外国语大学文学方向的同学们进行交流时,我们主要就双方学校日语系的基本情况、专业方向划分、课程设置情况、上课的形式、使用的教材、日语教师队伍、与日本院校进行的友好交流活动、往届日语专业毕业生的就业去向,论文资料的收集和进展情况等方面进行了讨论。下面,就从这几个方面汇报一下我们此次调研活动的基本内容和成果。

该校日语系创建于1973年,当时是日语教研室,隶属学院教务处,1975年正式招生。1980年成立日语系,属我国高校日语专业中最早创建的系之一。经过近四十年的建设,日语系取得了长足的发展,现有本科教育和硕士研究生教育两个层次,并在国内同专业中具有较高知名度,一直处于西南地区"领头羊"的位置。

在专业方向的划分上,该校日语硕士研究生分为学术型研究生和专业型研究生。其中,学术型研究生分为日本文学、日本文化、日语语言学和翻译四个方向,专业型研究生分为口译和笔译两个方向。

课程设置方面,该校开设了日本近代文学研究、日语古典语法、日语学基础理论、翻译概论、词汇学、日本文化概论、日语古文、日语通论、日本文学史、日本文献学导论、日本文化专题研究、日本文学思潮、二外英语等课程。其中,我们最感兴趣的是日本文献学导论这一门课程,因为我们学校并没有开设这一课程。经川外同学的介绍,我们了解到,文献学是以文献和文献发展规律为研究对象的一门科学。研究内容包括:文献的特点、功能、类型、生产和分布、发展规律、文献整理方法及文献与文献学发展历史等。在这门课程上,老师主要教授如何进行文献的编排、印刷和保存等工作。我们认为这门课程非常新颖,也十分有助于加强我们对文献的理解,更好地阅读文献。

上课形式方面,该校主要以老师布置题目、学生发表、老师点评的方式进行。这一点与我们学校研究生的上课方式很相似,给了学生充分展示自我的平台,有效地培养了学生自主学习的能力。

使用的教材方面,根据老师和课程的不同而不同,有的课程使用固定的教材,比如日本文化这一课程使用的是《武士道》一书。而翻译课程则是按照老师每次课前准备的教材展开。

师资队伍方面,该校日语系师资力量雄厚,现有教师24名,其中教授5名,副教授12名,高级职称占全体教师的70%以上。老、中、青三级梯队师资队伍,结构合理。100%的教师都曾在日本留学或进修过。常年聘有3~4名日本专家执教。

出国交流方面,该校日语系与包括法政大学、金泽大学在内的日本10所院校签订有校际交流协议,有着2+2、3+1、2.5+2等交流项目,目前每年均有一定数量的学生通过各种项目出国留学。但相比本科学生,研究生同学出国机会较少。

日语专业毕业生的就业去向方面,除了少数学生进入国内或日本知名院校继续读博深造外,大部分同学主要分布在外事、海关、边检、外贸外经、旅游部门、中日合资企业、日本商社、高等院校等单位,深受用人单位好评。同时,一个不容忽视的问题是,由于深处内陆地区,重庆的日企数量较沿海城市少,在校学生实习机会受到一定的限制。了解到这一点,我们为自己身处全国政治、经济中心,拥有丰富的资源和宝贵的锻炼机会而感到荣幸。

论文资料的收集方面,我们了解到,由于参加本次交流活动的川外同学全部是研二的同学,且刚刚开始新学期的课程,因此,还没有正式投入到论文选题和收集资料中,对于将来的研究方向也没有明确的构想。但受到导师和学校所开设的课程的影响,几位同学表示将来打算以古典作家作品作为研究对象,比如《平家物语》《万叶集》等。而我们调研小组的几位同学,则把研究对象锁定为近现代女性作家作品,如小川洋子、向田邦子、川上弘美、角田光代。还有一位同学以日本著名电影导演小津安二郎的剧本为研究对象。可见两所学校学生虽所学专业和方向相同,但在论文写作上却是各有侧重,难分伯仲。

在与同学们进行热烈讨论之中,该校日语名师杨伟老师虽姗姗来迟,但魅力不减,他的到来把这次调研交流活动推向了高潮。在接下来的一个小时的座谈中,杨老师妙语连珠,充分展现了他的学术功底之深,知识面之广。他依次聆听了小组六个人的论文题目和论文进展情况,一针见血地指出了每个人当前论文构想中存在的问题,并提出了自己的建议。比如要重视先行研究,写论文之前不要预设框架,硬搬文学理论,要吃透文学概念等。小组成员六个人涉及五名日本作家,杨老师都能针对性地进行点评,对作家的轶事也能够信手拈来,侃侃而谈,这使我们不禁佩服得五体投地。杨老师的幽默、健谈使我们如沐春风,他对每一位同学论文构想的点评也为我们提供了新的视角,真是"听君一席话,胜读三年书"!

带着川外同学和老师们的热情,我们踏上了调研的另一站——四川大学。和在四川外国语大学一样,我们在讨论中,互相了解了双方学校的日语系的基本情况、专业方向划分、课程设置情况、上课的形式、使用的教材、日语教师队伍、与日本院校进行的友好交流活动、往届日语专业毕业生的就业去向、论文资料的收集和进展情况等方面。

四川大学外国语学院由原四川大学外文系、原成都科技大学外语系和原华西医科大学外语系调整组建而成。其中,日文系是外国语学院下设的五个教学单位之一。日语专业研究生共十五名,分为文学、语言学和翻译三个方向。除去文学、语言学、日语写作等相关专业课程外,同学们同时辅修英语和政治。近年来,由于多名教师已经退休,教师队伍有所缩小,平均一名导师带四名学生。上课形式主要以学生发表为主,老师教授为辅。毕业生的就业方向主要以当大学教师、公务员和进入外企为主。

但同时我们也了解到,在四川成都,由于日本人和日企数量有限,川大的同学们与日本人交流次数有限,进入企业实习的机会较少,收集论文资料也比较困难。在这一点上,我们的小组成员热情地向他们提了很多建议,如:去北京外国语大学日本研究中心搜集资料,或拜托在日本的同学在日本国立国会图书馆复印文献资料等。

由于本次调研时间有限,相比四川外国语大学,我们在四川大学交流的时间较为短暂,尽管如此,同学们的热情却丝毫不减,在互相交流和探讨中,我们取长补短,互相学习,收获颇多,圆满地完成了此次调研任务。

## 四、评价

此次复合人才调研活动取得了非常大的收获,使我们对四川外国语大学以及四川大学的研究生课堂教学内容与形式反馈有了全面的了解。调研活动前,调研小组成员们制订了详细的调研计划,对具体工作进行了分工,安排了在调研活动中负责照相的同学、负责记录的同学以及负责提问的同学。并在访问两所大学之前,分别联系了该学校的负责人,做好前期沟通工作,不打无准备之仗,比如提前开好证明。

在开始展开调研活动时,我们主要就双方学校日语系的基本情况、专业方向划分、课程设置情况、上课的形式、使用的教材、日语教师队伍、与日本院校进行的友好交流活动、往届日语专业毕业生的就业去向、论文资料的收集和进展情况等方面进行了讨论。通过讨论,我们对四川外国语大学和四川大学日语系研究生的课堂教学内容有了全面的认识,同时对同学们课余时间的活动以及今后的就业方向有了了解。这两所大学均为西南地区师资力量雄厚的大学,课堂安排上,十分注重内容的丰富性和对学生全面能力的培养。教学中老师们注重对学生的口语及思考能力、表达能力的锻炼,老师授课和学生发表的形式交互进行,给了学生充分展示自我的平台,有效地培养了学生自主学习的能力。在期末考试时,主要采取学生提交小论文或报告的形式,使学生们对论文的格式和要求有了更具体的认识,为今后学生们写毕业论文提前做出了准备。

目前的课堂教学内容与形式和我校相比,既有相同之处,也有新颖独特之处,例如日本文献学导论的开设等,这也是我们此次调研中最大的收获,对今后我校研究生的课程设置有很大的参考价值。同时通过与四川外国语大学和四川大学日语系研究生同学交流,我们也了解到,这两所高校均存在与日本人交流次数有限、进入企业实习的机会较少、收集论文资料困难的问题。对于日语系的研究生,良好的语言环境和学术环境都是很重要的,希望今后这方面的问题能得到学校领导的重视,有所改善。

此次调研活动中,在两所高校我们均采取了与师生们开研讨会的形式,在轻松愉快的氛围中进行交流。由于交流时间有限,同时四川外国语大学正值新生开学季,老师与同学们都忙于开展迎新活动和新生教育活动,而访问四川大学时不巧是周末,不方便集齐大批学生,因此我们未能按照原计划进行课堂旁听,也没有组织问卷调查活动。这是此行最大的遗憾之处,也是今后需要改进和注意的地方。

## 参考文献

[1] 韩小园.硕士研究生课堂教学满意度研究[D].西南大学,2008.

[2] 王胜娟.关于我国研究生教学中存在的问题及对策[J].沧桑,2007(2).

[3] 蓝天水.研究生课程教学中的问题与对策[J].福建农林大学学报(哲学社会科学版),2006(6).

[4] 吕国营.论高校课堂教学的内容与形式[J].文教资料,2009(25).

[5] 余虓.论硕士研究生课堂教学的特性[J].学校党建与思想教育,2013(24).

[6] 李航.外语课堂师生意义协商:互动与优化[D].西南大学,2012.

[7] 胡放荣,陈满娥.提高研究生课堂教学质量的方法探讨[J].科技创新导报,2013(6).

[8] 杨明.研究生课堂教学的有效性研究[D].西南大学,2012.

[9] 张金凤.硕士研究生课堂教学满意度研究——以东北大学为例[D].东北大学,2009.

[10] 王冰.从课堂提问透视外语教师的教学观[D].海南师范大学,2012.

[11] 李阳.研究生课堂教学的有效性研究[D].黑龙江大学,2012.

[12] 黄珍玲.以研究生为对象的高等教育服务满意度研究——来自湖南四所大学的调查[D].湖南师范大学,2014.

[13] 徐小林,陈强,刘波,车录彬.我校2013年研究生满意度的实证调查研究[J].湖北师范学院学报,2014.

[14] 周文辉,王战军,刘俊起,李明磊,吴晓兵,周玉清,赵清华.我国研究生教育满意度调查——基于在读研究生的视角[J].学位与研究生教育,2012.

[15] 陈莉,富冀枫,袁晖,李英霞,董艳,刘玮.基于满意度的研究生教育服务质量实证研究[J].上海交通大学学报(医学版),2014(2).

# 上海高校韩国语研究生课堂教学内容与形式反馈

调研注册团队编号:5
调研注册团队领队:寇爱民

作　者:寇爱民　李　云　赵　炯　周婷婷　解慧敏　张建卫*

[摘　要] 近年来,为了应对社会经济发展的现实需求,我国硕士研究生教育发展十分迅速。特别是2012年中韩建交20周年之后,中韩两国间的交流更加密切,国内开设韩国语专业的高校数不胜数,很多学校还开设了韩国语硕士研究生点。然而,这样大量培养的方式却带来了一定的副作用。不仅是韩国语研究生的培养方式,我国其他研究生的培养模式上存在的问题也逐渐浮出水面。因此,本调研组6名成员奔赴上海,对上海设有硕士研究生点的复旦大学和上海外国语大学进行了实地调研,并对包括二外在内的三所学校的研究生课堂教学内容及教学形式做了对比,分析各学校现行方式的优缺点,进而扩大到全国的韩国语研究生教学上,望为研究生培养模式的改进以及革新提供微薄之力。

[关键词] 韩国语研究生;教学内容;教学形式

## 一、调研目的与意义、调研内容及方法

(一)调研目的与意义

通过对上海两所大学的韩语专业硕士研究生课堂教学的考察研究,发现课堂教学中

---

* 寇爱民,女,汉族,1990年生,山东省夏津县人,北京第二外国语学院朝鲜语系2013级硕士研究生;李云,女,汉族,1990年生,山东省青岛市人,北京第二外国语学院朝鲜语系2013级硕士研究生;赵炯,男,汉族,1985年生,河北省石家庄人,北京第二外国语学院朝鲜语系2013级硕士研究生;周婷婷,女,汉族,1990年生,山东省德州市人,北京第二外国语学院朝鲜语系2013级硕士研究生;解慧敏,女,汉族,1991年生,山东省临沂市人,北京第二外国语学院朝鲜语系2013级硕士研究生;张建卫,男,汉族,山东省泰安市人,北京第二外国语学院朝鲜语系2013级硕士研究生。

存在的问题和有益的经验,为改进和优化韩语等外语类研究生的教学模式提供有益的参考和借鉴,进一步优化高等教育人才的培养模式,提高我国高等教育的水平和质量,为中国社会主义现代化建设培养更多的高素质人才。

将"上海高校韩国语研究生课堂教学内容与形式反馈"作为此次调研的主题,其理论价值主要在于:(1)有助于深化对研究生教育课堂体系内涵知识的认识。课堂体系不仅指的是学科课程体系,也包括活动课程体系;不仅是静态课程体系,也包括动态课程体系。(2)有助于研究生课堂内容与形式,以及教育理论的发展。这些理论在研究生课堂教育领域的拓展和创新中将会发挥巨大的作用。(3)对于促进研究生教育学科的发展具有较大价值。[1]

其现实意义主要在于:(1)有利于开辟研究生教育课程建设的新视角。当前,国家尽管实施了一些措施大力支持研究生的发展,但其中却有着这样一个漏洞,即对研究生培养有着重大意义的活动课程却未得到足够的关注,同时对研究生教育课程有效实施条件的建设也没有给予足够的关注。(2)对于研究生培养方案的形成具有一定的指导作用,提供了理论和方法上的指导。(3)对于研究生教育培养目标的实现具有特殊意义。通过对课程内容与形式的研究与分析,有助于确定合适的课程体系目标,形成优化的课程体系结构,保障有效的课程体系实施,并加以完善。同时,正确的课程内容与形式,会使得预定的培养目标不再是空中楼阁。[2]

(二)调研内容及方法

1. 主要内容

本课题研究特别关注的内容有三个:语言、学习、学生。

以语言本身为对象在课堂中进行研究,同时注重对所教授课堂语言内容本身进行观察与研究。本课题研究主要内容具体有:①角色研究:教师或学生的角色差异,转换,及其对外语学习的效果影响。②关系研究:传统与现代的师生关系,学习伙伴的关系,主体和客体的关系,关系的建立、维持、交互、发展等,学生的应对,教师的应对等。③研究教师:价值观,信念,关注教师培训方法的创新与实践等。④研究学生:动机,策略,行为,同伴互助互评,进步幅度或表现形式,高低年级大学生英语学习观念和行为比较研究等。⑤研究教材:理念,目的,路径,结构,活动形式,材料来源,真实性,时效性,科学性,人文性,工具性,教育性,实用性,教学方法等。

2. 研究方法

观察、观摩法。分别观察教师、学生、师生关系、教学活动或行为等,从中发现问题,归纳问题,研究问题。可以现场观察,也可以录像观察。

反思法:有目的、有意识地参与事先设计好的合作、交流、互动、任务、行动、实践等活动,从中体验、醒悟、反思本校的教学理念、方法、差距等。

记录法以及访谈法。[3]

## 二、调研成果展示

### （一）复旦、上外两所学校的教学内容调查

#### 1. 两所学校的专业设置

复旦大学外文学院韩语语言文学专业成立于1995年，现在已经建立起了一个完整的课程体系和教学体系，在本科生、硕士生、博士生三个层次上培养高素质创新型韩语人才。在扎实的本科生教育和精湛的学术研究基础上，韩文系拥有亚非语言文学硕士学位授予权并培养外国语言学与应用语言学学科的硕士生，研究生方向包括韩国语言学方向和中韩翻译方向，其中的重点研究方向有韩国语语法理论研究、韩中翻译理论与技巧、韩中语言文化对比研究、韩中文学比较研究及南北韩语法研究对比等。

上海外国语大学的亚非语言文学学科（朝鲜语）成立于1994年，是随着改革开放的深入和中韩关系的发展，适应韩国语人才的需求逐渐发展起来的年轻专业。韩国语专业建立之初只有本科教育，进入21世纪之后，专业建设得到突飞猛进的发展。2005年被批准设立硕士学位学科点（亚非语言文学），2006年开始招收硕士研究生和朝汉语对比研究方向博士生（外国语言学及应用语言学），2008年被教育部批准为高等学校特色专业（亚非语言文学），2011年经批准设立亚非语言文学博士学位学科点。学科点设有朝鲜—韩国研究中心，拥有一个博士后流动站（外国语言文学一级学科）。

目前，上海外国语大学的学科硕士点共有3个方向：朝鲜语言、朝鲜文学和朝鲜文化。其中的朝汉语言对比研究、中朝语言文字关系史研究、朝鲜半岛文化研究等，受到国内外学术界的关注。

#### 2. 两所学校的课程设置

复旦大学韩语专业的研究生课程则由三部分组成：

学位基础课，社会语言学、应用语言学、外国文学五十讲等。

学位专业课，现代韩国语语法理论、现代汉语语法理论、翻译理论与实践、朝中语法对比、朝中文化语义对比研究、韩国语修辞学研究等。

专业选修课，韩国语语义学、朝中词汇对比、韩国语词汇学研究、现代汉语词汇学研究、韩国及朝鲜文学选读、韩国语句型研究、韩国语文论著选读、文化语言学、中韩翻译简史、中韩文体翻译等。

上海外国语大学的研究生课程包括学位专业课和公共选修课。学位专业课又分为专业必修课和专业选修课。

各方向的专业必修课包括：

朝鲜语言，朝鲜语词汇学、朝鲜语句法学、朝汉语对比、第二语言韩国语教育。

朝鲜文学，朝鲜文学史、朝鲜文学概论、中韩比较文学、朝鲜文学作品选读。

朝鲜文化，当代朝鲜/韩国社会与文化、近代朝鲜社会研究、中朝关系史（古代）研究、朝韩历史文献导读、朝鲜文献选读。

专业选修课有：语言学原著选读、对比语言学、社会语言学、韩国近现代诗研究、韩国近现代小说研究、朝鲜通史、亚太国际关系与区域合作、东北亚国际关系研究等。

公共选修课有：现代语言学、世界文化、跨文化理论与实践、信息检索等。

（二）复旦、上外两所学校的教学形式调查

通过对上海外国语大学和复旦大学的韩国语研究生的调查，二者在培养模式和教学模式上大有不同。

复旦大学的韩语系则是实行普遍的3年培养方式。学生在入学时也已经确定了自己的专业方向，复旦大学只有两个研究生方向，即语言学和翻译。二者具有紧密的理论联系和千丝万缕的关联，因此从开学开始，所有的学生虽然专业有所不同，但是都必须一同上课，不仅学习了专业的相关理论，对实际的应用也大有帮助。此外，今年复旦大学还第一次开设了文学内容相关的课程，更丰富了学生们的视野与研究角度。研究生三年级的第一学期，学生们基本上都会前往韩国，进行交流学习，增加国际间的学术碰撞。

上海外国语大学的亚非语言文学学科主要实行2年半培养制度的学术型研究生培养模式。所有新入学的研究生都已经确定自己的专业方向，第一学期所有的学生会一同上课，统一学习。从第二学期开始，学生们将会根据三个不同的专业方向分开上课，深入研究和学习自己专业的相关知识与理论。这一方式会大大加强学生在自己专业领域的相关理论基础，使相关专业的学生更深入地研究自己的专业领域。

（三）调查问卷结果整理

鉴于上海外国语大学还没有开学，我们没能以其学生为对象展开问卷调查，所以此次调查问卷对象为复旦大学研二的5名学生，我们就其课程安排及上课方式等方面进行了相关调查，结果如表1所示。

表1 调查结果

| 授课方式 | 不分专业，集中授课 |
|---|---|
| 授课内容 | 韩中词汇对比、语法对比、韩国文学选读、社会语言学、普通语言学、西方语言学理论、翻译理论与技巧、韩国语语义学、韩中语法对比等 |
| 课程设置与教学方式是否合理 | 合理，比较满意 |
| 是否有需要改进的地方 | 希望增加更多的翻译实践；增加更多的数据库资料；增加韩语教育学方面的内容；增加相应的汉语相关知识等。 |

由上表可知，复旦大学的5名研究生当前采用集中授课的方式，课程内容丰富，与专业相符，学生们对当前课程设置和教学方式基本满意，同时希望能够进一步有所改善。

## 三、韩国语研究生培养的对比研究(以上外、复旦、二外为例)

### (一)三所学校教学内容的对比

想要研究三所学校韩国语研究生的教学内容,必须先从各学校韩国语研究生的专业设置开始,如表2所示,然后再对比课程设置的不同与合理与否。

表2 三所学校教学内容的对比

| 对比项<br>学校 | 教学内容 | | 教学形式 | |
| --- | --- | --- | --- | --- |
| | 专业设置 | 课程设置 | 培养模式 | 教学方式 |
| 复旦大学 | 语言、翻译 | 以语言学为主 | 集体培养 | 发表 |
| 上外 | 语言、文学、文化 | 以语言学为主、近来向文化方向发展 | 分方向培养 | 发表 |
| 二外 | 语言、文学、翻译 | 以文学为主 | 集体培养 | 发表 |

**1. 三所学校的专业设置对比**

(1)复旦大学韩国语研究生的专业方向设置

从表2上我们了解到,复旦大学的韩国语研究生主要以翻译方向和语言方向为主。这与外界的认识基本上是相同的。研究生的导师主要有姜宝有教授、黄贤玉副教授以及蔡玉子副教授等。其中姜宝有教授的专攻方向是认知语言学,黄贤玉副教授的专攻方向是中韩对译,蔡玉子副教授则是音韵学、词汇学方向。由此看来,复旦大学韩国语研究生专业方向的设置是根据本校的师资来设定的,相信其他学校也是这样的,研究生导师的方向决定研究生方向的设置。但是,复旦大学至今还未设文学或文化方向的研究生,这可以说是复旦的一个不足。我们不能说文学比翻译、语言重要,但是最起码文学与翻译、语言是应该受到同样重视的。

(2)上海外国语大学韩国语研究生的专业方向设置

从表3上,我们可以看出上外的韩国语研究生主要有文学、文化、语言方向。其中文学方向的导师金永奎教师是朝鲜语系的现任系主任,文化方向的导师是李钟洙教授。语言学方向的研究生导师则有3位,这其中就包括在学术界很有威望的金基石教授。

但是,接待我们的教授告诉我们其实上外的专业侧重点也在变化,不像外界知道的以语言学为主,近几年专业的重心开始向文化方向移动。

(3)北二外韩国语研究生的专业方向设置

二外的专业设置是有一定变动的,每所学校应该也都会有这种情况。2012级设置了文学、语言学和文化方向,其中文学又分为现代文学、古典文化以及比较文学,各一名学生;语言学一名;文化两名。然后2013级的研究生专业设置就有了一些变化,大方向是文学、语言和翻译,我们可以清晰地看到中韩翻译方向取代了文化方向,也是有两名学生,其他均是一个方向一名学生。2014级研究生的专业方向设置也有轻微的变动,就是没有了比较文学,分别是现代文学、古典文学、语言学、文化以及中韩翻译。纵观二外这三年的硕士研究生专业设置情况,其中文学与语言学是基本上没有变动的,2013年新添的中韩翻译方向以后应该也不会有太大的变动。

通过对三所学校专业设置的对比我们可以得出,每个学校研究生方向的设置是与每个学校的师资情况相连的,而且我们也可以看出每个学校在研究生方向设置上的侧重点,这可以给那些在选择学校上左右为难的学生一些建议。

**2. 三所学校的课程设置对比**

分析了三所学校的硕士研究生专业设置情况,下面我们就可以对三所学校的课程设置进行比较了,很显然的是,课程设置与专业的设置是不可分割的(见表3)。

表3 三所学校的课程设置对比

| 对比项<br>学校 | 每年招生数 | 学生民族、国籍 | 学位设置 |
| --- | --- | --- | --- |
| 复旦大学 | 3～5 | 朝鲜族、汉族、韩国 | 学士、硕士、博士 |
| 上外 | 10～11 | 朝鲜族、汉族 | 学士、硕士、博士、博士后 |
| 二外 | 6～7 | 汉族 | 学士、硕士 |

(1)复旦大学的韩国语研究生课程设置

复旦大学的研究生的课程以语言学为主,详细的课程设置正如在第二部分提到的一样(具体的课程设置请参考第二部分),分别有学位基础课、学位专业课,其次还有一些专业选修课,但仔细观察这些专业选修课也无不是与语言学、翻译有关的,而且是相当有深度的学习,只是与文学相关的课程基本上是很少的。但是以翻译方向为例来说,只拿翻译理论来研究是很难写出论文的,我们必须要有文本分析才可以证明某种理论的应用,所以个人认为从翻译方向的学生出发,复旦大学应该再添加一些关于文学作品选读的课程。

(2)上外的韩国语研究生课程设置

上外的研究生课程设置也是以专业方向设置为基础的。但是,近几年专业重心开始向文化移动,从该校的专业选修课的设置上我们就可以看出。

专业选修课有:语言学原著选读、对比语言学、社会语言学、韩国近现代诗研究、韩国近现代小说研究、朝鲜通史、亚太国际关系与区域合作、东北亚国际关系研究等。文学也是文化的一部分,国际关系、东北亚国际关系等都是文化不可分割的部分。由此我们可以得知,近几年上外的韩国语研究生专业也在进行着改革。

(3)二外的韩国语研究生课程设置

二外的课程设置相对来说有点侧重于文学。主要的课程有:

**文学相关课程**:韩国文学作品选读、韩国文学史、韩国作家研究、世界文学、韩国历史、韩国文学概论、中韩比较文学研究等。

**语言学相关课程**:韩国语语言学、韩中语言对比研究等。

**翻译相关课程**:中韩交替传译、文学翻译、翻译理论与实践等。

**其他选修课程**:韩国语教育。

虽然,每个方向都有相应的课程的设置,可是我们还是可以看出二外的研究生课程以文学为主,翻译相关的课程也多与翻译实践相关,个人认为应该添加一些跟翻译理论相关的课程,即使是作为专业选修课程也可以;另外语言学的相关课程也应添加一些,尤其是基本的语言学知识相关的课程。

(二)三所学校的教学形式对比

**1. 培养模式对比**

在对研究生的培养模式上,我们也不是太了解,不过鉴于去调研的两所学校有着不同的培养模式,加上二外的情况,暂分为两类并且分析优缺点。

(1)集体培养

所谓集体培养,顾名思义是指所有方向的学生都在一起,接受相同的教育,基本上每个学生都没有侧重点,只是大家在写论文的时候,要写自己方向的。复旦大学以及二外都是采取的这种模式。

首先,说一下集体培养的优点。本来研究生的人数就少,大家在一起上课也不会超过10个人,所以集体培养的话,会激发学生的兴趣,调动学生的积极性;而且学生们学习的知识面会广一点。但是这里的知识面广,并不是指像本科那样广范围的涉猎,是有重点的广范围涉猎;另外,学生在准备各科作业、收集资料的时候,可以找到自己感兴趣的点,然后结合自己的专业方向,为论文的写作积累语料库。

但是,集体培养也有不可避免的弊端,那就是学生们学习的深度还是不够深。作为研究生,半只脚已经踏入了学术之门,要真正地写出像样的论文,还是需要集中精力学习自己的专业。但是准备好每门课程的发表以及小论文也是相当费时间和精力的,这就导致学生们学习专业知识的时间不足,甚至会影响到以后毕业论文的撰写。

(2)分方向培养

分方向培养就是相同专业方向的学生在一起学习。我们以上海外国语大学为例,简单地说明一下。

上外的情况是入学后的第一个学期,所有的学生会在一起上课,共同学习一些公共基础课。然后第二学期开始大家分开上课,只有相同专业的人才会在一起上课。上外每年有10名左右的学生,有三个方向,所以每个方向平均会有3名左右在一起上课,避免了那种一名教师、一名学生的尴尬。3名学生一起上课,学习的压力不大,算得上专门施教了。分方向培养的学生们会更加有深度地学习自己专业方向的知识,从某种角度上来说这才是符合研究生的培养模式。

然而,分方向培养也是有其相应的弊端的。首先,最大的限制就是学生数。学生数量过少的话,分方向培养实施起来就很困难了,这里面还包括师资力量等制约因素。其次,分方向培养会导致学生们只知其一不知其二,除了自己的专业知识,其他的一窍不通。为了避免这种尴尬境地,有想要实行分方向培养的模式,那就要适当地做些补充。其实,上外采取的措施是值得我们借鉴的。首先要学习公共基础知识课,然后再分开教学。学习公共基础课的时间我个人认为以 1~2 学期为佳,2 学期为最佳。学生们经过研究生一年级的学习,掌握了基础的知识,积累了不少的语料库,肯定也发现了自己感兴趣的地方,然后应用到接下来的专业知识的学习上,这是最好不过的了。

### 2. 教学方式对比

关于研究生的教学方式,三所学校采取了一致的方法。上课以发表为主,测试、考试以小论文的形式进行。我想这也应该是中国高校文科类硕士研究生普遍实行的教育模式。

首先,上课以发表为主,这就给了学生们充分的主动性,自己准备,并将自己获取的知识发表,发表的过程即交流的过程。通过这个过程学生们学到的知识肯定会比听老师讲课学到的东西要多。当然,在学生发表完之后,教师还是要做一些点评以及添加的,这样才是一个完整的发表。其次,考试采取小论文的形式。这就在平时锻炼了学生们写论文的能力,为以后毕业论文的写作打下了基础。

## 四、借鉴与改进之处

此次调研最关键的一环就在于将上海两所高校教学内容和形式与我校朝鲜语系研究生培养模式进行对比,取其精华,去其糟粕,从而对我校培养模式进行反思,并提出更具建设性的意见。

### (一)教学内容

注重"学科基本结构",使各个学科理论得以系统化。

"学科基本结构"是教学内容和课程体系中的最基本要素。美国著名心理学家布鲁纳在其所著《教育过程》一书中,提出了"学科基本结构"的学说,主张"不论我们选什么学科,务必使学生理解学科的基本结构"。所谓"学科基本结构",就是指课程的基本知识、基本概念、基本原理之间的内在本质联系所构成的理论框架和逻辑体系。[4]

"课程基本结构"能将该课程各个"点"连成"线",进而扩成"面",反映了教学内容的整体性、规律性和稳定性及其内在系统逻辑联系的严密性。讲授这一结构,既保证了教学内容的系统完整,又突出了重点,从而能使研究生更好、更快地提纲挈领,理解、掌握该课程的整体,并有助于把它长期保存在记忆中。把课程具体内容放在"学科基本结构"中讲授,研究生不仅较易掌握,而且尤其有利于知识的迁移,这正是培养研究生思维能力、促进其智能发展的重要因素。这样能使研究生做到融会贯通、举一反三,用共性的规律去解决千差万别的实际问题,既节省了教学时间,又提高了教学质量。为了获取上述效果,在课堂讲授中,关键是要处理好系统完整与重点突出的关系;在系统完整的统摄下强化重点,同时又抓住重点之间的逻辑关系,凸显它们之间的内在系统完整而强化"概说"课,突出"专题"课,是组成和讲授"学科基本结构"的主要途径。

(二)教学形式

要使每门课程的教学内容具备研讨功能,并加以强化。

借鉴一些理论和方法,遵循教学与科研相结合的教学原则,坚持教学、科研、社会实践三结合,故必须强化课程的研讨功能。它包含四个方面:

(1)介绍不同学派和学术观点的争论情况,并阐述自己的学术见解,引导文科研究生自作判断和结论,然后教师再加以恰当的评价和总结。

(2)介绍本课程研究的薄弱环节、有待解决的课题和目前的研究方向,引导文科研究生提出质疑。

(3)介绍本学科学术研究史和常用研究方法。

(4)介绍他人和自己的有关科研情况,对选题的指导思想、科研项目或专题的确定、研究思路、研究过程、走过的弯路、取得的成果,直至尚待进一步探索的问题等逐一加以评述。强化课程研讨功能的目的,就是要把科研引入教学内容,使讲课具有研讨问题的性质,以激发文科研究生的探索兴趣和发散型思维,培养他们分析、解决问题的能力和较强的科研能力,尤其是要引导他们在科学研究和自己日后的实际教学或管理工作中,把亟须解决的重大理论和实际问题作为研讨的主要课题。

(三)培养模式

培养模式为个性化培养模式。前面也已经提到,上海两所高校所采取的培养模式分别为集体培养和单向培养,而我系采用的则是集体培养,无论采用哪一种培养模式,以学生为侧重点,实施个性化的培养模式是最合适不过的了。所谓个性化培养,就是不拘泥于固定的培养模式,而是针对研究生个人的具体情况来制定合适的培养方案。由于成长环境和生活经历的不同,研究生在体质,气质,性格和个人爱好等方面定会有差异,这些差异造就了研究生不同的个性,也使研究生对事物的理解和处理问题的方法有所不同,而研究生的独创性正是在这种各自不同的思维方式和行为方式基础上产生和发展起来的。对于不同的研究生,在学术规范,实践技能,阅读与写作能力,发言能力,科研思维能力上的培养都要做到因人而异。并根据学生个人的职业规划,给予更加专业的指导。苏霍姆林斯基曾说过:"世界上没有才能的人是没有的。问题在于教育者要去发现每一位学生的禀赋,兴趣,爱好和特长,为他们的表现和发展提供充分的条件和正确的引导。"

当然,要想真正要做到这一点,是十分困难的。首先,老师们除了在教学的同时,还要负责各自的科研项目,定期参加学术研讨会等,导师的时间和精力是十分有限的,因此学生和导师之间一定要定期进行交流和沟通,让导师了解自己的学习状态和兴趣点,并在导师的指导下,努力朝着自己的目标奋进。

## 五、结论

本次调研以"上海高校韩国语研究生课堂教学内容与形式反馈"为主题,主要针对上海两所开设韩国语专业研究生的院校——复旦大学和上海外国语大学开展实地调查。对本课题进行调查和研究,有助于深化对研究生教育课堂体系内涵知识的认识,有助于研究生课堂内容与形式以及教育理论的发展,有助于促进研究生教育学科的发展。同时,本课题对开辟研究生教育课程建设新视角、使研究生培养方案系统化、促进研究生教育培养目标的实现等方面具有重要的现实意义。此次调研主要通过观察记录、发放调查问卷、交流访谈等方法,收集两所学校在教学内容、教学形式、招生人数、学位设置等方面的信息,并结合北二外韩语研究生教学内容和形式,对三所院校进行比较分析,进一步找出三所院校在韩国语研究生教育方面的各自的长处与不足,以希望对我校今后的韩语研究生课堂教学的发展和课程设置等方面能提供一定的借鉴之处。

通过去上海两所高校的实地调研后,我们发现复旦大学、上海外国语大学和我校在韩语研究生教学方面既有相同点,也有不同点。

第一,从教学内容方面看,在专业设置上,三所学校都有语言学方向,又各自开设了翻译、文学和文化方向。复旦大学设有语言、翻译方向,以语言方向为主;上海外国语大学设有语言、文化、文学方向,目前以语言学为主,今后将逐渐发展文化方向;二外设有语言、文学、翻译方向,以文学为主。每个学校开设的专业是与其师资情况密不可分的,可以说导师的专业是影响学校开设研究生专业的最主要因素。在课程设置上,三所学校开设的课程与其培养的侧重点基本一致,复旦大学以语言学课程为主,每一门课程都与语言、翻译有关,几乎没有文学课程;上海外国语大学的研究生课程设置也是以专业方向设置为基础的,专业选修课有语言学原著选读、对比语言学、社会语言学等,然而近几年专业重心开始向文化移动,开设了朝鲜通史、亚太国际关系与区域合作、东北亚国际关系研究等课程;二外在课程设置方面,尽可能平衡每个专业的课程资源,使每个方向都有相应的课程开设,在文学方面有韩国文学作品选读等,在语言学方面有韩国语语言学、韩中语言对比研究等,在翻译方面有中韩交替传译、文学翻译、翻译理论与实践等,但总体来说与文学相关的课程更多一些。

第二,从教学形式方面看,在培养模式上,上海外国语大学采取分方向培养模式,复旦大学和二外都是集体培养模式。上外的韩国语研究生,在入学后的第一个学期时,所有专业的学生都在一起上课,学习一些公共基础课,然后第二学期按照各自的专业方向分开上课,只有相同专业的学生才会在一起上课。而复旦大学和二外的韩语研究生,所有方向的学生都是学习相同的课程,接受相同的教育,基本上在课堂学习时没有侧重点,只是在写毕业论文时,要体现自己的研究方向。两种培养模式各有利弊,像上外这样的分方向培养,能够使学生们会更加有深度地学习自己专业方向的知识,从某种角度上来说,这才是符合研究生的培养模式。然而往往受到学生数量和导师资源的限制,在学生为数不多的韩语研究生院系,实施起来较为困难。而复旦和二外采取的集体培养模式,有利于激发学生们的学习兴趣,调动学生的积极性,积累更为广阔的知识,为论文的写作积累语料库。但是集体培养也有不可避免的弊端,即在课堂上,对各个专业很难进行深入的学习和研究,其他课程的发表和作业也分散了专业学习时间和精力,导致学生们学习专业知识的时间不足,甚至会影响到以后毕业论文的撰写。在教学方式上,三所学校采取了一致的方法,上课以发表为主,发表后老师进行点评,同学之间亦有交流,测试和考试则以小论文的形式进行,这样既能激发学生们自主学习的能力,增进老师与同学、同学与同学之间的交流,也锻炼了学生们写论文的能力,为以后毕业论文的写作打下了基础。

通过分析上海两所高校在韩国语研究生教学内容和形式上的特点,可以为我们学校今后的韩语研究生教育提供一定的借鉴。首先,在教学内容上,我们要更加注重"学科基本结构",使各个学科理论得以系统化,处理好系统完整与重点突出的关系,在系统完整的统摄下强化重点,同时又抓住重点之间的逻辑关系;其次,在教学形式上,要使每门课程的教学内容具备研讨功能并加以强化,要把科研引入教学内容,使讲课具有研讨问题的性质,以激发文科研究生的探索兴趣和发散型思维,培养他们分析、解决问题的能力和较强的科研能力;最后,在培养模式上要注重个性化培养,对于不同的研究生,在学术规范,实践技能,阅读与写作能力,发言能力,科研思维能力上的培养都要做到因人而异。并根据学生个人的职业规划,给予更加专业的指导。

诚然,想要真正进一步优化我校的韩国语研究生教学方法和培养模式,还需要学校、院系、导师和同学们等多方的共同努力。复旦大学和上海外国语大学的模式也并不是尽善尽美的,但都是结合学校的实际情况,探索出的一种因地制宜的方式,正像上外正在调整专业发展的侧重点一样,也在不断完善中。我校的韩国语研究生的教学也处于调整和优化的过程中,文学优势依旧明显,翻译方向正在兴起,明年韩语专业的MTI招收计划更是会为院系注入新的活力,在实践中继续探索和虚心借鉴,找到一条适合二外又独具特色的研究生教学道路,一直将会是韩语系努力的目标和方向。

## 参考文献

[1] 罗尧成.我国研究生教育课程体系研究[D].上海:华东师范大学,2005.

[2] 罗尧成.对我们研究生教育课程体系改革的思考——基于调查问卷统计结果分析的建议[J].高等教育研究,2005.

[3] 万明.我国研究生教育体制改革研究[D].合肥:中国科技大学,2013.

[4] 潘百齐.论优化文科研究生教学内容和课程体系[J].江苏高教,2000.

# 思维创新理论关照下的高校法语研究生课堂教学

调研注册团队编号:7
调研注册团队领队:文晓荷

作　者:文晓荷*

[摘　要] 本文首先概括创新思维理论的研究现状及创新思维的本质,厘清本文的理论基础,在此理论基础上,分析高校法语研究生的课堂教学状况,以北京第二外国语学院、华东师范大学、南京大学的法语研究生课堂为例,以创新思维理论的角度分析其课堂模式及其中值得发扬之处和需要改进的地方。

[关键词] 思维创新;法语研究生;课堂教学

## 一、思维创新理论

（一）思维创新理论的研究现状

现今该课题在国内外研究现状较少。但关于创新型人才的讨论层出不穷。张义生(2003)阐述了创新思维的基本原理;陈湘纯、傅晓华(2003)解释了创新思维的哲学内涵;杨琪(2005)、李维平(2006)指出了创新型人才的特点;纪宝成(2006)从高校管理者的角度指出了这类人才的培养模式;在外语人才培养方面,文秋芳(2002)、陈新仁和徐钧(2003)、王金洛(2005)对创新型人才的特点和培养作了有益探讨;曹德明(2007)介绍了上海外国语大学在国际化创新型人才培养方面的举措。以下,笔者试在前人的研究基础上,对创新思维的理论进行阐述。

（二）创新思维的本质

理解创新思维的本质是探索创新思维的基础和关键。它直接关系到创新思维理论

---

* 文晓荷,女,汉族,1991年生,湖北省宜昌人,北京第二外国语学院法意语系2013级硕士研究生。

体系的建立。到目前为止,学术界理解创新思维的本质存在很大分歧。这是因为创新思维本身是一个十分复杂的系统过程,概括其本质,人们往往会各执一端。唯物辩证法认为,本质是事物的内在根据,是事物内部各个要素之间稳定的联系,是同类事物中一般的、共同的东西,而本质又是分层次的,可以有一级本质、二级本质等不同层次的本质之分。① 复杂系统的本质也不应该是单一的,它应当具有层次性,作为一个复杂的系统的过程,创新思维的本质是多层次的,我们需要运用系统科学的观点来认识和把握创新思维的本质。

从功能层面看,创新思维的本质在于出新,在于产生前所未有的认识成果。所谓"创新思维",是与习常思维相对应的一种思维,习常思维是人们针对常规性问题进行的思维,这种思维重复和模仿以往的思维活动。它有现成的程序、模式,是在现有的经验范围内进行思维。创新思维与此不同。它超出已有的经验范围,面对新的领域,采用新的认识方法,开创新的认识成果。

从结构层面看,创新思维的本质在于超越,在于突破原有的思维结构。思维结构是在学习和实践中被逐步建构起来的。① 在学习和实践中,人们把获得的知识、经验和形成的观念、方法积淀在头脑中,逐步建构起一定的思维结构,因此形成思维结构的要素有知识、经验、观念和方法等人们的思维过程,就是运用已有的知识、经验、观念、方法对进入大脑的信息材料进行加工的过程。思维结构具有相对的稳固性,一种思维方式一旦被建立起来就不会被轻易改变。人们通常称之为思维定式,思维定式具有双重作用,它可以帮助人们凭借现有的经验和惯常的思路,驾轻就熟地解决一般的常规性问题,反之,它只能妨碍人们解决那些超出了现有的经验和认识范围的非常规问题。在思维定式的作用下,主体往往会因循守旧、墨守成规,习惯用老眼光、旧思路、原办法去对待新题,因此,按照已有的思维结构形成的思维定式是思维创新的主要障碍。创新从根本上说就是突破思维定式的阻碍,超越既定的思维结构。

从机制层面上看,创新思维的本质在于发散性思维和收敛性思维的统一。收敛性思维是集中思维,它使思维素材按照一定的逻辑联系,集中指向所要解决的问题,而发散性思维使思维素材按照非逻辑的方式,由一点向四面八方扩散开去,以求获取尽可能多的答案。创新思维就是对收敛思维和发散思维的交互运用,是这两种思维的统一、结合和互补。

综上所述,创新思维的本质是一个系统,其中实现思维的出新是它的功能性本质。实现对原有思维结构的超越是它的结构性本质。在收敛性与发散性统一的基础上实现思维素材的有效组合是它的过程性本质。创新思维"从根本上说"就是这三个层面的本质的统一。

---

① 张义生. 论创新思维的本质[J]. 中共中央党校学报, 2004(8).

## 二、法语研究生课堂教学现状

### (一)我校法语研究生课堂教学状况

研一期间,主要课程为法语语言学理论、法国文学、跨文化交际学研究、翻译批评、法语文体修辞、语法问题研究、法语口语表达能力研究。无固定教材,上课内容主要为教师自选。主要通过论文进行考核。通过总结,主要有三种课堂教学模式。

#### 1."讲授、讨论"式:突出学生主体

讲授是一种传统的教学方式,具体包括讲读、讲演、讲解、讲述4种。讨论是一种具有探究、研讨、合作性质的教学方式。主要通过以下两种形式予以呈现:先讲授后讨论和讨论于讲授中进行。教师根据教学计划讲授教学内容,在遇到有争议的观点或疑点时,由教师故意设问、创设问题情境,或由学生主动思考自发提问并及时展开讨论,随后再讲授、讨论,直至课堂结束。对于课堂中悬而未决的问题,课下由师生、生生继续展开讨论。这种讲授与讨论相结合的教学模式很大程度上突出了学生的主体性、参与性,提高了学生的学习积极性与课堂主人翁意识,较传统的教学方式而言,无疑是个很大的进步。[①]

#### 2."练习、实践"式:实现角色互换

从形式上来讲,这种教学模式属于一种换位教学。所谓"换位教学",就是"师生位置互换,让学生上讲台,扮演'老师'的角色,在讲台上行使教师的职权,组织教学,进行授课活动。此时老师则以一名学生的身份听课,实现师生角色位置互换"。具体来讲,即在学期初,教师根据教学大纲,将授课内容分为若干专题,每一个专题下再划分若干子专题,由教师指定或由同学自己选择并承担其中一个子专题,一般有小组合作承担和个人独立完成两种形式。划分专题后,由学生自己搜集、分析、整理资料,然后以课件的形式在课堂作主题发言,或以书面报告、图表等多种形式进行成果汇报,其他同学可对发言人进行提问,最后由教师给予点评。

师生角色互换,整个过程一改传统的由教师主讲的"灌输式"的教学方式,教师在课堂上不再是"权威",只是一名"课堂听众",学生的主体性得以充分发挥,充分体现了师生平等,同时很好地诠释了民主、平等的教学理念。学生可自行选择专题中感兴趣的问题以及问题的切入点,也可以以自己的思维方式灵活组织教学内容,通过自己实践与体验,生成新的不同的结论,从而提高了研究生自主学习、主动探究、参与教学的能力,也有助于培养研究生问题意识、创新思维、探究能力、实践能力。同时它不限定于特定的学科知识体系,搜集资料的渠道多样,组织教学的形式灵活,一定程度上呈现开放性特征,符合"多元化的研究生培养目标和'宽口径,厚基础'的高等教育导向"。

#### 3."导读、研讨"式:师生共同参与

导读,是教师根据课堂的教学内容,结合该课程当前最新研究成果,提出中心议题并

---

① 闫广芬,高云霞.研究生课堂教学模式的误区[J].高校教育管理,2013(7).

科学合理地选择相应的阅读书籍和文献资料供学生在课前阅读学习。研讨，即围绕中心议题，对教师提出的问题和学生生成的问题一一展开讨论。"导读、研讨"式教学的具体过程分3步：第一步，由教师确定论题并提供一定书籍与资料，学生研读并整合资料形成观点或生成新问题；第二步，师生共同参与，学生在教师的启发引导下畅所欲言，从不同的角度对同一问题展开分析讨论；第三步，由教师梳理课程讨论主线，并对讨论进行总结评价，将讨论主题进一步深化与升华。第一步主要在课前进行，后两步主要在课堂上进行，对于课堂上未能分析透彻之问题，课后师生还可继续深入探讨。

"导读、研讨"式教学是以问题为核心，始于问题、围绕问题、分析问题、解决问题的过程。有学者指出，研究生教育应着力培养学生一种正确的思维方式——不把已取得的知识成果作为发展终点，而是作为发展的起点，从知识传递与学习中找到尚未解决的问题，"导读、研讨"式教学正是一种"融思维方法与知识传授为一体的教学"，通过课堂师生共同对教学内容进行探讨，彼此交换意见和看法，充实了学生原有的知识体系，也开拓了学生的研讨视野，同时教师巧妙地将学生引入"学"的过程，不仅培养了学生在阅读书籍文献中独立发现问题、分析问题和解决问题的能力，同时也培养了学生的思维能力、科研能力、创新能力，为学生走上学术之路奠定了基础，很大程度上突出了研究生教育的"研究"性。

（二）华东师范大学法语研究生课堂教学状况

华东师范大学法语语言文学专业始建于1972年，2006年成为华东师范大学外语学院法语系。2005年建立法语语言文学硕士点，2007年开始招收法语语言文学硕士。研究生主干课程包括法国文学史、20世纪法国文学、翻译理论、文学翻译评论、法语文学翻译史、语言学概论、西方文论（通设课程）等。

本团队四人于2014年6月16日至华东师范大学实地进行了听课调研。因时值期末，课时有限，只进行了一堂课的试听。授课老师为袁筱一教授，课程为翻译理论与实践。

授课名称为翻译批评理论，为这学期该门课程的最后一节课，授课对象为所有方向为翻译理论与实践的研一学生，约20人，授课语言为中文，上课模式为讲授式，全程为教师一人讲述，基本没有与学生进行语言交流，在一堂一个半小时的课堂中，使用两页PPT。课程内容主要是译者的忠诚和背叛，理想的译者的确应该是个"全知型"的读者和具有创造力的作者：一方面，他不能仅凭着一两分感觉便草草动手，胡乱操刀，真正把译文变作自己创作的领地；另一方面，他也不能亦步亦趋，以"复制"为自己的最终目的。作为原作在另一个时空中的延续，译者应当清醒地认识到自己在文化交流与传播中所处的位置。在忠诚和背叛中找到平衡点。

上课总体内容是艰深的，袁教授旁征博引，自由跳跃，没有具体的一条脉络，而需要学生自己去厘清思路，想理解教师所有教授内容有一定困难，这节课并不是对该门课程的总结课，所以对该堂课平实的内容并不能作进一步了解。在课后，袁教授布置了期末论文，题目自拟，内容宽泛，与翻译理论相关即可。

### (三)南京大学法语研究生课堂教学状况

南京大学法语语言文学系前身为南京大学西方语言文学系法语组,1952 年全国高校院系调整时,由当时南京大学、金陵大学和震旦大学的法语师资组成。法语语言文学专业主要有翻译理论与实践、法国文学与文化、符号学与文学三个主要研究方向。

本团队总共听了四门课,其中一门为大概五十人的大课,内容为翻译理论和实践。其余三门课程教授者,分别为许钧教授、张新木教授和刘云虹副教授。

许钧教授的翻译课程气氛轻松,这是一门总结课,上课模式为讨论式,主要由学生一次发言,谈对该课程的感想及这学期所学到的知识,在每个同学发言后,许钧教授进行点评,以鼓励为主,肯定了每个学生的发言,并作出延伸,始终耐心倾听,面带微笑,学生参与度很大,许钧教授的鼓励式教学,调动了每个学生的积极性。从学生的总结来看,该翻译课程平时的学习内容,主要是由许钧教授选取的论文和翻译片段,是一种导读、研讨式教学。

张新木教授的语言学课程,上课模式是一种换位式教学,课本为法语原版语言学教材,上课计划是每个学生介绍一章的内容,一堂课由一个学生进行介绍,在学生介绍完毕后,由老师点评,学生介绍只是一种引导其他学生阅读的方式,并没有进行 PPT 演示,由学生自己通过课前的阅读和准备,标出重难点,按照自己理解的方式介绍给其他同学,在介绍过程中,教师可在出现问题时将其打断,给出正确的理解。教师在学生介绍完毕后,给出评价并向其他学生询问是否有其他问题,其他学生可提出自己的见解。

总体上课气氛缺乏活泼,主要由一个学生整堂课讲述,其他学生参与度不高,少有学生进行质疑,跟课程内容难度较大也有一定关系。

刘云虹的翻译课程教学模式与许钧教授上课模式类似,是一种导读,研讨式,但与张新木教授不同的是,每个人都需准备教师事先要求的材料,由教师随机选择学生进行发言,谈对材料的感想,如果有其他学生不同意该学生的发言观点,可以将发言同学打断,提出自己的观点,进行一番小型辩论,由教师进行调节控制,课堂气氛十分活跃。

### (四)调查问卷反馈

为更好地实现调研,本团队拟定了如下调查问卷,发放给了研一法语研究生进行填写。

**1. 贵校法语研究生的方向**

①语言学　②翻译理论与实践　③法国文学　④跨文化交际　⑤法国国情　⑥其他

**2. 研究生培养目标(是否包括创新型思维的培养)**

**3. 法语研究生课堂模式**

①以自学为主　②讨论班　③文献阅读和读书报告　④教师主导　⑤师生角色互换　⑥导读练习式　⑦其他

**4. 课堂中创新型思维的培养方式**

①教师课堂启发　②社会实践　③鼓励自学　④学生相互交流　⑤科研立项

⑥其他

5. 课堂中多媒体及网络使用情况

频繁、中等、较少

6. 课后作业

①查阅文献　②撰写小论文　③科研活动　④制作展示　⑤其他

7. 考核方式

①学生个人展示　②闭卷考试　③开卷考试　④论文考查　⑤其他

8. 教材在课堂中的参与度

①教材选用状况：国内教材比例/国外教材比例/学校自主编写教材比例

②教材使用方式：教师导读/学生自学/教师有选择教授/其他

9. 导师对创新型思维的培养作用

①导师每月与学生的交流次数

②导师对学生引导的主要方面（是否鼓励其创新）

10. 学生上课自主积极性

华东师范大学法语系研究生专业方向为两个：翻译理论与实践、法国文学。研究生培养目标明确培养"具有创新精神、创新能力和从事科学研究、教学、管理等工作能力的高层次学术型专门人才"，上课形式主要为教师主导和讨论班，创新思维培养方式主要是科研立项，课堂中多媒体使用频率中等，课后作业主要是制作展示和撰写小论文，考核方式为论文，无使用教材，为教师自主选择上课内容，导师每月与学生交流1～2次，鼓励其撰写论文，学生上课积极性中等。

南京大学法语系研究生专业方向为三个：翻译理论与实践、法国当代文学、法语语言学。研究生培养目标中并没有培养创新能力这一项，上课形式为教师主导、讨论班、角色互换、导读研讨式，创新思维培养方式主要是科研立项，课堂中基本不使用多媒体设备，课后作业主要是准备老师要求内容和撰写小论文，使用法语原版教材，教师自选上课内容，导师每月与学生交流1～2次，学生上课积极性较高。

## 三、思维创新理论关照下的高校法语研究生课堂教学

（一）法语研究生课堂教学存在的问题

就调研结果来看，教师主导仍是法语研究生教学的主要模式，但这种模式对培养研究生的思维创新能力是不利的。讲授主导式结构是为长期教育工作实践所证明，也具有一定的科学性和普适性的课堂教学模式，其一般教学程式是复习导入——新授——巩固——小结。遵循认识规律，四环节环环紧扣、依次推进是其主要特点，它是我国大学生专业课教学采用的基本结构。显然，讲授主导式结构是围绕新知授受这一核心目的而展开的，是引导学生获得新知的有效途径。在许多研究生课堂教学中，这种教学结构被沿用、被复制，被广泛用于前沿专业知识的教授上。但这种课堂教学结构对研究生教学的

适切性是有限的。研究生课堂教学的核心目的不是新知的传授,而是要教会学生用研究、批判、创造的眼光与态度对待知识,最终实现人类知识总体在学科前沿处的延伸与新生。然而,讲授主导式课堂教学关注的焦点是学生对既定知识的吸收与消化,强调的是知识的积累与运用,它与研究生教学旨趣相差悬殊、貌合神离。如若用讲授主导式结构来组织研究生课堂教学,势必会无形中滋长研究生对既有研究成果的膜拜心态,弱化他们对新事物的敏感性,钝化他们的知识探求意识,进而使课堂教学蜕变为研究生专业成长的精神囹圄。我国研究生教育制度是一种以原创知识生产、高新技术研发、拔尖创新人才造就为追求的高端教育制度,它关注的是"研究生主体的学术水平、能力及其后续的发展潜力"的根本提升问题,讲授主导式结构显然是与之不相称的,它不利于彰显其制度特色,实现其制度使命。

另一种教学模式是导读模式,教师课前布置材料,让学生准备,在课堂上学生进行介绍和讨论。如果说讲授主导式课堂结构是一种严谨、封闭、师本型的研究生课堂教学结构,那么,导读式则是与之相对的一种以开放、自由、生本为主要特点的研究生课堂教学结构。这种教学结构的确对于激发研究生的研究热情,唤醒研究生的研究意识,拓宽研究生的研究视野,锻炼研究生的研究思维,帮助研究生捕捉研究课题等大有裨益,但问题是:在这种教学结构中对问题的探讨零敲碎打,不利于研究生全面步入学科研究领域;缺乏计划性,不利于研究生系统掌握本学科的基础理论,夯实专业研究基础,形成研究潜质;无法凸显学科研究主脉,帮助研究生统观学科全域,准确把握学科前沿问题。

另外就法语研究生角度来说,研究生课堂教学普遍与法语这点专业特色脱节,在授课途中用到法语的地方不多,虽然在法语研究生阶段的学习与本科生的学习存在差别,本科生重在学习法语这门语言,而研究生阶段,法语成为研究的工具,可即便是这样,法语作为法语专业研究生的基本功,也不能荒废,就调查交流结果来看,学生普遍反映在研究生阶段,法语水平大不如本科阶段。因此法语研究生教学模式应在方向研究的同时加强运用法语这项工具。

(二)借鉴意义

**1. 研究生:课程学习的主角与学问探究的主体**

在现代教学论中,学生是课堂教学的认识主体和价值主体,在研究性课堂中更是如此。不同于一般学生主体,研究生在研究性课堂中扮演着双重主体角色:面对教师,他们是学习活动的主体,是成长中的、专业上还不成熟的主体;面对学术活动,他们是研究活动的主体,是具有独立学术权利、承担完全学术责任的主体。学习主体与研究主体的一体性决定了研究生教育的目的不能止步于新知的获得,而应把学习活动推向批判性、反思性、创造性的水平,加速知识学习与学术研究之间的自然转换,实现从课业学习向新知探究的飞跃。研究生课堂教学的主要任务是让学生在旧知吸纳与新知生产中亲历新知生成的过程,在知识的吞与吐中实现学习者向研究者的角色转变。他们既是课程学习的主角又是学问探究的主体,既是知识的消费者又是知识的生产者。这是研究生与本科生之间的差异性与分界线所在。确立研究生在课堂教学中的双主体角色是探索研究性课堂构架的认识论前提。

**2. 导师：专业探究的合作者与导航者**

通过调研，发现导师在激发学生创新思维能力方面起的作用较弱，与学生沟通的次数较少，但其实除课堂外，课下导师应该发挥其鼓励其创新，指导学生科研立项的作用。从南京大学许钧教授的课堂上，可以看出鼓励法教学是非常值得称道的，就我校研一法语教学状况来看，教师对学生是高标准严要求的，利用这塑造出高水平的研究生，但确让学生不敢大胆去尝试，因为批评与指正成为教师点评的主要组成部分，但如果对研究生鼓励，特别是鼓励学生新颖独到的观点，这将会调动学生的课堂积极性与创新精神。课堂教学是在师生之间展开的一项特殊认识、探索活动，是"包括知识的传播、运用和创新"在内的系统工程，导师的参与是确保研究生课堂教学品质的根本保证。导师是研究生专业成长的促进者与责任人，是研究生开展专业探究的合作者与同盟者，是研究性课堂的缔造者与维系者。如果说本科生教学中导师的主要责任是传道、授业、解惑，那么，研究生教学中导师的主要责任则是定向、支持、激励。③"定向"就是为研究生专业发展提供方向性建议，"支持"就是为研究生的专业学习与研究提供专业咨询服务，"激励"就是为研究生的科学探究提供源源不断的精神动力。在研究性课堂中，知识的生产与传播间的界线变得模糊：课堂探究获得的新知构成了研究生课堂教学的直接内容，知识的生产与传播之间是无中介的，可谓"研学一体化"。此时，导师以一名具有丰富研究经验的成熟研究者身份参与研究生对专业问题的课堂讨论，与其共同分享研究经验、开展专业对话、共享研究成果、走向"视界融合"，完成对某一课题的学习与研究工作。① 在其间，导师与研究生之间构成了一种荣辱与共、同舟共济的学习与研究共同体关系。在研究与知识面前人人平等，尤其是在课堂研讨中新生的认识成果面前，导师更是毫无特权可言。在研究性课堂中，随着知识权威的消解，导师被赋予了更为民主、平等、人性化的内涵，他们日渐成为学生开展专业探究的盟友与合伙人。

**3. 课堂模式**

在各种模式中，培养研究生创新思维的前提是让研究生最大程度参与到课堂中来，以教师讲授为主的教学方式，可能会让学生学到很多新的知识，但是却欠缺对研究生思维能力的启发，只有让学生积极参与课堂，才有培养创新思维的基础，师生换位这种模式值得借鉴，但是就南京大学张新木教授语言学课程的效果看，可以在师生换位，学生事先准备的基础上，让其他学生也参与进来，不能袖手旁观，就是说其他学生也需要准备课堂所学内容，但为了减轻研究生的学业负担，可以让每个学生准备一个问题即可，在学生发言结束后，依次提出问题，锻炼学生的创新思维能力，提出新颖而不重复的问题，同时让每个学生参与其中，避免让一个学生撑全场的现象。学生展示应该鼓励其使用多媒体设备，这鼓励了其运用网络拓宽思路增强其计算机操作水平，比起照本宣科，提高了学生的归纳总结能力，便于学生提出质疑，提出有建设性的观点，在讲演时更能提高其他学生的

---

① 龙宝新. 论"研究性课堂"的架构与创建[J]. 学位与研究生教育，2001(7).

注意力,总之是集几种教学模式所长,不要只单一使用一种教学模式,多进行变换。

## 四、结论

综上所述,应该将研究生教学与本科生教学区分开来,将创新思维理论融入研究生课堂教学当中,要从研究生和导师两个方面着手,研究生需提高自主性,争取向创新靠拢,导师应该发挥其引导作用,加强与学生的交流,鼓励其创新。在课堂模式方面,教师教授方式可以做一定保留,导读研讨需要调动整个课堂的积极性,师生角色互换方面,要提高全体学生的积极性,让学生真正参与到课题创新当中,考核形式应拓宽论文写作这一单一形式,虽然通过论文写作也能提高学生的创新能力,但是平时的课堂表现也在点滴中积累了创新思维,应该计入考核成绩中。

## 参考文献

[1] 张义生.论创新思维的基本原理[J].南京社会科学,2013(12).

[2] 张义生.论创新思维的本质[J].中共中央党校学报,2004(8).

[3] 梁淑珍.浅议大学生创新思维的培养与训练[J].江西财经大学学报,2007(2).

[4] 魏淑慧.研究式教学与学生创新思维能力的培养[J].山东师范大学学报(人文社会科学版),2008(5).

[5] 闫广芬,高云霞.研究生课堂教学模式的误区[J].高校教育管理,2013(7).

[6] 龙宝新.论"研究性课堂"的架构与创建[J].学位与研究生教育,2001(7).

[7] 曾利君.硕士研究生课堂教学讲、说、论三结合模式的探索与实践[J].西南农业大学学报,2011(11).

[8] 娄立志,崔永胜.试论硕士研究生课堂教学模式的内涵及特征[J].教育理论与实践,2008(10).

[9] 张丽丽.研究生课堂教学创新思维的培养[J].教学实践研究,2013(5).

# 京外高校旅游管理专业研究生课堂教学内容与形式反馈

调研注册团队编号:16
调研注册团队领队:林月

作　者:林　月　陈艳秋　李　欣　刘玲玲　王　琼*

[摘　要] 随着旅游业成为国民经济新的增长点,国家对旅游人才的需求也越来越旺盛,然而作为高素质人才的旅游研究生的培养工作还存在一些欠缺,尤其是课堂教学内容和教学形式方面,亟须改进。本调研对8所旅游管理专业排名靠前的高校的在读研究生进行了访谈,了解当前高校旅游管理专业研究生课堂教学内容与形式的特点,在此基础上,提出了当前旅游管理专业在研究生教育工作中存在的一些问题,并提出了相应的建议以供参考。

[关键词] 京外高校;旅游管理;课堂教学内容;课堂教学形式

随着旅游业的高速发展,目前旅游业已经成为我国国民经济新的增长点。根据国家统计局的统计结果显示,2013年国内旅游人数达32.62亿人次,国内旅游收入为26 276亿元,我国旅游业的蓬勃发展离不开不同层次的旅游人才。研究生教育处于旅游高等教育的最高层次,担负着培养高素质旅游人才和发展旅游科学的双重任务,提高旅游专业硕士研究生的教育质量,是其自身可持续发展的根本保证。而旅游管理专业课程体系设置是否合理直接关系着研究生的培养质量,目前我国对研究生课程体系的研究较少,关于旅游管理专业硕士研究生课程体系的研究更是凤毛麟角,因此此次调研主题具有一定的理论和实践意义。通过实地访谈和网上访谈,对8所旅游管理专业排名靠前的高校的

---

* 林月,女,汉族,1990年生,湖北武汉人,北京第二外国语学院经贸与会展学院2013级硕士研究生;陈艳秋,女,汉族,1991年生,江苏镇江人,北京第二外国语学院经贸与会展学院2013级硕士研究生;李欣,女,汉族,1990年生,甘肃兰州人,北京第二外国语学院经贸与会展学院2013级硕士研究生;刘玲玲,女,汉族,1990年生,山东威海人,北京第二外国语学院经贸与会展学院2013级硕士研究生;王琼,女,汉族,1990年生,河北石家庄人,北京第二外国语学院经贸与会展学院2013级硕士研究生。

在读研究生进行调查,旨在了解我国旅游管理专业研究生课堂教学内容与形式的发展现状和存在的主要问题,提出改进建议,并为本校提供经验和教训。

## 一、文献综述

（一）国外研究现状

旅游研究作为单独的科系或专业在西方国家高等院校中的设立始于20世纪60年代后半期,并在70年代中期得到迅速推广和发展,80年代相继出现旅游专业的硕士研究生教育和博士研究生教育,90年代后则是全新的发展阶段。当前,旅游高等教育在世界许多国家受到政府部门的高度重视,世界旅游组织特别指出,旅游高等教育是达到客户满意的潜在推动力,并且是提升旅游企业和地区竞争力的切实保障[1]。

英国关于旅游教育方面的研究多集中在课程方面的问题,Airey是英国旅游高等教育研究的代表人物之一,其发表的关于英国旅游高等教育和旅游研究的文章,尤其在对旅游高等教育本身的思考、发展趋势和方向、学科归属等理论问题上颇有影响,并一直持续该领域的研究。在此之后,Airey和John共同出版了论文集《旅游教育国际手册》,对英国旅游高等教育的现状论述较为全面,涉及了发展历程、旅游课程、教学与学习、评估、就业、质量保障等各个方面[2]。

美国的旅游教育起源于康奈尔大学酒店管理学院,呈现出高度市场化特征,越来越多的顶级高等学府开始设置相关课程,加大对旅游研究生的培养。旅游研究及相关学科的设置主要集中在两大方向：一种是面向私营市场的服务业的管理,如酒店管理、餐饮管理等；一种是面向公共事业的资源管理和社会休闲管理[3]。

瑞士在旅游教育方面的研究主要集中在饭店教育,对学科发展问题的讨论主要是学科地位、专业设置、课程开发、旅游研究等几个方面[4]。瑞士的旅游教育更加重视学生素质和职业道德的培养,其教育的指导思想是设校于瑞士而面向国内外,按照国际旅游教育的水准办学。

（二）国内研究现状

相对于其他历史悠久的较为成熟的学科,旅游教育在国内外都属于新型专业领域,发展虽然迅速,但并不成熟。我国旅游管理高等教育自20世纪80年代开展以来,对本科生的培养探讨得较多,而对研究生培养模式的研究并不多见。从以往的文献看,关于旅游管理教育的研究主要集中在以下几个方面：

一是对课程设置、教学内容和教学方式的研究。翁钢民从旅游业及旅游管理专业的特点入手,探讨了旅游管理硕士的培养目标、教学模式和课程设置[5]。尹晓华针对现今管理研究生课程设置的不足提出适当减少公共基础课,设置跨学科和学术前沿课程、增加选修课比例,提升硕士生导师的综合素质,加强教材编写工作,采用多元化教学方式,单科课程应重视课程基础、前沿动态及多种学习方法的运用[6]。

二是将我国旅游高等教育与国外进行对比研究。刘春颖将中国与美国旅游高等教育课程体系进行对比研究,找出二者差异的影响因素,认为中国的课程体系设置应结合中国实际,而不能盲目追随美国模式[7]。钱学礼采用比较研究方法,认为借鉴澳大利亚旅游教育的经验,发挥行业协会的作用,建立认证制度,促进旅游人才的职业化运作,对我国的高等旅游人才的培养将大有裨益[8]。时秀云在文章中提出日本对旅游学科设置的审批比较严格,使日本旅游高等教育走内涵的发展道路。而我国由于旅游教育相对于旅游业的发展的滞后性,选择外延式的规模扩张发展道路是在中国旅游业"井喷"式发展背景下的不得已之策[9]。

三是对培养目标及存在问题的研究。郭英之对我国旅游管理专业研究生教育的现状、问题和制约因素进行了深刻的剖析,最终形成了理顺运行机制,加强灵活机制和过程管理,培养创新能力,提高投资效益、结构效益、规模效益,重视目标调和等方法[10]。马勇认为旅游管理研究生教育应定位于培养理论研究型人才和面向市场的战略管理人才[11]。

## 二、研究方法

考虑到目前我国旅游管理专业研究生学位授予点较少且地域分散,而访谈法具有较好的灵活性与适应性,因此针对京外高校旅游管理专业研究生课堂教学内容与形式研究这一课题,本组主要采用访谈法进行研究。组内成员在学习研究相关文献、与专家沟通访谈并深入讨论、思考之后,设计出较为规范的调查访谈提纲见文后附录。之后于2014年暑期前往上海、武汉、青岛、威海四地对上海大学、中南财经政法大学、青岛大学、山东大学(威海)4所高校旅游管理专业研究生进行结构型访谈。受经费及时间限制,中山大学、华中师范大学、西北师范大学、四川大学四所学校的访谈工作则通过网络途径完成。

## 三、京外高校旅游管理专业研究生课堂教学内容与形式现状分析

(一)研究对象选择及访谈设计说明

**1. 研究对象选择**

此次调研选择8所设有旅游管理硕士点的高校作为研究对象(具体见表1)。从高校所在区位看,基本涵盖了全国各个地区;其中华东、华南、西北和西南地区各1所,华北和华中地区各2所。从高校所处的层次看,为了和二外具有可比性,所选取的高校都为一本院校;其中985院校3所,211院校3所,省属重点大学2所,基本涵盖了一本院校的所有层次。从高校所属院系看,属于工商管理学院的4所,属于旅游学院的3所,属于城市与环境科学学院的1所;院系归属既反映了不同高校旅游管理专业的侧重点,也反映了旅游管理专业在本校的地位和实力。从高校所设置的研究方向看,8所高校都至少设置了两个以上的研究方向,其中旅游规划和旅游企业管理为普遍设置的研究方向;研究方向的设置既反映了旅游管理专业学科体系的完整程度,也反映了高校的"软实力"。以中

山大学为例。中大的旅游管理专业在全国闻名,除了老牌的旅游规划研究,会展管理研究也在全国位居前列。会展是一个较新的研究领域,也是当前的研究热点;在所选择的8所高校中,除了中大,其他7所高校均未设置会展管理研究方向,一定程度上反映出专业实力的差异。

表1 高校基本信息

| 地区 | 学校 | 层次 | 所属学院 | 研究方向 |
| --- | --- | --- | --- | --- |
| 华东 | 上海大学 | 211院校 | 管理学院 | 旅游规划与开发、旅游企业管理 |
| 华北 | 山东大学 | 985、211院校 | 管理学院 | 旅游企业管理、旅游市场开发、旅游规划与目的地管理、旅游文化与旅游行为研究 |
| | 青岛大学 | 省属重点大学 | 旅游学院 | 产业经济、旅游规划、旅游信息管理、旅游企业管理 |
| 华中 | 中南财经政法大学 | 211院校 | 工商管理学院 | 旅游经济、旅游市场营销、服务管理、酒店管理、旅游规划 |
| | 华中师范大学 | 211院校 | 城市与环境科学学院 | 旅游资源与环境、旅游企业管理、旅游开发与规划设计、旅游可持续发展 |
| 华南 | 中山大学 | 985、211院校 | 旅游学院 | 旅游规划、酒店与俱乐部管理、会展管理 |
| 西北 | 西北师范大学 | 省属重点大学 | 旅游学院 | 旅游创意与旅游产业发展、旅游规划与策划、区域旅游发展与管理、跨文化旅游与旅游市场、民族旅游与文化遗产 |
| 西南 | 四川大学 | 985、211院校 | 工商管理学院 | 旅游经济管理、旅游营销管理、旅游企业管理 |

2. 访谈设计

此次访谈问卷的设计主要包括4个部分,具体如表2所示。课程体系分为专业课程和公共课程,专业课程分为专业通开课(专业必修课)和专业方向课(专业选修课),公共课程分为公共必修课和公共选修课。为方便后续分析,表3列出了8所高校的具体培养方案。

**表2 访谈问卷构成**

| 板块 | | 问题个数 | 主要内容 |
|---|---|---|---|
| 基本信息 | | 4 | 研究生类型、学制、研究方向 |
| 课程体系 | | 5 | 全部课程内容、设置比例、时间安排 |
| 专业课程 | 基本情况 | 4 | 专业课程内容、设置比例、双语教学效果 |
| | 课堂教学内容 | 5 | 系统性、重点性、前沿性、趣味性 |
| | 课堂教学形式 | 4 | 教学形式、考核方式 |
| | 总体评价 | 3 | 收获、存在的问题 |
| 公共课程 | 基本情况 | 4 | 公共课程内容、设置比例 |
| | 课堂教学内容 | 5 | 系统性、重点性、前沿性、趣味性 |
| | 课堂教学形式 | 4 | 教学形式、考核方式 |
| | 总体评价 | 3 | 收获、存在的问题 |

**表3 高校课程内容设置**

| | |
|---|---|
| 公共必修课 | |
| 上大 | 公共英语、中国特色社会主义理论与实践研究、马克思主义与社会科学方法论 |
| 山大 | 马克思主义理论、第一外国语、专业外语 |
| 青大 | 硕士英语精读、硕士英语视听说、硕士英语写作、中国特色社会主义理论与实践研究、马克思主义与社会科学方法论 |
| 财大 | 基础英语、管理英语、英语写作、中国特色社会主义理论与实践研究 |
| 华师 | 中国特色社会主义理论与实践研究、马克思主义与社会科学方法论、第一外国语 |
| 中大 | 中国特色社会主义理论与实践研究、第一外国语(英语)、文献选读与信息检索 |
| 西北师范 | 中国特色科学社会主义理论与实践研究、第一外国语 |
| 川大 | 第一外国语(英语)、中国特色社会主义理论和实践研究、研究生综合素质系列课程(学术道德与学术规范·人文素养与科学精神·论文写作) |
| 公共选修课 | |
| 上大 | 无 |
| 山大 | 计算机应用Ⅰ、第二外国语 |
| 青大 | 朝鲜语、信息检索 |
| 财大 | 俄罗斯文学与艺术欣赏、俄语国家影视佳片赏析、自然辩证法 |
| 华师 | 无 |

续表

| 公共选修课 ||
|---|---|
| 中大 | 无 |
| 西北师范 | 马克思主义与社会科学方法论(文)、自然辩证法概论(理) |
| 川大 | 自然辩证法概论、文献选读、名师名家精品课程 |
| 专业通开课(专业必修课) ||
| 上大 | 专业英语、管理经济学、管理学Ⅱ、运营管理Ⅱ、战略管理Ⅱ、计量经济学、旅游理论与产业发展、旅游资源及其评估、旅游规划与策划、休闲产业研究 |
| 山大 | 旅游学理论与方法研究、旅游产业经济学、旅游管理理论研究、旅游企业管理专题研究、旅游市场开发专题研究、旅游规划与开发专题研究、前沿讲座 |
| 青大 | 经济学说、管理学前沿、旅游学理论与方法、战略管理、旅游市场调研 |
| 财大 | 中级微观经济学、中级宏观经济学、现代管理学、服务经济与管理创新、旅游规划理论与方法、旅游消费者行为研究、会展运营与管理 |
| 华师 | 管理学、西方经济学、管理学方法论、旅游学、旅游规划理论与实践、营销管理学 |
| 中大 | 旅游系统分析、定性研究方法、计量研究方法、旅游规划原理与方法、旅游企业服务运营与战略 |
| 西北师范 | 旅游经济学、旅游调查与实践、旅游文化研究、旅游前沿理论研究(专题讲座)、旅游影响(专题讲座)、旅游人力资源管理、旅游资源开发与规划、现代旅游创意与策划研究 |
| 川大 | 管理定量方法与技术、旅游管理学研究、旅游经济学研究 |
| 专业方向课(专业选修课) ||
| 上大 | 无 |
| 山大 | 中外旅游企业管理比较专题研究、旅游企业人力资源专题研究、饭店营销专题研究、旅游文化专题研究、旅游政策与法规研究、生态旅游专题研究、城市旅游开发专题研究、休闲与游憩专题研究、旅游策划与节事管理、旅游景区与园林景观设计专题、中外旅游产业政策比较研究、旅游行为专题研究、旅游商品开发研究、文化遗产保护与旅游开发研究、社区与旅游可持续发展研究、旅游目的地营销专题研究 |
| 青大 | 数量分析方法、服务营销、旅游信息管理、旅游产业信息研究、旅游规划 |
| 财大 | 旅游营销策划、企业资本运营管理、旅游企业全球化经营与管理 |
| 华师 | Study on the Impact of Tourism、资源、环境与发展、旅游规划与景观设计 |
| 中大 | 会展与事件管理、遗产地管理、研究实践、旅游规划实务、SPSS操作 |
| 西北师范 | 旅游地理信息系统、民族旅游研究、旅游产业政策与旅游法研究、国际著名旅游企业跨国经营案例、区域旅游协作研究、旅游景区运营模式研究、跨文化旅游与入境旅游研究、旅游公共管理研究与案例分析、生态旅游发展研究、旅游市场营销与策划、旅游专业英语、会展管理 |
| 川大 | 企业文化管理、信息经济学、旅游人力资源管理、旅游经济管理研究 |

### (二)课堂教学内容特点分析

**1. 公共必修课内容固定,比例合理**

8所京外高校旅游管理专业研究生在受访过程中均表示,自己所在院校公共课程比例安排合理,因各高校公共必修课均为政治和英语,相比专业课比例较小,这样安排有利于学生有时间和精力深入学习专业知识。

通过教学内容的对比,发现政治教学内容方面,由于师资力量和研究方向的区别,每所院校在授课方面侧重点不同。例如,上海大学政治课堂教学为网络教学形式,教师由此充分借助网络资源,课堂教学内容紧密结合时事政治、热点问题,通过在课程贴吧提问的方式让每位同学都能参与到课程讨论中去,如此在师生的互动中,完成每一次的课堂教学。中山大学形式为常规授课,但教学内容上非常注重培养学生的研究方法及研究能力,政治课程授课内容不是教条的照本宣科,老师会以经济学等不同角度来解释分析社会热点问题。

**2. 专业课授课内容难点突出,重点深入**

通过采访前的准备工作,了解到受访的8所京外高校旅游管理专业研究生,大多数有旅游管理本科专业背景,因此,此次采访本研究重点关注重复课程的授课内容对比。受访研究生表示,虽然会遇到与本科重复的课程,但研究生授课与本科完全不同,本科阶段,受访者接触的专业课授课内容较浅,一般都是知识理论的一个框架,而研究生阶段,老师的讲解基本建立在本科已有知识的基础上,会突出分析难点,深入讲解重点。如华中师范大学和上海大学教师经常会把知识点通过案例的形式列出来,让同学们发现知识点并进行讲评或讨论。这种案例教学使得研究生的课堂内容更加生动,并且在传授知识的过程中最大限度地锻炼学生的研究分析能力。山东大学和中南财经政法大学的教师将知识点整理成不同专题进行讲解,同时以作业的形式布置下去,让同学们课下小组讨论,课上汇报展示。这种专题讲解使学生锻炼了分析能力、口头表达能力、合作意识等,使学生在课程中,容易发现自己的兴趣点,以便深入研究。当然,这种与专题或案例对应的课下作业也存在弊端,学生可能更加关注自己的任务而忽略其他知识点。

**3. 专业课程设置特色鲜明,方向清晰**

受访的8所京外高校旅游管理专业方向侧重点不同,使得研究生专业课程设置特色鲜明。相比而言,中山大学更注重培养学生的学术能力,定性研究方法、定量研究方法等课程都是独立成课,该校研究生认为此类课程对他们的学术研究帮助非常大;西北师范大学注重民族文化、区域合作等人文地理方向,因此民族旅游研究、区域协作研究、跨文化旅游研究等课程的设置是独有的,该校研究生认为此类课程对致力于研究文化旅游的学生非常有帮助。

专业课方向层面,由于各受访高校旅游管理专业方向划分较为清晰,其对应的专业通开课和专业方向课划分明显,各高校均能针对本校专业方向,为在读研究生提供方向性选择性较强的课程。

**4. 授课内容紧跟时事热点**

受访高校研究生表示,无论是公共课还是专业课,所在学校提供的教学内容都能紧跟时事热点,授课教师通过案例教学、专题教学等不同方式,在已有知识点的基础上,结合时事,细致分析详细讲解,同时以课堂作业的方式使学生参与讨论、主动思考,让学生在学习知识的同时及时接收学界、业界的关注热点。这种与时俱进的教学思维得到学生的广泛认可。

**(三)课堂教学形式特点分析**

通过对中山大学、山东大学(威海)等8所京外高校旅游管理专业硕士研究生进行访谈,发现这八所高校研究生课堂教学在上课人数、授课方式、考核方式等方面存在一定的共性。同时,各高校内部专业课与公共课课堂教学形式在上述要素中也表现出较为显著的差异。

**1. 专业课教学形式特点**

(1)上课人数

专业课通常分为专业通开课和专业方向课两部分,就旅游管理专业而言,专业通开课通常包含管理学、经济学等基础类课程,而专业方向课则根据各高校旅游管理专业下设不同研究方向而有所差异。例如,青岛大学旅游管理专业下设产业经济、规划、旅游信息管理和企业管理四个研究方向,因此其专业方向课包含旅游产业经济研究、旅游规划等相对应的课程。

统计发现,各大高校专业课上课人数相对较少,其中专业通开课参与人数平均在10~30人,专业方向课参与人数则在3~10人。这一特点与硕士教育相比,学士教育更加专业化、学术化,也体现出精英教育的特点。

(2)授课方式

从授课方式角度来看,八所学校专业课授课均采用教师讲授与学生研讨相结合的方式,但在二者比重分配方面略有差异。例如,中南财经政法大学专业课中学生自主学习所占比重较高,课堂以学生为中心,教师提出问题,学生课下搜集、整理资料,并完成课堂汇报,由教师进行最终点评与总结。而华中师范大学受访研究生表示,其专业课授课以教师讲授为主,尽管也有学生研讨部分,但后者所占比例相对较低。

访谈发现,在教师授课形式上,PPT是所有教师均会借助的演示工具,部分教师还会结合音频、视频等多媒体演示工具完成授课。受访学生表示,此举可提高课堂趣味性,帮助学生将课堂内容与时事结合,提高所学知识致用潜力。

(3)考核方式

在专业课考核方式中,多数高校采取课堂提问和讨论、课堂或课后作业以及课程论文的形式进行考核。例如,西北师范大学和华中师范大学专业课多采用上述方式考核学生学业。除此之外,部分学校也采用闭卷考试、学术报告的形式进行考核。例如,青岛大学旅游管理硕士研究生专业课考核主要通过专题学术报告和文献阅读报告的形式完成,中山大学、山东大学(威海)在上述途径之外,还着重采取开卷/闭卷考试方式进行学业考核。

访谈了解各校研究生对各类考核方式偏好程度发现,受访研究生普遍认为课程论文和课堂讨论的形式最适合考核专业课学习水平,因为这两类方式能够发挥学生学习主动性,较好地反映学生个人学术素养与能力。

**2. 公共课教学形式特点**

(1)上课人数

总体来看,8所京外高校公共课主要包含两大部分:政治(含中国特色社会主义理论、马克思主义与社会科学方法论等)和英语。考虑到我国国情,政治课程内容各高校基本完全一致,英语课程则因各校自身特色而有所差异。

由于公共课个性并不显著,各专业之间差异较小,因此参与人数较多。平均来看,政治类课程上课人数在100人左右,英语类课程人数则在30~70人,整体而言参与人数相对较多。

(2)授课方式

综合来看,各高校公共课授课方式以教师讲授为主,学生参与度较低。在公共课两大部分之中,英语类课程相比政治类课程学生参与度更高,受访学生表示前者趣味性更高,更受欢迎。这一现象与公共课参与人数较多、课程内容自身特点密切相关。

在授课的过程中,教师也会结合利用PPT、音频、视频等工具完成授课,但相比专业课而言,使用多媒体工具频率较低。

(3)考核方式

考虑到课程学习内容特点,各校公共课考核方式以开卷/闭卷考试、课程论文的方式为主,典型代表高校为华中师范大学、中山大学。除此之外,部分高校也会采取课堂讨论、课后作业等方式完成考核。例如,中南财经政法大学侧重采用课堂/课后作业的形式进行考核,四川大学则结合课堂讨论、随堂检测的方式进行考核。

**3. 小结**

横向对比来看,8所京外高校旅游管理专业硕士研究生课堂在参与人数、授课方式及考核方式方面存在共同点,这在一定程度上反映了我国旅游管理研究生教育课堂教学现状。专业课与公共课对比来看,专业课参与人数较少,课堂中学生自主性较强,考核方式以课堂讨论、课程论文等研究性方式为主;而公共课参与人数较多,以教师讲授、学生聆听为主要授课方式,多采取闭卷/开卷考试方式进行考核。

(四)课堂教学内容与形式存在的主要问题

**1. 公共选修课程不够丰富,且教学形式较为单一**

访谈发现,大多数学校的公共课程基本只有两门——政治和英语,公共选修课很少,甚至不能选。学生通常会有自己感兴趣的课程,尤其是和专业相关或者实践性较强的课程,但是学校没有提供这方面的课程以供选择。从教学形式来看,公共课程的教学形式单一,尤其是政治课。除了中山大学表示,政治课教学并非照本宣科,而是从经济学角度来解释社会问题,以及上海大学表示政治课学生可以在贴吧里讨论问题较为有趣外,其他6所学校均表示,政治课教学都是老师在讲解,与学生互动少,比较枯燥乏味,不能激发学生学习兴趣。

### 2. 公共英语课程与专业脱节,学习效果不明显

结果显示,被访谈学生均表示,无论是在旅游专业知识的学习、研究能力的提升还是在实际应用方面,英语发挥着非常重要的作用。但是有5所学校表示,学校开设的英语课,内容比较枯燥,与专业相关性不大,对旅游专业方面的专业知识,尤其是外国在旅游领域的研究内容与研究方法的学习帮助不大。多数同学还表示,英语课没有针对性,不够实用,通过一学期的学习,并没有使英语水平得到相应的提高。

### 3. 大多数学校的专业课程更关注理论知识的学习,忽视了实践能力的提高

调查显示,除中南财经政法大学3名同学表示,通过专业课程的学习实践能力有所提高外,其他同学均表示,专业课程主要是理论知识的学习,有时会结合案例教学,但是所选择的案例通常是旅游业较为典型的案例,时间上比较陈旧,与当今的实践脱节较为严重。另外,除了青岛大学一名学生表示,专业课程的学习对就业比较有帮助外,其他同学均认为,专业课程的学习对将来的就业没有帮助,因为专业课程与实践脱节,只学习理论知识不利于就业。

### 4. 专业课程的双语教学效果不明显

访谈发现,除了西北师范大学和上海大学的专业课程没有双语教学外,其他6所学校均或多或少地有专业课程实行了双语教学。一些同学表示,通过双语教学可以了解旅游业一些专业词汇的英文表达方式,对英文文献的阅读有一定程度的帮助。但是,多数同学表示,有的课程虽然是双语教学,但是老师只提供了英文的课件,讲解还是使用中文;有的课程老师用英文讲解,但是授课效果不理想,很多词汇不能进行精准的表达和理解,很多同学有想法,但是不能用英语表达自己的思想。

### 5. 大多数学校对培养学生掌握社会科学研究方法的能力不够重视

调查显示,多数学生认为,旅游管理专业研究生的课程和本科生重合较多,内容上虽然比本科更加深入和专业,但是总体上主要还是理论知识的学习,较少涉及社会科学研究方法的讲解。除了中山大学表示,学校非常重视研究方法的学习,而且教授方式非常有意思,老师会布置一些观察作业,比如让学生穿奇装异服去观察别人。但是,其他学校在科学研究方法的学习方面还不够重视,无论是案例讨论、专题讲解还是热点分析,都还只是局限于理论知识的讲授,有的学校即使开设了科学研究方法的课程,也只限于理论知识的讲解,而忽视了具体的应用效果。

## 四、高校旅游管理专业研究生课堂教学内容与形式的改进建议

(一)增加公共选修课程,转变教学方式

旅游管理专业研究生阶段的公共课程只有政治和英语两门课,而且内容与专业知识

相关性较低,不利于开拓学生的眼界与思维。学校应当认识到,旅游专业知识的学习离不开其他学科的理论研究,提高研究生的跨学科研究能力非常重要,另外,学校还应当考虑到学生的学习兴趣,如果能够使学生有机会选择自己感兴趣的课程,可以更好地发挥学生的创新能力。因此,学校应当增加一些其他学科对旅游研究有帮助的课程以及一些同学们感兴趣的课程。访谈还发现,当前旅游管理专业研究生公共课堂的教学形式较为单一,主要是老师讲解,不能激发学生兴趣。对此,学校可结合教学内容提供多样化的授课形式,例如政治课可以采用网络教学等。

(二)使公共英语课程与旅游专业知识紧密结合

调查显示,多数学校的公共英语课程只是一些简单英语的练习,很多同学表示学习效果并不理想,而且教学内容很少和旅游专业知识相结合,不能激发学生的学习动力。旅游管理专业研究生阶段的英语学习应该结合专业研究的需要,让学生多阅读英文文献,多写英文文献综述,还可以提供机会让学生多参加国际上的学术会议,用英文和国际上的旅游同行进行交流,老师可以把这些内容的学习定量化,要求每个学生每学期必须达到某个标准才可以通过考核。

(三)根据实践的需要进行专业课程的教学

访谈发现,多数学校的旅游管理专业研究生对于专业课程的实践教学不太满意,认为专业课程过于侧重理论知识的学习而忽视了实践的需要,脱离实践的学习不利于旅游研究生毕业后找工作。虽然旅游管理专业研究生阶段应当注重培养学生的思维模式以及对专业知识进行深入研究的能力,但是理论始终是建立在实践基础之上的,学校应适当增加实践类的专业课程比例,使旅游专业的研究生在实践中更深刻地体会老师讲解的理论知识,对本专业有一个更直观、深入的认识。

(四)转变双语教学方式,提高学习兴趣

随着国际化程度不断提高,双语教学已经成为培养具有国际竞争力的复合人才的重要教学形式,但是访谈发现,旅游管理专业研究生的双语教学并不理想。双语教学并不是简单地用外语上课,学生不是学习英语,而是用英语去学习旅游专业知识,而且双语教学并不是以外文的形式对学过的知识进行重复,而是教授一些更深入、可以拓宽视野的课程,提高学生分析问题的能力。首先,双语教学要选择合适的教材,不能使用中文教材或者翻译的外文教材,而应直接使用外文原版教材,选择难易适合的课本,使研究生能学到原汁原味的专业外语;其次,双语教学要掌握好中英文语言的比例,全英文教学不切实际,这样做的结果会使大多数同学听不太懂课程内容,影响专业知识的掌握;最后,在英文教学之前先让学生阅读国外旅游方面的专业文献,加强学生对于专业词汇的认知,在课堂才可以紧跟老师的思路,达到良好的学习效果。

(五)注重培养学生对科学研究方法的掌握

研究方法的学习对于旅游专业研究生独立自主地研究新问题、解决新问题非常重要,尤其是在知识更新非常迅速的今天,旅游业的信息每天都在不断更新,即使是在这一行业造诣极高的学者也有不了解的知识和信息。培养研究生对科学研究方法的掌握,可以使其有独立地获取知识的能力,甚至可以自主探索新的知识。因此,方法论的学习应当引起学校的足够重视,不仅要开设教授科学研究方法的课程,例如经济管理数量研究方法、科学思想与科学方法等,还应当聘请在这一方面造诣较高的学者为研究生上课,使研究生能够真正地学有所得。

## 五、对我校的启示

我校的旅游管理专业排名一直在全国前列。与其他学校相比,在研究方向设置、师资力量、学术交流等方面都具有一定优势,当然也存在一些问题(包括上文所提及的共同问题)。本文第四部分提出的改进建议对我校也有一定的借鉴意义。与调研结果和研究者的实际经历相结合,本研究认为我校至少在以下几个方面可以有所改进:

一是注重培养学生对社会科学研究方法的掌握。社会科学研究方法是学生进行学术研究的基础,我校在这方面的培养有所欠缺,关于研究方法的课程只有统计学一门,学时也较短,这对学生来说远远不够。因此,建议学校借鉴中山大学的做法,在开学之初就加大研究方法课程的教学比例,为学生接下来的理论学习和研究奠定坚实基础。

二是重视专业英语的教育。我校虽然都开设有英语课程,但这类课程大多流于形式,所涉及内容较浅,与专业关系不大。即使有些专业课程采用的是英语教学,但授课老师也往往只是将PPT做成英语,而讲授的过程仍然是用中文,这对学生专业英语的水平提升作用不是很大。对比几所高校的做法,山东大学值得我校学习。该校专门设立一门经典英文文献导读课程,将专业英语教授纳入硕士研究生培养计划之中,这样一来,不仅可以提高学生专业素养,而且为学生阅读外文文献、参加国际会议奠定知识与能力基础。

三是创新公共必修课特别是政治课的教学形式。政治课上课人数一般较多,所以课堂采用的一般是老师教授的方式,并且内容上与本科生教育是有很多重合之处,许多学生认为这门课程没有必要开设,但受到考勤限制,学生又不得不到场,无形之中造成了巨大的时间浪费。上海大学的授课方式值得二外借鉴。我校也可以尝试网络教学的形式,既能节约时间、增强灵活性,也能降低学生对课程的排斥,提高学习积极性。

四是增强学生选课的自主性。无论是专业选修课还是公共选修课,学生的选择都受到了一定的限制,一些学生感兴趣的课程可能因为与专业无关就不能选修。以我校为例,作为会展专业的研究生,所能选择的专业选修课仅限于会展和旅游方面,而酒店、旅游企业管理等方面的课程是不能选择的,这样就容易限制学生的思维,不利于学生打开研究思路。因此,我校可以在保证一定专业课比例的前提下,给予学生更多的选择自由,一方面能让学生的兴趣得到充分的满足,另一方面也有助于扩宽学生专业课上的研究视角。

## 参考文献

[1] 王敏.国外旅游高等教育研究文献述评[J].旅游论坛,2011(3):119-123.

[2] Airey,John. An International Handbook of Tourism Education. Oxford:Elsevier,2005.

[3] 陈晓艳.日本、美国、瑞士三国的旅游高等教育特征[J].湖北第二师范学院学报,2010(10):120-123.

[4] 范向丽,郑向敏.世界旅游高等教育现状、问题及发展策略研究[J].北京第二外国语学院学报,2009(9):77-85.

[5] 翁钢民.试论旅游管理专业硕士研究生的培养[J].教学研究2003,26(4):315-317.

[6] 尹晓华.旅游管理专业硕士研究生课程体系改革研究[D].大连:辽宁师范大学,2008.

[7] 刘春颖.中美旅游高等教育课程体系比较研究[D].大连:辽宁师范大学,2008.

[8] 钱学礼.论澳大利亚旅游教育对我国的启示[J].职业与成人教育,2005(5):33-37.

[9] 时秀云.日本旅游教育经验对我国的启示[J].中国西部科技,2005(3):74-75.

[10] 郭英之.旅游管理专业研究生教育的现状、问题与发展[J].社会科学家,2003(1):15-18.

[11] 马勇.高校旅游管理专业人才培养目标定位与质量提升研究[J].科技信息,2007(12):42-45.

# 附录

## 访谈提纲

**基本信息了解**

1. 您是学术型研究生还是专业型研究生?
2. 您读完研究生需要几年?
3. 学校旅游管理专业有哪些研究方向?
4. 您的研究方向?

**课程体系了解**

1. 您的专业培养方案?
2. 您有哪些公共课程和专业课程?
3. 您觉得公共课程和专业课程的设置比例是否合理?
4. 学习完全部课程所需时间?
5. 公共课程和专业课程的时间安排?

**专业课程的总体了解**

1. 您有哪些专业通开课(专业必修课)和专业方向课(专业选修课)?
2. 您觉得专业通开课和专业方向课的设置比例是否合理?
3. 哪些专业课程是双语教学或外语教学?您觉得效果如何?
4. 您本科是学习旅游管理的吗?如果是,您觉得研究生与本科相比在专业课程的设置上差别大不大?是否存在课程重合?如果存在重合,内容是否更深入、更专业?

**对每门专业课程教学内容的了解**

5. 对课堂教学内容系统性的评价?
6. 课堂教学内容是否重点难点突出?
7. 课堂教学内容是否结合当前专业的热点、难点问题?如果有,是怎么结合的?
8. 课堂教学内容是否具有趣味性?
9. 课堂教学内容是否能激发学习兴趣?

**对专业课程教学形式的了解**

10. 每门课的课堂人数有多少(分专业通开课和专业方向课)?
11. 老师通常的教学形式?您的评价或感受?
    A. 传统的老师讲授
    B. 自主性学习
    C. 两者结合
12. 老师会使用多媒体辅助教学吗?如果有,有哪些,哪种或哪几种使用得最多?您觉得多媒体辅助教学有效果吗?

13. 目前为止,您所接触的课程考核方式有哪些?对所选的考核方式的使用频率进行排序。对所选的考核方式的喜好程度进行排序。分别评价所选的考核方式。

  A. 课堂提问和讨论

  B. 课堂或课后作业

  C. 随堂测验

  D. 实验报告

  E. 专题学术报告

  F. 文献阅读报告

  G. 课程论文

  H. 开卷/闭卷考试

  I. 其他_____

### 专业课程的总体评价

14. 通过专业课程的学习,您觉得自己在哪些方面有所收获?
15. 您觉得专业课程的学习对您今后考博/就业有帮助吗?
16. 您觉得当前的课堂教学还存在哪些问题?

### 公共课程的总体了解

1. 您有哪些公共必修课和公共选修课?
2. 您觉得公共必修课和公共选修课的设置比例是否合理?
3. 公共必修课中政治类课程所占比例大吗?对此您的看法?
4. 公共必修课中有英语类课程吗?教学内容与所学专业是否相关?

### 对每门公共课程教学内容的了解

5. 对课堂教学内容系统性的评价?
6. 课堂教学内容是否重点难点突出?
7. 课堂教学内容是否结合当前专业的热点、难点问题?如果有,是怎么结合的?
8. 课堂教学内容是否具有趣味性?
9. 课堂教学内容是否能激发学习兴趣?

### 对公共课程教学形式的了解

10. 每门课的课堂人数有多少(分公共必修课和公共基础课)?
11. 老师通常的教学形式?您的评价或感受?

  A. 传统的老师讲授

  B. 自主性学习

  C. 两者结合

12. 老师会使用多媒体辅助教学吗?如果有,有哪些,哪种或哪几种使用得最多?您觉得多媒体辅助教学有效果吗?

13. 目前为止,您所接触的课程考核方式有哪些?对所选的考核方式的使用频率进行排序。对所选的考核方式的喜好程度进行排序。分别评价所选的考核方式。

  A. 课堂提问和讨论

  B. 课堂或课后作业

  C. 随堂测验

  D. 实验报告

  E. 专题学术报告

  F. 文献阅读报告

  G. 课程论文

  H. 开卷/闭卷考试

  I. 其他_____

**公共课程的总体评价**

14. 通过公共课程的学习,您觉得自己在哪些方面有所收获?

15. 您觉得公共课程对您的专业发展帮助大吗?

16. 您觉得当前公共课程的课堂教学还存在哪些问题?

# 关于 MTI 教学内容及形式反馈的调研

调研注册团队编号:06
调研注册团队领队:付海亮

**作者**:付海亮　孙　莹　杨湘云　武双双　李雨濛　董玲玉[*]

[摘　要] 本调研以全国设有 MTI(日语为中心)专业学位的高校为对象,以八大外院为中心,以四川大学和四川外国语大学为调研地点,通过查阅资料以及实地考察等方法进行了调查研究。通过调查发现,目前设有 MTI 的高校很多,各高校对设置 MTI 专业热情很高,但是各地存在着师资力量不足、教学条件差、生源不足及生源质量不高等问题。笔者认为,在进一步扩大 MTI 招生的同时,有关部门及各高校应着力解决师资不足、教学条件差等问题,并建议各高校应展开全面合作,共同培养 MTI 人才,为祖国发展献力。

[关键词] MTI;日语;八大外院;复合空间理论;讨论式教学法

随着我国专业学位政策的调整和放宽,翻译硕士专业(MTI)获得了巨大的发展空间,形成了一股强大的发展热潮。然而师资力量不足、教学条件差、教学管理缺乏经验、实践基地少及生源不足且质量不高等问题浮出水面。因此,掌握全国翻译硕士的概况并找出问题提出解决对策迫在眉睫。此次调研以全国设有 MTI(日语为中心)专业学位的高校为对象,以八大外院为中心,以四川大学和四川外国语大学为调研地点,通过查阅资料以及实地考察等方法进行了调查研究。调研目的主要是了解全国拥有 MTI 的教学点、八大外院的 MTI 日语课程设置情况、授课形式、授课内容;了解 MTI 日语授课过程中以及授课之后反馈内容、形式、效果等;学生对老师反馈内容、形式、效果的评价等;了解 MTI 日语授课内容及形式的反馈特点、特色,找出存在问题等。通过调研总结全国八大外院的 MTI

---

[*] 付海亮,男,汉族,1988 年生,安徽省阜阳人,北京第二外国语学院 2012 级硕士研究生。孙莹,女,汉族,1989 年生,湖南省株洲人,北京第二外国语学院 2012 级硕士研究生。杨湘云,女,侗族,1986 年生,湖南省怀化人,北京第二外国语学院 2012 级硕士研究生。武双双,女,回族,1990 年生,河北省邢台人,北京第二外国语学院 2013 级硕士研究生。李雨濛,男,汉族,1989 年生,北京市西城区,北京第二外国语学院 2013 级 MTI 研究生。董玲玉,女,汉族,1990 年生,安徽省合肥人,北京第二外国语学院 2013 级硕士研究生。

日语授课内容以及形式的反馈,可以纵观 MTI 日语授课的主流内容以及形式,且能够通过总结各大外院的特点特色、存在问题等提出比较适用于全国 MTI 日语授课的反馈方法等。对于二外的 MTI 日语教学等也必将产生积极的影响。

## 一、全国 MTI 概览

### (一)全国 MTI 总体情况

MTI 即 Master of Translation and Interpreting。MTI 是我国目前 20 个专业学位之一①。2007 年首批经国务院学位委员会批准的 MTI 试点教学单位共计 15 所,包括北京大学、北京外国语大学、复旦大学、广东外语外贸大学、解放军外国语学院、湖南师范大学、南京大学、上海交通大学、南开大学、上海外国语大学、同济大学、厦门大学、西南大学、中南大学、中山大学。MTI 的培养目标是培养德、智、体全面发展,能适应全球经济一体化及提高国家国际竞争力的需要,适应国家经济、文化、社会建设需要的高层次、应用型、专业性口笔译人才。

2007 年,国务院学位委员会批准设置翻译硕士专业学位,以培养高层次、应用型、专业化的翻译人才,并成立全国翻译硕士专业学位教育指导委员会(简称"MTI 教指委"),具体负责指导这一新兴学位课程。截至 2013 年 1 月,获准试办翻译硕士专业的高校已达 206 所。其中 2007 年第一批培养单位共 15 所,2009 年第二批培养单位共 25 所,2010 年第三批培养单位共 118 所,2011 年第四批培养单位共 1 所,2014 年第五批培养单位共 47 所②。

### (二)八大外院 MTI 情况对比(见表 1)

表 1　八大外院 MTI 开设语种及英语口笔译开设主要课程③

| 学校 | 开设语种 | 英语笔译主要课程 | 英语口译主要课程 |
| --- | --- | --- | --- |
| 北京外国语大学 | 英、俄、法、德、日 | 英语:西方思想经典导读、哲社著作汉译、国粹文化及国学经典英译;中文:中国文学与审美意识、国学经典选读 | 英汉交替口译、汉英交替口译、文化与翻译、英汉语言对比、中外翻译史、翻译理论与思考 |
| 北京第二外国语学院 | 英、俄、日、法、德 | 翻译概论、笔译理论与实践、口译理论与实践、文学翻译、翻译批评与赏析、中外语言比较、计算机辅助翻译、外事外交口译、商务口译、专题口译 | 翻译概论、时政翻译、旅游翻译、笔译理论与实践、口译理论与实践、文学翻译、翻译批评与赏析、中外语言比较、计算机辅助翻译 |

---

① http://baike.baidu.com/view/2381566.htm?fr=aladdin.
② http://cnmti.gdufs.edu.cn/jxdw/345.html、http://cnmti.gdufs.edu.cn/jxdw/344.html、http://cnmti.gdufs.edu.cn/jxdw/343.html、http://cnmti.gdufs.edu.cn/jxdw/67.html、http://cnmti.gdufs.edu.cn/jxdw/66.html.
③ 笔者根据各大外院培养方案制作。

续表

| 学校 | 开设语种 | 英语笔译主要课程 | 英语口译主要课程 |
| --- | --- | --- | --- |
| 天津外国语大学 | 英、日、韩、俄、法、德 | 笔译理论与技巧、翻译概论、中西翻译简史、翻译研究方法、汉语言文化、外教听力与口语、外教阅读与写作、计算机辅助翻译等 | 翻译概论、中西翻译简史、笔译理论与技巧、外事口译、会议口译、商务口译、交替传译、同声传译、英汉视译 |
| 西安外国语大学 | 英 | 西方文明史、网络新闻编译、英汉修辞对比与翻译、翻译研究方法与论文写作、文学翻译、商务翻译、译者写作技巧与翻译 | 会议口译、旅游口译、交替传译 |
| 大连外国语大学 | 英、俄、日、法、韩 | 翻译概论、基础笔译、基础口译；选修课：中外翻译简史、文学翻译、经济学文献翻译、金融翻译、商务翻译、科技翻译、笔译工作坊等 | 翻译概论、基础笔译、基础口译、英语口译研究概况、政治外交口译、模拟会议传译、同声传译、口译工作坊、翻译理论基础 |
| 广东外语外贸大学 | 英、日、法 | 基础口译、基础笔译、翻译概论、交替传译、同声传译、中外翻译简史、翻译批评与赏析、中外语言比较、国际政治与经济、模拟会议传译、专题口译、法庭口译、外交口译、经贸翻译、法律翻译 | 基础口译、基础笔译、翻译概论、文学翻译、中外翻译简史、翻译批评与赏析、中外语言比较、国际政治与经济、模拟会议传译、法庭口译、外交口译、经贸翻译、法律翻译 |
| 上海外国语大学 | 英、日 | 专业笔译、法律及经贸翻译、基础口译、中西翻译简史、翻译概论、法律基础、中国文化通论、西方文化概要 | 国际经济学、交替传译、会议同传、中国文化概要、中西翻译简史、西方文化概要、法律基础 |
| 四川外国语大学 | 英、俄、日、德、法 | 媒体翻译及编辑、中文表达、公众演讲、高级英汉翻译、科技翻译 | 口译研究入门、同声传译、专题翻译、跨文化交际、专题口译 |

从表 1 可以看出，八大外院都已经开设了 MTI 课程，其中北外、天外、二外、大外和川外开设语种较多，为 5 种以上。西外只开设了英语的 MTI 课程。对比各大外院英语 MTI 开设的课程可以发现，北外的英语笔译最具特色。北外的英语 MTI 开设了诸如西方思想经典导读、哲社著作汉译、国粹文化及国学经典英译、中国文学与审美意识、国学经典选读等课程，无疑这些课程既可以提高学生的外语水平，同时也可以提高学生的中文造诣，而且，对于学生的中译外和外译中都是有帮助的。另外，广外的 MTI 英语口译课程很有特色，广外开设的课程有国际政治与经济、模拟会议传译、法庭口译、外交口译、经贸翻译、法律翻译，这其中的国际政治与经济和法律独具特色。此外，大外在笔译方向也独具特色，尤其是金融方面的课程，如经济学文献翻译、金融翻译、商务翻译等，这几门课都可以提高学生的经济方面的笔译能力，具有实用性。

但是也可以看出,其中也有很多问题。如八大外院中,有些学校课程只注重口笔译本身,而缺少了理论支撑。另外,有些学校只注重实用性的口笔译翻译,而忽视了文化翻译、文学翻译、古典文学翻译等,如表2所示。

表2 八大外院MTI日语口笔译开设主要课程①

| 学校 | 日语笔译课程 | 日语口译课程 |
| --- | --- | --- |
| 北京外国语大学 | 翻译理论基础、基础双向口译、基础双向笔译、交替传译、模拟会议翻译、同声传译、文件翻译、经贸翻译、传媒翻译、文学翻译、中外翻译简史、翻译批评与赏析 | 翻译理论基础、基础双向口译、基础双向笔译、交替传译、模拟会议翻译、同声传译、文件翻译、经贸翻译、传媒翻译、文学翻译、跨文化交际、中外翻译简史、翻译批评与赏析 |
| 北京第二外国语学院 | 基础口译、基础笔译、笔译实务、文学翻译、非文学翻译、翻译概论、笔译理论与实践、交替传译、同声传译、翻译职业规范、中外语言比较、计算机辅助翻译、外事外交口译、视译 | 基础口译、基础笔译、笔译实务、翻译概论、交替传译、同声传译、翻译职业规范、中外语言比较、计算机辅助翻译、外事外交口译、视译、模拟会议传译、专题口译、口译笔记、专题口译、口译理论与实践 |
| 天津外国语大学 | 翻译理论、跨文化交际与翻译、文化传播与翻译、翻译批评与赏析、文化典籍翻译、计算机辅助翻译、误译分析研究等,同时开设文学、新闻、经贸、法律、联合国文件等专业翻译课程 | 翻译概论、交替传译、跨文化交际、国际政治与经济、外事会见口译、经贸会议口译、商务谈判口译、法律诉讼口译等 |
| 上海外国语大学 | 翻译概论、文化翻译基础、科技翻译基础、商务翻译基础、笔译研究方法与论文写作、计算机辅助项目翻译、翻译质量控制与评价、翻译通史、文体与翻译、字幕翻译、网页编译技巧、国情报告翻译、文学翻译、文献翻译、旅游翻译、法律翻译、基础口译 | 翻译概论、文化翻译基础、科技翻译基础、计算机辅助项目翻译、翻译质量控制与评价、会议口译、话语分析与口译策略、翻译通史、字幕翻译、网页编译技巧、国情报告翻译、术语学、文献翻译、法律翻译、传媒口译、文化艺术口译、工程技术口译、商务谈判口译 |
| 大连外国语大学 | 翻译概论、基础笔译、中日语言比较概说、日语概论、翻译简史、日语表达实训、实用商务翻译、文体与翻译、中日文化与翻译 | 翻译概论、口译学概论、交替传译、同声传译、翻译鉴赏、非文学翻译、中日语言比较、口语表达训练、专题口译、外交外事、商务口译等 |
| 广东外语外贸大学 | 基础口译、基础笔译、翻译概论、交替传译、同声传译、翻译批评与赏析、跨文化交际、中外语言比较、文体概论、国际政治与经济、模拟会议传译、法庭口译、外交口译、经贸翻译、法律翻译 | 基础口译、基础笔译、翻译概论、交替传译、同声传译、翻译批评与赏析、跨文化交际、中外语言比较、文体概论、国际政治与经济、模拟会议传译、专题口译、商务口译、外交口译经贸翻译、法律翻译 |
| 四川外国语大学 | 日语交替传译、实用日语写作、日语古典文法、汉日翻译理论与实践、翻译概论 | 日语交替传译、实用日语写作、日语古典文法、汉日翻译理论与实践、翻译概论 |

---

① 笔者根据各大外院培养方案制作。

从表 2 可以看出,除了西外没有设置日语 MTI 之外,其他 7 所外院均设有日语的 MTI。总体来看,日语的课程安排没有英语有特色。譬如北外,北外的英语笔译中的特色课程在日语笔译中毫无体现,这可能是源于教师资源,也可能是源于学生素质。

纵观各大外院的日语 MTI 课程设置可以看出,北二外的日语口笔译都具有特色,其中口译中有笔译课,笔译中又有口译,这可以保证学生的笔头能力和口头能力双向提高。北二外的口译课程还有一门口译笔记,这也是独具特色的课程,值得其他院校借鉴。另外,上外和广外的口笔译课程也独具特色,主要体现在课程设置细化,既有利于提高学生综合能力,也有利于提高学生某一方面的口笔译能力。

从表 3 可以看出,各大外院的硬件设施和教师队伍都比较充实。教师队伍虽然比较充足,但是,口笔译教师却令人担忧。很多学校并没有口笔译教师,开设了 MTI 课程之后,就会让传统的语言学,文化或者文学方向的老师代课。当然,不否认老师具有专业背景有助于学生提高口笔译水平,但是如若没有专业的口笔译教师,也会欠缺口笔译教学的专业性,这一点令人堪忧。

表 3　八大外院 MTI 硬件设施及教师队伍①

| 学校 | 硬件设施 | 软件设施 |
| --- | --- | --- |
| 北京外国语大学 | 同声传译教室 | 教授 1 名,副教授 2 名,讲师 1 名,德语教授 11 名,副教授 8 名 |
| 北京第二外国语学院 | 同传实验室、计算机辅助翻译实验室、翻译教学语料数据库 | 英语:教授、副教授 38 名;俄语:教授 2 人,副教授 7 人;日语:教授 13 名,副教授 17 名,专家 3 名 |
| 天津外国语大学 | 四个实验室、同声传译实验室、日语自主学习资源中心 | 教授 12 人、副教授 21 人、兼职博士生导师、国外大学客座教授 4 人 |
| 西安外国语大学 | 语言实验室、同声传译室等 | 教授 120 名、副教授 241 名、外籍专家 50 余名(全校师资) |
| 大连外国语大学 | 同声传译实验室 | 英语 MTI 导师人数为 15 名 |
| 广东外语外贸大学 | 数字语言实验室 2 套,同声传译实验室 4 套 | 教授 12 人、副教授 6 人 |
| 上海外国语大学 | 拥有自己的同传基地,同传箱 8 个 | 日语:教授 9 人。顾问教授 4 人。名誉教授 1 人。英语:教授 38 人 |
| 四川外国语大学 | 同声传译实验室、笔译实验室、语料库语言学实验室 | 四川外国语大学共有教授 21 名,副教授 58 名 |

① 笔者根据各大外院主页信息制作。

## 二、四川大学和四川外国语大学MTI基本情况

### (一)四川大学基本情况

#### 1. 课程设置情况

据四川大学日语系主任张平老师介绍,由于川大近年来退休老师的增多,今年原定日语专业的四个方向减少到三个,分别是语言、文学和翻译方向,共招收12人。川大在日语研究生教学上很注重文学研究,其课程设置中包括古典文学、日本汉文学史、近现代文学概况与研究、日本文学问题探讨、语义学等选修课,而必修课则包括日本名著鉴赏、外语写作、日汉互译、学术原著阅读等。在口笔译课程上,重点着眼于理论研究和笔译,在翻译理论的指导下提升翻译水平。

研究生第一学年第一学期设置口译课,第二学期设置日汉互译,相当于笔译课程。第一学期的口译课主要是培养学生的实际运用能力,各方向的12人共同上课,采取课堂随堂翻译的形式。老师大多数会选择中外文学作品作为翻译材料做对译练习,如余秋雨的《文化苦旅》、钱钟书的《围城》、横光利一、鲁迅的名篇等。学生课下完成老师布置的翻译任务,再将其带到课堂上共同探讨,每位同学都参与了翻译,都能参与到讨论中。

#### 2. 授课情况

四川大学翻译课中,口译教学主要在第一学期,系统性不强,没有专门的口译教材,理论与口译的结合有限,且在口译课堂训练当中,要求严谨度不高。练习包括交替传译练习,局限于课堂。第二学期的笔译课中,多集中在文学作品的翻译上,此外还有哲学艺术领域的内容,作品的选择跟老师的取向有很大关系。老师一般要求学生课后完成所布置的翻译任务,再拿到课堂分析重难点句子。学生反馈,老师给予点评。老师一般会根据自身的经验以及因长期积累而形成的翻译理论给予学生指导,从而让学生逐步掌握翻译的要领。这一点上与北二外的教学有截然不同的地方。北二外的口笔译的取材常常是非文学性质的,包括经济、社会等新闻内容,比如笔译实务安排在第一学期,刚开始先会讲述翻译中常常遇到的日本地道表达、熟语、惯用语等,第二学期才开始实战的笔译。

此外,林老师也亲切地和我们交谈,她告诉我们川大日语系有个很大的特色就是招收日语专业以外的学生辅修第二专业,三年就能拿下语言文学学士学位,这在学校也是备受欢迎,报名的人数很多,这样有语言工具,又有专业背景的学生在就业上颇有优势。

#### 3. 优势及存在问题

川大存在的优势主要有以下几点。

(1)川大注重"文化"的教育。从教材到课程编排,可以看出川大很重视对一个人的文学素养和文化底蕴的培养。日本戏剧典型术语翻译这门课就是很好的例子。在这门课上可以学到日本传统戏剧的相关知识,并且可以了解相关术语如何翻译,还能受到文化的熏陶。

(2)川大老师注重"德育"和实践的结合。川大的林老师在我们离开川大之前告诉我们,永远记住自己是中国人,无论在任何翻译场合,都要牢记自己的翻译立场。

(3)川大教师注重教学理论和教学实践的结合。这里要提到的教学理论就是复合空间理论。复合空间理论(Blended Space Theory)又称为概念整合理论,该理论源于心理空间理论(Mental Space Theory),由 Fauconnier &Turner 于 1997 年提出。其探讨了语言运用背后的认知方式。翻译作为一种跨文化交际活动,是把源语转化为目的语,属于语言交流范畴。所有的语言活动,都离不开人的认知。翻译过程中必定会涉及广泛的认知运作。用复合空间理论进行分析,翻译就是译者将源语文本空间和译者空间进行创造性的动态整合过程,译文则是经过多次合成、整合后的层创结构。① 这一理论形成了口笔译教师上课的理论框架,为口笔译教学提供了很好的模式。

川大在日语教育方面,也存在一些问题。

(1)师资不足的问题。老师们多为学术方面的导师,有 MTI 教学经验的很少。

(2)笔译方向课程设置不科学。川大笔译方向学生较少,因此弱化了笔译方向的特点和特色。开设的笔译课程也不多。

(二)四川外国语大学 MTI 基本情况

1. 课程设置情况

今年是川外应国家要求首次招收口笔译专业的学生,共招收 17 人,此外学术招收 12 人,包含文学文化语言学,其中还有 1 位翻译理论的学生。川外在经费的允许下也会请校外的专家来学校讲学,比如这次他们就请来了厦门大学的老师给大家谈谈同传的知识和经验,很受学生好评。川外由于是第一年开设 MTI 日语,缺乏经验。课程设置方面,口笔译完全一致,没有区分。

2. 授课情况

据同学们介绍,川外日语系的全体研究生第一学期会共同上一门翻译原理的课,由笔译经验丰富,曾翻译过多部日本名篇并出版的杨老师来任教。这是一门纯理论课程,从哲学的概念谈到如何做翻译。采用的教材是《翻译原理》,这本书有很多章节,由各个学生分别负责进行发表,发表完后穿插学生互评,自由提问,最后由老师总结。据同学反映,这些理论对实际的口笔译的指导性不强。研究生课程多数都以发表为主,培养学生的自主学习能力,通过自己查找资料,加深对知识的把握和理解,而学生也乐于接受这样的形式,同时在课堂上通过提问等相关互动,能调动整个课堂的积极性。

3. 优势及存在问题

川外在口笔译教学上有以下几点优势。

(1)川外注重教师本身的教学方法与教学的结合。首先教师教学理论,就要提到讨论式教学法。讨论式教学法一般是在师生互动之下进行的,这一教学方法打破了我国历来的注入式教学法。讨论式教学法一般包含四个步骤,分别为确定题材——课前准

---

① http://www.xzbu.com/9/view-5766545.htm。

备——课堂讨论——课后总结。这也贯串了学习知识的始末,无论是对于提高学生知识水平,还是对于提高学生自学能力都有益处。而且这一教学方法也有利于激发学生学习兴趣。

(2)川外教师大部分是文学方向的老师,这有利于提高学生的文学素养,从而全面提升学生对语言和文化的理解能力。

但是,川外的MTI日语也存在着以下几点不足。

(1)川外第一年开班MTI日语,经验不足。在此次调研中发现,川外没有专业的口笔译教师,MTI日语的口笔译老师均是文学和语言学方向的老师。这些老师有一些翻译的经验,因此笔者担心川外的口笔译教学可能会走经验谈之路。

(2)川外的教学没有充分调动学生的积极性和主动性。学生反映,老师的教学没有结合实际,只是理论的泛泛而谈,缺乏趣味性和实用性。

(3)口笔译课程界限模糊。由于川外口笔译教师缺乏,因此川外的口笔译课程设置完全一样。这不利于培养专业的口笔译人才。

## 三、北京第二外国语学院MTI的优势和存在问题

本调研的目的不在于找出其他院校的优势和缺点,而在于通过对比找到本校的优势和不足,以便继续发挥自己的优势,在今后的教学中弥补不足。通过对比发现,二外有以下优势和不足。

(一)优势

第一,课程安排上非常重视实践,理论课程作为辅助,编入到课程表之中。这一点本身较为符合MTI的设立初衷,即"培养高层次、应用型专业翻译人才"。其中笔译和口译更可以细分为"基础型"和"进阶型"两大类。在口译课上经常以模拟现场的形式进行练习。

第二,我校的MTI非常注重基础知识的学习,整整第一学年,我们都在夯实基础。

第三,我校的MTI教学结构十分合理。笔译和口译两个方向的课程都有涉及,互相弥补,互有侧重。

第四,翻译方面的"职业教育"非常到位。经常会有业界专家来我校进行演讲,主题大到翻译业界的介绍,小到实战礼仪。

第五,我校口笔译教师大多有着丰富的口笔译实践经验,除此之外还有很多富有经验的业界专家资源,可以说在师资方面我们更加"对口"。

第六,我校设有学术科研项目和学术沙龙活动,学生们可以参与到其中,与专家们进行互动。

可以说我校的MTI是全方位、深层次的,给人的感觉有点像日本的职业教育,兼具多样性、灵活性和实用性。

## （二）存在问题

第一，我校的 MTI 并未设立导师，川外 MTI 的学生都有自己的导师。在学习，甚至职业规划上都有更加细致的指导，这对于我校来说是值得学习的。

第二，学习本身就是为了工作有些太过于片面，在现有的基础上，我校应该更加重视对文化底蕴等个人素质上的培养。个人综合素质的加强对于一个人的思考辨识等能力来说是很有帮助的。可以在授课方式，课程设置等方面加以改善。

## 四、今后的课题

本调研自 2014 年 6 月开始，至 9 月结束，为期三个月。期间，笔者通过网络、图书馆等媒介调查了全国开设 MTI 课程的各大高校，特别以八大外院为中心展开了详细的调查。笔者于 9 月 15 日至 20 日对四川大学和四川外国语大学展开了实地调研。通过调研，笔者发现，目前全国开设 MTI 课程的高校超过 200 所，上外、广外、二外等传统外语类院校优势明显。但是，全国开设 MTI 专业的院校面临着共同的问题，如师资不足、生源素质不高、理论与实践结合不充分等问题。如何解决这些问题，不仅是各大高校要努力的方向，也成为今后的重要课题。

另外，本次调研受时间等方面条件限制，没有对北京语言大学、北京大学、华中师范大学等开设了 MTI 专业的学校进行详细调研，也未对国外的如巴黎高翻学院、美国蒙特雷高翻学院、日本杏林大学等国外知名高翻学院及大学展开调研。今后，笔者将会对外国的知名翻译学校进行调研。

最后，MTI 专业的设置就是要培养实用型人才，因此对翻译公司等市场的调研也是非常必要并且重要的。今后，笔者也会对翻译市场进行调研。

## 参考文献

[1] 柴明颎.对专业翻译教学建构的思考——现状、问题和对策[J].中国翻译,2010(1):54-56.

[2] 国务院学位办委员会.翻译硕士专业学位设置方案[S],2007.

[3] 刘靖之.香港的翻译与口译教学[J].中国翻译,2001(3).

[4] 仲伟合.翻译硕士专业学位教育点的建设[J].中国翻译,2007(4).

[5] 何刚强.翻译的"学"与"术"——兼谈我国高校翻译系科（专业）面临的问题[J].中国翻译,2005(2).

[6] 黄建滨,等.翻译:是专业,更是职业——让·德利尔教授的翻译教学观及对中国翻译教学的启示[J].上海翻译,2008(3).

[7] 吴平.反馈信号研究综述[J].外语与外语教学,2000(3):31-34.

[8] 李战子.多模式话语的社会符号学分析[J].外语研究,2003(5):1-8.

［9］张丽娟.美国研究生教学的借鉴与思考［J］.中国高等教育,2007(20):60-62

［10］文旭,李康.从复合空间理论看大学英语教师课堂反馈［J］.中国大学教学,2009(1).

［11］孟根巴根.日本讨论式教学法在我国法律专业研究生课程中的借鉴［J］.内蒙古教育:职教版,2013(3):5-7.

［12］丁大刚,李照国.MTI教学:基于对职业译者市场调研的研究［J］.上海翻译,2012(2).

［13］赵军锋,穆雷.MTI教学的创新与实践:以广外高翻学院为例［J］.外文研究,2013,1(2).

［14］王建国,彭云.MTI教育的问题与解决建议［J］.外语界,2012(4).

［15］孔令翠,王慧.翻译硕士教育反战的困境与思考［J］.学位与研究生教育,2011(8):41-45.

# 02 实践与创新

# 京内、外语言类高校英语专业硕士研究生科研创新、社会实践情况调查

## ——以大外、川外和二外为例

调研注册团队编号:18
调研注册团队领队:朱晓瑜

作　者:朱晓瑜　杨利慧　汪海涛　张　浩　文　杰

[摘　要] 本文在通过调查问卷、座谈会等形式对京内、外三所具有代表性的语言类高校英语专业硕士研究生进行的实地调研基础上,结合中国和外国政府、社会、高校对大学生科研创新和社会实践的重视程度、采取的政策措施以及大学生们科研创新、社会实践活动的参与状况,总结得出:第一,我国高校大学生的科研创新能力、社会实践参与程度均落后于国外高校,且存在很多问题;第二,国内高校之间不同学校学生的科研创新能力和社会实践参与程度也有很大差异,且这些差异更多地源于学校所处的地理位置和校方的重视程度。本文对我国高校学生在科研创新和社会实践方面所存在的问题进行了归纳汇总,并针对学生个人、学校、社会等提出了建议,以期能为高校大学生合理安排自己的学习和生活尽绵薄之力。

[关键词] 研究生;科研创新能力;社会实践能力

## 一、京外语言类高校调研概况

(一)调研时间、地点、目的
调研时间:2014年9月
调研地点:大连外国语大学、四川外国语大学
调研目的:此次调研旨在实地调查大连外国语大学和四川外国语大学英语专业硕士研究生科研创新情况和社会实践情况,以及同学们对二者时间、精力分配状况,然后与二

外进行对比,分析出差距及原因,以期帮助同学们找到两者之间的平衡点,更加合理安排自己的学习与生活。

(二)调研方法与调研结果分析

调研方式:问卷调查法、座谈会调查法

调研结果:通过分析调查问卷(见文后附录)、座谈等方式了解到,作为京外语言类高校代表的大连外国语大学和四川外国语大学,其英语专业硕士研究生在科研创新、社会实践方面情况相似但又不尽相同。在社会实践方面,两所学校的学生参与程度都比较低,体现在两个方面:一是社会实践的机会比较少,也就是说社会和学校提供的实践岗位有限;二是实践形式单一,以家教、培训中心老师为主。在科研创新方面,大连外国语大学的情况要比四川外国语大学好一些。在学校对科研的重视程度、科研的形式到同学们对科研的认识方面,大外的情况都比川大要好一些。

但是相比之下,二外对科研的支持力度、提供的科研种类还有学生申请科研的数量都比以上两个学校情况要好;另外,在社会实践方面,不论是社会实践的种类还是学生参与社会实践的机会,二外都比其他两个学校要多。

## 二、我国高校大学生的科研创新情况

(一)国内外大学生科研现状

大学生科研创新活动,是指大学生群体在国家有关部门和学校的组织与引导下,依靠教师的指导和帮助,以专业理论为基础,运用创新思维深化专业知识,发现问题,并对相关问题进行归纳总结,提出独到见解的一种自主学术活动。大学生科研创新能力不单单是一种学术能力,更是一种集信息搜集整合能力、质疑能力、思维能力、写作能力于一体的综合素养。对于大学生科研创新能力的培养最早起源于美国。早在20世纪60年代,大学生的科研创新工作就受到了美国一些大学的重视。1969年,麻省理工大学率先提出并实施了"本科生研究机会计划"(Undergraduate Research Opportunity Program,UROP),主张为大学生参与科研活动提供机会。这是美国大学中最早为大学生提供科研平台的计划,随后加州理工学院、加州大学伯克利分校等大学相继推出类似的大学生科研创新培养计划。1998年,美国博耶委员会出台了题为"重建本科教育——美国研究型大学发展蓝图"的报告,倡导给予大学教育更多的重视,确立研究为基础的学习。在硕士研究生的教育方面,对科研的重视程度更是要甚于本科生。但我国高校大学生科研创新工作起步比较晚,90年代中后期才逐渐出现、兴起。1995年,清华大学在借鉴国外一流大学的经验基础上推出了"大学生研究训练计划"(Student Research Training,SRT),旨在让大学生通过参加研究工作训练,加强大学生的创新能力、培养创新意识,从而提高大学生的综合素质。接着,第三军医大学于2005年开始开展大学生创新科研活动,以推动学科建设的发展、促进学生总体素质的提高。之后,国内很多高校逐渐认识到学生科研创新能力的重要性,纷纷提出要将大学生科研创新能力的培养纳入教学管理之中。但是总体看来,我国的大学生科研创新工作不论是从质量还是数量上来说,都处于初级阶段,与国外大学生的科研能力仍有一段距离。并且,我国的大学生科研创新又以可以转化为生产力的理工科为主,人文学科受到的重视严重不足。通过调研发现我国高等院校英语专业的硕士研究生在科研创新方面存在问题颇多。

(二)我国高校大学生科研创新方面存在的问题

1. 科研质量不高

由于学生的专业理论知识掌握得不够扎实,对相关知识的学习浮于表面,没有深入地分析,故提不出深刻而独到的见解。同时,对国内外相关领域的研究也缺乏系统的认识,提出的研究课题过于陈旧老化,质量不高。

2. 学生科研主动性差

学生对科研缺乏主动性、兴趣不大、求知欲不强。访谈中发现,有些学生对科研热情不高,在没有老师和学校要求的情况下,很少主动进行科研活动。同时,对科研的态度总是望而生畏,不相信自己有能力搞科研,可以针对某一现象提出问题,调查取证,分析整合信息然后得出自己的结论。

3. 科研创新平台匮乏

学生搞科研,平台很重要。学校对科研的重视程度,可提供的帮助对学生科研工作有着举足轻重的意义。在我们的访谈中,大连外国语大学和四川外国语大学的一些同学都表示学校的科研项目非常少,他们所了解到的科研机会不超过两个,而且数量控制十分严格。这就使得大部分有意向进行科研创新活动的同学得不到机会。

4. 专业老师的指导不足

学生科研创新活动的顺利开展,专业老师的指导必不可少。总体来说,中国的各大高校学生科研创新大都处于探索阶段,对指导老师缺乏有效培训、评价和鼓励机制,致使专业指导教师的积极性大大受损。访谈和问卷都显示,学生在进行科研工作时,由于得不到专业老师的指导,所以无法将自己掌握的知识整合起来,形成系统,从而在此基础上提出一个有价值的问题,通过调查研究得出自己的结论。

5. 科研形式过于单一

学生科研创新活动形式过于单一,没有新意。通过对大连外国语大学和四川外国语大学学生的访谈了解到,两个学校对学生开放的科研形式过于单一,缺乏新意和吸引力。

(三)问题产生的原因

造成当今英语专业硕士研究生科研创新诸多问题的原因是多方面的。主要有学生自身、学校和社会等几个因素。

1. 学生个人因素

从学生方面来说,学生在心理上没有做好进行科研活动的准备。大学生进行科研活动,主观能动性是关键。良好的心理状态和心理准备不可或缺。一个学生只有在了解了科研活动、接受了科研活动并且愿意在科研方面付出一定的时间和精力,才能开始科研活动。但是如今,很大一部分同学表示对科研没有太大的兴趣,心理上就很抵触这种活动。因为进行科研活动,要查找资料、整合信息、发现问题、解决问题、得出结论,听上去并不是一个很有吸引力的事情。同学们听到科研两个字,第一反应就是枯燥、麻烦。在科研创新的过程中也会遇到各种各样的困难,如果最后得不出一个独特的结论,或者没能成功发表文章,这一切辛苦对学生来说并没有什么益处,还会产生挫败感,从此对科研望而生畏。

### 2. 学校因素

从学校方面来说,首先,学校科研创新氛围不够浓厚。很多学生反映,作为大学生科研创新依托的大学,缺乏良好的科研氛围,尤其是英语专业,作为语言类学科,科研氛围十分淡薄。同学们科研没有形成风气,难以带动大家参与其中。就好比一个寝室里,五个同学都天天上自习,第六个同学有一天没去就会感觉自己太放纵;同样一个寝室,五个同学天天逃课打游戏,第六个同学感觉自己天天按课表去上课已经是非常努力了。所以说,环境很重要,氛围很重要。

其次,学校课程设置不够合理。通过访谈大家可以了解到,作为硕士研究生,课程的开设与本科时没有本质上的差别,所不同的也就是分类更细化了一些。但是,由于课时较短,每门课程都是刚入门就结束了,学习到的知识也多半是一些概要、简史之类,没有深入地分析与见解。从而导致大家理论知识的学习总是停留在表面,没有扎实的基本功和充分的知识储备来进行科研创新活动。

再次,学校对科研支持力度有限。目前看来,国内各大高校都开始鼓励大学生尤其是硕博研究生进行科研创新活动,但是相比之下,不管是从资金支持方面还是从科研成果的肯定保护方面,我国高校对学生科研创新活动的支持力度远远不够。由于科研资金的匮乏,对英语学科学生科研的重视程度不高,学校所能够为学生提供的科研机会就会非常有限,导致学生科研立项条件严苛,很多同学得不到科研活动的机会。

最后,学校在专业指导教师队伍的培养方面做得不足。访谈中很多同学表示,自己很喜欢科研活动,也很想尝试着做做看。但是,自己看了很多书,但是整理不出一个符合逻辑的思路,也不知道进行科研活动的步骤是什么,无从下手。很多同学都是常常会有一些较好的想法,但是在实际操作过程中会频繁遇到各种问题,从专业知识到科研操作技巧方面,如果这些问题得不到妥善而及时的解决,部分学生可能会选择知难而退,放弃科研活动。因此,专业指导教师的缺乏在很大程度上阻碍了学生的科研创新道路。

### 3. 社会因素

从整个社会来看,不良的社会风气影响了高校科研创新活动的发展。在市场经济条件下,趋利性愈演愈烈,以知识为重心的高校也难逃其害。由于英语类人文学科科研成果很难直接投入生产,产生经济效益,所以整体来讲,社会对英语类人文学科的科研重视程度远远低于对容易将科研成果直接投入生产,产生直观经济效益的理工科。另外,这种趋利性也直接影响到了学生对待科研创新活动的心态与情绪。在这样一种以直观效益、快速消费为导向的社会环境中,让同学们静下心来"两耳不闻窗外事,一心一意做科研",变得越来越难。

## 三、我国高校大学生的社会实践情况

(一)国内外大学生社会实践现状

大学生社会实践活动是按照学校的培养目标,有目的、有计划、有组织地使在校大学生参与社会政治、经济和文化活动的一系列教育活动的总称,既包括学校教学计划内的实践活动,也包括教学计划外的实践活动。计划内的社会实践是指学校理论知识教学之外的一切实践活动,包括学校教务处根据学生专业课程的设置而安排的一系列与学生课业有关的实践活动,比说教学实验、毕业设计、专业大赛等。学校教育计划之外的实践活动主要包括由学校团委、各院系团总支、各级学生组织在学生课余时间及假期组织进行的各项实践活动,比如社会调研、志愿者活动、企业实习等。无论是学校计划内还是计划外的社会实践都是为了让高校大学生了解社会,增强社会适应性,帮助同学们认识国情。同时,也可以促使他们把平日课堂上所学的理论应用于实践,走出校园,融入社会,最终起到提高大学生综合素质、培养大学生实战能力、培养新世纪合格人才的目的。我国的大学生社会实践一路走来备受党和政府的重视。2012年1月10日,教育部、中宣部、财政部、文化部、中国人民解放军参谋部、中国人民解放军政治部、共青团联合下发题为《关于进一步加强高校实践育人工作的若干意见》的文件。文件强调,大学生的教育要以创新实践育人方法为基础,以加强实践育人基地建设为依托,以加大实践育人经费投入为保障,积极调动整合社会各方面资源,形成实践育人,合力、着力构建长效机制,努力推动高校实践育人工作取得新成效、开创新局面。这就为我国高校大学生社会实践活动的开展提供了政策、财政等方面的保障。同时,我国各个高校也积极推动大学生实践活动的展开。但是当前大学生社会实践活动的开展还存在很多问题,此次调研,通过问卷调查、座谈会等方式了解到,这两所京外语言类高校英语学院硕士研究生在社会实践方面存在着很多问题,且具有共性。

(二)我国大学生社会实践方面存在的问题

1. 实践形式单一

我们的问卷调查结果显示,两个学校的同学在研究生阶段做过的社会实践活动数量极少,且形式过于单一,集中在家教或教育培训机构老师领域。排名第二的是大学生志愿者活动,数量明显比家教或教育培训机构老师少很多。至于公司企业、事业单位等实践形式,接触过的同学数量少之又少。

2. 实践活动与所学专业相关性不高

参加的社会实践活动与所学专业之间的相关性不高。不管是英语语言学、英语文学、翻译还是英语文化方向,同学们所做的社会实践活动主要集中在教育和翻译两个领域,与同学们的专业相关性不是很大。

### 3. 实践机会少

实践活动机会比较少。两个学校同学的实践活动之所以集中在家教或者教育培训机构两者之上，社会实践机会有限也是原因之一。大外的同学表示，大外校园位于旅顺市，且地理位置较偏僻，周围企事业单位比较少，所能提供的机会因此也比较有限。即便有大型的国际活动志愿者机会，数量需求也不多，且条件严苛。

### 4. 与二外实践情况对比及总结

通过对二外同学的问卷调查和座谈，我们发现二外的英语专业硕士研究生在社会实践方面与其他两所京外高校情况既有不同，又有相同之处。在社会实践机会和形式上，二外的同学一般至少做过三种社会实践活动，形式上虽家教或者教育培训机构老师居多，但也不拘泥于此。公司企业实习，各种有偿、无偿志愿者活动，机会很多，同学们可选择的余地也比较大。但是，二外的同学们同样面临着社会实践活动与自己所学专业相关性不高的问题，大家的实践内容也大多只是有关英语，与自己细化的方向没有很直接的对应关系。同样在社会实践活动中，没有统一的组织与管理，虽然这样做给了学生们很大的发挥空间、选择余地，但是由于缺乏指导，很多同学的实践活动变得盲目。

在参加社会实践活动目的的问题上，三所学校学生的答案重合率很高。首先是经济目的。作为一名成年人，同学们都想要经济独立，为家庭减轻负担，通过自己的知识与劳动换取经济报酬，来应付自己在校的日常生活开支。第二个目的是提高专业技能。同学们希望将自己所学的专业知识应用于社会实践活动中，一方面可以巩固自己的理论知识，一方面可以在实践中检验自己，发现自己的不足，以期做得更好。第三个目的是丰富自己的社会阅历。由于大多数学生都是一路从小学、初中、高中、大学直接到研究生的人生路径，所处的环境一般都是校园环境，参与社会事务的机会比较少，阅历比较浅，所以大家希望通过参加社会实践活动来增加社会阅历丰富自己的学生生活。第四个目的是为职业生涯做准备。由于我国教育制度的特点，同学们大学毕业之后就选择直接读研，没有社会工作经验，而且很多同学硕士研究生毕业之后没有继续深造博士研究生的打算，所以毕业之后就会踏入社会，进入职场。同学们想要借助社会实践的契机对自己的能力做一个考评，为自己的职场做好准备。

### （三）针对存在问题提出的解决方案

从调研结果可以看出，目前我国高校英语专业研究生的社会实践还存在着一些情况和问题，亟待改善与解决。而大学生社会实践的成功开展有赖于社会各界的共同关注和支持。

### 1. 社会增加重视程度

社会要对大学生社会实践提高重视。国家和地方政府对大学生社会实践的重视程度在很大程度上影响着大学生社会实践的实效性，所以积极出台鼓励大学生社会实践的政策并确保这些政策真正落到了实处很有必要。另外地方政府和当地企业应该积极与学校沟通协商，建立一个学生、企业双向交流的平台，为在校学生提供实习岗位，了解市场动态。同时,还要确保高校大学生社会实践利益得到维护。避免拖欠、克扣大学生实习薪资、降低大学生实习待遇等行为的出现。

### 2. 高校加强对学生实践的专业指导

高校应加强对大学生社会实践活动的指导。首先,由于学生社会信息有限,在社会实践岗位的选择上比较盲目,没有目标,造成很多学生得不到实践机会,或者实践岗位与专业相关性不大,实践效果有限等问题。对此,学校应该积极承担桥梁的作用,与可提供实习岗位的单位建立合作关系,有组织有计划地安排学生进行实践活动。其次,大学生社会实践的目的就是要通过社会实践把课堂上学的理论知识与工作需求联系起来,通过社会实践更多地了解社会、提升自己的素质。但是,目前大学生课堂教学、专业学科与社会需求有着严重脱节现象。很多在课堂上学到的知识在实践活动中用不上,不够用,从而使得大学生要么对课堂教育产生怀疑,影响进一步的学习生活;要么对实践活动产生抵触情绪,不愿意进行社会实践。所以,学校在课程设置方面还有待改进。最后,学校应为大学生社会实践活动的开展提供专业指导。每个学校都有就业办公室,但是真正与学生面对面交流实践意愿和心得的少之又少。对大学生社会实践进行指导的专业教师也比较缺乏。因此,大学生在社会实践活动中遇到困难和问题不能得到专业老师的及时指导,在实践中产生的疑问无人解答,这些都不利于大学生社会实践活动的成功开展。

### 3. 学生增强实践自觉性

应提高学生的实践自觉性。作为社会实践活动的主体,学生的主观能动性起着举足轻重的作用。但是有些学生对于社会实践缺乏深入了解,对其作用和意义认识不足,缺乏参与社会实践的积极性和主动性。有很大一部分同学对社会实践的态度不端正,认为大学生的任务是课堂知识的学习,把社会实践当作是一种负担,不愿参与或者即便参与其中,也只是走过场,混日子,不能真正进入角色,做出自己的贡献。

## 四、总结

作为研究生,进行科研创新是高校教育的内在要求,进行社会实践也是大学生提高自身素质的必要环节。因此,合理分配时间,安排好自己的科研创新与社会实践活动非常重要。通过问卷数据分析,我们发现来自二外、大外和川外的大多数同学都认为作为研究生,更应该侧重专业知识的学习和科研创新。很少有同学认为在社会实践方面花的时间要多于科研创新活动。座谈会中,同学们也都表示,研究生教育最重要的还是课堂知识的学习以及科研创新能力的培养。他们认为社会实践固然也很重要,同学们也应该积极参与其中,努力培养自己的动手实践能力,提高社会适应能力,但是在时间分配上,社会实践所占用的时间至少是不应该超过进行科研创新所花的时间的。然而数据表明,同学们的科研成果寥寥无几。仔细分析同学们的回答和实际情况,你会发现,事实上相比之下同学们更关注社会实践,在社会实践活动上花的时间也要多于花在科研创新上的时间。也就是说,同学们潜意识里对研究生生活时间和精力的分配是模式化的。这种思维定式理论上告诉同学们,作为研究生,进行科研创新要比进行社会实践活动重要,所以应该分配多一点的时间给科研创新。但是,从三个学校同学们科研创新的状况来看,科研创新并没有真正得到重视。至于原因,正如文章上半部分所言,既有个人的又有来自社会和学校方面的。

那么怎样安排科研创新和社会实践才是最合理的呢?

首先,我们需要了解一下科研创新和社会实践之间的关系。科研创新,尤其是人文学科的科研活动主要侧重于对理论知识的探索,而社会实践主要侧重于将理论知识应用到实践活动中,因此科研创新与社会实践的相结合很有必要。科研创新能够提高学生的专业技能,专业技能是基础,只有掌握了扎实的专业技能,才能将其理论知识很好地运用到社会实践中。而社会实践能够提高学生的各方面能力,如交际能力、学习能力和分析问题能力,这些能力反过来对科研创新也是很有帮助的。有些学生可能会简单地认为,社会实践只有与专业相关,才能对科研创新能力有所帮助。其实不然,社会实践能够从各方面提高学生的能力,这些能力或多或少都会对科研创新有益。从上面的分析我们可以看出,科研创新和社会实践的关系十分密切,作为一名新世纪的高校研究人才,我们不仅要提高自己的科研创新能力,同时也要提高自己的社会实践能力,为以后进入社会打下坚实的基础。

其次,我们需要总结一下科研创新和社会实践各自的意义,然后结合二者之间的关系,安排自己的时间分配。根据问卷统计分析,三个学校的大多数同学都认为:在研究生学习生涯中,花费在科研创新和社会实践两方面的时间和精力比例关系保持在 6∶4 最合适。科研创新能力是基础,但社会实践能力也不容小觑,要合理安排好两者的时间,切不可只抓一方面而误了另一方面,把时间和精力集中在社会实践上,而忽视了科研创新,或者是研究生期间只注重科研创新而拒绝进行社会实践活动的行为都是不可取的,只有做到科研创新和社会实践两手都要抓且两手都要硬,才算是一名合格的高校研究人才。

最后,我们希望学生个人和学校在科研创新和社会实践方面都做出一些努力。作为学生,要珍惜机会,充分发挥主观能动性,积极参与到学校提供的科研创新和社会实践活动中去,尽力提高自己的科研创新能力和社会实践能力。同时,学校也应该在新的科研创新平台的搭建,专业指导老师培养方面以及学生社会实践的引荐、组织管理方面做出更多的努力,以期把每位同学都培养成科研创新能力和社会实践能力俱佳的高素质复合型人才。

## 参考文献

[1] 卢新宇.理工科大学生科研能力的训练模式及其评价研究[D].大连:大连理工大学,2007.

［2］陆伟.美国研究型大学本科生科研能力培养研究［D］.保定：河北大学，2005.

［3］吴菲菲.教学研究型大学的人才培养目标与途径研究［D］.呼和浩特：内蒙古农业大学，2007.

［4］楼寒圭.关于大学生科研工作的若干思考［J］.宁波大学学报（教育科学版），2001（4）.

［5］阎桂芝，都治国.加强"SRT"计划促进学生创新意识和能力的培养［J］.清华大学教育研究，2001（2）.

［6］徐辉，季诚钧.大学教学概论［M］.杭州：浙江大学出版社，2004.

［7］李俊才.大学生创新能力培养探索［M］.合肥：合肥工业大学出版社，2006.

［8］石中英.知识转型与教育改革［M］.北京：教育科学出版社，2001.

［9］联合国教科文组织国际世纪教育委员会.教育——财富蕴藏其中［M］.北京：教育科学出版社，1996.

［10］吴松弟.素质教育在英国［M］.南宁：广西民族出版社，2000.

［11］教育发展与政策研究中心.发达国家教育改革的动向和趋势［M］.北京：人民教育出版社，1986.

［12］钟启泉.研究性学习理论基础［M］.上海：上海教育出版社，2003.

［13］张奎明.建构主义视野下的教师素质及其培养研究［D］.上海：华东师范大学，2005.

［14］张国栋.大学生社会实践探索［M］.沈阳：辽宁大学出版社，2009.

［15］冯艾，范冰.大学生社会实践导读［M］.北京：社会科学文献出版社，2005.

［16］胡树祥，吴满意.大学生社会实践教育理论与方法［M］.北京：人民出版社，2010.

［17］许建钺.高等教育与社会实践——大学生参加社会实践的研究［M］.教育科学出版社，1993.

［18］何东昌.中华人民共和国重要教育文献［M］.海口：海南出版社，1998.

［19］赵祥麟，王承绪.杜威教育名篇［M］.北京：教育科学出版社，2006.

［20］张明樹.中国"政治人"——中国公民政治素质调查报告［M］.北京：中国社会科学出版社，1994.

［21］联合国教科文组织国际21世纪教育委员会.教育——财富蕴藏其中［M］.北京：教育科学出版社，1996年.

［22］骆军.改革开放以来高校社会实践活动的发展及经验研究［D］.武汉：华中师范大学，2003.

［23］曾克强.基于大学生品格培养的社会实践研究——对湖南财专大学生社会实践的调查［D］.长沙：中南大学，2009.

［24］刘洋.论社会实践中的思想政治教育［D］.上海：华东师范大学，2008.

［25］庞静.社会实践与大学生全面成才研究［D］.天津：天津师范大学，2007.

［26］邢强.当前我国大学生社会实践活动问题研究［D］.长春：东北师范大学,2007.

［27］徐艳兰.大学生社会实践长效机制的构建［D］.武汉：华中师范大学,2008.

［28］马奇柯.国外大学生社会实践的经验和启示［J］.中国青年研究,2003(3).

［29］曹银忠,胡树祥.新中国成立以来大学生社会实践活动的回顾与展望［J］.思想理论教育导刊,2010（5）.

［30］赵振华.大学生社会实践的现状及路径探析［J］.教育探索,2007(4).

［31］胡琦.大学生社会化过程问题研究［J］.广西青年干部学院学报,2004,14（6）.

［32］李国庆.社会实践与青年学生社会化［J］.青年研究,1987(6).

# 附录

## 调查问卷

1. 在研究生阶段,您做过哪类社会实践?(　　)
   A. 家教或教育培训机构　　　　　　B. 公司企业
   C. 新闻出版等事业单位　　　　　　D. 志愿者活动

2. 您的导师会鼓励或安排您做一些社会实践活动吗?(　　)
   A. 鼓励但不主动安排　　　　　　　B. 鼓励而且安排
   C. 既不支持也不反对　　　　　　　D. 反对

3. 你参加的社会实践与所学专业之间的相关性,以下选项表示递增。(　　)
   A. ※　　B. ※※　　C. ※※※　　D. ※※※※　　E. ※※※※※

4. 你觉得社会实践有助于提高哪些方面的能力?选出您认为最重要的三项。(　　)
   A. 学习能力　　　　　B. 创新能力　　　　　C. 语言表达能力
   D. 分析问题能力　　　E. 人际交往能力　　　F. 适应环境能力
   G. 组织管理能力　　　H. 相关专业技能　　　I. 其他_____

5. 你认为当下大学生社会实践存在哪些问题?(可多选)(　　)
   A. 时间太少,无法真正进入角色
   B. 与所学专业不对口,有待提高其质量
   C. 实践机会少,缺少组织管理
   D. 创新性不高

6. 在校期间,您参与导师课题项目数是几个?(　　)
   A. 一个　　B. 两个　　C. 三个　　D. 四个以上　　E. 无

7. 在校期间,以第一或第二作者,您发表期刊论文的数量是多少?(　　)
   A. 1篇　　B. 2篇　　C. 3篇　　D. 4篇以上　　E. 无

8. 您参加过学校组织的哪些大学生科研创新活动?(可多选)(　　)
   A. 学生科研立项　　　　　　　　　B. 学校内的创新比赛
   C. 校外科技创新比赛　　　　　　　D. 学术报告
   E. 其他

9. 您认为目前研究生科研创新最缺乏的是什么?(　　)
   A. 充足的自由支配时间　　　　　　B. 学校提供的科研创新平台
   C. 扎实的专业知识　　　　　　　　D. 实用的技能指导
   E. 物质条件支持

10. 您认为学校培养学生科研创新能力的外在条件中最重要的是什么？（　　）

综上所述：

11. 您认为大学生科研创新能力与社会实践之间的关系是什么？（　　）

A. 有决定性影响　　　　B. 有比较大的影响　　　　C. 有一定的影响

D. 影响不大　　　　　　E. 没有影响

12. 您认为在硕士研究生阶段，科研创新与社会实践的时间分配比例怎样安排最合理？（　　）

A. 5∶5　　　B. 6∶4　　　C. 7∶3　　　D. 8∶2

# 京外高校管理类硕士研究生学术创新与学术实践活动交流

调研注册团队编号:20
调研注册团队领队:朱　妍

作　者:朱　妍　方　炎　姚静姝　董　杨　关　静*

[摘　要] 学术是研究生生活重要的一部分。学术创新是采用新方法,研究新问题,是推动学术水平发展的重要因素。学术实践,将学术研究与现实问题相结合,是学术研究的最终目的。与其他院校经管类专业在学术创新与实践活动方面进行交流,分享经验成果,对相关问题进行探讨,能够为我校经管类专业学术创新与实践活动的发展提供借鉴。本调研项目通过座谈的方式与五个样本学校经管类专业在专业课设置及考核、论文发表、奖学金制度、课外阅读、导师交流、学术实践、研会组织工作七个方面进行的交流,收集到了一手资料。并为进一步更客观地发现问题,对相关数据进行统计分析。在以上两步基础上,进行分析,归纳出样本学校的经验与问题。最后,结合文献等二手资料,对"如何培养研究生创新能力"进行探析,以期为研究生学术创新、学术实践提供可行性建议。

[关键词] 学术创新;学术实践

---

\* 朱妍,女,汉族,1988年生,山西晋中人,北京第二外国语学院国际商学院2012级硕士研究生;方炎,男,汉族,1990年生,河南信阳人,北京第二外国语学院国际商学院2013级硕士研究生;姚静姝,女,汉族,1989年生,安徽池州人,北京第二外国语学院国际商学院2012级硕士研究生;董杨,男,汉族,1990年生,山东临沂人,北京第二外国语学院国际商学院2012级硕士研究生;关静,女,满族,1988年生,河北承德人,北京第二外国语学院国际商学院2012级硕士研究生。

# 一、样本院校管理类专业硕士研究生学术创新与实践活动基本情况

## （一）中南大学商学院

中南大学工商管理专业的科目老师的要求较高，学生的任务繁重，多门课要求在读 100 篇以上文献的基础上进行文献综述，同学们却认为，读的文献越多，越容易被灌输已有研究成果的思想，越不容易创新。也因为课业繁重，课外阅读的时间较少。

另外，中南大学虽然与湖南师范大学相邻，与湖南大学有岳麓山一山之隔，却很少与这两所院校交流，这一点是应该改进的。

除了学术方面，在文体等活动方面，中南大学各个学院之间，与周围院校之间也很少交流，整体处于比较封闭的状态，阻碍了学术交流。

表 1　中南大学工商管理专业研究生学术创新与实践活动基本情况

| 序号 | 类别 | 基本情况 | |
|---|---|---|---|
| 1 | 专业课设置及考核 | 专业课设置 | 高级管理学，高级经济学，高级财务管理，信息系统（主要是建模的），经济博弈论，信息经济学 |
| | | 专业课考核 | 考勤＋平时作业成绩＋考试（论文） |
| 2 | 论文发表 | 必须发表自己是第一作者，或导师是第一作者、自己是第二作者，北大核心期刊 | |
| 3 | 奖学金制度 | 根据论文、参加竞赛的情况，主要是论文 | |
| 4 | 课外阅读 | 总体比较少，课外读物中小说类占大多数，关于本专业的课外阅读很少 | |
| 5 | 导师交流 | 参与导师课题，与导师交流平均每周两到三次 | |
| 6 | 学术实践 | 经典活动：博思沙龙（由本专业博士主讲），<br>　　　　　经管大讲堂（每年举办，国内外知名教授主讲）<br>沙龙：沙龙每学期 2～3 次，院研会负责举办。<br>讲座：讲座平均半个月一次<br>　　专题包括学术、就业和心理方面的<br>　　每个人必须听 5 次才能毕业，有考核<br>　　老师或者院研会，院研工办邀请嘉宾。资金学院提供。<br>　　学术方面，主讲人为国外知名教授或学术水平较高的师兄师姐，就业方面的请企业高层来讲。<br>科研项目：科研项目大多是导师的。学校也提供供学生申请的社会调研项目，资金支持范围在 1000～2000 元，申请的学生少。<br>学术会议：没有专门的会议经费，参加会议的费用从导师项目出<br>学术交流：学术交流的机会少，与周边湖南大学、湖南师范大学等都没有交流，各个学院之间也几乎没有交流 | |
| 7 | 组织工作 | 沙龙讲座主要由院研会主办，校研会的作用很小 | |

## (二)深圳大学管理学院

深圳大学管理学院凭借深圳市开放程度高、企业多、距港澳台较近特别是与香港交通方便的优势,学术方面呈现出活动类型多样、企业参与度高、与港澳台交流频繁的特点。

表2 深圳大学工商管理专业研究生学术创新与实践活动基本情况

| 序号 | 类别 | 基本情况 | |
|---|---|---|---|
| 1 | 专业课设置及考核 | 专业课设置 | 管理学、经济学、财务管理、战略管理、组织行为学、数理统计、博弈论、品牌管理、人力资源、研究方法 |
| | | 专业课考核 | 考勤+平时作业成绩+考试(论文) |
| 2 | 论文发表 | 要求发表核心期刊,自己或导师为第一作者 | |
| 3 | 奖学金制度 | 由于全部是公费,基本没有奖学金 | |
| 4 | 课外阅读 | 学院整体情况是读小说类比较多,专业相关的课外阅读少 | |
| 5 | 导师交流 | 参与导师课题,平均每周一次 | |
| 6 | 学术实践 | 特色:荔研论坛、辅仁书会、校园精品网络课程、MOOC课程<br>沙龙:企业会主动联系学校办沙龙与学生交流,学校有营销协会等作为学生与企业的桥梁<br>讲座:读研期间,至少听8次讲座才能毕业,通过盖章考核。<br>主讲人包括本校老师,企业高层,港澳台高校老师。与香港城市大学建立了比较固定的联系,每年会有对方老师带自己的课题来交流<br>学术会议:没有专门的会议经费,参加会议的费用从导师项目出<br>科研项目:1800元/人/年调研经费,不需要申请<br>学术交流:与广州、港澳台方面交流较多,但是只局限于校研会代表<br>企业参访:读研期间,参访至少3次才能毕业,通过盖章进行考核<br>企业实习:绝大多数同学参加企业实习 | |
| 7 | 组织工作 | 校级活动校研会负责活动执行,各院分会支持;院级活动院研会执行 | |

深圳大学的特色学术活动:荔研论坛、辅仁书会、校园精品网络课程及MOOC课程简介如下:

荔研论坛2013年举办了第一届,每年一届,面向全国内地及港澳台所有高校的博士研究生及硕士研究生,旨在为各高校间研究生交流搭建平台,2013年第一届参与者包括内地和港澳台三十余所高校。包括四个分论坛:医学与生命科学分论坛、光电与信息科学分论坛、建筑与材料学分论坛、人文与社会科学分论坛。

辅仁书会由校研会主办于每年4—5月,举办4~5期。选定书籍后邀请作者与同学们进行交流探讨,书会参与者限定30人,整体的氛围轻松愉快。

校园精品网络课程由每个学院选出了一门精品课程构成,上传到校园网站,精品课程主要以研讨会的形式上课,有利于各院同学共享资源,但是目前比较形式化,主要是为了教务处考核进行。

MOOC课程是大型网络开放式课程(massive open online coursesas)的简称,起源于美国,2012年以来受到瞩目。是高校在网上提供免费课程的平台。Coursera、Udacity、edX三大课程提供商的兴起,给更多学生提供了系统学习的可能。2013年2月,新加坡国立大学与美国公司Coursera合作,加入大型开放式网络课程平台。目前,香港大学,香港中文大学已经加入Course平台。MOOC课程具有资源多样化,授课不受时空限制,受众面广,参与自由,不收取学费的特征(资料来源于百度百科)。

深圳大学的同学们认为学术活动的多样性提高了同学们的积极性与参与度,通过与企业之间紧密的联系加深了对企业的认识,对于今后找工作有一定的帮助。有些企业欢迎同学带着自己的课题进行学术研究,对于立志从事学术的同学提供了研究样本。

在对深圳大学的访谈中,值得我们借鉴的一是其学术活动的多样性,不局限于沙龙讲座等传统形式。另外,更重要的是深圳大学比较充分地利用了当地资源。我校位于首都北京,人文、企业资源丰富,类似于辅仁书会、企业参访、企业沙龙等对于我们来说可行性是比较高的。应充分地利用校外的资源,提高研究生与校外人士接触的频率,特别是对于经管类的学生,了解企业管理实践很有必要。

另外,简单的调研经费审批流程是我们可以借鉴的。

再者,网络资源共享是教育发展的趋势,我校应抓住机会,尽早建设网络学习平台,提高学校知名度与竞争力。

(三)厦门大学管理学院

在对厦门大学管理学院同学的访谈中,我们了解到厦门大学管理学院每年都有一部分同学选择继续读博,学术热情比较高。每年会有知名学者带着前沿课题来讲学,学术资源丰富。

表3 厦门大学管理学院研究生学术创新与实践活动基本情况

| 序号 | 类别 | 基本情况 | |
|---|---|---|---|
| 1 | 专业课设置及考核 | 专业课设置 | 高级管理学,高级经济学,计量经济学,营销管理专题,网络营销,战略营销,营销调研,营销模型 |
| | | 专业课考核 | 考勤+平时作业成绩+考试(论文) |
| 2 | 论文发表 | 学校没有要求必须发表论文,各个导师要求不同 | |
| 3 | 奖学金制度 | 考核论文发表情况、志愿者服务(志愿者服务每年必须满三小时) | |
| 4 | 课外阅读 | 课外阅读比较多,导师要求每周上交读书报告(与专业相关书籍)<br>市场营销方向的同学读书的类别包括哲学,传播学,心理学,研究方法 | |
| 5 | 导师交流 | 参与导师课题<br>与导师交流平均每周一次,学校每学期提供1000元补贴用于导师带学生去咖啡厅 | |

续表

| 序号 | 类别 | 基本情况 |
| --- | --- | --- |
| 6 | 学术实践 | 经典活动:明心讲坛、四季讲坛<br>沙龙:分院级、系级、各师门几个不同层级<br>  三个级别总体每周有2~3次,讨论热烈<br>  院级的沙龙由博士主办,主要是学术方面的<br>  参加在奖学金评定中加分,不参加不扣分<br>科研项目:大部分参与导师的,自己申请项目很难<br>学术会议:有会议经费并鼓励学生参加<br>  但硕士研究生参加很少,博士研究生参加较多<br>学术竞赛:老师以项目为参赛题目,获奖者奖金从项目经费中出 |
| 7 | 组织工作 | 校级活动校研会负责活动执行,各院分会支持;院级活动院研会执行 |

厦门大学管理学院值得我们借鉴的是以下三个方面:

(1)厦门大学的奖学金评定制度除了考核论文发表情况,还要求志愿者服务每年必须满三个小时才有资格参与评定。这一点,有助于学生综合素质的提高,为人民服务意识的提升,以及学校形象的提升。

(2)导师要求学生每周上交读书报告,促进学生了解本专业课本之外的、相关专业的书籍,这必然提高了学生的课外阅读量。

(3)学校为导师提供咖啡厅补贴,为导师与学生之间的交流提供经费支持。

(四)青岛大学国际商学院

青岛大学国际商学院研究生学术实践活动较少,而且,组织者是团委或者党委,学生的主动性没有得到发挥。但是,与前三个样本不同,青岛大学国际商学院的同学对于本专业课外阅读的积极性更高。

表4 青岛大学商学院研究生学术创新与实践活动基本情况

| 序号 | 类别 | 基本情况 | |
| --- | --- | --- | --- |
| 1 | 专业课设置及考核 | 专业课设置 | 管理学、经济学、运营管理、产业经济学、国际贸易、市场营销、财务管理、人力资源管理、供应链管理 |
| | | 专业课考核 | 论文+报考+考试(论文) |
| 2 | 论文发表 | 要求自己或导师为第一作者,正式出版期刊 | |
| 3 | 奖学金制度 | 主要根据竞赛成绩及创新成果进行评定 | |
| 4 | 课外阅读 | 大部分同学有课外阅读的爱好<br>主动进行的多,部分在导师的督促下进行<br>经管类是主要的阅读类别,其次是科普类,小说类 | |

续表

| 序号 | 类别 | 基本情况 |
|---|---|---|
| 5 | 导师交流 | 部分同学参与导师课题,学院要求导师每周与学生交流一次 |
| 6 | 学术实践 | 经典活动:"周五学术之夜",邀请国内外知名学者及企业家进行讲座<br>科研项目:主要参与导师项目<br>学术竞赛:主要参与省级竞赛<br>社会实践:不定期,主要由团委及党委组织<br>企业参访:主要由学院组织,不定期 |
| 7 | 组织工作 | 团委党委不定期组织,研会较少组织学术活动(由于缺少经费) |

### (五)青海民族大学工商管理学院

由于人数较少,青海民族大学工商管理学院较少组织学术活动,学生参与的学术活动主要是学校举办的讲座及导师项目。与青岛大学相似,青海民族大学对于本专业的课外阅读有较高的积极性。

后两个样本中,同学们对于本专业课外阅读的积极性更高可能是由于课堂任务较中南大学、厦门大学轻松,学术活动较少,由于外界的督促和提供的学术活动较少,导致同学们一方面自由支配的时间较多,另一方面对于专业知识的需求未得到满足,因而自发学习。

表5 青海民族大学工商管理专业研究生学术创新与实践活动基本情况

| 序号 | 类别 | 基本情况 | |
|---|---|---|---|
| 1 | 专业课设置及考核 | 专业课设置 | 管理学、经济学、营销管理、财务管理、创业管理、资本市场与市场运作 |
| | | 专业课考核 | 平时作业成绩+考试(论文) |
| 2 | 论文发表 | 要求公开发表期刊,自己或导师为第一作者 | |
| 3 | 奖学金制度 | 评定标准包括:平时成绩、论文发表情况、参与课题、社会实践 | |
| 4 | 课外阅读 | 所有同学都会进行课外阅读;主要是专业类;自发与导师引导结合 | |
| 5 | 导师交流 | 参与导师课题;与导师交流至少每周一次 | |
| 6 | 学术实践 | 讲座:主要是学校举办,两周一次。<br>　　对出勤进行考核,要求在校期间至少参加8次<br>科研项目:参与导师科研项目<br>学术会议:区政府级别、规模较小的学术会议<br>学术交流:学院组织去青海大学听讲座 | |
| 7 | 组织工作 | 校研会组织 | |

## 二、相关数据统计分析

为更客观了解学术创新情况,项目小组统计了中国知网收录的五个调研对象2014年的文献数据,为使统计结果更具有代表性,我们的统计样本又增加了三所高校——西安交通大学管理学院、吉林大学管理学院及上海财经大学国际工商管理学院。具体操作如图1所示。

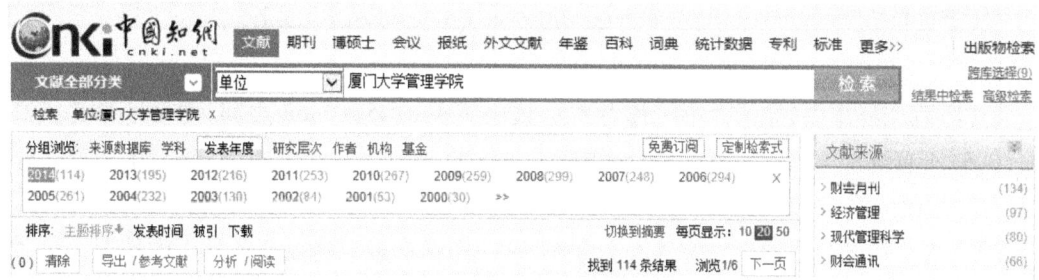

**图1　查询统计样本文献数据**

在中国知网按单位进行搜索,分别输入"中南大学商学院""深圳大学管理学院""厦门大学管理学院""青岛大学国际商学院""青海民族大学工商管理学院"等,按"发表年度"进行筛选,选择"2014"。

统计八个调研对象2014年中国知网收录的文章中每篇文章的第一作者为导师和第一作者为学生的文章数量,由于青海民族大学2014年被收录的数量较少且作者信息不详细的占近1/3,以及青岛大学国际商学院数量较少,因此排除这两个样本,选用统计数据结果如表6所示。

**表6　发表文章统计数据**

| 第一作者 \ 样本 | 中南大学商学院 | 深圳大学管理学院 | 厦门大学管理学院 | 西安交通大学管理学院 | 吉林大学管理学院 | 上海财经大学国际工商管理学院 | 总数（总数量比） |
|---|---|---|---|---|---|---|---|
| 导师 | 114 | 22 | 60 | 80 | 82 | 66 | 424 |
| 研究生 | 84 | 8 | 39 | 64 | 60 | 37 | 292 |
| 博士 | 78 | 0 | 33 | 58 | 55 | 35 | 259 |
| 其他 | 53 | 7 | 15 | 20 | 21 | 3 | 119 |
| 文献总数 | 251 | 37 | 114 | 164 | 163 | 106 | 835 |
| 导师/总数 | (0.45)<br>114/251 | (0.59)<br>22/37 | (0.53)<br>60/114 | (0.49)<br>80/164 | (0.50)<br>82/163 | (0.62)<br>66/106 | (0.51)<br>424/835 |

续表

| 第一作者\样本 | 中南大学商学院 | 深圳大学管理学院 | 厦门大学管理学院 | 西安交通大学管理学院 | 吉林大学管理学院 | 上海财经大学国际工商管理学院 | 总数（总数量比） |
|---|---|---|---|---|---|---|---|
| 研究生数量/总数 | (0.33) 84/251 | (0.22) 8/37 | (0.34) 39/114 | (0.39) 64/164 | (0.37) 60/163 | (0.35) 37/106 | (0.35) 292/835 |
| 博士研究生/研究生 | (0.93) 78/84 | 0 | (0.85) 33/39 | (0.91) 58/64 | (0.92) 55/60 | (0.95) 35/37 | (0.89) 259/292 |

（1）六个样本中，导师为第一作者占总数比例在 0.45～0.62 之间，均接近 0.5 或高于 0.5；所有统计文献中，导师为第一作者占总体的 0.51。六个样本中，研究生为第一作者占总数比例在 0.22～0.39 之间；所有统计文献中，研究生为第一作者占总体的 0.35。"其他"指本院老师或学生与院外人士合作，第一作者不是本院教师及学生的情况。这种情况约占总体的 0.14。这三个数据说明院校学术创新的群体包括导师、学生及与院外合作，其中，导师是创新的主体，研究生的独立创新能力有待提高。

（2）六个样本中博士生为第一作者占研究生为第一作者的比例为 0.85～0.95。所有研究生为第一作者的统计文献中，博士生为第一作者占比为 0.89，说明硕士研究生为第一作者的情况极少，博士研究生的创新能力远远高于硕士研究生，硕士研究生的独立创新能力很弱。

## 三、样本高校管理类专业硕士研究生学术创新与学术实践活动的经验与问题

（一）样本高校经管类专业研究生学术创新与学术实践活动的经验

**1. 充分利用当地资源，开展多样学术活动**

学术活动的开展，不应仅局限于本校，局限于学术领域。各个学校有不同的资源，不同的优势，学校之间多多交流，才能避免闭门造车，在对比中发现自身的优势和劣势。另外，大部分研究生毕业后会选择走出校门，进入企业，与当地知名企业进行交流，了解企业的用人标准，了解哪些知识技能将是今后的工作中所需要的，有利于研究生将学习知识与解决实践问题相结合。

**2. 了解教育方式的前沿，积极推动教育方式的改革**

通过为学生提供多样化的高质量的教育资源，提供自由的学习空间时间，利用有效的考核方式，促进教育效率的提高。不能填鸭式地灌输教材的知识，而应该为学生提供更多的选择，并培养正确的思考问题的方式方法，将学习与思考相结合，帮助学生发现自己的兴趣特长，更早地明确走出校门后的定位，避免学习中的盲目性和为应试而学习的

无效率状态,提高研究生将知识转化为技能和素质的能力。

### 3. 促进教师角色的转换,由灌输知识到引导思考

研究生侧重在研究,不应该像之前的学习方式大部分是通过记忆和理解能力掌握知识,广而不精,学多思少,浅尝辄止。研究生学习不在于广而应在于精,在于发现问题的能力以及之后的深入思考,了解表面的知识是容易的,所以很多同学只在考试前突击复习就能取得好成绩。而发现问题需要对现实生活的了解、好奇和敏感,解决问题需要探索精神,需要不怕失败和劳而无获的勇气。我们从小到大的看几本教材就能通过考试,就算完成了任务的惯性,导致思考和探索的成分相比死记硬背少了很多。我们的这种学习的态度和方式也许适用于节奏比较慢的社会,但已经不适合现代社会日新月异的发展变化。因而,随着社会对人才需要的变化,我们学习的方式应该转变,发挥引导作用的教师的角色也应该转变。

### 4. 以考核的形式调动研究生参与学术活动的积极性

访谈过程中,我们发现三个举办讲座沙龙较多的样本都会对学生的出席情况进行考核,要求研究生在读期间达到最低的参加次数标准。这对同学们的参与是一个督促,也保证了学术活动的信息传递给所有同学。如果没有这方面的硬性要求,可能很多同学没有特别关注举办沙龙的信息,也就错过了参与的机会。

## (二)样本高校经管类专业研究生学术创新与学术实践活动的问题

### 1. 硕士研究生的学术创新能力严重不足

通过上一部分的统计数据及访谈过程中收集到的资料发现(访谈问卷见文后附件),高校的学术创新主要依靠教师其次是博士研究生来进行,硕士研究生的独立创新能力很弱。

### 2. 研究生在科研活动中自主性不强

在对五个样本的访谈中发现,大部分研究生在科研活动中是参与者的角色,自己申请主持科研项目的机会比较少,主要是在导师的安排和指导下参与项目的一部分,对科研活动并没有形成宏观的把握,这可能是导致研究生独立创新不足的原因之一。

### 3. 对本专业知识的学习大部分局限于课本

研究生主动阅读本专业课外书进行专业知识深入学习探索的很少,部分研究生在导师的监督指导下进行阅读。在导师的监督下,定期提交读书报告进行汇报,深有体会的同学们认为这是一种有效的途径,可以拓展知识面,进行深入学习思考,进而提升学术能力。专业阅读不能仅局限于本领域,而且应该包括相关的领域。比如,市场营销学,涉及到消费者的心理行为,涉及信息的传递,多了解一些心理学传播学的知识会起到辅助作用。有时,从其他学科的角度看待本专业的问题,会提供新的思路,对于创新是有帮助的。我们在访谈的过程中发现这是一个督促同学们进行课外阅读的有效途径,但并没有被普遍采用。由于大部分同学对于本专业课外阅读的主动性不高,可能还有一些迷茫,不确定还应该读哪些书来提高自身专业素质,所以,需要监督者和引导者。承担这样角色的不一定是导师,也可以是学院,或者班级。

#### 4. 教师引导学生进行论文写作的思路可能存在问题

在对中南大学商学院及厦门大学管理学院访谈的过程中,同学们反映由于课堂作业繁重,读课外书的时间很少。而他们认为繁重的作业都是写文献综述,任课老师要求同学们写论文之前读100篇以上的相关主题的文章,之后确定自己的题目。同学们认为,阅读文献的数量与创新是成反比的,越是深入已有的理论,越是难以创新。想想我们也有相同的经历,虽然不一定要阅读100篇以上文献,但大部分作业都基于阅读文献,都是对以往研究成果的梳理,创新的成分比较少。对此,厦门大学的同学提供了一个创新的思路——先从感兴趣的比较新的小问题入手,不要研究他人已经研究过的内容,这样由于研究生水平经验有限很难创新。这首先需要发现新的问题,因此,培养创新能力,应首先引导同学们学会发现问题。

#### 5. 学术活动整体形式单调,学术交流的机会很少

总体来说,样本学校经管类研究生的学术活动主要是沙龙、讲座、导师科研项目,自己申请科研项目、外出参加学术会议、与其他学校进行交流的机会很少,即使有,也仅局限于少数学校代表。大部分学校学术活动的类型比较单调,这就限制了研究生眼界的开阔,减少了向外界学习的机会。

#### 6. 五个样本院校由于地区、学校差异等导致资源差异较大

此次,我们对五所不同省份、不同级别的学校进行调研,西到青海西宁,东到山东青岛,南到广东深圳,地理位置上的跨度比较大,城市发展水平差异也较大,深圳属于一线城市,长沙、厦门、青岛属于二线城市,西宁属于三线城市。另外,学校级别也有差异,中南大学和厦门大学属于"211工程""985工程"国家重点高校,深圳大学、青岛大学属于一本院校,青海民族大学属于二本院校。我们发现,不同级别的学校学术资源(主要是学校能够吸引到的资源,本校教师学术影响力、教育背景)有较大不同,厦门大学经管类专业排名比较靠前,能够吸引国内外本领域影响力较大的学者,学生有机会接触比较前沿的研究。厦门大学和中南大学任课教师多有海外留学的背景,对于学生的钻研程度要求比较高。不同的城市发展水平对于学校学术的资金支持、学术活动的开放性影响较大,深圳大学相比于其他学校,对于学生学术活动的资金支持力度较大,与企业和相邻地区的交流也活跃得多。

### 四、提升研究生学术创新能力的对策建议

#### (一)促进研究生知识结构的完善

提升学术创新能力,首先应具备学术创新能力所需要的知识结构。学术创新所需的知识结构包括:学科前沿知识、研究方法知识、跨学科知识[1]。

如果不了解学科前沿,就可能重复了前人的研究,做了无用功。了解了学科前沿,才能知道自己能够在哪些方面有所创新,或者站在巨人的肩膀上有更高的起点。不同的研究方法往往导致不同的结果,正确高效地解决问题需要正确全面的研究方法的指导。近

现代科学发展的历史表明,科学上的重大突破,新的生长点乃至新学科的诞生,常常是在不同学科彼此交叉相互渗透的过程中形成的。跨学科知识有利于培养研究生的创造性思维、产生新的方法、拓展新的研究领域。

完善研究生的知识结构,可以从以下几个方面着手:(1)增加课外阅读;(2)设置研究方法课程;(3)增加选修课,构建满足研究生个体需求的多元化课程体系,要加大学科前沿知识在专业课和方向课程中的分量。

在访谈的过程中,我们了解到:(1)大部分同学对于本专业及相关领域的课外阅读很少;(2)所有样本学校经管类专业都设置了研究方法课程,并且同学们认为对于写论文有较大的帮助;(3)经管类普遍设置的课程包括经济学、管理学、人力资源、财务管理,其余根据不同的专业不同的方向设置。中南大学商学院和深圳大学管理学院设置了博弈论,厦门大学市场营销专业设置了网络营销课程,是比较前沿的。

为提升课外阅读量,可以借鉴厦门大学的经验,加强导师的引导和监督作用,以读书报告的形式对学生的阅读效果进行检验。由于同学们对于课外阅读有一定的盲目性,缺乏主动性,学院、老师加以引导监督是必要的。

在研究方法方面,各个样本学校均开设研究方法课程,但仍可以进一步提升。如厦门大学,我们访谈的同学之一是市场营销专业的,研究方法课程包括营销调研和营销模型,已经细化到某个专业,更具有针对性,更完善。

(二)实行集体导师制度[2]

通过由不同学术背景、知识结构、年龄阶段、学科专业的导师组成导师组来合作指导研究生,对于打破不同专业方向、不同学科之间的壁垒起到促进作用,有利于学生知识结构的完善。对于同一问题从多个角度看待,能够拓展思路,也有助于从多位导师的多个研究方向中选择自己感兴趣的方向。

我们访谈的五个样本中,没有实行集体导师制度的。以"集体导师制度"为关键词进行网络搜索没有找到相关结果。此制度在我国的可行性及作用有待探讨,但我们认为这是可以考虑的。

(三)重视研究生在科研活动中的独立性,并给予资金支持

访谈过程中,我们发现只有深圳大学管理学院为研究生提供每年1800元的调研经费,并且只需要导师审批,其他四个样本的学生很少有机会独立申请科研项目和社会实践项目。可见,大部分研究生的科研活动主要是参与导师的项目并在导师的指导下完成的,独立性自主性不强,不利于发挥学生的主观能动性,自然创新性受到限制。

(四)构建实践平台,促进理论、实践两者间的结合

加强实践基地建设,例如在大中型企业建立稳定的校外实习基地,在校内建成模拟企业训练中心和素质教育基地等,同时建立一支实践教学经验丰富的指导教师队伍[3],将实践与理论学习相结合。我们在学习的过程中,实践、理论二者往往脱节。课堂的教育主要是理论,同学们难以对理论有切实的感受。不少同学自己寻找实习的机会,但常常发现我们学习的理论与实践有较大的差异,知识难以与实践相结合,出现比较迷茫的

状态。这需要有实践经验的老师的指导,帮助我们认清理论与实践之间的联系。尽早走出迷茫,更好地适应社会。同时,发现理论对于实践的指导意义,有助于提升学生学习理论的动力,产生理论学习与实践学习的良性循环。

**参考文献**

[1] 吴照云.对研究生学术创新能力培养的几点思考[J].学位与研究生教育,2007,11:19-23.

[2] 李峻,陈鹤鸣.美、德、日三国研究生创新能力培养方式比较与启示[J].研究生教育研究,2013,1:85-90.

[3] 杨蕙馨.管理学科研究生创新能力评价体系构建及培养机制变革对策[J].东南大学学报(哲学社会科学版),2012,2:116-121,128.

[4] 温志桃,邹波.刍议创新型研究生学术氛围的构建[J].中国科技信息,2007,22:270-271.

[5] 朱红,李文利,左祖晶.我国研究生创新能力的现状及其影响机制[J].高等教育研究,2011,2:74-82.

[6] 廖和平,高文华,王克喜.高校研究生创新能力培养的审视与思考[J].学位与研究生教育,2011,9:33-37.

[7] 李海波,董维春.营造学术氛围培养研究生创新能力的实践与思考[J].学位与研究生教育,2008,9:8-11.

# 附件

## 访谈问卷

### 一、专业课设置及考核

**1. 专业课设置（仅管理类作答）**

(1) 专业课包括哪些？

(2) 其中哪些是你最感兴趣的？并说明原因。

(3) 哪些是你认为对工作生活有帮助的？并说明原因。

**2. 专业课考核**

(1) 专业课成绩由哪几部分构成？各占比例？你认为是否合理？请说明理由。

(2) 专业课考试形式？

A. 闭卷考试　　　B. 开卷考试　　　C. 写论文　　　D. 其他

你认为这种形式是否合理？请说明理由。

### 二、论文

**1. 期刊论文**

(1) 学校的要求

研究生期间，是否要发表论文？

对发表的数量，作者排名是否有要求？

对期刊的等级有要求吗？是否要求核心期刊，是否要求是正式期刊？

你认为学校的要求是否合理？产生的效果如何？

(2) 发表情况

你发表过论文吗？

独立发表还是与同学或导师合作发表？

如果是与导师合作发表，导师是第一作者吗？

如果与导师合作发表，导师是否真正参了与论文的写作修改？

**2. 毕业论文**

(1) 选题如何确定？

(2) 选题在研究生的哪个阶段确定？

(3) 毕业论文除了开题和毕业答辩，是否有中期答辩？你认为合理吗？

(4) 是否开设专门讲研究方法的课程？如果有，你认为效果怎么样？

### 三、奖学金制度

1. 针对研究生的奖学金有几种？（比如国家资助，学校资助，社会资助等）

2. 奖学金制度考核哪些方面？这些方面所占比例？

3.你认为这种制度是否合理?效果如何?

### 四、课外阅读

1.每学期平均读课外书的数量( )。

A.几乎不读　　　　B.1~5本　　　　C.5~10本　　　　D.10本以上

2.所读课外书的种类?

3.是导师要求的,还是自愿的?

4.你认为读课外书是否有利于学术水平提高?

### 五、导师交流

1.是否参与导师课题?

2.与导师平均交流频率?主要是课上还是课下?主动还是被动?

### 六、学术活动

1.校内

(1)沙龙及讲座

①校内举办的频率,类型。

②是否参加过?平均多久参加一次?是否参加举办过?举办过几次?举办什么类型的?参与者包括哪些人?

③主办方包括哪些?资金由谁承担?

④效果如何?

(2)科研项目

①是否参加过科研项目?参加的数量?

②由谁负责?谁提供资金支持?

③效果如何?

(3)其他

校内举办的,除了沙龙和科研项目,还有其他学术活动吗?

2.校外

(1)学术会议

①是否参加过学术会议?

②请介绍所参加会议的级别,参会者,规模,影响力。

③参加会议的资金由谁承担?

(2)其他

除了学术会议,是否还有其他形式的校外学术活动?

### 七、组织工作

1.学术方面活动的开展情况。

2.如何有效地调动同学们的参与学术活动的热情?

3.可否介绍一下学院的经典活动(组织情况、参与情况、反馈结果)等。

# 03 就业与创业

# 二外毕业研究生京外就业/创业影响因素分析

调研注册团队编号：15
调研注册团队领队：耿雷

作　者：孙　悦　丁　昕　王雁楠　汪恒倞　耿　雷*

[摘　要] 研究生规模不断扩大，全球经济发展速度下降，使得研究生的就业形势越来越不明朗。此种背景下，本研究在国内外学者关于就业、创业理论已有研究的基础上，从研究生个体的角度出发，通过深度访谈、问卷调查等方法，系统地分析了二外毕业研究生就业/创业因素。结果发现，岗位薪酬和福利待遇、婚姻家庭、人脉因素是影响二外毕业研究生京外就业三个最主要的因素。创业方面，资金、风险等客观因素是制约受访者创业的主要原因。根据研究发现，本文认为加强研究生创业教育及相关信息和平台的供给，提高学生就业能力，丰富就业信息供给，帮助学生在就业过程中有的放矢是当前高校应该解决的首要问题。

[关键词] 研究生；就业；创业；影响因素

作为高等教育的较高层次，研究生教育被认为是为社会培养高层次人才。但研究生的扩招和学制改革使得研究生的规模逐年扩大，导致了研究生的就业问题日趋紧张，就业问题日益凸显。2008年金融风暴来袭，全球经济增长放缓、行业发展不景气使得原本就不容乐观的研究生就业情况更加雪上加霜。事实上，硕士研究生的不少问题都令人担忧，如若不引起高度重视并加以解决，势必会对硕士研究生的教育事业带来不小的负面影响。

---

* 孙悦，女，汉族，1989年生，河北省张家口人，北京第二外国语学院旅游管理学院2012级硕士研究生；丁昕，女，汉族，1989年生，甘肃省白银人，北京第二外国语学院酒店管理学院2012级硕士研究生；王雁楠，男，汉族，1989年生，山西省大同人，北京第二外国语学院酒店管理学院2012级硕士研究生；汪恒倞，女，汉族，1990年生，江西省宜春人，北京第二外国语学院酒店管理学院2012级硕士研究生；耿雷，男，汉族，1989年生，山东省淄博人，北京第二外国语学院经贸与会展管理学院2012级硕士研究生。

## 一、文献综述

### (一)国外研究

#### 1. 毕业研究生就业影响因素

Harald Schomburg 和 Ulrich Teichler 在 1998 年和 2000 年对澳大利亚、法国、芬兰、意大利、英国、德国、荷兰、西班牙、瑞典、挪威、捷克和日本共 12 个国家的 40 000 多毕业生通过问卷调查的方式进行调研。该研究客观分析了欧洲高等教育与毕业生就业的匹配问题,是我们研究国外高等教育与择业关系的重要依据[1]。Gary R. Pike 通过对 631 名入学新生进行统计调查,发现他们相信或是期望对应的学习环境能够与他们的性格相匹配[2]。Rina vaatstre、Robert de Vries 在总结查阅相关文献的基础上,通过实证研究,指出学习能力、分析能力、独立工作能力和团队合作能力,都将对大学生后期的职业竞争力的发展产生重要影响[3]。

#### 2. 毕业研究生创业影响因素

Stevenson 等认为察觉机会、追逐机会的意愿以及获得成功的可能性是创业的三个重要影响因素[4]。Clouse 运用回归分析的方法,通过实证研究,对学生的创业教育与创业决定作了回归分析,发现大学生的家庭背景和创业教育对创业活动的决定有显著影响[5]。Shaver K. G. 和 Scott L. R. 认为要构建创业者影响因素的解释模型,除了潜在创业者的普通心理、环境的认知能力,个体背景因素也是非常重要的诱因[6]。Kuratko, Hornsby 和 Neffziger 通过实证研究发现外在的奖励、独立需求、内在激励和家庭安全是激励创业者的主要因素[7]。Lyigun 和 Owen 认为,风险承担能力也是个体决定是否选择成为企业家的重要因素之一[8]。Shane 等人认为创业动机是个体的意愿,它包括成就需求、愿景、独立性需求、热情和动力等。这种意愿促使人们去发现创业机会,寻找资源以及开展创业的过程[9]。

### (二)国内研究

#### 1. 毕业研究生就业/创业现状

李海峰、唐立山、董本云通过对 2003 年毕业研究生状况进行调查,得出高校科研机构是研究生的主要去向,地域选择上,北京及南方发达城市是研究生的首选目标[10]。王琦、许艳丽依据经济学对就业问题的分类,从一般性就业、结构性就业、个人选择就业三个维度出发,分析了研究生的就业影响因素,并根据目前研究生的就业现状提出了针对性的建议[11]。宋云峰、李松认为目前研究生的规模逐年扩大,不同专业研究生就业的供需比例发生了很大变化,但总体情况良好,就业率较高[12]。马跃良、李燕年中国科学院大学地学研究所的研究生进行抽样调查,结果显示,大多数研究生对目前的就业形势只是了解或了解一点,超过半数的研究生认为就业形势严峻[13]。

#### 2. 毕业研究生就业影响因素

楼群英从经济学的角度,通过对研究生的就业因素进行统计分析,指出研究生就业时应该选择弹性的择业观,选取适合自己特点的就业方法,并且择业时最好不要放弃自身的专业优势[14]。李蓉、卢杨认为影响研究生就业的因素主要是社会环境因素和自身因素[15]。董平通过分析影响研究生就业的社会市场、家庭、高校、自身等因素，提出了改善研究生就业外部环境的相关建议[16]。董华容指出影响我国研究生就业的关键因素是毕业研究生的自身综合素质，同时用人单位和硕士培养机构及国家出台的有关政策也是重要的影响因素[17]。杜文娜通过对影响研究生就业的主观因素进行分析，探讨研究生就业的自身原因，从高校的角度提出了针对性的建议[18]。刘进、苏永健通过对某高校教育学院的硕士毕业研究生进行实证研究，分析环境因素、先赋性和后致性因素对研究生的就业影响，发现研究生的培养政策对于就业结果影响很大，相比先赋性因素，后致性因素对于研究生的就业影响更大[19]。顾光同、曾丽萍、赵锦锦对云南省11所高校进行统计调查，研究硕士毕业生就业倾向的影响因素，并根据分析结果提出了相应的对策建议[20]。蔡年辉、李会朋、刘杨在《硕士研究生就业影响因素分析》中通过对发表论文多、荣获过三好学生和优秀研究生的同学的就业情况进行对比分析，指出担任过研究生干部的就业情况最好，发表论文多的研究生次之[21]。

### 3. 毕业研究生创业影响因素

唐利华、方热军指出我国政府及高校对研究生创业方面的引导、支持力度不够，研究生自身能力和风险承受力等因素是导致大多数研究生不去创业的主要影响因素[22]。代凤美和唐志丹指出朋友和政府政策的扶持对大学生创业的倾向产生较大影响[23]。刘唐宇以福建农林大学292位硕士研究生为样本进行统计调查，结果发现冒险意识、创业教育、政策法规、创新精神和市场能力对女研究生的创业动机具有显著影响[24]。

（三）研究述评

通过梳理国内外创业/就业现状、自主创业影响因素、就业影响因素的文献，可以看出学者的研究主要是宏观方面进行分型，研究面比较宽泛，研究方法也不断更新，但是也存在一些不足之处。

无论是国内的研究还是国外的研究，大部分研究成果是从整个社会研究生就业形势的宏观角度展开的，主要包括就业现状分析、就业影响因素分析、就业前景预测、相关建议等几个方面，但是从研究生个体的角度进行研究的文献较少。

国内外研究对于研究生的就业关注度较高，但对于研究生的创业方面的关注相对较少，创业方面的研究对象主要是大学生。

在现有的研究中，大部分文献仅仅是描述研究生的就业现状和存在的问题，但对于出现问题的原因缺乏深度的解释。

## 二、研究方法

（一）文献回顾

本报告的理论研究部分，基本为探索性研究。而这个探索研究的过程主要采用文献归纳与逻辑推演相结合为主的方法。具体来看，首先是通过在CNKI数据库、知网数据库、读秀数据库等国内主流期刊数据库进行关键词检索,我们选取了"大学生创业、就业以及创业就业的影响因素"等为关键词进行国内文献的检索;通过对 EBSCOhost、JSTOR 过刊数据库等国外主流期刊数据库进行关键词检索,我们选取了"employment、Entrepreneurship"等关键词进行国外文献的检索,通过为收集到的二手文献资料进行归纳分析总结,我们将影响大学生就业、创业的因素进行梳理。同时通过查阅相关著作,查阅网络资料,通过新闻媒体的二手报道资料,总结出时下热门的影响大学生就业创业的因素。

(二)专家访谈法

由于我们所选取的研究样本是二外京外就业的毕业生,所以为了获取最真实最有效的一手资料,我们选取了专家访谈法。由于毕业生就业地在京外,所以访谈难度比较大,同时考虑到差旅费用等的问题,所以我们预计对 10~15 名二外京外就业、创业的校友进行访问。对于访谈对象的选择,我们首先通过二外各个院系的负责老师获取往年毕业生的具体就业信息以及联系方式,之后我们通过划分地区,将在不同城市就业的二外毕业生化为一类,分别联系每个毕业生所在的用人单位,在征得用人单位的同意后,与访谈对象协调好访谈时间,进行访谈。我们优先选取那些二外毕业生比较集中的城市进行访谈,在节约成本的同时,最大限度地获取一手访谈资料。对于每个样本的访谈,我们采取了半结构化的访谈,以通俗的语言、引导式的询问在轻松的氛围中来引导话题的走向,尽可能为被访者提供一个轻松的环境,以期访谈资料的真实性。对于半结构访谈的提纲,我们从大学生就业与创业的宏观影响因素(分为地域的政治、经济因素等)以及微观影响因素(分为家庭伦理因素、工作本身的属性等)设计了一系列的问题,尽可能地涵盖前人文献中所提出的影响因素。

(三)问卷调查法

由于专家访谈的样本容量比较小,所得出来的结果难免有一定的偏差,为了纠正这一偏差,尽可能地保证该项研究的真实性与可靠性,我们还选取了问卷调查法。通过对文献的梳理,列出影响大学生就业、创业的影响因素,将其分为不同的因子,在各影响因子下,列出 5~10 个具体问题来把握毕业生就业、创业的意愿。对于问卷发放的对象,我们依然选择那些不在北京工作的二外毕业生,通过对毕业生发送邮件等方式发放问卷。由于研究团队成员均来自研究生,而研究生毕业生在京外就业的人数有限,但又鉴于要对研究问题的准确性负责,所以我们预计发放 100~150 份的问卷,尽可能覆盖二外京外就业的整体人群。

## 三、研究发现

(一)对二外硕士毕业生客观性调查分析

对二外硕士毕业生的客观性调查主要从人口学特征(包括性别、年龄、家庭所在地、婚姻状况、是否为独生子女)和社会学特征(所学专业、硕士毕业时间、担任干部情况、父母职业、父母学历)两方面进行考察,涉及人力资本、文化资本、社会资本中能够量化调查的主要客观性指标。

### 1. 人口学特征

本次调查对象以106名二外硕士毕业生为研究样本,共发放问卷106份,有效回收数为80份。

在80位被测者中,从性别比例结构来看,男生17名,女生63名,分别占样本总数的21%和79%,总体女生所占比例相对较多(见图1)。从年龄结构来看,被调查者的年龄最多的集中在26与27岁,比例为37.5%;其次为30岁以上(含30岁)的毕业生,比例为27.5%;再次为28岁与29岁,比例为23.8%;最后为25岁以下(含25岁)的毕业生,比例为11.2%(见图2)。

被调查者的家庭所在地主要分布在中部小城镇及乡村地区,中部大、中城市,和沿海大、中城市,比例分别为26.2%、22.5%和20%。另外,有11.2%被调查者的家庭所在地为北京。在婚姻状况方面,被调查者已婚和未婚比例相近。其中,未婚所占比例略高,为56.3%;已婚比例为43.7%。有61.3%被调查者不是独生子女,有38.7%为独生子女(见表1)。

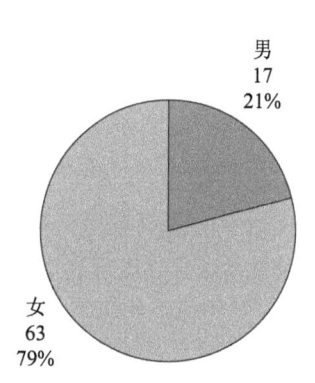

图1　二外硕士毕业生性别比例

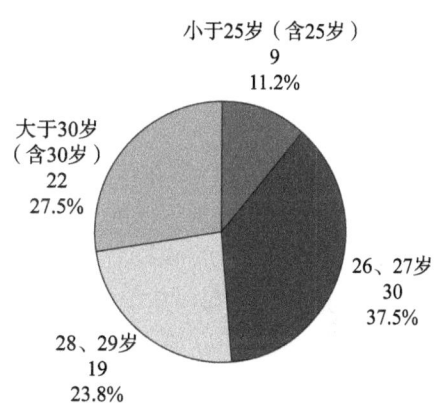

图2　二外硕士毕业生年龄比例

表1　二外硕士毕业生人口统计项目

| 调查项目 | 选项 | 频数 | 比例(%) |
|---|---|---|---|
| 家庭所在地区 | 北京 | 9 | 11.2 |
| | 上海、广州等发达城市 | 8 | 10.0 |
| | 沿海大、中城市 | 16 | 20.0 |
| | 沿海小城镇及乡村地区 | 4 | 5.0 |
| | 中部大、中城市 | 18 | 22.5 |
| | 中部小城镇及乡村地区 | 21 | 26.2 |
| | 西部大、中城市 | 1 | 1.3 |
| | 西部小城镇及乡村地区 | 3 | 3.8 |

续表

| 调查项目 | 选项 | 频数 | 比例(%) |
|---|---|---|---|
| 婚姻状况 | 已婚 | 35 | 43.7 |
|  | 未婚 | 45 | 56.3 |
| 独生子女 | 是 | 31 | 38.7 |
|  | 否 | 49 | 61.3 |

### 2. 社会学特征

从社会学专业的角度,本研究选取了与硕士毕业生就业相关联的主要社会学特征进行调查研究,包括所学专业、硕士毕业时间、担任干部情况、父母职业、父母学历等。

从被调查的二外硕士毕业生学科来看(见表2),98.7%所读专业为管理学,有1.3%被调查者所读专业为经济学。在被调查者中,只有30%曾经担任过干部,70%被调查者没有担任过干部。从被调查者毕业时间来看,大部分被调查者毕业时间都在2012年以前,比例为43.7%;其次为2013年和2014年,比例分别为22.5%和21.3%。

从被调查者的家庭情况方面(见表3),包括父亲职业,母亲职业以及父母双方最高学历。父亲职业一栏中,所占比例最大的是企事业单位人员,比例为27.5%;其次为农民,所占比例为20%;再次为公务员,比例为16.2%;然后为商人,比例为13.7%。母亲职业一栏中,所占比例最大的是企事业单位人员和农民,比例均为23.8%;其次为工人,比例为16.2%;再次为自由职业者,比例为11.3%。在父母双方最高学历一栏,大部分被调查者父母最高学历都在高中或中专,比例为43.7%;其次为大专,比例为20%;再次为本科,比例为15%。

**表2 二外硕士毕业生社会学特征统计表(一)**

| 调查项目 | 选项 | 频数 | 比例(%) |
|---|---|---|---|
| 所学专业 | 经济学 | 1 | 1.3 |
|  | 管理学 | 79 | 98.7 |
| 是否当过干部 | 是 | 24 | 30.0 |
|  | 否 | 56 | 70.0 |
| 硕士毕业时间 | 2014年 | 17 | 21.3 |
|  | 2013年 | 18 | 22.5 |
|  | 2012年 | 10 | 12.5 |
|  | 2012年以前 | 35 | 43.7 |

表3 二外硕士毕业生社会学特征统计表（二）

| 调查项目 | 选项 | 频数 | 比例（%） |
| --- | --- | --- | --- |
| 父亲职业 | 公务员 | 13 | 16.2 |
| | 企事业单位人员 | 22 | 27.5 |
| | 商人 | 11 | 13.7 |
| | 农民 | 16 | 20.0 |
| | 工人 | 6 | 7.5 |
| | 自由职业者 | 6 | 7.5 |
| | 专业技术人员 | 1 | 1.3 |
| | 其他 | 5 | 6.3 |
| 母亲职业 | 公务员 | 7 | 8.7 |
| | 企事业单位人员 | 19 | 23.8 |
| | 商人 | 6 | 7.5 |
| | 农民 | 19 | 23.8 |
| | 工人 | 13 | 16.2 |
| | 自由职业者 | 9 | 11.3 |
| | 专业技术人员 | 1 | 1.3 |
| | 其他 | 6 | 7.5 |
| 父母双方最高学历 | 小学以下 | 4 | 5.0 |
| | 小学 | 3 | 3.8 |
| | 初中 | 10 | 12.5 |
| | 高中或中专 | 35 | 43.7 |
| | 大专 | 16 | 20.0 |
| | 本科 | 12 | 15.0 |

从人口学特征来看，被调查者的男女比例不均，原因很大程度是由于二外在校生大体以女生为主，本身呈现男女分布不均的情况。从年龄来看，整体被调查者都比较年轻，社会经验丰富程度不够，这些情况都可能会影响创业和就业的比例，以及他们的就业地域选择。

从社会学特征来看，被调查者所学专业出现了以管理学为主的情况，这可能是由于在发放问卷过程中条件的限制，参与人员都为旅游管理和酒店管理学生，在联系相应的毕业生时可能大部分都把问卷发给了所熟悉的同专业的学长学姐，造成了样本不均的状况。在毕业时间方面，毕业于2012—2014年的受访者超过半数，这也是受到了联系范围的限制。

（二）对二外硕士毕业生就业/创业情况调查分析

为了了解二外硕士毕业生就业/创业的影响因素，首先对他们的基本情况和基本态度进行了调查,包括三个部分:就业/创业基本情况调查分析、二外硕士毕业生就业情况调查分析和二外硕士毕业生创业情况调查分析。

1. **就业/创业基本选择情况调查分析**

为了考察二外硕士毕业生对于就业/创业的态度,首先设计的选项是"您毕业时优先考虑是就业还是创业"。结果显示,大部分毕业生对毕业时创业的积极性不是很高,有97.5%的毕业生在毕业时优先考虑就业;只有2.5%毕业生在毕业时优先考虑的是创业(见图3)。

为了进一步求证二外硕士毕业生实际是处于就业状态还是创业状态,在问卷设计时还增加了一个"目前工作状况"选项。结果显示:100%被调查者都处于就业状态,0%被调查者选择"创业"和"待业"(见图4)。

从此结果看来,尽管有极少数人在选择毕业时的优先考虑的工作时选择了"创业",但实际上,他们也并没有将其付诸实施,而是与其他毕业生一样按部就班地"就业"。在访谈时,访谈对象大部分都谈道,尽管会有想创业的想法,但是由于各方面条件的限制,包括经济条件、能力欠缺、年龄问题等,最终还是走上"就业"的道路。

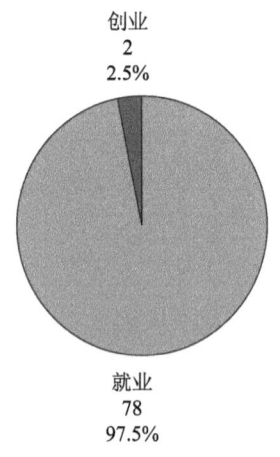

图3　二外硕士毕业生毕业时优先考虑工作方式　　图4　二外硕士毕业生毕业时实际工作状态

2. **二外硕士毕业生就业情况调查分析**

对硕士毕业生就业情况调查分析主要是指二外硕士毕业生在就业选择过程中的基本态度或倾向,主要表现为硕士毕业生对就业行业性质、就业地区的选择与认识、对薪酬待遇的期望值等选择工作的标准。本文还就研究的区域性特点重点对硕士毕业生选择北京以外地区工作的相关问题进行了调查。

首先是对硕士毕业生的首选用人单位类型进行调查分析,如表4。结果显示:二外毕业硕士生最想就业的单位类型为事业单位,比例为35%;其次为外资企业,25%被调查者认为他们在就业时的首选企业类型为外资企业;再次为党政机关,比例为17.5%。另外一方面,与考察二外硕士毕业生就业选择时一样,还测试了目前实际工作单位的类型,结果显示:就业于事业单位的硕士毕业生所占比例最高,为38.8%;其次为就业于外资企业的硕士毕业生,比例为17.5%,再次为就业于股份制企业的硕士毕业生,比例为15.0%。

根据本次所调研的几位二外硕士毕业生,大部分在京外工作的毕业生选择事业单位主要是希望工作相对稳定,社会声望相对较高,并且由于采访对象大部分为女生,所以这可能和女生本身愿意过安定生活、跟随家庭意愿相关,选择事业单位符合他们对未来生活的规划;其次是这些单位工作十分轻松、安逸,没有太多的波澜和不确定性。还有一部分因为和自己毕业的专业对口,为了实现自己的理想而希望从事这类工作。对于工作是否具有挑战性、能否对社会有所贡献考虑的人较少,硕士毕业生对行业的选择个人功利色彩浓厚。

表4 二外硕士毕业生的用人单位类型选择

| 调查项目 | 选项 | 频数 | 比例(%) |
| --- | --- | --- | --- |
| 就业时首选类型 | 党政机关 | 14 | 17.5 |
| | 事业单位 | 28 | 35.0 |
| | 国有企业 | 7 | 8.8 |
| | 外资企业 | 20 | 25.0 |
| | 私营企业 | 3 | 3.8 |
| | 股份制企业 | 5 | 6.3 |
| | 合资企业 | 1 | 1.2 |
| | 自由职业 | 1 | 1.2 |
| | 其他 | 1 | 1.2 |
| 目前工作单位的类型 | 党政机关 | 8 | 10.0 |
| | 事业单位 | 31 | 38.8 |
| | 国有企业 | 8 | 10.0 |
| | 外资企业 | 14 | 17.5 |
| | 私营企业 | 4 | 5.0 |
| | 股份制企业 | 12 | 15.0 |
| | 合资企业 | 3 | 3.7 |

除了就业类型之外,本文针对二外硕士毕业生不自主创业的原因、是否进行创业选择方面也提出了相应的问题(见表5),结果显示:二外硕士毕业生不自主创业的原因中有56.3%被调查者认为资金缺乏;有60.0%被调查者认为自主创业存在风险;有45%硕士毕业生认为自身的能力不足,需要通过就业先进行锻炼;有15%被调查者认为创业会受到家人的反对。

表5　二外硕士毕业生不自主创业的原因

| 调查项目 | 选项 | 频数 | 比例(%) |
|---|---|---|---|
| 不自主创业的原因 | 资金缺乏 | 45 | 56.3 |
| | 存在风险 | 48 | 60.0 |
| | 能力不足 | 36 | 45.0 |
| | 家人反对 | 12 | 15.0 |

对于二外硕士毕业生的就业地区(见表6),也按照就业类型同样的方式分为了首选就业地区和目前实际就业地区两大类。对二外硕士毕业生而言,大多数毕业生还是选择了北京作为首选就业地区,比例达到32.5%;选择沿海大、中城市和上海、广州等一线发达城市为首选就业地区的毕业硕士研究生所占比例分别为25%和23.7%,将小城镇及乡村地区作为毕业首选就业地区的硕士毕业生相对来说非常少,仅为3.8%。二外硕士毕业生实际就业地区大部分还是以北京为主,占31.3%;上海、广州及沿海大、中城市所占比例超过总数的一半,为50.6%。

表6　二外硕士毕业生就业地区选择

| 调查项目 | 选项 | 频数 | 比例(%) |
|---|---|---|---|
| 首选就业地区 | 北京 | 26 | 32.5 |
| | 上海、广州等发达城市 | 19 | 23.7 |
| | 沿海大、中城市 | 20 | 25 |
| | 沿海小城镇及乡村地区 | 1 | 1.3 |
| | 中部大、中城市 | 10 | 12.5 |
| | 中部小城镇及乡村地区 | 2 | 2.5 |
| | 西部大、中城市 | 2 | 2.5 |
| 目前就业地区 | 北京 | 25 | 31.3 |
| | 上海、广州等发达城市 | 18 | 22.8 |
| | 沿海大、中城市 | 22 | 27.8 |
| | 沿海小城镇及乡村地区 | 2 | 2.5 |
| | 中部大、中城市 | 9 | 11.4 |
| | 中部小城镇及乡村地区 | 2 | 2.5 |
| | 西部大、中城市 | 1 | 1.2 |
| | 西部小城镇及乡村地区 | 1 | 1.2 |

总体来说,尽管相当一部分毕业生没有选择北京作为首选就业地区和实际就业地区,但基本上还是以一线沿海城市作为就业地区的首选。当被问到他们不在北京就业的

原因时,大部分硕士毕业生的回答是由于家庭的原因,由于距离远希望能够回家工作,或是希望去方便照顾父母和家庭的地方工作等,有一些人认为北京压力大、竞争激烈,还有一些人是因为个人原因,比如不喜欢北方、不喜欢北京、不适应北京气候等方面。

### 3. 二外硕士毕业生创业情况调查分析

尽管所有被调查的以及被采访的二外硕士毕业生目前的工作状态都处于就业状态,但是依然有一部分毕业生有过创业的想法。图5显示,有31.3%的毕业硕士生是有过创业的念头,只不过由于缺乏资金、缺乏相应能力和支持等因素没有付诸实施。

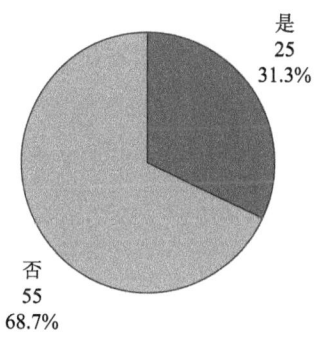

**图5　二外硕士毕业生是否有过自主创业想法**

在有过自主创业想法的硕士毕业生中,有17.5%被调查者对相应的自主创业政策有一定了解;同时有17.5%被调查者对相应创业政策不了解;仅有3.8%被调查者对自主创业政策很了解。在被调查者中,有明确创业项目的二外硕士毕业生占总比例的8.8%。创业内容被认为与专业相关的硕士毕业生占16.3%(见表7)。

**表7　二外硕士毕业生自主创业相关问题**

| 调查项目 | 选项 | 频数 | 比例(%) |
| --- | --- | --- | --- |
| 是否了解创业政策 | 很了解 | 3 | 3.8 |
| | 有一定了解 | 11 | 13.8 |
| | 不了解 | 11 | 13.8 |
| 是否有明确的创业项目 | 有 | 5 | 6.3 |
| | 没有 | 20 | 25 |
| 创业与专业相关度 | 有关 | 13 | 16.3 |
| | 无关 | 12 | 15.0 |

## 四、研究结论

### (一)影响二外毕业生京外就业的因素

本次调研中,目前在北京就业的样本为25个,在京外就业的样本55个,此部分意在分析影响二者就业地区选择有何异同。

**1. 工作本身属性是影响京内和京外就业毕业生的最普遍因素**

调查显示,京内就业毕业生认为较为重要(4分以上)的就业影响因素共有9项,其中工作本身属性占7项,就业所在地宏观因素和伦理道德因素各占1项;京外就业毕业生方面,影响其就业选择最重要的因素共有9项,其中工作本身属性占6项,所在地宏观因素占1项,伦理道德因素占2项。

**2. 京内就业毕业生更注重个人未来发展,京外就业毕业生则更看重家庭等伦理因素**

调查显示,京内毕业生最看中北京的经济发展程度(4.50)、岗位薪酬和福利待遇(4.42)、工作稳定性(4.29)、工作能否发挥自己的才能(4.22)和行业的发展前景(4.17),与之相对应,父母的影响(2.96)、与家乡间的距离(3.17)则成为其最不看重的因素;京外就业人群方面,岗位薪酬和福利待遇(4.49)、婚姻家庭(4.38)、人脉因素(4.33)、晋升机会(4.22)和工作能否发挥自己的才能(4.22)为其考虑就业时最为看重的因素(见表8、表9)。二者对比可以发现,京内就业人群更加注重北京的宏观社会环境为个人未来发展带来的机会,而选择在京外就业的人群则更多地考虑了家庭、人脉等现实因素。此外,通过访谈发现,选择在京外就业的毕业生表示在北京的生活时间毕竟十分有限,还是更加适应目前的环境,并且目前各地都在积极发展经济,都有一定的机会,没有必要一定要留在北京。

**3. 工作与兴趣相符度、工作与专业对口度等因素成为毕业生最不注重的就业影响因素**

调查显示,京内和京外就业毕业生共同认为重要性较低的影响因素有工作与专业对口程度(3.33/3.49)、所在地居民社会对学历尊重程度(3.38/3.40)、对高校毕业生的扶植政策(3.50/3.36)、对用人单位文化理念认可度(3.83/3.51)和工作与自身兴趣相符程度(4.08/3.93)。可见,毕业生在进行就业选择时更多地考虑了薪酬等物质和现实因素,而对自身兴趣等精神层面的因素考虑较少;同时,国家相关政策得不到重视,一方面说明毕业生缺乏相关意识,另一方面也说明这方面政策的宣传和落实力度有待提高。

表8 京内就业人员就业影响因素

| 影响因素 | | 样本数量 | 极小值 | 极大值 | 均值 | 标准值 |
|---|---|---|---|---|---|---|
| 就业所在地宏观影响因素 | 与家乡之间的距离 | 24 | 1 | 5 | 3.17 | 1.55 |
| | 经济发展程度 | 24 | 4 | 5 | 4.50 | .51 |
| | 专业的相关产业发展程度 | 24 | 2 | 5 | 3.83 | .96 |
| | 对专业及院校的认可程度 | 24 | 2 | 5 | 3.79 | .88 |
| | 对高校毕业生的扶植政策 | 24 | 1 | 5 | 3.50 | .83 |
| | 所在地居民社会对学历尊重程度 | 24 | 1 | 5 | 3.38 | .92 |

续表

| | 影响因素 | 样本数量 | 极小值 | 极大值 | 均值 | 标准值 |
|---|---|---|---|---|---|---|
| 伦理道德因素 | 父母的影响 | 24 | 1 | 5 | 2.96 | 1.12 |
| | 婚姻家庭因素 | 24 | 1 | 5 | 3.92 | .93 |
| | 对所在地的感情 | 24 | 1 | 5 | 3.71 | .86 |
| | 人脉的因素 | 24 | 3 | 5 | 4.04 | .81 |
| 工作本身属性 | 工作稳定性 | 24 | 3 | 5 | 4.29 | .55 |
| | 岗位薪酬和福利待遇 | 24 | 4 | 5 | 4.42 | .50 |
| | 用人单位的社会地位 | 24 | 3 | 5 | 3.92 | .65 |
| | 工作是否能充分发挥自己的才能 | 23 | 3 | 5 | 4.22 | .67 |
| | 工作环境舒适优雅 | 24 | 2 | 5 | 3.67 | .82 |
| | 上下班交通便利程度 | 24 | 3 | 5 | 3.58 | .65 |
| | 晋升机会 | 24 | 3 | 5 | 4.04 | .75 |
| | 工作与专业对口程度 | 24 | 2 | 4 | 3.33 | .76 |
| | 工作与自身兴趣爱好相符程度 | 24 | 3 | 5 | 4.08 | .65 |
| | 工作内容具有挑战性 | 24 | 2 | 5 | 3.67 | .76 |
| | 同事之间人际关系和谐程度 | 24 | 3 | 5 | 4.13 | .54 |
| | 对用人单位的文化理念认可度 | 24 | 2 | 5 | 3.83 | .82 |
| | 用人单位可以解决本市户口 | 24 | 1 | 5 | 3.67 | 1.20 |
| | 行业的发展前景 | 24 | 3 | 5 | 4.17 | .48 |

表9  京外就业人员就业影响因素

| | 影响因素 | 样本数量 | 极小值 | 极大值 | 均值 | 标准差 |
|---|---|---|---|---|---|---|
| 就业所在地宏观影响因素 | 与家乡之间的距离 | 55 | 1 | 5 | 3.96 | 1.15 |
| | 经济发展程度 | 55 | 1 | 5 | 4.11 | .85 |
| | 专业的相关产业发展程度 | 55 | 1 | 5 | 3.75 | .93 |
| | 对专业及院校的认可程度 | 55 | 2 | 5 | 3.62 | .68 |
| | 对高校毕业生的扶植政策 | 55 | 2 | 5 | 3.36 | .68 |
| | 所在地居民社会对学历尊重程度 | 55 | 2 | 5 | 3.40 | .76 |

续表

| | 影响因素 | 样本数量 | 极小值 | 极大值 | 均值 | 标准差 |
|---|---|---|---|---|---|---|
| 伦理道德因素 | 父母的影响 | 55 | 1 | 5 | 3.96 | .94 |
| | 婚姻家庭因素 | 55 | 2 | 5 | 4.38 | .71 |
| | 对所在地的感情 | 55 | 1 | 5 | 3.76 | 1.09 |
| | 人脉的因素 | 55 | 2 | 5 | 4.33 | .79 |
| 工作属性 | 工作稳定性 | 55 | 1 | 5 | 4.04 | .96 |
| | 岗位薪酬和福利待遇 | 55 | 2 | 5 | 4.49 | .72 |
| | 用人单位的社会地位 | 55 | 2 | 5 | 4.02 | .71 |
| | 工作是否能充分发挥自己的才能 | 55 | 1 | 5 | 4.22 | .88 |
| | 工作环境舒适优雅 | 55 | 1 | 5 | 3.87 | .82 |
| | 上下班交通便利程度 | 55 | 2 | 5 | 3.85 | .78 |
| | 晋升机会 | 55 | 1 | 5 | 4.22 | .81 |
| | 工作与专业对口程度 | 55 | 1 | 5 | 3.49 | 1.00 |
| | 工作与自身兴趣爱好相符程度 | 55 | 1 | 5 | 3.93 | .92 |
| | 工作内容具有挑战性 | 55 | 1 | 5 | 3.42 | .94 |
| | 同事之间人际关系和谐程度 | 55 | 2 | 5 | 3.80 | .80 |
| | 对用人单位的文化理念认可度 | 55 | 0 | 5 | 3.51 | 1.00 |
| | 用人单位可以解决本市户口 | 55 | 1 | 5 | 3.18 | .98 |
| | 行业的发展前景 | 54 | 2 | 5 | 4.19 | .80 |

### (二)影响二外毕业生是否京外创业的因素

本次调研的80个样本中,目前的工作状态均为就业。而其中毕业时优先考虑创业的仅有2人,但共有25人考虑过创业,占比为31.3%,因此此部分研究考虑过创业的毕业生和未考虑创业的毕业生二者之间有何差异;此外,这25人中又有18人目前在京外就业,故此部分另一研究为何这部分群体起初有创业想法,而最终没有行动,影响他们做出这一选择的因素有哪些。

### 1. 影响样本考虑创业的最大动机

见表10,调查显示,影响样本考虑创业的最大动机分别是个人因素(占比达66.7%)和市场因素(占比为33.3%),作为备选的家庭、社会环境及其他因素并未对样本考虑进行创业产生影响。

表10　影响样本考虑创业因素

| 因素 | 频率 | 占比(%) |
| --- | --- | --- |
| 个人因素 | 12 | 66.7 |
| 市场因素 | 6 | 33.3 |
| 合计 | 18 | 100.0 |

### 2. 影响二外毕业生是否创业的因素

(1) 家庭背景不是影响我校毕业生是否考虑创业的主要因素

根据以往的文献,家庭背景会对毕业生是否选择创业产生重要影响。因此,本调查也试图分析考虑创业和不考虑创业的毕业生在家庭背景,包括父母职业、最高学历、家庭所在地及个人是否当过学生干部方面是否有所差别,但结果显示,二者家庭所在地在城镇、乡村及东中西各地域都有所分布,父母职业也都呈现多元化,父母学历也都以高中及中专为主。所以从总体来看,家庭背景并未成为影响本次调查中毕业生是否考虑创业的主要因素。

(2) 自身对于创业的准备不够充分

调查显示,考虑过创业的毕业生中,仅有7人有明确的创业计划和项目,而通过交叉分析发现,7人中仅有两人对自主创业方面的程序和政策很了解。因此,从整体来看,尽管有部分毕业生有创业意愿,但这更多地停留在感性认识的层面,而缺乏对于创业本身所关联的政策、行业等的深入了解。受访者的创业动机也显示了这一特点,影响他们是否考虑创业的最主要因素是自身和市场,而社会环境和家庭环境因素并未对其产生影响。

(3) 资金等客观因素成为制约毕业生创业的重要原因

调查显示,资金、风险等客观因素是制约受访者创业的主要因素,无论是从80个总体样本看,还是从有创业想法但最终未付诸实践的样本看,将"资金缺乏"和"存在风险"列为其最终不创业原因的均占50%以上;而主观方面,从总体样本看,45.6%硕士毕业生认为自身的能力不足,需要通过就业先进行锻炼,但从有意愿创业的样本看,仅有17.6%的人认为自身能力不足导致其最终未创业。综上,客观因素是制约毕业生创业的主要原因。

## 五、研究建议

### （一）加强研究生创业教育及相关信息和平台的供给

调查显示，毕业时优先考虑创业或有过创业想法的受访者十分有限，这说明我校毕业生创业意识较为淡薄；并且，即便有创业意图，自身的准备不足和资金等客观因素，也致使毕业生最终选择就业，加剧了就业的严峻形势。因此，首先，建议学校强化创业教育，通过开设创业教育课程、开展创业实训、举办创业大赛等形式提高毕业生创业意识和创业能力，同时定期邀请一些创业成功者举办创业现身讲座，营造全社会鼓励创业、支持创业、宽容失败的良好氛围。其次，建议学校加大对创业政策的宣传力度，同时及时对各项促进大学生就业创业政策进行梳理，特别是优惠政策的基本内容、享受条件和申请办法，及时通过网络等各种渠道发布，使学生能及时获取相关信息。再次，建议学校加强对毕业生自主创业的支持力度。一方面，学校可利用自身资源为学生提供尽量多的有关融资渠道的信息；另一方面，学校可利用自身在业界的影响力，通过与业界合作，为学生提供尽量多的创业或相关实践项目，提高学生自主创业的信心和能力。

### （二）提高学生就业能力，丰富就业信息供给

调查显示，我校毕业生最想就业的单位为事业单位、外资企业和党政机关，并且目前就业最多的单位也集中在事业单位、外资企业和股份制企业，这些单位往往竞争较为激烈。基于此，为应对学生需求，学校一方面应转变人才培养模式，培养具备广泛专业基础、适应多变竞争趋势等素质潜能的人才，注重专业基础的同时，提高学生的综合竞争力；另一方面，学校应利用自身资源和优势为学生提供尽量丰富的就业信息，吸引行业内有影响力的企业来我校宣讲，为学生提供营销自己的平台。

### （三）帮助学生在就业过程中有的放矢

调查显示，"工作是否符合自己的兴趣"并不是影响毕业生就业选择的重要因素，其重要性远远低于家庭、薪酬等现实因素，访谈中很多受访者也表现出了无可奈何的情绪。尽管社会的大环境如此，但若研究生学历仅成了一纸文凭或成为一种敲门砖，我想这既非学生的初衷，也不符合学校的宗旨。因此，学校在平时的培养过程中，要不断地使学生感受到所学专业的价值所在，要让学生日益热爱自己的专业。一方面，学校应尽量为学生提供专业和行业的相关信息，使学生对专业和行业有充分、深入的了解；另一方面，可通过建立实习基地等方式为学生尽量多地提供在行业内实践的机会，使学生产生实际工作时的感受，进而了解行业的优劣势和未来发展，从而告别盲目，在未来的就业或创业时有的放矢。

## 参考文献

[1] 贺小明.教育学硕士研究生就业研究[D].湖南师范大学,2008:5.

[2] Gary R Pike. Vocational preferences and college expectations: an extension of Holland's principle of self – election[J]. Research in Higher Education,Vol.47,No.5,August 2006:519.

[3] Rina vaatstre,Robert de vries. The effect of the learning environment on competences and training for the workplace according to graduates[J]. Higher Education. 2007,53: 335 – 357.

[4] http://baike.baidu.com/view/2309.htm.

[5] Clouse,Van G H. A Controlled Experiment Relating Entrepreneurial Education to Student's Start – up Decisions[J]. Jamal of Small Business Management,1990(4):45 – 53.

[6] Shaver K G,Scott L R. Person,Process,Choice:The Psychology of New Venture Creation[J]. Entrepreneurship Theory & Practice,Winter,1991:23 – 45.

[7] Neffziger D W,Hornsby J S,&Kuratko D F. A proposed researchmodel of entrepreneurial motivation[J]. Entrepreneurship Theory and Practice,1994,18(3):29 – 32.

[8] Lyigun,Q. Risk,Entrepreneurship and Human—Capital Accumulation[J]. American Economic Review,1998(2):454 – 457.

[9] Shane S,Locke E A,Collins C J. Entrepreneurial motivation[J]. Human Resourse Management Review,2003,13:257 – 279.

[10] 李海峰,唐立山,董本云.研究生就业现状分析及对策[J].长春工业大学学报(高教研究版),2003,4:33 – 34.

[11] 李蓉,卢杨,蒋秀卿,等.影响研究生就业状况因素分析[J].中国大学生就业,2005,20:56 – 57.

[12] 王琦,许艳丽.研究生就业问题分析与对策研究[J].广东工业大学学报(社会科学版),2005,4:4 – 7.

[13] 宋云峰,李松.研究生就业现状分析及对策研究[J].科技资讯,2009,6:182.

[14] 马跃良,李燕.科研院所地学专业研究生就业观调查报告——以中国科学院大学为例[J].中国研究生,2014,2:34 – 36.

[15] 楼群英.研究生就业选择的经济学思考[J].江西农业大学学报(社会科学版),2004,2:135 – 137.

[16] 董平.影响研究生就业的环境因素研究[J].黄冈师范学院学报,2006,2:65 – 68.

[17] 董华容.影响硕士研究生就业的因素分析——湖北地区部分高校硕士毕业生就业问题调查[J].黑龙江教育(高教研究与评估),2006,11:26 – 28.

[18] 杜文娜.影响研究生就业的主观因素分析及对策[J].西北医学教育,2007,4:641-643.

[19] 刘进,苏永建.硕士研究生就业影响因素分析——基于对H校教育学院20年来就业数据的统计[J].高等工程教育研究,2010,2:116-121.

[20] 顾光同,曾丽萍,赵锦锦.高校硕士研究生就业取向影响因素分析——以云南省为例[J].黑龙江教育(高教研究与评估),2010,10:3-5.

[21] 唐利华,方热军.高等农业院校研究生就业与创业现状分析与思考——以湖南农业大学为例[J].中国农业教育,2011,2:38-42.

[22] 蔡年辉,李会朋,刘杨.硕士研究生就业影响因素分析[J].科教文汇(下旬刊),2011,9:199-200.

[23] 代凤美,唐志丹.大学生创业倾向影响因素分析[J].辽宁科技大学学报,2011,5:544-549.

[24] 刘唐宇,杨昊茜.女研究生创业动机的影响因素研究——基于福建农林大学女研究生的调查[J].学位与研究生教育,2013,5:54-58.

# 英语类研究生面向京外就业创业调查

## ——以二外英语学院为例

调研注册团队编号:4
调研注册团队领队:王　云

作　者:王　云　白淑芳　董翠敏　李梦珠　肖媛媛*

[摘　要] 自1999年高校扩招以来,研究生教育一直迅猛发展,招生人数不断增加,这在一定程度上缓解了本科生就业压力,但导致研究生就业市场竞争日益激烈,当前研究生就业压力越来越大。北京第二外国语学院是一所以语言类专业为特色的学校,特殊的专业设置为我们这些研究生提供了发展平台,同时也有一定的专业限制,所以本报告采用问卷调查、分析研究与比较研究相结合的方法,并借用互联网方便、快捷的联络方式,通过走访毕业生本人,对硕士研究生就业的现状与问题进行了全面了解。在对该议题的文献进行大量研究的基础上,结合当前硕士研究生的就业现状,继而深入分析硕士毕业生本人、用人单位、硕士研究生培养单位以及国家的相关就业政策等因素对就业的影响,最后提出一些建设性的对策与建议。

[关键词] 英语类研究生;就业创业;英语学院;调研

## 一、近三年研究生毕业就业基本情况分析

就业不仅是经济问题,同时也是重大的社会问题,研究生的就业问题,不仅关系到研

---

\* 王云,女,汉族,1989年生,河北省衡水市人,北京第二外国语学院英语学院2013级硕士研究生;白淑芳,女,汉族,1989年生,河南省驻马店市人,北京第二外国语学院英语学院2013级硕士研究生;董翠敏,女,汉族,1989年生,河北省邯郸市人,北京第二外国语学院英语学院2013级硕士研究生;李梦珠,女,汉族,1989年生,河北省张家口市人,北京第二外国语学院英语学院2013级硕士研究生;肖媛媛,女,汉族,1991年生,河南省驻马店市人,北京第二外国语学院英语学院2013级硕士研究生。

究生个人的发展,同时也关系着国家的发展和进步。当前特殊的社会环境导致研究生就业问题严峻,研究生就业情况不乐观[1]。本文旨在通过分析北京第二外国语学院英语学院近3年来的研究生就业创业情况,探究就业现状背后的原因,并对就业中出现的问题给出解决对策和建议。

(一)就业单位选择

面临毕业,对就业单位的选择可谓是就业考虑的中心部分,也是每个人职业生涯规划的第一站,直接决定了个人以后发展的道路和方向。因此,就业单位的最终敲定都是经过每个毕业生深思熟虑后的结果,所以对就业单位初步统计后,也就有了对就业去向的大致了解。图1是对近三年研究生毕业所选就业单位类型进行的统计,通过表格可以直观地看到毕业生的去向、比例情况以及升降趋势。

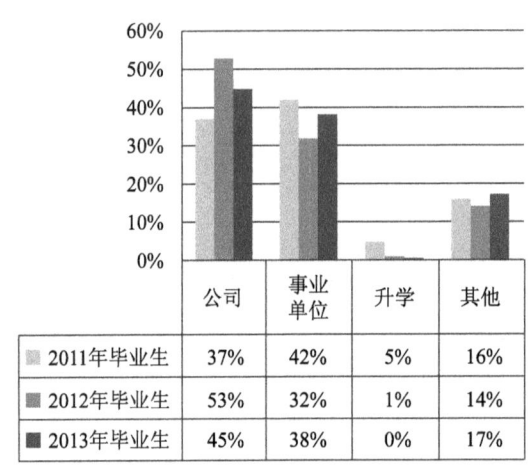

图1 就业单位统计数据

从图1中可以得出最直观的几点结论:①在关于期望选择的就业单位调查中,公司和事业单位始终是毕业生就业去向的首要选择。这主要有以下几方面原因。第一,外资企业有较多的锻炼机会,工资待遇较高,目前具有很强的吸引力,而且对于学习外语的毕业生,长期接触外国文化,更加青睐于外资企业或者合资企业。第二,由于事业单位和党政机关收入稳定,福利好,英语类毕业生多为女生,因而也是绝大多数毕业生优先考虑的单位。②升学(海外交流或国内读博)只占很小的比例,且三年纵向比较呈下降趋势,这大概也是由于英语研究生多为女生所致。③2012年和2013年事业单位就业人数比例低于公司就业人数比例,其中的原因可能是事业单位招录有所下降,也可能政策的变化使毕业生不再向往高福利的企事业单位。④三年的数据比例显示,其他项(包括自主创业)所占的比例一直维持在15%左右,刚过去的2013年这一比例为17%,为三年最高,这说明可能毕业生创业意识在不断加强,这当然与国家鼓励大学生创业的政策有关,同时可以期望这一数值比例在接下来继续上升。此外,图1中的数据不能展示出毕业生所去的具体公司和事业单位的行业所属,这一部分内容作为重要的就业调查内容,将在讨论专业与就业中具体给出说明。

(二)就业地点(着重考察京外)

本次对毕业生的就业追踪调查主要针对非京籍毕业生。由于英语类毕业生女生占绝大多数,返回原籍所在城市就业以及追求稳定性的心理成为就业考虑的主要因素。同时,调查京外二外英语系研究生的就业情况,一方面可以考察二外以语言特色为主的院校在各地的口碑和反馈情况,另一方面对学校的人才培养计划也有重要的参考价值。例如,二外在京外的影响力、生源情况和毕业生就业之际有无推动作用等。因为毕竟中国地大人多,院校数量广。除此之外,还可以考察二线和三线甚至四线城市就业的种种条件,对未毕业的在校生也是良好的选择参照。图2为就业地点选择统计情况。

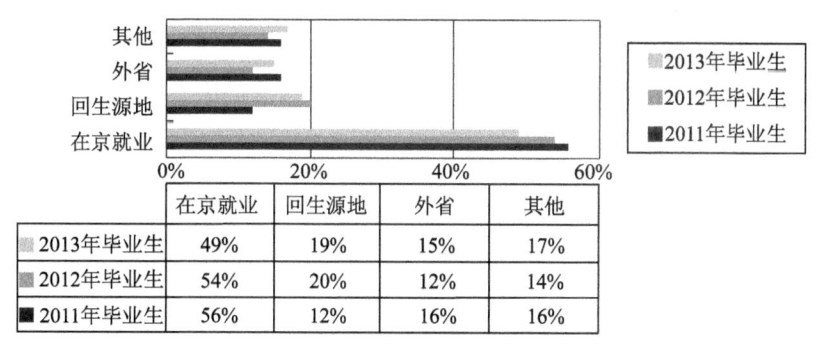

**图2 就业地点统计数据**

从上图可以明显看出,每年毕业生都有50%左右的人选择在京就业,除了京籍学生,多数人选择北京就业是因为这里就业机会多,就业政策落实到位,学习期间累计了各种在京资源包括实习实践经验等。本图中,重点研究对象为其他50%左右的毕业生分布状况,包括回生源地、外省就业和其他(国外升学就业或统计之初待业者)。回生源地,即返回原籍所在城市就业,从2011年12%的比例稳定到2012年和2013年的20%,说明更多的毕业生开始看到二三线甚至四线城市的一些发展潜力和相对优势,通过理性权衡利弊做出最后决定。另一方面也是出于家庭家人以及个人问题的原因而做出的决定。与此对照的是外省就业毕业生比例,所谓外省,即既不是上学所在的北京,又非生源所在地,这一类别主要包括长三角和珠三角这样经济发展势态良好的地区城市,还有一类是考虑到未来落脚随男女朋友而去的地区城市。总之,未选择在京就业的毕业生,都将关注点放在了竞争压力相对较小的中小城市以及家乡附近具有一定发展潜力的城镇。

(三)就业后换工作情况

图3(a)及图3(b)反映的是就业后换工作的统计情况。很明显,在毕业生就业主要集中分布的公司和事业单位中,在公司就业的毕业生换工作情况较多,三年来比例都为20%左右,而事业单位这一比例很小,但是在呈上升趋势。公司员工的流动性本身就比较大,毕业生在最初踏上职场之路时,难免出现就业前的准备工作不充分等其他欠考虑

因素或者进入了一个并不适合的行业;还有的人可能找到了更好的发展平台和机会。总之,这些调动因素都是毕业生在不断地自我发现和发展,为了个人更好更合适的职业规划和前景。除了毕业生寻求自身发展而换工作外,企业自身也存在一定的原因。经济形势和政策对各个行业的发展具有不容小觑的影响力[2]。企业壮大,惜才用才,员工流动性则小,反之亦然。那么在事业单位,由于更加严格的合同限制等原因,员工流动性相对小得多。大多数毕业生选择在事业单位就业时,经过了深思熟虑,因为层层的选拔考试在时间、精力和金钱都是很大的消耗。一旦毕业生在事业单位就职,很少考虑再次跳出来重新开始,这是事业单位人员稳定的重要原因。但是,从上表也看出,人事变动在事业单位也是同样存在的,且这三年在呈上升趋势。因为毕业生的个人发展问题和就职领域和单位存在不一致现状,这是人员流动的一般原因。此外,呈上升趋势说明越来越多的毕业生肯勇敢地放弃高福利、低压力的体制内工作,勇敢地追求真正适合自己的工作,完善自我成才。无论哪种,换与不换工作,只要本着自我发展的中心即可。

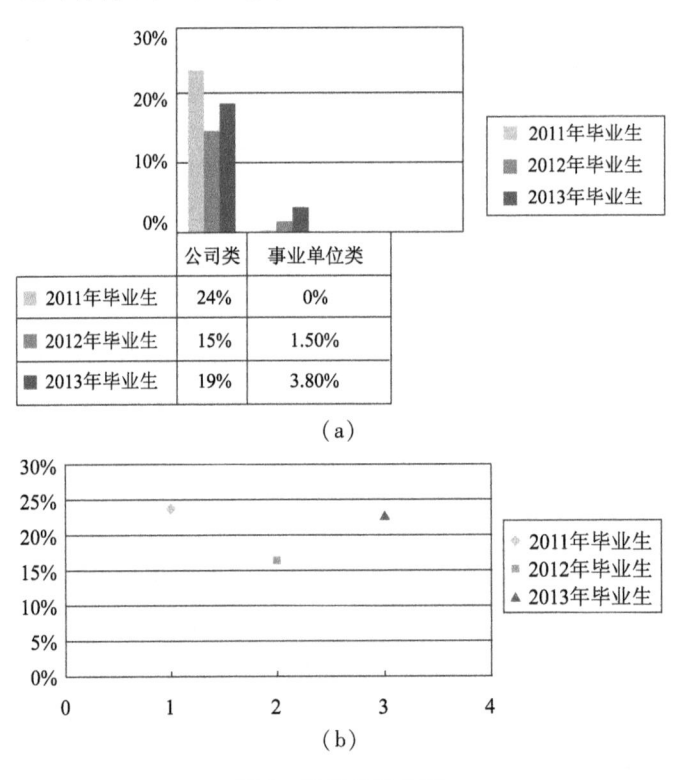

图3 换工作的比例

**（四）就业方向与专业相关度**

普遍而言,就业与所学专业相关度其实是每个毕业生和学校都关注的问题。毕竟作为研究生,科研能力虽然可能不及博士、博士后,但多数人对自己的专业都学习了六七年之久,如果存在相关专业的工作,没有人愿意放弃。传统上认为,外语类学生凭借语言优势,能够顺利地进入到外企或者合资企业工作。但总体而言,目前许多企业家或管理者已具备一定的英语技能,社会上对纯粹学习英语专业人才的需求相对减少,所以这些人只占一小部分。进入到国家机关及其所属单位,如外交部、文化部、广播电影电视部、外经贸部、国家安全部等中央部委以及各部委所属公司或新闻出版(如中国国际广播电台、新华社等)机构、图书情报机构、各省市的外事机构等去从事英语相关类工作的更是少之又少[3]。

此次调查如图4所示,发现很多毕业生都流向中学及大中专院校或是外语类培训机构。所以说,英语教学是很多毕业生考虑的首要就业选择。一方面教师这个职业具有稳定性和体面度,还有着令人羡慕的寒暑假,所以是以女生居多的毕业生的首选;另一方面,从事教师行业可以说与专业相关程度是非常之大,教学互长,因此也备受广大毕业生青睐。其他与专业程度相关的如翻译和外贸,工作压力较之教师相对大,在多数毕业生眼中似乎不大适合长远的职业规划。当然,虽然教师行业吸入了大量英语毕业生,但是并不意味着这一职业适合每一个人,因此,也有人选择从事多少和专业具有相关性(即应用到英语的地方)的行业,如银行、出版社、律师事务所、公关公司等的海外部门之类。可以想象,这些行业都难以进入或者存在不合适的因素,那么毕业生就会根据自身发展的需求和个人兴趣爱好去进入到其他行业领域。

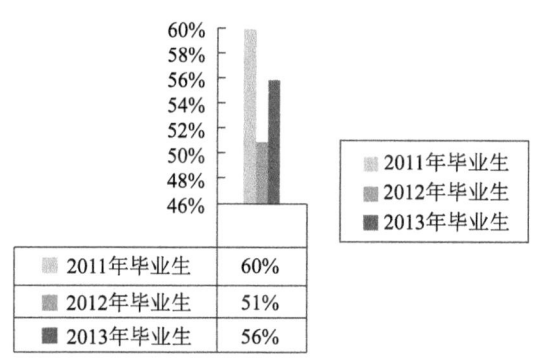

图4　就业方向与专业相关度

## (五)就业选择与薪资待遇

从图5显示的数据看,每年有50%到60%的毕业薪资在3000元以内,这一比例说明英语类研究生毕业生整体收入水平不高,这也同毕业生所选的就业行业领域有一定关系。薪资的统计数据应该经常更新,此数据可能存在偏差,毕竟是毕业生作为新人初入职场的薪资待遇。另外有大概30%之多的毕业生薪资在3001到6000元,这一部分毕业生可能多数在企业工作,比多数同时毕业的学生待遇偏高。薪资待遇也同所在就业城市有很大的相关性,一般来说,京外工作的毕业生平均薪资低于京内,这与地方经济发展、消费和生活成本都有关系。从上表可以明确看出,薪资在这些毕业生择业就业中并不是一个中心围绕的问题,他们可能更看重现在各种条件所限以及今后个人的发展。

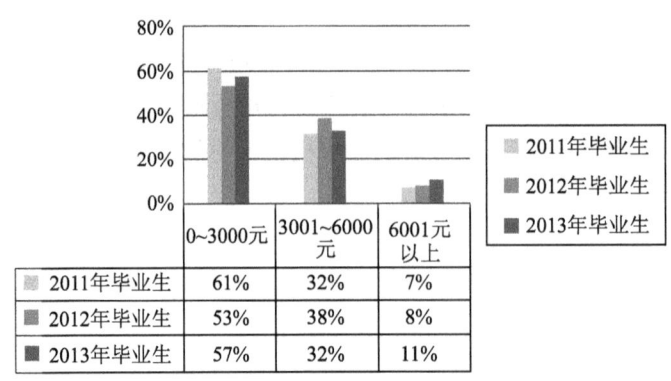

图 5　薪金待遇统计

## 二、近三年研究生毕业就业基本情况原因分析

**（一）直接因素：研究生大幅扩招和岗位需求之间的矛盾**

近十年来，我国研究生教育发展规模经历了一个高峰期，硕士研究生招生年平均增长12.3%，博士研究生招生年平均增长21.3%，在校研究生数量和毕业研究生数量都随之迅速增长[4]。并且，研究生教育高速发展的势头仍未有削减的趋势，由此带来的毕业研究生人数的快速增长将在很大程度上影响到研究生的就业形势，而且随着时间的推移，这种影响将越来越大。

与毕业研究生人数的快速增长形成鲜明对照的是近两年相应的岗位需求却没有明显增加，特别是研究生心仪的岗位数不升反降，从而导致研究生的就业竞争变得十分激烈。造成这种现象的主要原因是目前国内许多企业的经济效益下滑严重制约了市场对毕业生的需求量。从2003年8月上市公司披露的中期业绩报表来看，许多上市公司的业绩较去年同期有所下降，由此包括一些知名企业在内的大部分企业把"减员"当成了"增效"的唯一手段，自然他们对毕业生的需求也有所减少。当然也包括一些对语言类研究生需求量较大的国内大型公司和外企。

以上情况是我国国内一个较为宏观的现实，很多行业都会面临以上问题，所以对各种专业的研究生的需求都有所下降。但英语专业的研究生又属于例外。原因是2013年教育部规定降低英语在中高考中所占比例，某些地区甚至将有可能取消中高考中的英语考试。

英语专业研究生的工作方向大致分为三类：外企、学校和公务员。外企上面已经提到，需求量符合国内的大趋势；而公务员招考政策几乎没有大的改动，对研究生的需求量一般也是呈波动状态；但上述提到的教育部关于中高考中英语考试的改革却大大影响了英语专业毕业生尤其是硕士研究生和博士研究生的就业情况。由于研究生数量的增多，各高校的录用指标已逐渐靠向"硕士研究生及以上学历"。但英语淡出中高考这一规定大大削减了高校对英语教师的需求。尤其明显的是中小学对英语教师的需求量。据统计,二外英语学院研究生进入高校的人数为2011年10人,2012年5人,2013年2人;二外英语专业研究生进入中小学的人数为2011年10人,2012年3人,2013年4人。从上述数据可以看出,教育部的新规定如同风向标一般改变了英语专业研究生就业的趋势和方向。

研究生供需双方关系变化的结果使得研究生平均供需比逐年下降,研究生的就业优势正在逐渐丧失,在未来若干年内研究生的就业形势可能慢慢地由易转向难。

(二)间接因素:用人单位"高层次人才消费观念"的变化

过去,人才市场上曾经普遍存在"只认学历不认人"的现象,这股高学历人才消费虚热始于1995年,1998年到了顶峰。那时候,很多企事业单位用人只看学历文凭,不看能力,甚至以本单位录用多少硕士、博士为荣。这种人才高消费的现象多多少少对研究生的供不应求起了推波助澜的作用[5]。但是最近几年,随着国外科学的人力资源管理理念被越来越多的企业接受,企业在用人的时候更加务实了,不再像以往盲目追求高学历,而是以实际岗位需要为主,高学历人才消费虚热开始降温。以2003年第六届东北地区研究生暨高级人才交流会为例,与会的各类大学、科研院所等约占单位总数的76%,而企业仅占24%,并且高薪聘才的"盛况"不再。正是由于用人单位人才消费观念的日趋成熟,使得人才市场的供需状况正在悄悄发生变化。一方面是用人单位不愿意招收太高学历的学生,因为成本较高,即使是招聘研究生的企业,也希望招来的研究生能从零开始,和本科生、专科生们在同一起跑线上竞争。而另一方面,随着研究生招生规模的连续扩大,毕业研究生的稀缺性正逐渐下降。在这两方面的共同作用下,高学历人才的就业压力已经越来越清晰地表现出来。

(三)其他因素:性别因素

英语专业是一个女多男少,分配极不均匀的专业,所以女生的就业率直接代表着整个专业的就业率。但女生在就业方面和男生有着不可忽视的差距,有来自自身的,也有来自外部的。

自身的因素包括生理差别、自身信心不足、缺乏实践经验、过多地考虑家庭等。

外部因素主要包括用人单位方面的限制,他们更偏向于选择灵活度较高的男生,甚至会直接拒绝招用女生。

(四)内在因素:研究生就业期望值居高不下

研究生在求职过程中期望值过高将加大他们求职的难度。研究生就业期望值过高表现包括以下几个方面:

**1. 薪资标准比实际水平偏高**

据《解放日报》报道,有调查显示,硕士生中48%的人对薪水的期望值为3000~5000元,38%的期望值为5001~8000元;博士生中49%的人对薪水期望值为5001~8000元,26%的期望值为8001元以上。但中华英才网的英才薪资调查统计结果显示,最近3年内硕士的平均月薪是4839元,博士的平均月薪是4904元,两者差异并不明显。因此,高期望与残酷的现实形成了较大的反差。另有调查显示,绝大多数的硕士及博士研究生都不愿意降低自己的薪资标准,这便会阻碍研究生的就业。

#### 2. 对就业地域的高期望

一份对研究生的问卷调查显示(人员结构是来自沿海城市的占39.5%,内地省市的占47.7%,边远省区的占12.8%),研究生心中最理想的就业地区依次为上海、深圳、杭州、北京,选择这些地区的比例分别为37.8%、21.2%、18%和16.6%。拿二外毕业的研究生来说,很多人都表示不想回到自己的家乡而要留在北京,并且会直接放弃家乡或北京之外地区的面试机会,这样便大大减少了面试成功的概率。又因为太多的人有共同的想法,所以导致北京地区的工作岗位往往有过多的面试者,而部分二线或三线城市的工作岗位甚至会出现空缺。这种择业地区过于集中的情况大大增加了研究生总体就业的难度。

#### 3. 舒适度要求过高

由于英语专业的女生比例高,处于这个年龄阶段的女生已经逐渐趋稳,她们对舒适度和稳定性的追求较高,所以某些女生会直接放弃一些相对有挑战性的工作,因此又增加了就业压力。

### (五)英语专业研究生课程设置与社会需求的脱节

英语专业研究生的学术能力固然需要加强,但这只是众多能力中的一种。企业甚至是我们认为的对学术能力要求较高的高校及中小学都对英语的听说读写译等基本技能有着很高的要求,因此研究生过多的学术类课程并不能满足用人单位的需求,学校应做出相应的措施来改变这一现状——调整课程设置,并且增加一些就业方面的指导,帮助英语专业的研究生能更好地适应并满足社会的要求。

## 三、英语类研究生就业创业对策建议

针对目前英语专业研究生就业对策和就业现状,本文主要从国家、学校和个人三个层面探讨。

### (一)国家层面的对策

从国家层面来讲,研究生大幅度扩招和岗位需求之间的矛盾是影响研究生就业的直接因素。为了促进经济增长,创造更多的就业岗位,经济持续、快速增长是市场吸纳英语人才的原动力,经济发展才能扩大就业市场对英语专业人才的容纳量。大部分英语专业毕业生的去向为外资企业、中外合资企业,只有政府进行有效的宏观调控和政策引导,加大招商引资力度,为外商、外资提供优惠的政策,才能扩大英语专业毕业生的就业渠道。

另外,政府要在中西部地区安排资源开发和建设项目,加大对落后地区的扶持政策,加大发展第三产业力度,扶持中小企业,促进英语专业毕业生面向基层就业,同时鼓励自主创业,以开拓就业市场,增加就业机会。

此外,加强就业制度建设,形成无障碍的良好就业环境,实现英语专业就业市场化,就要打破户籍制度和用人指标的限制,加大英语专业毕业生在就业领域的自由度,打破地区、行业之间的壁垒,创造人才自由流动的大环境。前些年,英语师范专业的毕业生完成学业后必须回到户口所在地的学校服务,如果想要去企事业单位或公司就要向学校交一部分赔偿金,如今这种政策已经取消,这无疑给师范类英语专业的学生提供了更广阔的就业空间。另外,要继续完善就业政策,鼓励英语专业毕业生到困难地区工作,现在城市里的小学已经开设英语课,而农村英语课还是初中才开设,想要做到地区平衡,需要广大英语专业毕业生到农村去工作,这就要出台相应的扶持、补助措施,消除一些就业障碍,从而拓宽大学生就业渠道。

最后,国家对教育政策的支持也有助于缓解目前就业难这一状况。给予高校一定的实质性自治,增强高校英语专业设置与调整的主动性和创造性,使得高校能够根据自身特点在类别、层次、任务和目标上设立与众不同的英语人才培养方案和学术发展计划,提高英语专业毕业生适应就业市场的能力,从而提高就业率。

### (二)学校层面的对策

首先,增设应用性较强的英语课程,开设跨学科课程。虽然国内高校开设的英语专业研究生课程不尽相同,但目前仍以语言学、文学等方向的学术型专业课程为主。目前大学外语教学已经逐步推广ESP教学理念,涉及外事、教育、旅游、外贸、管理等各方面知识,因此为研究生开设这类课程,在某种程度上能够为高职高专、大学外语教师的职前培训打下一定基础。有些学校可能会因学术传统、师资力量等原因难以开设这类课程,但可以通过加强院系和校际沟通合作或者借助多媒体实现优质课程的资源共享[6]。

其次,适当开设提高学生跨文化沟通能力的课程。除学术研究能力以外,企事业单位也较为看重学生的英语语言应用能力,特别是英语口语和口笔译能力。因此,有必要为研究生提供论文工作坊、新闻工作坊、科技文献翻译、法律文件翻译等课程,鼓励他们通过创办英文期刊、参与笔译和大型会议口译等活动提高语言能力和跨文化交际能力。

最后,开设交叉学科和跨学科课程选修课程。根据网上的招聘信息,无论是高校教师、编辑还是翻译岗位,都对研究生的跨学科知识提出了要求。由此,除了英语专业课程和实践应用课程之外,学校还可以提供新闻、传媒、金融、财经、出版、国际关系、社会学、经济学等相关课程让学生选修,增长相关专业知识以适应社会需求。

### (三)个人层面的对策

从个人层面来讲,性别因素是影响英语专业研究生就业的间接因素,研究生就业期望值居高不下是影响研究生就业的内在因素。

首先,年龄、地域因素以及处于家庭情感年龄限制使很多英语专业的女研究生为追求相对稳定,宁可放弃外地很好的工作机会,也要在固定区域徘徊,与众多实力强劲的竞争者竞聘自己其实并不喜欢的岗位,所以女研究生应该仔细衡量自己的人生之路,选择自己的生活。

其次,研究生比本科生投入过更多的时间、精力和金钱,在就业时就抱有更高的预期值,就业时只考虑高校等部门,忽略了这些单位基本已趋近饱和,门槛逐步提高。所以作为即将走向工作岗位的我们应该认清自己的位置,树立先就业再择业的心态。我们必须要转变观念,增强竞争意识,在整个学习期间,按高要求有针对性、分阶段地不断充实自己、完善自己,逐步提高自身的综合素质,成为择业竞争中的强手。

最后,随着近年来对外交流的发展,高校毕业生的英语水平大大提高,有些其他专业毕业生的英语水平并不低于英语专业的毕业生,这给英语专业的毕业生带来更大的就业压力。所以我们应该在努力学好自己专业知识的同时,提高自己的综合素质,成为复合型人才,这对于学生未来的发展是十分有利的,能够帮助学生在未来的就业道路上获得更好的就业机会,迎接未来就业道路上任何的就业挑战。在扎实学好理论知识的同时要注重理论与实践的结合,参加一些实践活动及实习,有目标地对自己各方面的发展做一些知识储备,以便能够在以后的工作岗位上做到得心应手。

**参考文献**

[1] 黄飞跃,陈晓玲.毕业研究生就业流向的现状分析——兼议高层次人力资源的合理配置[J].科学·经济·社会,2001(4):32-35.

[2] 陈非.大学生就业能力及胜任特征模型初探[J].中国人才,2009(5):18-22.

[3] 刘艳辉.教育过渡与我国研究生就业问题的理性思考[J].当代教育论坛:教育评论,2010(1):21-23.

[4] 张俊.关于加强硕士研究生就业指导的思考[J].就业,2010(7):176-177.

[5] 代锋,吴克明.社会资本对大学生就业质量的利弊影响探析[J].教育科学,2009(6):62-66.

[6] 周小红.研究生就业歧视现状分析及建议[J].漳州师范学院学报(哲学社会科学版),2010(4):153-156.

# 北京第二外国语学院旅游管理专业研究生就业质量调查

调研注册团队编号:12
调研注册团队领队:张飞飞
**作者:**张飞飞　华　云　夏胜林　蔡　锐　宋昌耀[*]

[摘　要] 北京第二外国语学院有着"旅游界黄埔军校"的美誉,为我国旅游学界、业界等培养了大量优秀人才。以北京第二外国语学院旅游管理专业毕业生为研究对象,采用定量、定性相结合的研究方法,具体通过调查问卷法和半结构式访谈深入探究旅游二外旅游管理专业毕业生就业质量与幸福感。研究发现,学校、学院在就业指导中作用较小,就业指导满意度低;旅游管理专业认可度低;就业质量基本满意;就业质量与生活幸福感显著相关。最后,提出从增加实践性教育课程、建立健全校友会制度、加强毕业生就业指导等角度进行提升,研究成果对学校、学院完善教学计划、完善制度安排等具有借鉴意义。

[关键词] 北二外;旅游管理;研究生;就业质量

## 一、引言

2013年,全国研究生招生61.1万人,在学研究生179.4万人,毕业生51.4万人;其中,北京招生9.1万人,在学26.6万人,毕业7.3万人,数量巨大。在我国当前就业压力大的背景下,研究生就业问题引起社会普遍关注——相比本科生,研究生在校年龄增加的同时伴随着技术、能力的增加,使得研究生就业预期相对较高;而以营利为目的的企业

---

[*] 张飞飞,男,汉,1989年生,湖北省天门人,北京第二外国语学院旅游管理学院硕士研究生;华云,女,汉,1990年生,浙江省衢州人,北京第二外国语学院旅游管理学院硕士研究生;夏胜林,男,汉,1989年生,湖北省武汉人,北京第二外国语学院旅游管理学院硕士研究生;蔡锐,男,汉,1990年生,河南省开封人,北京第二外国语学院旅游管理学院硕士研究生;宋昌耀,男,汉,1991年生,河北省邢台人,北京第二外国语学院旅游管理学院硕士研究生。

倾向选择成本较低的本科生,这二者的矛盾造成了研究生就业难的局面。那么,研究生就业质量究竟怎么样?如何提高研究生就业满意度?高校作为研究生培养单位又该如何培养研究生以满足社会的需求?研究生作为高学历知识人才,全面把握其就业质量,分析其主观幸福感,对高校合理配置研究生教育资源,提升研究生教育质量和就业质量具有重要意义。

自1999年高校扩招以来,我国大学生就业问题成为众多学者尤其是高校教师研究的重点领域,其主要目的和内容一是提升大学生就业质量,促使学生更好地实现自身价值[1-4];二是有针对性地对培养单位提出对策建议,以充分利用教学设施与资源[5-7]。就业质量是就业过程中劳动者与生产资料相结合并取得报酬或收入的具体状况[8],学者们认为应从加强就业指导[9]、增强科研能力[10]、培养创新能力[11]等方面提升研究生就业质量。幸福是效用与期望之比。主观幸福感是个体根据自定的标准与其生活质量所作的整体性评价[12],是反映研究生毕业后总体状况(包括就业质量)的综合指标。性别、就业压力、自我效能感等因素对硕士研究生主观幸福感水平有较大影响[13-14]。

学者们对高校毕业生就业质量的研究对完善研究生就业质量体系作了坚实的铺垫。但是,现有研究一是着眼于研究生就业质量的成果相对不足;二是现有研究生就业问题研究中以就业质量和幸福感为切入点较少。基于此,本研究以北京第二外国语学院毕业研究生为例对研究生就业质量与幸福感及其关系进行研究,对研究生培养单位配置教育资源和梳理研究生培养方向提供参考。

## 二、就业质量研究综述

就业质量最早是由国际劳工组织(ILO,International Labor Organization)于20世纪90年代提出,并于1999年由国际劳工局局长胡安索马维亚提交的《体面的劳动》中提出了"体面劳动"的概念。国际劳工组织编制了一套"体面劳动"的主要指标体系,包括就业机会、不可接受的工作、足够的收入和生产性工作合理的工作时间、工作稳定性、社会公平待遇、劳动安全、社会保障、工作与家庭生活、社会对话与劳动关系、经济和社会因素等11项指标[15]。"体面劳动"是高质量的就业,这11项指标成为各国衡量就业质量的重要指标。

事实上,就业质量可以被分为宏观就业质量和微观就业质量。宏观就业质量是指一个区域、行业范围内的就业状况,包括就业率、失业率、平均工资、社会保障率等;而微观就业质量指从个人角度判断的就业满意度,包括工资、工作时间、工作强度等。本研究中就业质量是指微观就业质量。

关于就业质量的内容,目前尚没有适用于所有区域、行业或企业的标准。以下是不同学者、组织对就业质量的构成的梳理[16-20](转自周昊菲)[21],见表1。

表1中文章综合各方面考虑给出了就业质量构成,表2是通过对文献的梳理,结合旅游管理专业特点,从企业、岗位、个人3个微观角度提出了就业质量评价体系。

表1 就业质量构成表

| 学者 | 主要内容 | 备注 |
| --- | --- | --- |
| 李军峰 | 工作性质 | 即工作是否为强迫性的,这种强迫性包括隐性和显性两种 |
| | 工作条件 | 包括工资、工作时间、工作强度 |
| | 安全 | 包括工作稳定性和工作场所的安全 |
| | 个人尊严 | 即工作和生活中是否得到雇主和周围人的尊重,正当权利和权益是否被损害,是否受到歧视或不公正的对待 |
| | 健康和福利 | 包括工作环境对健康是否有害、是否享受应该享有的福利 |
| | 社会保险 | 即是否享受失业保险、医疗保险、养老保险等社会保障 |
| | 培训和职业生涯前景 | 是否能够及时得到培训、是否有进一步发展的可能性 |
| | 劳资关系 | 即劳动双方是否平等,是否在平等的基础上协商有关事宜,劳工是否有渠道表达自己的意见,是否能参与与自己有关的问题的决策 |
| | 机会平等 | 是否有平等的晋职机会等 |
| 刘素华 | 工作性质 | 是否为自由、自愿地选择就业 |
| | 聘用条件 | 工作的特征和工作所给予的各种待遇,包括工作时间、劳动报酬、工作稳定性、职工培训四方面 |
| | 工作环境 | 说明工作的外部环境特征,包括工作的物理环境和心理环境 |
| | 社会保险 | 社会保险、社会救济、社会福利、优抚安置四项内容 |
| | 劳动关系 | 劳动者与用人单位之间的实现劳动过程中发生的社会关系,包括是否依法签订和履行劳动合同、劳资双方是否平等、有无各种歧视等 |
| 魏明凯 | 工作质量 | 工资水平、工作时间、劳动强度、劳动安全 |
| | 福利和社会保障状况 | 员工是否可以享受工作单位提供的福利和保障及企业是否为其缴纳社会保险费 |
| | 就业稳定性 | 是否经常更换工作 |
| | 劳资关系 | 劳资双方是否平等,有无对等谈判的权利 |
| 马庆发 | 职业社会地位 | 职业声望、职业期望满足程度、职业成就、职业情、人职匹配等 |
| | 工资水平 | 在相同的行业、职业中的工资水准的等级状况的具体反映 |
| | 社会保障 | 养老金保险等,企业内的劳动时间、工资报酬及其他福利待遇 |
| | 发展空间 | 指个人职业生涯发展历程中,个体的职业选择、职业兴趣与职业成就得以充分展示和发展的空间 |

续表

| 学者 | 主要内容 | 备注 |
|---|---|---|
| 程蹊、尹宁波 | 劳动就业环境 | 劳动就业的工作场地的安全卫生状况、就业者的劳动权益(报酬收入的可获得性和等价性)、工作的稳定程度和就业者的个人发展前景等 |
| | 就业者的生产效率 | 通常用"人力资本"来说明劳动力的综合素质 |
| | 就业对经济生活贡献 | 某种劳动就业能否促进经济长期增长 |

表2 旅游管理专业就业质量构成

| 维度 | 主要内容 | 备注 |
|---|---|---|
| 企业状况 | 单位性质 | 包括国企、外企、事业单位、政府部门、民企、个体等 |
| | 单位规模 | 规模决定层级,层级决定潜在的上升空间 |
| | 组织文化 | 对组织文化的认同程度 |
| | 发展前景 | 企业处于发展周期的阶段 |
| | 管理风格 | 企业领导人的能力与魅力 |
| | 培训状况 | 培训的机会、次数、效果 |
| | 福利待遇 | 五险一金 |
| 工作状况 | 工作稳定性 | 更换工作的次数 |
| | 工作时间长短 | 日工作时间与8小时的比较 |
| | 收入状况 | 收入的横向比较与纵向比较 |
| | 环境氛围 | 工作环境的舒适度、安全性 |
| | 家庭认可度 | 家庭对工作的支持程度 |
| | 社会认可度 | 社会对工作的认可程度 |
| 个人状况 | 自豪感 | 工作过程中个人的自我实现程度 |
| | 与同事关系 | 与上级的关系、与同级的关系、与下级的关系 |
| | 晋升状况 | 工作晋升的可能、速度 |

## 三、研究设计

### (一)问卷设计

问卷分为三部分(见附录1),第一部分为就业基本状况调查,包括就业信息来源、就业指导满意度、就业限制、就业所在地、就业行业、公司性质、工作收入、日工作时间、更换工作次数、生活幸福感等。第二部分为就业质量调查,包括影响就业质量的单位性质、单位规模、组织文化、发展前景、管理风格、培训状况、福利待遇、工作稳定性、工作时间长短、收入状况、环境氛围、家庭和社会认可度、自豪感、与同事关系、晋升状况等17个指标,采用李克特量表的形式进行打分,1~5为满意程度,1为不满意,5为满意。第三部分是人口统计学特征的调查,包括性别、年龄、毕业年份、本科状况。

(二)数据收集

2014年7月27日到9月3日在问卷星在线问卷调查平台进行发放,获取有效样本数量为92份。8—9月份期间在北京、石家庄、洛阳、杭州、三亚等地对毕业生进行了深度访谈,获取访谈录音20段,访谈照片30余张。

(三)研究方法

1. 统计分析

方差分析。方差分析(Analysis of Variance,简称 ANOVA),又称"变异数分析"或"F检验",用于两个或两个以上样本均数差别的显著性检验。由于各种因素的影响,研究所得的数据呈现波动状,造成波动的原因可以分为两类,一类是不可控的随机因素,另一类是不同样本组之间的系统差异。方差分析旨在验证不同样本组之间是否存在系统性差异。

因子分析。因子分析(Factor Analysis)是在多种变量中找出隐藏的具有代表性的因子,将相同本质的变量归入一个因子从而减少变量的数目的统计方法。因子分析包括探索性因子分析和验证性因子分析两类。

回归分析。回归分析(Regression Analysis)是确定两种或两种以上变量间相互依赖的定量关系的一种统计分析方法,这种依赖关系包括变量间是否相关、相关方向和相关强度。按照自变量的多少可以分为一元回归分析和多元回归分析,按照自变量与因变量之间的关系类型可以分为线性回归和非线性回归分析。

2. 半结构式访谈

半结构式访谈(Unstructured Interview)又称为非标准化访谈,是一种无控制或半控制的访谈方法。这种方法事先没有统一问卷,而只有一个题目或者大致范围或者一个粗线条的问题大纲(见附录2),由访谈者与访谈对象在这一范围内自由交谈,具体问题可在访谈过程中边谈边形成边提出。对于提问的方式和顺序、回答的记录、访谈时的外部环境等,没有统一要求,可根据访谈过程中的实际情况作出各种安排。

## 四、数据分析

问卷信度用来测量问卷题项的稳定性与一致性,针对问卷李克特量表,克朗巴哈 $\alpha$ 系数可以有效测量其信度。SPSS18.0软件分析结果显示,本次调研的克朗巴哈 $\alpha$ 系数为0.779,达到一般认为相当好水平(0.70~0.80),符合报告研究要求。

## (一)人口统计特征

性别方面,女性调查者占到近3/4(74.14%),男性调查者占到1/4(25.86%),表明二外旅游管理专业中女性占绝对多数,男女比例在1:3上下。

年龄方面,25~28岁的调查者占到50%,29~33岁占到43.1%,34岁及以上仅有6.89%。这与调查者硕士毕业年份相关,65.52%的调查者是2011—2014年毕业,25.86%是2007—2010年毕业,2006年及以前的仅有8.62%。

关于调查者本科学校,211、985类高校和普通一本均约为1/4,分别是25.86%和27.59%,二本最多,为43.1%,三本最少,为3.45%。

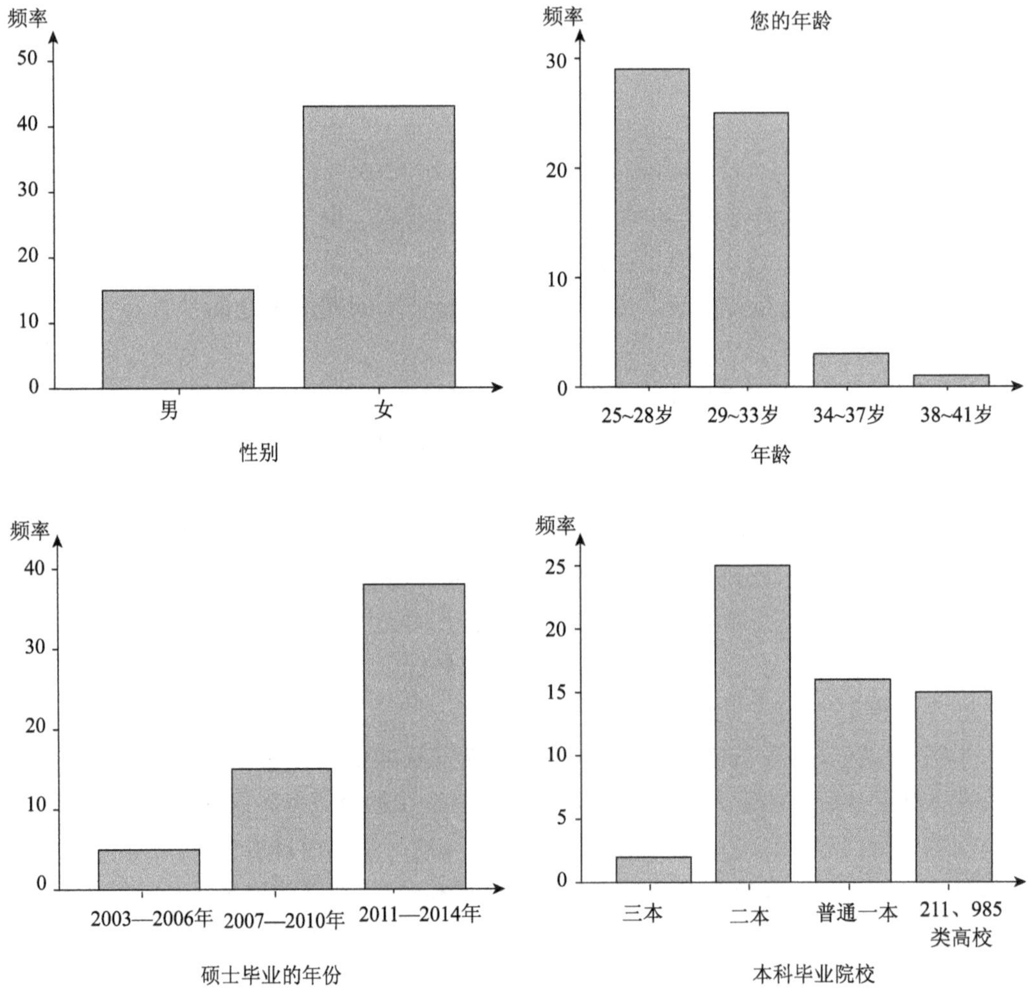

图1 人口统计特征

## (二)描述性统计

就业找工作时,关于就业指导的信息来源,48.28%选择导师及同门的推荐,75.86%选择网络资源,学院及学校、家庭有22.41%和8.62%。

就业指导满意度方面,选择"比较满意"和"很满意"共24.14%,75.86%的毕业生选择相对不满意。

62.07%的调查者选择在找工作中受到限制,具体原因中,"学校非211、985类院校""专业对口工作单位少"各有50%的毕业生选择,而14.81%的调查者认为"专业没内涵","个人原因"则有3.7%。

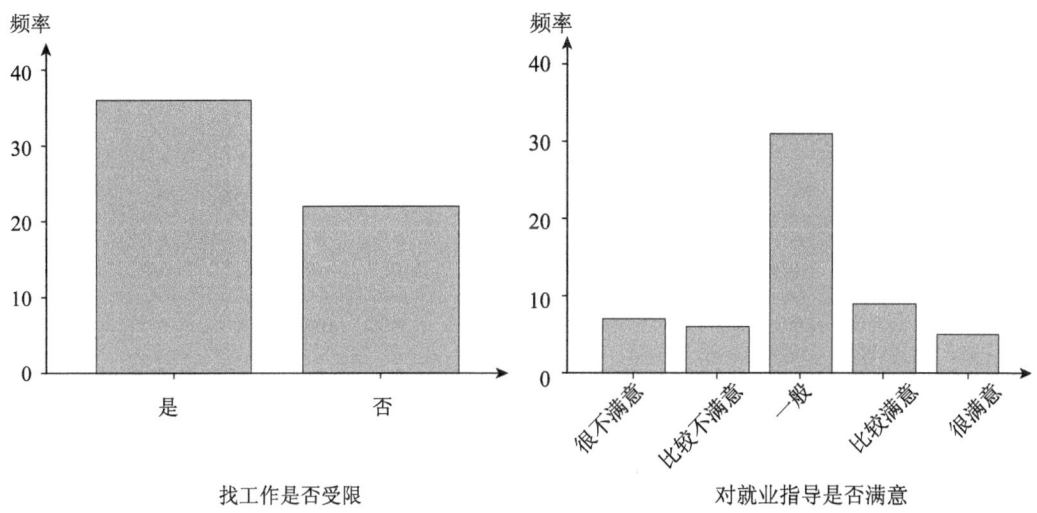

图2　就业指导满意度与就业限制度

就业所在地方面,67.24%的调查者选择直辖市,省会城市、一般地级市、县城及以下行政单位分别为15.52%、13.79%和3.45%。其中,仅有约1/4(25.86%)的调查者在自己家乡所在省市工作,而约3/4(74.14%)在外地就业。

工作行业方面,41.38%的调查者选择"其他",即没有选择旅游行业就业,22.41%选择"政府机关/事业单位",15.52%选择"旅游教育","旅游酒店""旅行社""旅游景区"都只有1.72%(1人)。工作单位性质方面,"国有企业""政府部门/事业单位""民营企业""外资企业""个体/私营"分别占有24.14%、39.66%、15.52%、13.79%、6.9%的比例。

月平均收入方面,24.14%调查者选择8001~15 000元,27.59%选择5001~8000元,34.48%选择3001~5000元,仅13.79%选择3000元以下。

日工作时间方面,仅有12.07%的调查者选择"11小时以上",37.93%选择"9~10小时",接近一半的调查者工作时间不超过8小时。

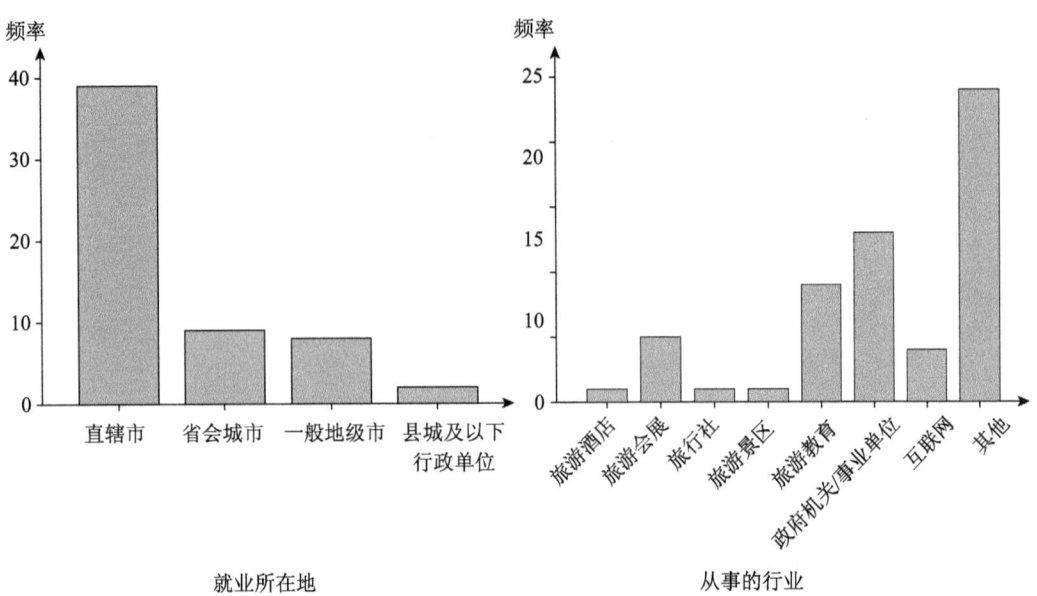

图3 就业所在地与从事的行业

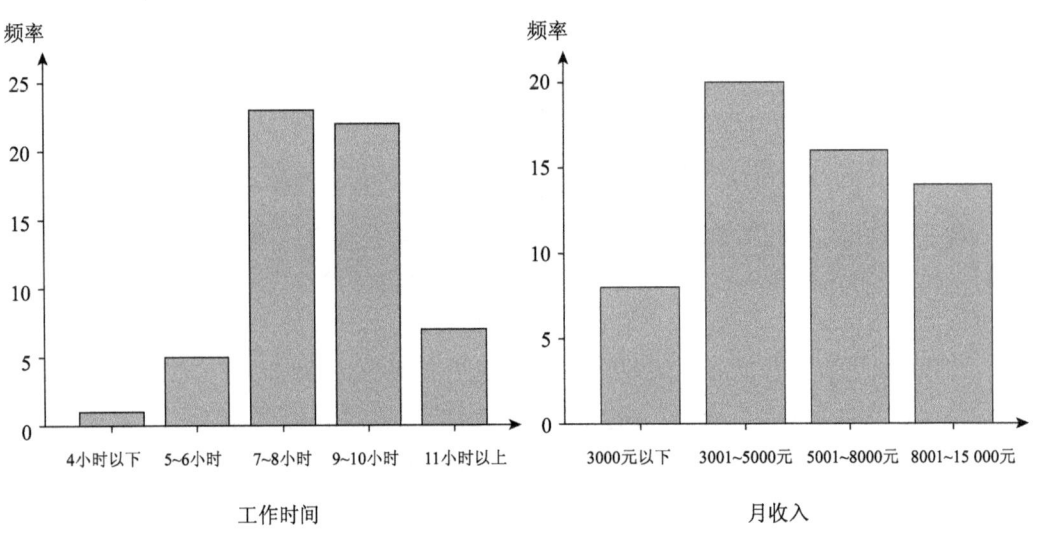

图4 月收入与工作时间

所在单位的职位,81.03%是"基层",18.97%是"中层",没有"高层"。这与被访者大多数为在2007年以后毕业有关。

关于毕业后更换单位次数,62.07%没有更换过工作,29.31%选择更换过"1~2次",8.62%更换过"3~5次"。更换工作的原因,37.25%因为"薪酬",35.29%选择"岗位","家庭""人际"原因的则分别有15.69%、9.8%。

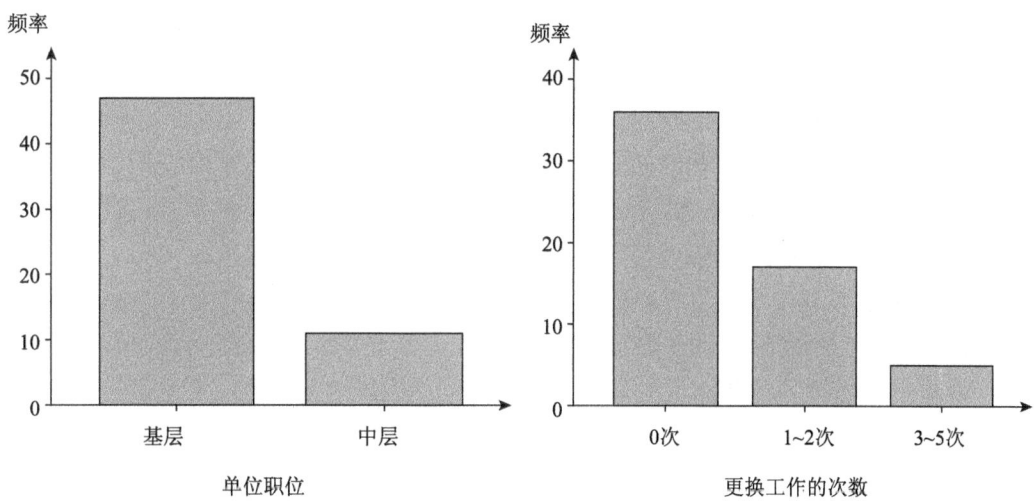

图 5 单位职位与更换工作次数

幸福感方面,仅有8.62%选择"比较不幸福",91.38%选择相对幸福,其中51.72%选择"比较幸福"。

关于读研收获,37.93%的调查者选择"强化逻辑思维",25.86%的调查者选择"提升专业知识",10.34%、12.07%的调查者选择"宽广的人脉""更好的就业机会"。

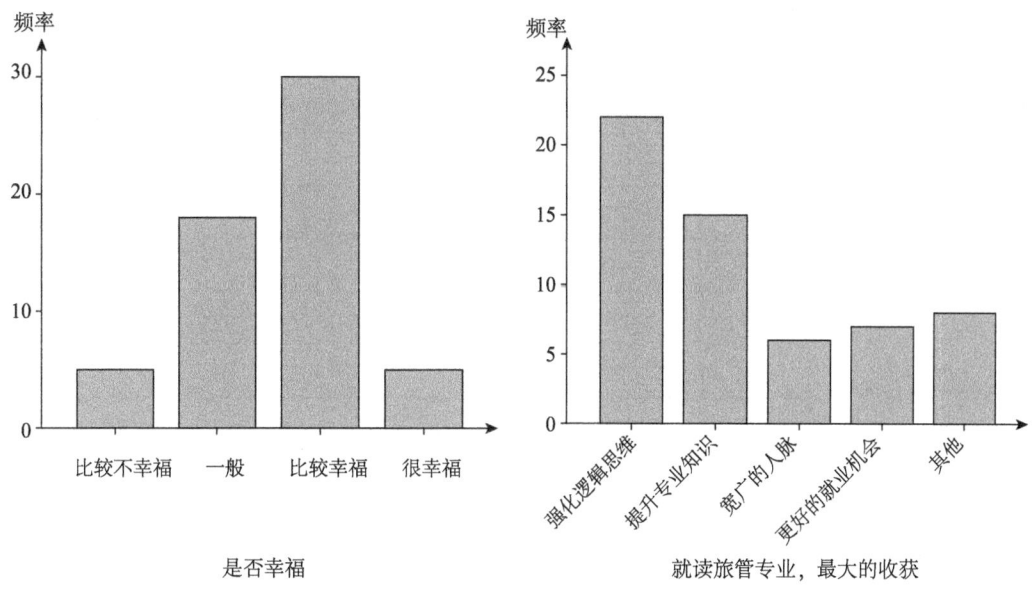

图 6 幸福感与读研收获

至于再次选择专业,41.38%、15.52%的调查者选择"基本不会""绝对不选"旅游管理专业,即超过一半的二外旅游管理专业硕士毕业生不会选择旅游管理专业,而27.59%选择"不一定",仅有15.51%的被访者明确会继续选择旅游管理专业。这表明"旅游管理专业"本身的认同度不高。

(三)交叉分析

以性别对工作收入、工作时间、就业质量、生活幸福感、就业限制、就业所在地、是否在家乡所在地、行业、单位性质等进行独立样本T检验,不存在显著性差异,表明不同性别的北二外旅游管理专业毕业生在就业质量等各方面没有区别。

以年龄段(从样本统计看主要是25~28岁和29~33岁的比较)对工作收入、工作时间、就业质量、生活幸福感、就业限制、就业所在地、是否在家乡所在地、行业、单位性质等进行方差分析,发现不同年龄段的月收入、单位职位、更换单位次数、是否幸福、再次选择旅游管理专业的可能性存在显著差异。具体地,年龄越大,月收入越高,在公司所处级别越高,更换工作次数越多,同时,年龄越大,越感到不幸福,越倾向于不再选择旅游管理专业。

表3 方差分析

| | | 平方和 | df | 均方 | F | 显著性 |
|---|---|---|---|---|---|---|
| 月收入 | 组间 | 9.385 | 3 | 3.128 | 3.500 | .021 |
| | 组内 | 48.270 | 54 | .894 | | |
| | 总数 | 57.655 | 57 | | | |
| 单位职位 | 组间 | 1.842 | 3 | .614 | 4.687 | .006 |
| | 组内 | 7.072 | 54 | .131 | | |
| | 总数 | 8.914 | 57 | | | |
| 更换工作的次数 | 组间 | 4.454 | 3 | 1.485 | 4.013 | .012 |
| | 组内 | 19.977 | 54 | .370 | | |
| | 总数 | 24.431 | 57 | | | |
| 是否幸福 | 组间 | 9.080 | 3 | 3.027 | 6.591 | .001 |
| | 组内 | 24.799 | 54 | .459 | | |
| | 总数 | 33.879 | 57 | | | |
| 再次选择旅游管理专业的可能性 | 组间 | 7.670 | 3 | 2.557 | 2.958 | .040 |
| | 组内 | 46.675 | 54 | .864 | | |
| | 总数 | 54.345 | 57 | | | |

表4 相关性分析

| | | 您的年龄 |
|---|---|---|
| 您的年龄 | Pearson 相关性 | 1 |
| | 显著性(双侧) | |
| | N | 58 |
| 月收入 | Pearson 相关性 | .384** |
| | 显著性(双侧) | .003 |
| | N | 58 |
| 单位职位 | Pearson 相关性 | .364** |
| | 显著性(双侧) | .005 |
| | N | 58 |
| 更换工作的次数 | Pearson 相关性 | .403** |
| | 显著性(双侧) | .002 |
| | N | 58 |
| 是否幸福 | Pearson 相关性 | -.017 |
| | 显著性(双侧) | .897 |
| | N | 58 |
| 再次选择旅管专业的可能性 | Pearson 相关性 | -.312* |
| | 显著性(双侧) | .017 |
| | N | 58 |

（四）因子分析

对影响北二外研究生就业质量(Employment Quality)的因素进行因子分析，首先进行效度检验，变量相关矩阵表明变量间相关性较高，同时，KMO值为0.823，同样表明相关性较高；Bartlett检验sig值小于0.05，具有显著性，表明各因子不具有相对独立性，适合作因子分析，可以进行深入探索。

表5 KMO 和 Bartlett 的检验

| 取样足够度的 Kaiser – Meyer – Olkin 度量 | | .823 |
|---|---|---|
| Bartlett 的球形度检验 | 近似卡方 | 531.742 |
| | df | 120 |
| | Sig. | .000 |

通过主成分分析法提取公因子,分别记为 F1、F2、F3、F4,4 个公因子旋转后的累积方差贡献率为 71.567%,表明 4 个公因子能够解释 16 个指标 71.567% 的内容,相对满意。根据各公因子方差贡献率和累积方差贡献率可以计算 4 个公因子的权重分别为 0.37、0.25、0.22、0.16。

表6 解释的总方差

| 成分 | 初始特征值 | | | 提取平方和载入 | | | 旋转平方和载入 | | |
| --- | --- | --- | --- | --- | --- | --- | --- | --- | --- |
| | 合计 | 方差的 % | 累积 % | 合计 | 方差的 % | 累积 % | 合计 | 方差的 % | 累积 % |
| 1 | 6.957 | 43.480 | 43.480 | 6.957 | 43.480 | 43.480 | 4.237 | 26.483 | 26.483 |
| 2 | 1.771 | 11.069 | 54.549 | 1.771 | 11.069 | 54.549 | 2.890 | 18.063 | 44.546 |
| 3 | 1.515 | 9.467 | 64.016 | 1.515 | 9.467 | 64.016 | 2.558 | 15.989 | 60.535 |
| 4 | 1.208 | 7.551 | 71.567 | 1.208 | 7.551 | 71.567 | 1.765 | 11.032 | 71.567 |
| 5 | .790 | 4.938 | 76.505 | | | | | | |
| 6 | .666 | 4.161 | 80.666 | | | | | | |
| 7 | .585 | 3.654 | 84.320 | | | | | | |
| 8 | .521 | 3.257 | 87.577 | | | | | | |
| 9 | .419 | 2.620 | 90.198 | | | | | | |
| 10 | .354 | 2.212 | 92.410 | | | | | | |
| 11 | .292 | 1.824 | 94.234 | | | | | | |
| 12 | .240 | 1.500 | 95.734 | | | | | | |
| 13 | .237 | 1.481 | 97.215 | | | | | | |
| 14 | .171 | 1.068 | 98.282 | | | | | | |
| 15 | .144 | .898 | 99.181 | | | | | | |
| 16 | .131 | .819 | 100.000 | | | | | | |

提取方法:主成分分析法。

表7 旋转成分矩阵

| | 1 | 2 | 3 | 4 |
| --- | --- | --- | --- | --- |
| 组织文化 | .814 | | | |
| 单位发展前景 | .808 | | | |
| 单位管理风格 | .789 | | | |

续表

|  | 1 | 2 | 3 | 4 |
|---|---|---|---|---|
| 晋升状况与职业发展 | .708 | | | |
| 单位培训状况 | .706 | | | |
| 工作环境与氛围 | .632 | | | |
| 福利待遇 | .534 | | | |
| 工作自豪感 | | .766 | | |
| 工作的社会认可度 | | .762 | | |
| 工作的家庭认可度 | | .716 | | |
| 工作收入状况 | | .688 | | |
| 单位规模 | | | .776 | |
| 与同事的关系 | | | .771 | |
| 单位性质 | | | .640 | |
| 工作时间长短 | | | | .863 |
| 工作稳定性 | | | | .716 |

通过旋转成分矩阵，F1包括组织文化、单位发展前景、单位管理风格、晋升状况与职业发展、单位培训状况、工作环境与氛围、福利待遇等7个指标，这7个指标都指向就业所在单位的基本状况，因此可以命名F1为"公司状况"；F2包括工作自豪感、工作的社会认可度、工作的家庭认可度、工作收入状况等4个指标，这4个指标均指向各方（包括自己）对工作的认可度，因此命名F2为"工作认可度"；F3包括单位规模、与同事的关系、单位性质等3个指标，这些指标与公司性质相关，因此命名F3为"公司性质"；F4包括工作时间长短、工作稳定性2个指标，可以命名为"工作性质"。

表8  指标权重分析

| 指标 | F1 | F2 | F3 | F4 | 变量共同度($h^2$) | h | 因子h和 | 权重 |
|---|---|---|---|---|---|---|---|---|
| 组织文化 | 0.814 | 0.034 | 0.325 | 0.186 | 0.80 | 0.90 | 5.81 | 0.15 |
| 单位发展前景 | 0.808 | 0.126 | 0.128 | 0.059 | 0.69 | 0.83 | | 0.14 |
| 单位管理风格 | 0.789 | 0.061 | 0.3 | 0.214 | 0.76 | 0.87 | | 0.15 |
| 晋升状况与职业发展 | 0.708 | 0.397 | −0.019 | −0.127 | 0.68 | 0.82 | | 0.14 |
| 单位培训状况 | 0.706 | 0.131 | 0.423 | −0.054 | 0.70 | 0.84 | | 0.14 |

续表

| 指标 | F1 | F2 | F3 | F4 | 变量共同度($h^2$) | h | 因子h和 | 权重 |
|---|---|---|---|---|---|---|---|---|
| 工作环境与氛围 | 0.632 | 0.321 | 0.142 | 0.254 | 0.59 | 0.77 | | 0.13 |
| 福利待遇 | 0.534 | 0.48 | -0.08 | 0.303 | 0.61 | 0.78 | | 0.13 |
| 工作自豪感 | 0.32 | 0.766 | 0.062 | -0.026 | 0.69 | 0.83 | 3.43 | 0.24 |
| 工作的社会认可度 | 0.068 | 0.762 | 0.435 | -0.017 | 0.77 | 0.88 | | 0.26 |
| 工作的家庭认可度 | -0.058 | 0.716 | 0.47 | 0.178 | 0.77 | 0.88 | | 0.26 |
| 工作收入状况 | 0.32 | 0.688 | -0.062 | 0.354 | 0.70 | 0.84 | | 0.24 |
| 单位规模 | 0.338 | 0.167 | 0.776 | 0.088 | 0.75 | 0.87 | 2.54 | 0.34 |
| 与同事的关系 | 0.138 | 0.056 | 0.771 | 0.188 | 0.65 | 0.81 | | 0.32 |
| 单位性质 | 0.368 | 0.392 | 0.64 | 0.214 | 0.74 | 0.86 | | 0.34 |
| 工作时间长短 | -0.018 | 0.141 | 0.132 | 0.863 | 0.78 | 0.88 | 1.75 | 0.51 |
| 工作稳定性 | 0.363 | 0.054 | 0.314 | 0.716 | 0.75 | 0.86 | | 0.49 |

根据因子载荷计算变量共同度($h^2$)，进而计算各指标的权重(见表8)。综上，可以得出北京第二外国语学院旅游管理硕士毕业生就业质量测评体系，如表9所示。

表9　北京第二外国语学院旅游管理硕士毕业生就业质量测评体系

| 目标层 | 因子层 | 指标层 | 均值 |
|---|---|---|---|
| 就业质量测评体系 | 公司状况(0.37) | 组织文化(0.15) | 3.2414 |
| | | 单位发展前景(0.14) | 3.3103 |
| | | 单位管理风格(0.15) | 3.0345 |
| | | 晋升状况与职业发展(0.14) | 3.1897 |
| | | 单位培训状况(0.14) | 3.2069 |
| | | 工作环境与氛围(0.13) | 3.5345 |
| | | 福利待遇(0.13) | 3.0000 |
| | 工作认可度(0.25) | 工作自豪感(0.24) | 3.4483 |
| | | 工作的社会认可度(0.26) | 3.7241 |
| | | 工作的家庭认可度(0.26) | 3.7931 |
| | | 工作收入状况(0.24) | 3.0000 |

续表

| 目标层 | 因子层 | 指标层 | 均值 |
|---|---|---|---|
| 就业质量测评体系 | 公司性质(0.22) | 单位规模(0.34) | 3.7414 |
| | | 与同事的关系(0.32) | 3.8966 |
| | | 单位性质(0.34) | 3.6552 |
| | 工作性质(0.16) | 工作时间长短(0.51) | 3.4483 |
| | | 工作稳定性(0.49) | 3.7931 |

通过因子分析构建北京第二外国语学院旅游管理专业硕士毕业生就业质量测评模型：

$$EQ = \sum F_i \times W_i$$

$$F_i = \sum f_j \times w_j$$

其中，EQ 为北京第二外国语学院旅游管理专业硕士毕业生就业质量指数，$F_i$、$f_j$ 分别为因子值、指标值，因子值通过指标值与权重计算得出，指标值为样本均值；$W_i$、$w_j$ 分别为因子权重、指标权重。

经过计算，EQ = 3.4473（满分 5 分），处于"基本满意"的水平，表明北京第二外国语学院旅游管理专业硕士毕业生就业质量较高。其中，4 个因子 F1、F2、F3、F4 分别为 3.1498、3.5021、3.7618、3.6173，表明在 4 个因子中，公司性质（单位规模、单位性质、与同事的关系）最令毕业生满意，而公司状况有较大提升空间。

（五）回归分析

工作是为了更好地生活，工作状况与生活状况往往存在着相关关系。对样本就业质量与幸福感进行相关性分析，二者相关系数达 0.511，存在较为显著的相关关系。这表明就业质量越高，生活幸福感越高。

表 10　相关性分析

| | | 对工作的总体评价 | 是否幸福 |
|---|---|---|---|
| 对工作的总体评价 | Pearson 相关性 | 1 | .511** |
| | 显著性（双侧） | | .000 |
| | N | 58 | 58 |
| 是否幸福 | Pearson 相关性 | .511** | 1 |
| | 显著性（双侧） | .000 | |
| | N | 58 | 58 |

表 11　回归分析

| 模型 | | 非标准化系数 | | 标准系数 | t | Sig. |
|---|---|---|---|---|---|---|
| | | B | 标准误差 | 试用版 | | |
| 1 | （常量） | 1.558 | .468 | | 3.330 | .002 |
| | 对工作的总体评价 | .579 | .130 | .511 | 4.449 | .000 |

以就业质量为自变量、以生活幸福感为因变量进行线性回归，模型调整后的 $R^2$ 为 0.248，自变量和常量系数通过了显著性检验。模型汇总为：

$$生活幸福感 = 0.579 \times 就业质量 + 1.558$$

表明就业质量每增加 1，生活幸福感增加 0.579，生活幸福感的增长速度低于就业质量的增长速度。

## 五、结论与建议

### （一）结论

学校、学院在就业指导中作用较小，就业指导满意度低。北京第二外国语学院旅游管理专业研究生找工作时，关于就业指导的信息来源，48.28% 选择导师及同门的推荐，75.86% 选择网络资源，学院及学校仅仅占 22.41%。就业指导满意度方面，选择"比较满意"和"很满意"共 24.14%，75.86% 的毕业生选择相对不满意。

旅游管理专业认可度低。工作行业方面，41.38% 的调查者选择"其他"，即没有选择旅游行业就业。至于再次选择专业，41.38%、15.52% 的调查者选择"基本不会""绝对不选"旅游管理专业，即超过一半的二外旅游管理专业硕士毕业生不会选择旅游管理专业，而 27.59% 选择"不一定"，仅有 15.51% 的被访者明确会继续选择旅游管理专业。这表明"旅游管理专业"本身的认同度不高。此外，在找工作中受到限制的原因中，14.81% 的调查者认为"专业没内涵"，这可能是专业认可度低的重要原因。

就业质量基本满意。通过因子分析测评北京第二外国语学院旅游管理研究生就业质量指数为 3.4473，处于基本满意的水平。其中，公司性质（单位规模、单位性质、与同事的关系）最令毕业生满意，而公司状况（组织文化、单位发展前景、单位管理风格、晋升状况与职业发展、单位培训状况、工作环境与氛围、福利待遇）有较大提升空间。

就业质量与生活幸福感显著相关。统计结果表明，北京第二外国语学院旅游管理专业研究生就业质量与生活幸福感相关系数为 0.511，呈显著相关，就业质量越高，生活幸福感越高。回归结果表明，就业质量每增加 1，生活幸福感提升 0.579，生活幸福感的增速低于就业质量增速。

## (二)建议

**1. 加强毕业生就业指导**

加强毕业生就业指导是北京第二外国语学院毕业生就业质量提升的基本前提。高就业质量的前提是毕业生有工作,而找工作时的就业指导对毕业生认清自己、精准定位、选择职业具有重要的影响。就业指导包括信息指导、思想指导、求职技术指导等多个方面。信息指导是学校、学院帮助毕业生搜集和掌握广泛的社会需求信息,为毕业生创造尽可能多的面试机会和就业机会。思想指导包括帮助毕业生树立正确的择业标准,帮助毕业生确立正确的求职道德,帮助毕业生选择正确的成才道路等。求职技术指导包括招聘程序、面试技巧、言谈举止、服装礼仪等各方面。

北京第二外国语学院应充分利用二外就业网,将其建设成为毕业生获取信息、交流经验、获取求职技巧等知识和技能的平台,最大限度地给予毕业生以就业指导。

**2. 建立健全校友会制度**

建立健全校友会制度是北京第二外国语学院毕业生就业质量提升的重要举措。北京第二外国语学院有着旅游业"黄埔军校"的美誉,为我国旅游业界、学界、政界培养和输送了大量的专业人才。从1979年成立旅游干部培训班起,北京第二外国语学院在我国"旅游圈"便成为佼佼者,影响力非凡。但遗憾的是,学校并没有将其在旅游界内的影响力统筹运用起来,使得毕业生在毕业后形单影只、孤军奋战,难以利用校友的人脉和关系获取信息、增进友谊。

校友会既可以在毕业生寻找工作信息时发挥信息源的作用,也可以为工作后的毕业生提供校友交流、沟通的平台,对提升毕业生就业质量将发挥重要作用。以学校或学院名义建设北京第二外国语学院校友网,开设微博、微信公众号,切实创建能够供校友沟通的平台。详细研究运行模式与机制,最大限度地发挥校友会功能。

**3. 增加实践性教育课程**

增加实践性教育课程有助于提升北京第二外国语学院毕业生就业技能。就业是硕士生毕业后的主要选择,而实践性的课程有助于帮助硕士生充分了解产业、了解社会、了解工作。这样,既能够帮助毕业生在正式找工作时认清自己的兴趣、优势以及未来向往的发展方向,也能够在正式工作中很快地进入状态,迅速融入到工作团队中,从而极大地提升工作效率和就业质量。

## 参考文献

[1] 李颖,刘善仕,翁赛珠. 大学生就业能力对就业质量的影响[J]. 高教探索,2005,2:91-93.

[2] 秦建国. 大学生就业质量评价体系探析[J]. 中国青年研究,2007,3:71-74.

[3] 史淑桃. 大学生就业质量评价指标体系及其测算[J]. 郑州航空工业管理学院学报,2008,1:139-141.

[4] 李斌. 试谈基于就业满意度的大学生就业质量评价体系[J]. 燕山大学学报(哲学社会科学版),2009,1:140-142.

[5] 曾湘泉. 变革中的就业环境与中国大学生就业[J]. 经济研究,2004,6:87-95.

[6] 谢志远. 关于培养大学生就业能力的思考[J]. 教育发展研究,2005,1:90-92.

[7] 李颖,刘善仕,翁赛珠. 大学生就业能力对就业质量的影响[J]. 高教探索,2005,2:91-93.

[8] 刘素华. 建立我国就业质量量化评价体系的步骤与方法[J]. 人口与经济,2005,6:34-38.

[9] 罗伟,吴海燕,姚庆峰,等. 加强就业指导,提高就业质量——北京化工大学研究生就业观调查及分析[J]. 北京化工大学学报(社会科学版),2006,1:77-82.

[10] 余萍,王勋,薛丽. 增强科研能力,提高研究生就业质量[J]. 中国校外教育,2010,18:18-19.

[11] 徐惠忠. 正确处理创新与创业教育的关系提高硕士研究生就业质量[J]. 理工高教研究,2008,1:52-54.

[12] 石书敏. 大学毕业生就业压力与主观幸福感关系研究[J]. 四川教育学报,2012,28(2):5-8.

[13] 肖昕华,丁宇. 湖南省硕士研究生主观幸福感调查[J]. 学位与研究生教育,2008,1:37-40.

[14] 于福洋,李颖,刘佳,等. 研究生自我效能感、社会支持与心理幸福感的关系[J]. 中国健康心理学杂志,2009,1:21-23.

[15] 张国庆. 国际劳工局关于体面工作的概念及其量化指标[N]. 中国劳动保障报,2003-09-20.

[16] 李军峰. 就业质量的性别比较分析[J]. 市场与人口分析,2003(11):1-7.

[17] 刘素华. 就业质量:内涵及其与就业数量的关系[J]. 内蒙古社会科学(汉文版),2005(9).

[18] 魏明凯,房保安. 我国就业质量状况分析[J]. 产业与科教论坛,2006(12).

[19] 马庆发. 提升就业质量:职业教育发展的新视角[J]. 教育与职业,2004(12):6-7.

[20] 程蹊,尹宁波. 浅析农民工的就业质量与权益保护[J]. 农业经济,2003(11).

[21] 周昊菲. 转型时期山东省旅游就业质量研究[D]. 济南:山东师范大学.

# 附录1

## 北京第二外国语学院旅游专业毕业研究生就业质量调查

敬爱的师兄/师姐：

您好！母校建校五十载，灼灼桃李满天下。二外作为"旅游人的摇篮"让我们自豪，想必你们一定奋战在各自的岗位上而让二外为你们骄傲！恰逢母校建校五十年之际，我们开始了此次二外旅游专业毕业研究生就业质量的调查。问卷采取完全匿名的形式，所有信息将严格保密。感谢您的参与和支持！！

北二外旅游专业毕业研究生就业质量调查小组

### 一、就业基本情况

1. 硕士毕业找工作时，就业指导信息来源？（可多选）
   □导师及同门　　□学院及学校　　□家庭　　□培训机构
   □网络资源　　　□其他（请注明）

2. 您对您所受到的就业指导是否满意？
   □很不满意　　□比较不满意　　□一般　　□比较满意
   □很满意

3. 硕士毕业在找工作中是否受到限制？□是□否 如果受到限制，主要原因？
   □学校非211、985　　　　　　　□专业对口工作单位少
   □专业没内涵　　　　　　　　　□个人原因
   □其他（请注明）

4. 您就业所在地？
   □直辖市　　　　　　　　　　　□省会城市
   □一般地级市　　　　　　　　　□县城及以下行政单元

5. 您是否在自己家乡所在省份（包括直辖市、自治区）工作？
   □是　　　　　　　　　　　　　□否

6. 您所从事的行业？
   □酒店　　　　□会展　　　　□旅行社　　　　□景区
   □互联网　　　□政府机关/事业单位　　　　　□其他

7. 您的平均月收入？
   □3000元以下　□3001～5000元　□5001～8000元　□8001～15 000元
   □15 001以上

8. 您所在单位的性质?

□国有企业　　　□民营企业　　　□外资企业　　　□政府部门
□个体/私营

9. 您一天的平均工作时间?

□4小时以下　　□5~6小时　　　□7~8小时　　　□9~10小时
□11小时以上

10. 您在所在单位职位?

□基层　　　　　□中层　　　　　□高层

11. 您硕士毕业后更换工作单位次数?

□0次　　　　　□1次　　　　　□2次　　　　　□3次及以上

如果有更换单位,主要原因?(可多选)

□薪酬　　　　　□岗位　　　　　□人际　　　　　□家庭
□其他(请注明)

12. 您对目前生活的感觉?

□很不幸福　　　□比较不幸福　　□一般　　　　　□比较幸福
□很幸福

## 二、就业质量调查

请在符合您情况的选项上打"√"

| 测评项目 | 非常不满意 | 不满意 | 中立 | 满意 | 非常满意 |
|---|---|---|---|---|---|
| 1. 单位性质(民企/国企等) | 1 | 2 | 3 | 4 | 5 |
| 2. 单位规模 | 1 | 2 | 3 | 4 | 5 |
| 3. 组织文化 | 1 | 2 | 3 | 4 | 5 |
| 4. 单位发展前景 | 1 | 2 | 3 | 4 | 5 |
| 5. 单位管理风格 | 1 | 2 | 3 | 4 | 5 |
| 6. 单位培训状况 | 1 | 2 | 3 | 4 | 5 |
| 7. 福利待遇 | 1 | 2 | 3 | 4 | 5 |
| 8. 工作稳定性 | 1 | 2 | 3 | 4 | 5 |
| 9. 工作时间长短 | 1 | 2 | 3 | 4 | 5 |
| 10. 工作收入状况 | 1 | 2 | 3 | 4 | 5 |
| 11. 工作环境与氛围 | 1 | 2 | 3 | 4 | 5 |
| 12. 工作的家庭认可度 | 1 | 2 | 3 | 4 | 5 |
| 13. 工作的社会认可度 | 1 | 2 | 3 | 4 | 5 |

续表

| 测评项目 | 非常不满意 | 不满意 | 中立 | 满意 | 非常满意 |
|---|---|---|---|---|---|
| 14. 工作自豪感、成就感 | 1 | 2 | 3 | 4 | 5 |
| 15. 与同事的关系 | 1 | 2 | 3 | 4 | 5 |
| 16. 晋升状况与职业发展 | 1 | 2 | 3 | 4 | 5 |
| 17. 您对工作状况的总体评价 | 1 | 2 | 3 | 4 | 5 |

1. 旅游管理专业的研究生学习,给您职场的最大收获是?
□逻辑思维　　□专业知识　　□宽广的人脉　　□更好的就业机会
□其他(请注明)

2. 如果有再次选择专业学习的机会,您选择旅游管理专业的可能性?
□肯定会选　　□可能性较大　　□不一定　　□基本不会
□绝对不选

### 三、基本情况

1. 您的性别?
□男　　　　　　　　　　　　□女

2. 您的年龄?
□25～28岁　　□29～33岁　　□34～37岁　　□38～41岁
□42岁以上

3. 您硕士毕业年份?
□2002年及以前　　□2003—2006年　　□2007—2010年　　□2011—2014年

4. 您本科毕业学校?
□三本　　□二本　　□普通一本　　□211、985高校

问卷到此结束,再次感谢您的理解和支持,祝您生活愉快!

# 附录2

## "二外研究生就业质量与幸福感"访谈提纲

1. *工作概况*

包括工作单位、岗位、工作性质、福利待遇等。(简略了解)

**问题**:您目前在哪儿工作?工作岗位是?平时主要负责哪些工作?

2. *工作满意度*

包括工作环境、工作时间、培训、社会认可度、工作稳定、就业前景等。(每个方面具体了解)

**问题1**:您对目前的工作环境满意吗?(同事关系处理融洽吗?)工作时间方面您觉得合适吗?单位是不是会有较多较好的培训机会?您觉得这个单位(以及这份工作)社会认可度如何?在目前的单位就业压力大吗?(未来几年时间内打算跳槽?)您对这个行业的前景看好吗?

**问题2**:您觉得目前这份工作总体还满意吗?当初选择这份工作的时候对你吸引最大的是(如工资、单位所在位置、工作前景、单位性质、北京户口等)?

3. *旅游管理专业学习与职业发展的关系*

包括所学专业与就业方向、兴趣意向与实际就业、个人擅长与实际就业等。(要求了解)

**问题1**:您目前的工作与研究生所学专业是同一方向吗?这份工作是您个人的意向选择吗?是您个人较为擅长的方向吗?(如果让您再次选择,您还会选这份工作吗?)

**问题2**:您从毕业之后到现在有哪些工作经历?就您毕业之后的工作情况来看,您觉得三年旅游管理专业的研究生学习对您的职业发展影响大吗?这种影响是积极的程度大一些,还是阻碍了您的职业发展和个人理想的实现?

**问题3**:您能不能对旅游管理的教育进行一些基本的评价,如果再给您一次机会,您还会不会选择旅游管理作为自己的专业?您觉得从您自身的就业状况来看,旅游管理教育应该培养我们学生怎样的能力呢?最核心的竞争力是什么呢?

# 二外经管类学术型研究生重点就业单位用人标准及招聘工作研究

调研注册团队编号:03
调研注册团队领队:曾　斌

作　者:曾　斌　李　娜*

[摘　要] 在二外所有学术型研究生中,经管类专业学生所占比例很大。作为以语言类专业为优势和特色学科的二外,这部分专业背景的学生就业情况往往良好。通过对用人单位和员工关于用人标准和招聘工作两个角度的把握,能对二外经管类专业毕业生的就业工作予以更好的指导。

[关键词] 二外;经管类;学术型研究生;用人标准;招聘工作

## 一、选题意义

(1)在二外所有学术型研究生中,经管类专业学生所占比例很大。根据招生处相关资料表明,2010—2014年的所有研究生新生中经管类专业学生所占比例分别为:2010年22.45%;2011年29.43%;2012年28.34%;2013年28.09%;2014年28.94%。因此,对经管类学生的就业情况的研究很有必要。

(2)作为以语言类专业为优势和特色学科的二外,这部分专业背景的学生就业情况往往良好。而如何为非语言类专业背景的二外学生提供更好的就业指导,从而帮助学生把握更好的就业机会是校领导及老师们需要解决的问题。

(3)通过此次调研活动,我们可以更好地了解二外经管类学术研究生的就业去向以及不同性质单位的用人标准,以期对二外经管类专业的学科建设和经管类研究生的就业

---

\* 曾斌,女,汉族,1991年生,湖南常德人,北京第二外国语学院国际商学院2013级硕士研究生;李娜,女,汉族,1989年生,河北沧州人,北京第二外国语学院国际商学院2013级硕士研究生。

工作有所指导。并希望借此次调研机会通过和二外校友的良好互动,积极迎接二外五十周年校庆活动。

## 二、基本思路

本项目的基本思路如下:首先,针对"二外经管类学术型研究生对就业单位用人标准的感知调查"设计调查问卷并发放回收且统计分析相关数据;其次,针对重点就业单位拟定关于用人标准等内容的结构化访谈提纲,提前联系访谈对象,并与相关招聘人员或领导进行一对一访谈;最后针对问卷统计数据和访谈编码进行分析,得出结论,并就二外经管类学科建设和与之相关的学术型研究生的就业工作给出指导建议。

### (一)问卷及访谈提纲设计

在调研正式开展之前,本组进行了大量的前期准备工作。主要包括问卷及访谈提纲的设计、调研对象的筛选和确定以及京内预调研。由于预调研的最终目的是为了衡量项目所发放问卷和访谈提纲的合理性和科学性,并根据调研对象和相关专业人士的反馈意见对问卷和访谈提纲进行相应地调整和改进,故京内预调研部分的内容将归入"相关调整"部分,与问卷和访谈提纲的拟定结合来谈。

#### 1. 调查问卷

前文曾提到,针对此课题本团队曾作出如下假设,即员工关于用人单位用人标准的感知和用人单位拟定的用人标准两者之间存在一定的差异。因此只有通过以上两个角度的分析才能更加立体地去把握用人单位的用人标准。故团队成员根据项目需要先后设计了《二外经管类学术型研究生对就业单位用人标准的感知调查》调查问卷、拟定了针对就业单位领导或招聘人员的结构化访谈提纲,后又根据预调研的实际情况追加了针对二外学生的相关访谈提纲,作为对调查问卷的一个深入挖掘和补充。

调查问卷《二外经管类学术型研究生对就业单位用人标准的感知调查》主要包括个人基本情况、用人单位考评内容感知以及对母校课程设置建议三部分的内容。其中属本课题重点考察的"用人单位考评内容感知"部分主要包括个人情况(如政治面貌、教育情况、校园经历、求职动机等)、通用技能、工作(实习)经历、相关资格和技能证书的重视程度(详见附件1《二外经管类学术型研究生对就业单位用人标准的感知调查》)。

#### 2. 结构化访谈提纲

针对用人单位的访谈提纲主要包括用人单位需求及对应聘群体的感知、用人标准、二外硕士研究生就业情况感知三大版块(详见附件2《A:针对用人单位的访谈提纲》),针对二外校友的访谈提纲则主要包括应聘技巧、母校课程设置、就业竞争力三个部分的内容(详见附件3《B:针对校友的访谈提纲》)。

#### 3. 相关调整

在问卷和访谈提纲初稿拟定后,又通过对中国建设银行北京市某支行及京东方科技集团两家京内企业的预调研,根据调研对象的反馈意见对问卷和提纲进行了部分调整和修改。具体情况如下：

就问卷部分而言，针对第一部分——个人情况的第3题，经过修改将原有的"您的工作所在地是否与您的籍贯所在地在同一个省"改为问卷终稿的"您的工作所在地与您的生源地是否一致"；针对问卷重点考核的第二部分——用人单位考评内容感知部分，在第2题增加了"行政能力测试"选项，对个人情况下的二级指标的排列顺序进行了适当调整，对通用技能的考核指标进行了补充，由原来的7项增加为终稿的17项等。

就访谈提纲部分而言，通过对京内两家企业的预调研，针对访谈提纲（用人单位版）的部分题目进行了删除，比如"近几年，硕士毕业生在面试中是否存在'过度美化'自己的现象""您认为毕业生在就业后，哪些表现让您最不满意"等。另外通过对两个单位的实地访谈，相关团队成员也总结出一些访谈技巧和注意事项，即在访谈过程中必须注意不要对受访者的回答进行诱导以及要掌握主动权等。

### （二）调研对象的筛选和确定

此部分工作为团队成员在开展实地调研前所遇到的最大的难题。首先，由研究生处提供的关于二外经管类毕业生就业去向的相关材料仅包括签订过三方协议的，故数量不全；其次，以上材料内容只包括院系名称、就读专业、毕业年份、工作去向等资料，没有邮箱等联系方式，故信息不全；再者，随着团队成员相关工作的进一步推进，我们发现有一定数量的毕业生出现了岗位更换、单位变动等现象，与原始材料所提供信息不符。以上情况均给我们的判断、分析、联系等工作带来了极大的挑战。

根据研究生处提供的相关资料，小组成员统计并归纳出，二外经管类研究生的主要就业方向有政府机关、高校、银行、各类企业四大类。由于政府机关部分的用人标准具有极强的个体差异性和一定程度上的保密性，且在联系用人单位这块具有极强的不可操作性，故经过小组成员之间的讨论以及与指导老师的沟通，团队最终决定舍弃对政府机关的相关调研，保留了高校、银行和企业部分。后又经过与研究生处和校友办公室等部门的沟通，本团队了解到深港校友会是二外最大的校友会，且于2014年4月26日举行了"二外记忆"大型联谊会并获周烈校长的出席，具有一定的规模和影响力。于是团队成员又将调研视角锁定在深圳地区。

综上所述，团队成员为保证项目的顺利和高效开展，在确定调研对象方面主要本着以下思想：①确实是二外经管类学术型硕士毕业生重点就业单位（或强相关）；②单位具有一定的代表性，最好能涵盖央企、国企、外企等不同性质的单位，方便后期针对用人单位的用人标准和招聘要求进行横向比较；③确保调研对象能联系上，即对象的有效性；④为避免唐突造访相关用人单位对方不予接待的尴尬，部分用人单位的联系可从二外毕业生中从事人力资源（HR）工作的毕业生着手。

经过团队成员的多次协商和讨论，以及根据调研对象和团队各成员的时间安排情况等，本团队确定了最终的调研安排（见表1）。

表1 《二外经管类学术型研究生重点就业单位用人标准及招聘工作研究》
团队京外调研安排一览表

| 调研地点 | 单位名称 | 单位性质 | 受访对象 | 把握角度 |
|---|---|---|---|---|
| 杭州 | 中国国际旅行社杭州分社 | 国企 | 潘伊玫 | 用人单位 |
| 深圳 | 深圳特区报社 | 事业单位 | 袁粮钢 | 用人单位 |
| | 中国银行深圳分行 | 国企 | 祖述政 | 二外学生 |
| | 华侨城集团 | 央企 | 关山等 | 用人单位 |
| | 深圳烟草工业有限责任公司 | 国企 | 刘烽 | 二外学生 |
| | 贝迪(深圳)有限公司 | 美资外企 | 郑强 | 用人单位 |
| 上海 | 上海汽车工业销售有限公司 | 国企 | 郭继良等 | 用人单位、二外学生 |

(三)数据分析

1. 问卷部分

《二外经管类学术型研究生对就业单位用人标准的感知调查》问卷共分为三个模块：被调查者基本情况、考评内容感知、母校课程设置建议。第一、三模块采用选项与补充填写形式,第二模块采用5分制李克特量表形式。

(1)被调查者基本情况。

被调查者的基本情况包括性别、工作内容、工作所在地与生源地是否一致、硕士专业及研究方向、毕业年份、第一份正式工作的工作单位及岗位或职务名称、当前工作单位及岗位或职务名称共7个问题。

本次调查问卷的被调查者男女比例为10∶13,比较均衡。23人中,仅有4人的工作地与生源地一致。被调查者在硕士期间学习旅游管理专业、国际贸易专业、企业管理专业的人数分别为6人、1人、16人,其中企业管理专业的国际企业管理方向的毕业生人为11人,占专业总人数的48%(见图1)。本组成员认为,被调查者中企业管理专业的人数偏多可能会受问卷发放范围、被调查者工作时间等一系列不可控情况的影响,是今后在发放问卷过程中应该重点关注的问题。但是整体上,本次调查问卷可以反映出二外经管类学术型研究生对就业单位用人标准的感知,因此本次调查问卷可以进行分析。

(2)考评内容感知。

被调查者中,约70%的人参加过笔试,100%的人参加过面试。参加面试的人中,18个人面试2次以上。参加笔试的人中,约56%的人的笔试内容包括与应聘岗位相关的技能测试,约44%的人的笔试内容包括语言能力测试,约44%的人的笔试内容包括行政能力测试,约31%的人的笔试内容包括心理测试/性格测试(含情景模拟),约31%的人的笔试内容包括情商测试,约19%的人的笔试内容包括智力测试。

此部分内容主要考察招聘方对个人情况、通用技能、工作经历的重视程度,下面进行重点介绍。

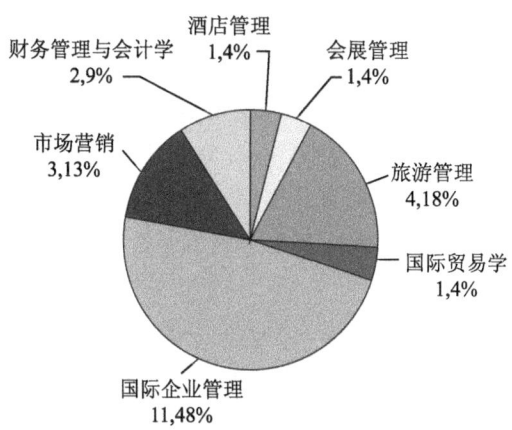

**图1　被调查者硕士专业及研究方向人数与占比**

①个人情况重视程度。

个人情况重视程度主要是从二外经管类硕士毕业生的角度,对招聘方侧重应聘者个人情况的重视程度的感知。感知标准为打分制,根据重视程度的高低,分值为1~5分,5分为非常重视,1分为不重视(见表2)。

**表2　个人情况描述性统计**

| | 样本 | 最小值 | 最大值 | 均值 | 方差 | | 样本 | 最小值 | 最大值 | 均值 | 方差 |
|---|---|---|---|---|---|---|---|---|---|---|---|
| 学历 | 23 | 1 | 5 | 4.26 | 0.964 | 职业兴趣 | 23 | 1 | 5 | 3.17 | 1.193 |
| 所学专业 | 23 | 3 | 5 | 4.26 | 0.752 | 担任学生干部经历 | 23 | 1 | 5 | 3.17 | 1.114 |
| 工作热情度 | 23 | 3 | 5 | 4.13 | 0.757 | 在校成绩及排名 | 23 | 1 | 5 | 3.00 | 1.044 |
| 毕业院校 | 23 | 1 | 5 | 3.96 | 1.065 | 职业生涯期望及规划 | 23 | 1 | 5 | 3.00 | 1.279 |
| 工作严谨度 | 23 | 2 | 5 | 3.91 | 0.900 | 个人社会关系 | 23 | 1 | 5 | 2.91 | 1.411 |
| 自信程度 | 23 | 1 | 5 | 3.78 | 0.998 | 性别 | 23 | 1 | 5 | 2.91 | 1.443 |
| 情商 | 23 | 1 | 5 | 3.74 | 1.010 | 他人推荐 | 23 | 1 | 5 | 2.87 | 1.392 |
| 价值观与道德水平 | 23 | 1 | 5 | 3.61 | 1.076 | 年龄 | 23 | 1 | 5 | 2.61 | 1.234 |
| 个人形象 | 23 | 2 | 5 | 3.61 | 0.891 | 课程结构 | 23 | 1 | 4 | 2.52 | 1.123 |
| 求职动机 | 23 | 1 | 5 | 3.48 | 1.238 | 个人爱好 | 23 | 1 | 5 | 2.48 | 1.201 |
| 情绪稳定性 | 23 | 1 | 5 | 3.39 | 0.988 | 政治面貌 | 23 | 1 | 5 | 2.43 | 1.376 |
| 智商 | 23 | 1 | 5 | 3.39 | 0.988 | 生源地 | 23 | 1 | 5 | 2.30 | 1.329 |
| 校园实践 | 23 | 1 | 5 | 3.35 | 1.152 | | | | | | |

从个人情况的描述性统计可以看出,一方面,求职者的学历、所学专业、工作热情度、毕业院校、工作严谨度的均值较高,分别为 4.26、4.26、4.13、3.96、3.91,这表明上述因素,尤其是学历与所学专业,是毕业生感知招聘方在招聘毕业生时最为看重的方面。另一方面,求职者的年龄、所学课程结构、个人爱好、政治面貌、生源地的均值较低,分别为 2.61、2.52、2.48、2.43、2.30,这表明这些因素,特别是生源地,是毕业生感知招聘方在招聘工作中较不重视的方面(这与被调查者在第一模块中"工作地与生源地是否一致"的答案保持一致,83%的被调查者的工作地与生源地不一致)。

②通用技能重视程度。

通用技能重视程度主要是从二外经管类硕士毕业生的角度,对招聘方侧重应聘者具备通用技能的重视程度的感知。感知标准为打分制,根据重视程度的高低,分值为1~5分,5分为非常重视,1分为不重视(见表3)。

表3 通用技能描述性统计

| | 样本 | 最小值 | 最大值 | 均值 | 标准差 | | 样本 | 最小值 | 最大值 | 均值 | 标准差 |
| --- | --- | --- | --- | --- | --- | --- | --- | --- | --- | --- | --- |
| 沟通表达能力 | 23 | 3 | 5 | 4.48 | 0.665 | 管理协调能力 | 23 | 1 | 5 | 3.96 | 1.065 |
| 人际关系能力 | 23 | 2 | 5 | 4.26 | 0.810 | 团队协作能力 | 23 | 1 | 5 | 3.91 | 1.041 |
| 问题解决能力 | 23 | 2 | 5 | 4.22 | 0.795 | 自我认知能力 | 23 | 1 | 5 | 3.83 | 1.072 |
| 学习与适应能力 | 23 | 2 | 5 | 4.22 | 0.902 | 计算机使用能力 | 23 | 1 | 5 | 3.74 | 0.964 |
| 外语使用能力 | 23 | 3 | 5 | 4.09 | 0.848 | 数据处理能力 | 23 | 1 | 5 | 3.70 | 1.020 |
| 逻辑思考能力 | 23 | 2 | 5 | 4.04 | 0.878 | 时间管理能力 | 23 | 1 | 5 | 3.65 | 1.152 |
| 抗压能力 | 23 | 2 | 5 | 4.00 | 0.953 | 创新能力 | 23 | 1 | 5 | 3.61 | 1.033 |
| 反应敏捷度 | 23 | 2 | 5 | 4.00 | 0.853 | 挫折管理能力 | 23 | 1 | 5 | 3.57 | 1.199 |
| 写作能力 | 23 | 2 | 5 | 4.00 | 0.905 | | | | | | |

从通用技能的描述性统计可以看出,一方面,求职者的沟通表达能力、人际关系能力、问题解决能力、学习与适应能力的均值较高,分别为 4.48、4.26、4.22、4.22,这表明上述因素,尤其是沟通表达能力,是毕业生感知招聘方在招聘毕业生时最为看重的方面。另一方面,求职者的时间管理能力、创新能力、挫折管理能力的均值较低但均在 3.00 以及,分别为 3.65、3.61、3.57,这表明毕业生感知招聘方对通用技能的重视程度在一般以上,侧面反映出招聘方较为看重应聘者具备的通用技能。

③工作经历重视程度。

工作经历重视程度主要是从二外经管类硕士毕业生的角度,对招聘方侧重应聘者之前的工作经历的重视程度的感知。感知标准为打分制,根据重视程度的高低,分值为1~5分,5分为非常重视,1分为不重视(见表4)。

表4 工作经历描述性统计

| | 样本 | 最小值 | 最大值 | 均值 | 标准差 |
|---|---|---|---|---|---|
| 实习期间的职责 | 23 | 1 | 5 | 3.91 | 0.996 |
| 实习经历与应聘职位的相似度 | 23 | 1 | 5 | 3.87 | 1.100 |
| 实习单位性质 | 23 | 1 | 5 | 3.78 | 1.126 |
| 实习单位影响力 | 23 | 1 | 5 | 3.74 | 1.137 |
| 实习中外语使用频率 | 23 | 1 | 5 | 3.52 | 1.082 |
| 实习业绩 | 23 | 1 | 5 | 3.22 | 1.085 |
| 实习经历的多样性 | 23 | 1 | 5 | 3.04 | 0.928 |
| 每份实习的平均时间 | 23 | 1 | 4 | 2.83 | 0.887 |

从工作经历的描述性统计可以看出，一方面，求职者的实习期间的职责、实习经历与应聘职位的相似度的均值较高，分别为3.91、3.87，这表明上述因素，尤其是实习期间的职责，是毕业生感知招聘方在招聘毕业生时最为看重的方面。另一方面，求职者的每份实习的平均时间均值较低，为2.83，这表明实习所用平均时间长短并不是招聘方重视的招聘条件。

在考评内容感知模块，本调查问卷还从被调查者的角度，考察招聘方对资格或技能证书的感知程度。资格或技能证书分为语言类、财务类、金融类、管理类、其他类别5种，其中96%的被调查者认为语言类资格或技能证书最为重要，其次是财务类（占被调查者人数的74%）。如图2所示，认为语言类的CET-6/CET-4技能证书重要的被调查者人数最多，为18人，占总调查人数的78%，其次是注册会计师，为14人，占总被调查者人数的61%。

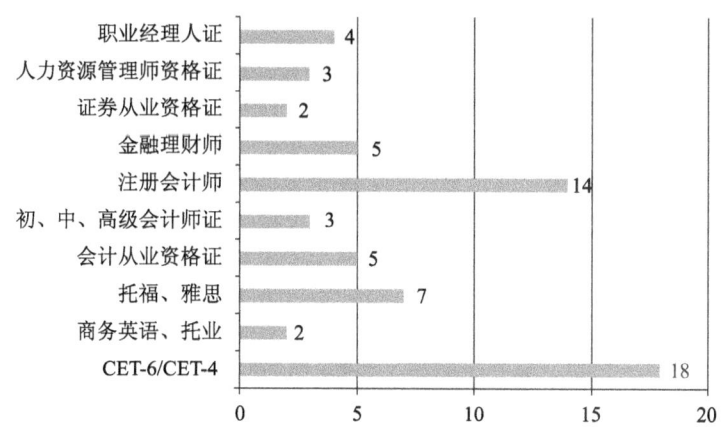

图2 资格或技能证书重视人数

(3) 母校课程设置建议。

本模块主要针对北京第二外国语学院的课程设置,通过分析经管类毕业生对二外课程设置的看法,以期对二外经管类学科的建设提供合理化建议。调查内容包括母校课程设置是否合理、母校毕业生在哪方面具备较强的竞争力、母校毕业生需要提高的方面三个问题。

超过半数的毕业生认为二外的课程设置基本合理,其他被调查的毕业生则认为二外的课程设置与社会需求存在一定差距,这表明二外经管类研究生的课程设置需要进行适当调整,以更好地适应社会需求,更有利于二外经管类研究生毕业生的顺利就业。

100%的被调查毕业生认为二外毕业生在外语能力方面具有较强的竞争力,35%的被调查毕业生认为二外毕业生在实践、动手能力方面具有较强的竞争力,26%的被调查毕业生认为二外毕业生在团队意识、协调能力方面具有较强的竞争力,22%的被调查毕业生认为二外毕业生在学习能力方面具有较强的竞争力,17%的被调查毕业生认为二外毕业生在基础理论方面具有较强的竞争力。这表明二外研究生的外语能力是未来就业的一大优势,实践、动手能力与团队意识、协调能力也是二外毕业生强于其他学校毕业生的优势所在。

从图3可以看出,认为专业知识需要提高的人数为10人,实践、动手能力需要提高的人数为8人,团队意识、协调能力需要提高的人数为7人,分别占被调查者总人数的43%、35%、30%。这表明,二外经管类研究生还需要在专业知识的学习上多做努力,努力提升自身的知识技能。与二外毕业生的竞争力结合来看,实践、动手能力与团队意识、协调能力也是二外毕业生强于其他学校毕业生的优势所在,但是也是应该着重加强的两个方面。

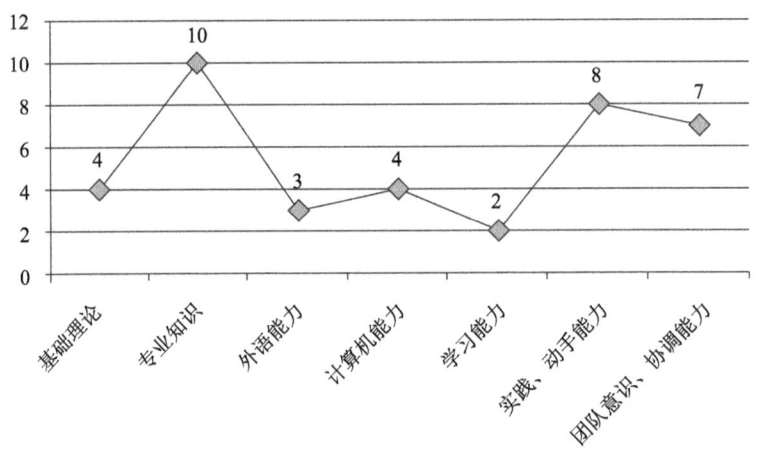

图3　二外毕业生需要提高的方面

2. 访谈部分

在整个实地调研阶段,我们针对用人单位一共进行了5家访谈,访谈对象共7人。涵盖央企、国企、外企。访谈(提纲内容见表5)的进行采用半开放式,而不是依照访谈提纲机械地一问一答,给予被访者充分空间自由回答的同时,访谈者也会以访谈提纲为基准进一步地追问,从而引导受访者的谈话重点,保证谈话结构完整性,通过访谈我们收集到了大量真实可靠的一手资料。

表5 针对用人单位的访谈提纲内容

| 主题 | 具体问题 |
|---|---|
| 用人单位需求及对应聘群体感知 | 1. 就近几年的招聘情况来看,硕士毕业生在全体应聘者中所占比例有所上升还是有所下降?<br>应聘成功的毕业生中硕士毕业生所占比例是如何变化的?<br>2. 您认为硕士毕业生中,男生和女生的优势各自是什么?<br>不同的职位对性别是否有不同偏好?<br>3. 就近几年的招聘情况来看,您认为硕士毕业生在专业技能、面试表现和实际工作能力三个方面有无明显变化? |
| 用人标准 | 1. 您认为与本科毕业生相比,硕士毕业生在应聘时展现出的最大优势是什么?<br>2. 您希望毕业生具备怎样的素质?<br>3. 您认为在应聘面试中,毕业生所展现的哪方面最容易得到面试官的肯定?<br>哪些表现是面试官最为反感的(请列举2~4条)?<br>4. 您认为毕业生在校期间的学生干部经历重要么?<br>一般来说,您会特别地问询和考察应聘者在这方面的经历吗?<br>学生干部和其他非学生干部的应聘者有哪些明显的不同?这些不同对于其工作是否有帮助?<br>5. 您会看重毕业生的在校成绩、奖励和所获证书吗?<br>从您的经验出发,您认为这些材料的多少是否与毕业生的工作表现比例呈正比?<br>如果您认为资格证书对毕业生应聘有帮助,那么您认为最具含金量的证书有哪些?<br>6. 您认为近几年硕士毕业生的外语水平如何?能否较好地完成需使用外语的工作?<br>比较欠缺的方面有哪些(使用外语的意识?说外语的勇气?实际外语水平?听说读写?)<br>7. 您认为近几年的硕士毕业生是否存在"理论过硬,实践不行"的现象?【如果存在】这一现象与前几年相比是否有了改善?<br>8. 您是否看重毕业生的实习经历?【如果看重】一般来说,您会从哪几方面考察毕业生的实习经历(更为关注实习经历中的哪些方面)?<br>从您或者您同事的角度出发,您更希望毕业生拥有多样化的实习经历,还是希望毕业生主要从事某一领域的实习工作?<br>您会看重毕业生实习单位的声誉和企业性质吗?【如果看重】您为什么关注这两点?<br>9. 现在很多学校和机构会开展面试技巧等指导课程,您如何看待这种帮助毕业生提高面试技巧的课程(有无必要,有无问题)?<br>10. 就您的经验而言,毕业生的面试表现和就业后的工作表现差距大吗? |

续表

| 主题 | 具体问题 |
|---|---|
| 二外硕士毕业生就业情况感知 | 1.您在招聘前,对二外的毕业生是否存在某种预期(如预期二外学生的外语水平会更高,适应能力更强,学习能力更强等)?<br>2.您认为二外的硕士毕业生与其他院校的毕业生相比,有哪些竞争优势和劣势(请各列举2~4点)<br>3.根据您的感知,二外的毕业生在外语方面竞争优势是否明显(如上一题提到了这一点,可直接问后一个问题)?<br>这种优势在外语听力和口语方面优势是否明显?<br>4.您认为二外毕业生对于知识和技能的掌握是否良好?有无明显的知识结构偏差?<br>5.您认为二外毕业生的适应能力和学习能力如何?是否可以很快进入工作状态?<br>6.您认为二外毕业生在诚信和负责任这两个方面表现如何? |

本项目主要是从员工和用人单位两个角度研究和把握用人单位在招聘员工和用人时的相关标准。因此,本文的访谈对象主要来自央企、国企、外企等的人力资源部门人事经理或总监等相关从业人员,其中针对华侨城集团的采访对象包括集团人事总监关山、人事经理冯军、人事副经理蔡伟斌一共3人。访谈对象的基本情况见表6。

表6 访谈对象资料整理

| 编码 | 单位名称 | 属性 | 人数 |
|---|---|---|---|
| M1 | 中国建设银行复兴支行 | 国企 | 1 |
| M2 | 京东方科技集团 | 国企 | 1 |
| M3 | 华侨城集团 | 央企 | 3 |
| M4 | 贝迪(深圳)有限公司 | 外企 | 1 |
| M5 | 上海汽车工业销售有限公司 | 国企 | 1 |

根据对大量一手访谈资料的整理和概念的提取,所得材料如下:

表7 用人单位需求及对应聘群体感知

| 具体问题 | 结果 |
|---|---|
| 1.就近几年的招聘情况来看,硕士毕业生在全体应聘者中所占比例有所上升还是有所下降?<br>应聘成功的毕业生中硕士毕业生所占比例是如何变化的? | 上升(M1、M2、M3、M4)<br>上升(M1、M2) |

续表

| 具体问题 | 结果 |
| --- | --- |
| 2.您认为硕士毕业生中,男生和女生的优势各自是什么?<br>不同的职位对性别是否有不同偏好? | 不同岗位性别优势不同(M2、M4、M5)<br>会有,但不会明确表述(M2、M3、M4、M5) |
| 3.就近几年的招聘情况来看,您认为硕士毕业生在专业技能、面试表现和实际工作能力三个方面有无明显变化? | 相对提高(M1、M4、M5) |

**表8　用人标准**

| 具体问题 | 结果 |
| --- | --- |
| 1.您认为与本科毕业生相比,硕士毕业生在应聘时展现出的最大优势是什么? | 学习能力、专业能力更强(M1、M2、M3、M4、M5) |
| 2.您希望毕业生具备怎样的素质? | 品德好、学习能力强、沟通能力强、职业发展诉求清晰(M2、M3、M4、M5) |
| 3.您认为在应聘面试中,毕业生所展现的哪方面最容易得到面试官的肯定?<br>哪些表现是面试官最为反感的(请列举2~4条)? | 需综合考量、职业化程度高(M2、M4、M5)<br>无诚信、无责任感、稳定性不够的(M1、M2、M4、M5) |
| 4.您认为毕业生在校期间的学生干部经历重要么?<br>一般来说,您会特别地问询和考察应聘者在这方面的经历吗?<br>学生干部和其他非学生干部的应聘者有哪些明显的不同?这些不同对于其工作是否有帮助? | 重要,会参考(M1、M2、M3、M4、M5)<br>会(M1、M2、M3、M4、M5)<br>组织协调能力、沟通表达能力(M1、M2、M4、M5) |
| 5.您会看重毕业生的在校成绩、奖励和所获证书吗?<br>从您的经验出发,您认为这些材料的多少是否与毕业生的工作表现比例呈正比?<br>如果您认为资格证书对毕业生应聘有帮助,那么您认为最具含金量的证书有哪些? | 会(M1、M2、M3、M4、M5)<br>不一定(M1、M2、M3、M4、M5)<br>与专业相关的证书(M1、M2、M4、M5) |
| 6.您认为近几年硕士毕业生的外语水平如何?能否较好地完成需使用外语的工作?<br>比较欠缺的方面有哪些(使用外语的意识?说外语的勇气?实际外语水平?听说读写?) | 总体上升。能(M1、M2、M3、M4、M5)<br>无(M1、M2、M3、M4、M5) |
| 7.您认为近几年的硕士毕业生是否存在"理论过硬,实践不行"的现象?【如果存在】这一现象与前几年相比是否有了改善? | 存在。没有很大改善(M1、M2、M3、M5) |
| 8.您是否看重毕业生的实习经历?【如果看重】一般来说,您会从哪几方面考察毕业生的实习经历(更为关注实习经历中的哪些方面)?<br>从您或者您同事的角度出发,您更希望毕业生拥有多样化的实习经历,还是希望毕业生主要从事某一领域的实习工作?<br>您会看重毕业生实习单位的声誉和企业性质吗?【如果看重】您为什么关注这两点? | 看重(M1、M2、M5)<br>契合度(M1、M2、M4、M5)<br>看重(M1、M2、M5)<br>专业度(M1、M5) |

续表

| 具体问题 | 结果 |
| --- | --- |
| 9.现在很多学校和机构会开展面试技巧等指导课程,您如何看待这种帮助毕业生提高面试技巧的课程(有无必要,有无问题)? | 必要且有效(M1、M2、M5) |
| 10.就您的经验而言,毕业生的面试表现和就业后的工作表现差距大吗? | 有差距,不大(M1、M4、M5) |

表9 二外经管类学术型硕士毕业生就业情况感知

| 具体问题 | 结果 |
| --- | --- |
| 1.您在招聘前,对二外的毕业生是否存在某种预期(如预期二外学生的外语水平会更高,适应能力更强,学习能力更强等)? | 外语应用能力强(M1、M2、M3、M4、M5) |
| 2.您认为二外的硕士毕业生与其他院校的毕业生相比,有哪些竞争优势和劣势(请各列举2~4点) | 优势:外语应用能力强(M1、M2、M3、M4、M5)<br>劣势:经管类专业不专不精(M1、M2、M4) |
| 3.根据您的感知,二外的毕业生在外语方面竞争优势是否明显(如上一题提到了这一点,可直接问后一个问题)<br>这种优势在外语听力和口语方面优势是否明显? | 明显(M1、M2) |
| 4.您认为二外毕业生对于知识和技能的掌握是否良好?有无明显的知识结构偏差? | 否(M1、M2) |
| 5.您认为二外毕业生的适应能力和学习能力如何?是否可以很快进入工作状态? | 较好(M1、M2、M3、M4、M5) |
| 6.您认为二外毕业生在诚信和负责任这两个方面表现如何? | 较好(M1、M2、M4) |

## 三、结论与建议

此部分内容将从学校和学生两个角度来谈。

(一)学校方面

**1.课程设置**

根据针对二外经管类学术型研究生发放的问卷相关数据显示,40%的毕业生认为母校课程设置还存在需改进之处。主要体现在以下几个方面:

(1)纵向来看,二外经管类专业硕士生与本科生教育在课程设置上存在很大的重复性,没有充分体现硕士教育水平。另外,在根据针对校友的进一步访谈中,受访者普遍认为二外在本科生教育方面抓得更紧,在研究生教育这块还有很大工夫可下。

(2)横向来看,在针对研究生语言教育(指英语)这块没有充分发挥二外的师资优势。在本团队的走访过程中,大部分同学表示就英语学习来讲,在二外研究生教育经历阶段自己相应的语言应用能力并没有得到预期的提升。和其他同等院校相比,二外经管类专业的英语教育也并无不同,也只是在研究生一年级设置了相应的公共英语而已,在与专业相关的英语课程设置上还有待加强和提高,就目前各经管院的学科设置来看,只有个别院系开设了与专业相关的英语课程。

(3)与社会需求存在一定的差距。在我们走访的调研对象中无论是校友还是用人单位均提出了此类问题。"高校学科设置与社会需求存在一定的差距"这并不仅仅是二外所面临的问题,更是目前中国高校所共同面对的窘境。

针对以上问题,一方面学校可以和兄弟院校就学科设置和人才培养等方面多加交流,互相取经;另一方面学校可以加强与企业等的合作,了解社会对于人才的真正需求,从而对学科建设作出指导。

#### 2. 就业指导

在就业指导方面学校可以秉持"引进来"和"走出去"的战略方针。"引进来"是指通过名企进学校、外聘专家组织开展相关就业讲座、面试大赛等;"走出去"则是指通过社会调研、学术交流等工作的开展给予学生更多的实践机会。目前学校在以上两方面均做出了不少努力,但力度以及相关契合度有待加强。

### (二)学生方面

#### 1. 专业知识的学习

从目前我们团队所调研的用人单位反馈情况来看,"理论不足,经验不足"是当今高校毕业生的通病。对于专业知识的学习,反映的不仅是个体对于相关专业知识的掌握程度,更是个体的一种学习能力,而对于用人单位来讲,他们更看重的是这种学习能力在工作上的延续性,即"自我吸收和消化能力"及"上手能力"。在对于专业知识的学习这块,学生必须更加引起重视,在低年级时必须以学业为主。

#### 2. 实践经验的积累

这部分包括项目经验和实习经验两方面的内容。首先就项目经验而言,目前学校提供了很多平台比如此次暑期社会调研活动,以及各类科研立项等活动。这些都是很好的机会,在我们与用人单位的交流中,他们表示对于具有此类经历的应聘者会更加青睐。就实习经验而言,并不是越多越好。用人单位看重的更多的是应聘者实习经历与所应聘职位的高契合度。也就是说,对于实习经验的积累可以从"点""面"两个角度去把握。"点":如果是规划清晰,方向明确,那就认准一个行业,"钻研"深挖下去。讲究深度。"面":如果是没有过于清晰的定位,可以实习经历丰富点,寻求广度,了解自己兴趣所在,再认准某个行业。

## 四、不足之处

在项目开展的过程中,首先,团队成员先后有赴美交流,赴台访学、实习等情况,故在时间安排上存在着很大的限制;其次,由于本项目的调研必须与就业单位的相关领导等进行沟通,对方的时间不易把控,给我们的调研工作带来诸多被动;再者,由于旅游管理为二外特色学科,在业界具有一定的口碑,故二外毕业生从事相关工作的学生不在少数,但众所周知,暑假为出游的高峰期,相关单位非常忙碌,所以这部分人员的联系可谓难上之难。总之,由于多方面的原因,本项目主要存在以下两点不足:

(一)实际调研对象在结构上不够完整,与预期存在部分偏差

在正式开展调研之前,团队成员经过相关资料的搜集、处理以及走访等工作,讨论认为,在调研单位的筛选方面,对于最终走访对象我们必须保证:一是不同性质的单位。因为团队成员假设不同性质的单位其用人标准和招聘工作是有差异的;二是针对本校学科特色,在旅游行业方面,针对以国中青为代表的三家典型旅游类企业进行重点调研。因为团队成员假设同行业同性质的不同单位在用人标准和招聘工作方面会有相同,但也会有所侧重。对于前者,前文表2显示本团队调研走访过包括央企、国企、外企、事业单位在内的七家单位,基本达到预期。对于后者,完成情况则不太理想。

(二)问卷的发放和回收较不理想,对后续分析造成较大影响

由于前文曾经提到研究生处所提供的相关资料并无邮箱等联系方式,故问卷的发放工作存在极大的困难,通过团队成员的集思广益,后决定通过师门QQ群的方式等进行发放。由于在原有的大旅游管理学院分为现在的五家之后,各学院之间学生的交流减少,故在人员联络方面极其不易;再者,因为问卷涉及就业情况等较为敏感的内容,加之工作后的校友闲暇时间相对较少,故很多联系上的潜在受访者也对我们的要求予以委婉拒绝;最后,在本组问卷发放的同时,其他项目组也进行了相关问卷的发放工作,对于受访者而言,出现了很大程度上的重叠。由于上述各种客观原因,本团队最后回收的有效问卷共计23份。

# 附件 1

问卷编号：_____

## 二外经管类学术型研究生对就业单位
## 用人标准的感知调查

亲爱的校友，您好！我们是北京第二外国语学院国际商学院的学生，为迎接二外五十周年校庆，学校于暑期开展了优秀校友回访系列活动，我们团队负责回访的内容是经管类专业优秀校友对就业单位用人标准的感知。通过此次回访，我们希望可以为二外经管类学科的建设和经管类研究生的就业工作提出有益的建议。您的回答无所谓对错，我们将对您的回答保密。感谢您的支持！

### 一、个人情况

1. 您的性别：
   A. 男　　　　　　　　　　B. 女
2. 您的工作内容属于：
   A. 人力资源管理类　　B. 行政类　　　　C. 财务、会计类　　D. 市场、营销、公关类
   E. 法务类　　　　　　　　　　　　　　F. 物流、采购类
   G. 外贸类　　　　　　　　　　　　　　H. 项目管理类
   I. 金融类（主要指银行的柜台、证券公司）
   J. 助理、文秘　　　　　　　　　　　　K. 翻译类
   L. 咨询类（包括猎头）　　　　　　　　M. 其他_____
3. 您的工作所在地与您的生源地是否一致：A. 是　　　B. 否
4. 您的硕士专业及研究方向为：

| (1) 旅游管理专业 | A. 酒店管理方向 | B. 会展管理方向 | C. 旅游管理方向 |
| (2) 国际贸易专业 | A. 国际贸易学方向 | B. 金融学方向 | C. 国际文化贸易 |
| (3) 企业管理专业 | A. 国际企业管理方向 | B. 市场营销方向 | C. 财务管理与会计学方向 |

5. 您的毕业年份是_____。

6. 您第一份正式工作的工作单位及岗位或职务名称是_____。

7. 您现在的工作单位及岗位或职务名称是_____。

## 二、考评内容感知（针对您的第一份工作）

1. 您一共参加了_____次笔试，_____次面试。

2.【如果参加过笔试请作答，如没有请跳过此题目】笔试的内容包括：（多选）

A. 心理测试/性格测试（包括情景模拟） B. 语言能力测试

C. 与应聘岗位相关的技能测试 D. 智力测试

E. 情商测试 F. 行政能力测试

G. 其他_____

3. 根据您的感知，招聘方对您以下个人情况的重视程度如何，请打分：

| 个人情况 | 分值 | | | | |
|---|---|---|---|---|---|
| 性别 | 1分 | 2分 | 3分 | 4分 | 5分 |
| 年龄 | 1分 | 2分 | 3分 | 4分 | 5分 |
| 政治面貌 | 1分 | 2分 | 3分 | 4分 | 5分 |
| 生源地 | 1分 | 2分 | 3分 | 4分 | 5分 |
| 学历 | 1分 | 2分 | 3分 | 4分 | 5分 |
| 毕业院校 | 1分 | 2分 | 3分 | 4分 | 5分 |
| 所学专业 | 1分 | 2分 | 3分 | 4分 | 5分 |
| 课程结构 | 1分 | 2分 | 3分 | 4分 | 5分 |
| 在校成绩及排名 | 1分 | 2分 | 3分 | 4分 | 5分 |
| 担任学生干部经历 | 1分 | 2分 | 3分 | 4分 | 5分 |
| 校园实践（学术项目、社团活动等） | 1分 | 2分 | 3分 | 4分 | 5分 |
| 职业兴趣 | 1分 | 2分 | 3分 | 4分 | 5分 |
| 职业生涯期望及规划 | 1分 | 2分 | 3分 | 4分 | 5分 |
| 求职动机 | 1分 | 2分 | 3分 | 4分 | 5分 |
| 工作热情度 | 1分 | 2分 | 3分 | 4分 | 5分 |
| 价值观与道德水平 | 1分 | 2分 | 3分 | 4分 | 5分 |
| 智商 | 1分 | 2分 | 3分 | 4分 | 5分 |
| 情商 | 1分 | 2分 | 3分 | 4分 | 5分 |
| 个人形象 | 1分 | 2分 | 3分 | 4分 | 5分 |
| 个人爱好 | 1分 | 2分 | 3分 | 4分 | 5分 |

续表

| 个人情况 | 分值 | | | | |
|---|---|---|---|---|---|
| 情绪稳定性 | 1分 | 2分 | 3分 | 4分 | 5分 |
| 自信程度 | 1分 | 2分 | 3分 | 4分 | 5分 |
| 工作严谨度 | 1分 | 2分 | 3分 | 4分 | 5分 |
| 他人推荐 | 1分 | 2分 | 3分 | 4分 | 5分 |
| 个人社会关系 | 1分 | 2分 | 3分 | 4分 | 5分 |

4. 根据您的感知，招聘方对以下通用技能的重视程度如何，请打分：

| 通用要求 | 分值 | | | | |
|---|---|---|---|---|---|
| 外语使用能力 | 1分 | 2分 | 3分 | 4分 | 5分 |
| 计算机使用能力 | 1分 | 2分 | 3分 | 4分 | 5分 |
| 沟通表达能力 | 1分 | 2分 | 3分 | 4分 | 5分 |
| 写作能力 | 1分 | 2分 | 3分 | 4分 | 5分 |
| 数据处理能力 | 1分 | 2分 | 3分 | 4分 | 5分 |
| 逻辑思考能力 | 1分 | 2分 | 3分 | 4分 | 5分 |
| 反应敏捷度 | 1分 | 2分 | 3分 | 4分 | 5分 |
| 团队协作能力 | 1分 | 2分 | 3分 | 4分 | 5分 |
| 抗压能力 | 1分 | 2分 | 3分 | 4分 | 5分 |
| 学习与适应能力 | 1分 | 2分 | 3分 | 4分 | 5分 |
| 创新能力 | 1分 | 2分 | 3分 | 4分 | 5分 |
| 问题解决能力 | 1分 | 2分 | 3分 | 4分 | 5分 |
| 人际关系能力 | 1分 | 2分 | 3分 | 4分 | 5分 |
| 自我认知能力 | 1分 | 2分 | 3分 | 4分 | 5分 |
| 管理协调能力 | 1分 | 2分 | 3分 | 4分 | 5分 |
| 挫折管理能力 | 1分 | 2分 | 3分 | 4分 | 5分 |
| 时间管理能力 | 1分 | 2分 | 3分 | 4分 | 5分 |

5. 根据您的感知,招聘方对您应聘的工作经历重视程度如何,请打分:

| 工作经验 | 分值 | | | | |
|---|---|---|---|---|---|
| 实习单位性质 | 1分 | 2分 | 3分 | 4分 | 5分 |
| 实习期间的职责 | 1分 | 2分 | 3分 | 4分 | 5分 |
| 实习中外语使用频率 | 1分 | 2分 | 3分 | 4分 | 5分 |
| 每份实习的平均时间 | 1分 | 2分 | 3分 | 4分 | 5分 |
| 实习经历的多样性 | 1分 | 2分 | 3分 | 4分 | 5分 |
| 实习经历与应聘职位的相似度 | 1分 | 2分 | 3分 | 4分 | 5分 |
| 实习业绩 | 1分 | 2分 | 3分 | 4分 | 5分 |
| 实习单位影响力 | 1分 | 2分 | 3分 | 4分 | 5分 |

6.【可多选】根据您的感知,招聘方看重哪些资格或技能证书,请选择或填写:

| (1)语言类 | A. CET-6/CET-4 | B. 商务英语、托业 | C. 托福、雅思 |
|---|---|---|---|
| (2)财务类 | A. 会计从业资格证 | B. 初、中、高级会计师证 | C. 注册会计师 |
| (3)金融类 | A. 金融理财师 | B. 证券从业资格证 | |
| (4)管理类 | A. 人力资源管理师资格证 | B. 职业经理人证 | |
| (5)其他类别 | A. 计算机等级证书 | B. 驾驶证 | C. 教师从业资格证 |

7. 其他(请自填)

### 三、母校课程设置建议

1. 您认为母校课程设置合理与否:
   A. 适应社会需要,合理　　　　　　　B. 基本合理
   C. 与社会需求存在一定差距　　　　　D. 差距较大

2. 您认为母校毕业生在以下哪些方面具有较强竞争力(限选两项):
   A. 基础理论　　B. 专业知识　　C. 外语能力　　D. 计算机能力
   E. 学习能力　　F. 实践、动手能力　　G. 团队意识、协调能力
   H. 其他(请填写):_____

3. 您认为母校毕业生在以下哪些方面仍需提高(限选两项):
   A. 基础理论　　B. 专业知识　　C. 外语能力　　D. 计算机能力
   E. 学习能力　　F. 实践、动手能力　　G. 团队意识、协调能力
   H. 其他(请填写):_____

谢谢您对母校建设与发展工作的支持!衷心感谢您的合作!祝您工作顺利!

# 附件 2

## A：针对用人单位的访谈提纲

课题名称：二外经管类学术型研究生重点就业单位用人标准及招聘工作研究
课题小组成员：
受访者及联系方式：
受访者单位：
访谈者自我介绍及课题介绍：

您好！我们是北京第二外国语学院国际商学院的研究生，现正在二外五十周年校庆之际开展一项校友回访和毕业生就业调查活动。希望通过本次访谈，了解我校硕士毕业生的就业情况，并为硕士生课程设置和就业指导提出建议。感谢您的帮助和参与，使我们可以更为深入地了解到我校硕士毕业生真实的就业情况。

我们课题组向您承诺，今天访谈涉及的内容和您所表达的观点，只作为我们研究的参考，并会严格保密，非常感谢您的参与。

访谈提纲及具体内容（有些部分需要结合该单位的性质进行具体化）

### 一、需求及对应聘群体感知

1. 就近几年的招聘情况来看，硕士毕业生在全体应聘者中所占比例有所上升还是有所下降？

应聘成功的毕业生中硕士毕业生所占比例是如何变化的？

2. 您认为硕士毕业生中，男生和女生的优势各自是什么？

不同的职位对性别是否有不同偏好？

3. 就近几年的招聘情况来看，您认为硕士毕业生在专业技能、面试表现和实际工作能力三个方面有无明显变化？

### 二、用人标准

1. 您认为与本科毕业生相比，硕士毕业生在应聘时展现出的最大优势是什么？

2. 您希望毕业生具备怎样的素质？

3. 您认为在应聘面试中，毕业生所展现的哪方面最容易得到面试官的肯定？

哪些表现是面试官最为反感的？（请列举 2~4 条）

4. 您认为毕业生在校期间的学生干部经历重要么？

一般来说，您会特别地问询和考察应聘者在这方面的经历吗？

学生干部和其他非学生干部的应聘者有哪些明显的不同？这些不同对于其工作是否有帮助？

5. 您会看重毕业生的在校成绩、奖励和所获证书吗？

从您的经验出发,您认为这些材料的多少是否与毕业生的工作表现比例呈正比?

如果您认为资格证书对毕业生应聘有帮助,那么您认为最具含金量的证书有哪些?

6. 您认为近几年硕士毕业生的外语水平如何?能否较好地完成需使用外语的工作?比较欠缺的方面有哪些(使用外语的意识?说外语的勇气?实际外语水平?听说读写?)

7. 您认为近几年的硕士毕业生是否存在"理论过硬,实践不行"的现象?【如果存在】这一现象与前几年相比是否有了改善?

8. 您是否看重毕业生的实习经历?【如果看重】一般来说,您会从哪几方面考察毕业生的实习经历(更为关注实习经历中的哪些方面)?

从您或者您同事的角度出发,您更希望毕业生拥有多样化的实习经历,还是希望毕业生主要从事某一领域的实习工作?

您会看重毕业生实习单位的声誉和企业性质吗?【如果看重】您为什么关注这两点?

9. 现在很多学校和机构会开展面试技巧等指导课程,您如何看待这种帮助毕业生提高面试技巧的课程(有无必要,有无问题)?

10. 就您的经验而言,毕业生的面试表现和就业后的工作表现差距大吗?

### 三、二外硕士研究生就业情况感知

1. 您在招聘前,对二外的毕业生是否存在某种预期(如预期二外学生的外语水平会更高,适应能力更强,学习能力更强等)?

2. 您认为二外的硕士毕业生与其他院校的毕业生相比,有哪些竞争优势和劣势。(请各列举2~4点)

3. 根据您的感知,二外的毕业生在外语方面竞争优势是否明显?(如上一题提到了这一点,可直接问后一个问题)

这种优势在外语听力和口语方面优势是否明显?

4. 您认为二外毕业生对于知识和技能的掌握是否良好?有无明显的知识结构偏差?

5. 您认为二外毕业生的适应能力和学习能力如何?是否可以很快进入工作状态?

6. 您认为二外毕业生在诚信和负责任这两个方面表现如何?

如果认为需要改进,请具体描述一件二外毕业生表现不佳的事例,并提出您的建议。

# 附件3

## B：针对校友的访谈提纲

课题名称：二外经管类学术型研究生重点就业单位用人标准及招聘工作研究 OR 校友回访

课题小组成员：

受访者及联系方式：

受访者专业及研究方向：

受访者毕业第一份工作的单位及职务：

受访者现单位及职务：

访谈者自我介绍及课题介绍：

您好！我们是北京第二外国语学院国际商学院的研究生，为迎接二外五十周年校庆，学校于暑期开展了优秀校友回访系列活动，我们团队负责回访的内容是经管类专业优秀校友对就业单位用人标准的感知。通过此次回访，我们希望可以为二外经管类学科的建设和经管类研究生的就业工作提出有益的建议。感谢您的帮助和参与，使我们可以更为深入地了解到我校硕士毕业生真实的就业情况。

我们课题组向您承诺，今天访谈涉及的内容和您所表达的观点，只作为我们研究的参考，并会严格保密，非常感谢您的参与。

访谈提纲及具体内容（请结合校友的调查问卷结果，如果面谈可以先让对方填写问卷，然后结合问卷内容提问）

### 一、应聘技巧

1. 您在应聘第一份工作时是否参加了笔试？

【如果参加了】笔试的内容大致包括什么？您认为就该笔试的内容来看，前期准备是否有效？如何针对这类笔试进行准备？

2. 您认为面试技巧的重要性如何？学校是否应该针对面试技巧对毕业生进行就业培训？

【如果认为面试技巧培训有用】您认为学校应重点针对哪些内容进行毕业生的面试技巧培训？

3. 结合问卷第二部分第3、4、5题，您认为还有哪些因素是招聘方重视但未列出的？

### 二、母校课程设置

1. 你认为在应聘时，所读专业对你选择应聘职位是否存在限制？就你的感知而言，这种限制仅仅出现于二外毕业生中，还是普遍存在于中国本科生、研究生的就业中？

2. 认为二外毕业生的外语水平在应聘时是否已经成为优势？你觉得招聘方是否也

承认这种优势的存在（产生对全体二外毕业生的刻板效应）？

3. 就你所感知的用人单位的招聘标准而言，你认为母校课程设置是否合理？是否存在导致毕业生知识结构不完整或不均衡的因素？

4. 请提出 2~4 条改进母校课程设置的建议（不局限于文化课程，还可以包括就业指导、实践课程等多种形式）。

### 三、就业竞争力

1. 就你的感知而言，你认为二外的本科毕业生和硕士毕业生的就业优势分别为？（请列举 2~4 点）你认为是哪些因素造成了这些优势的差异？

2. 你认为与其他院校相比，二外硕士毕业生的就业优势主要表现在哪几方面。（请列举 2~4 项）

你认为用人单位在招聘时是否感知到了这些优势？

你认为这些优势是如何形成的？

3. 你认为与其他院校相比，二外硕士毕业生的就业劣势主要表现在哪些方面。（请列举 2~4 项）

你认为母校可以从哪些方面改进毕业生的这些劣势？

4. 你认为在硕士三年期间，应该如何安排实习和学习的时间？

【如果你认为实习有一定的重要性】二外的硕士生如何选择实习机会？（从单位、行业、职业、多样性、实习次数、工作内容等方面谈）

你认为实习中我们应重点学习或提高哪些方面？应避免哪些问题？

5. 针对提高二外硕士毕业生的就业竞争力，是否还有其他建议？

# 二外毕业研究生就业幸福感调查

调研注册团队编号:2
调研注册团队领队:代冰彬　赵　刚

作　者:赵　刚　王　璋　刘　帆　常琼琼　贾园园　白　婧　杨　钒[①]

[摘　要] 本报告以就业幸福感为切入点,旨在探讨毕业研究生就业幸福感的状况及其影响因素。通过对国内外相关文献的阅读,本课题在现有研究的基础上,进行相应的归纳和改进,提出了自己的研究思路和研究假设。通过向二外毕业研究生发放问卷并进行实地访谈,以及对数据的分析总结,我们发现,社会约束及生存压力小的样本幸福感更高,工作感知度好的样本幸福感更高,心理幸福感强的样本幸福感更高,且社会约束及生存压力的作用大于工作感知,工作感知大于自我感知;在社会约束和生存压力的影响下,调查对象对工作的感知逐步发生变化,自我感知逐渐丰富,并最终影响就业幸福感;并且,男性的就业幸福感显著地低于女性;另外,职位的高低与就业幸福感正相关,低阶的职位提升比高阶的职位提升对就业幸福感的贡献要小。结合以上分析,本报告对研究生就业提出了有针对性的意见或建议。

[关键词] 二外;毕业研究生;就业幸福感

近年来,随着高校大规模扩招,高等教育由"精英教育"转向"大众化教育",在校生和毕业生人数快速增加,大学生尤其是研究生就业压力日益增大,就业越来越成为社会所关注的焦点问题。频频出现研究生不堪就业压力而自杀的事件,迫使社会越发重视研究生的心理健康问题。心理学研究认为乐观的个体幸福感较高,反之则幸福感较低。在社会中,研究生是一个具有较高文化层次、自我和社会期望较高的青年群体,因此对幸福感的要求也较高。本研究以幸福感为切入点,旨在探讨毕业研究生就业幸福感状况及其影响因素,并根据研究结果对研究生就业提出有针对性的意见或建议。

本文后面的结构安排如下:第一部分回顾二外毕业研究生的基本就业倾向;第二部

---

① 以上7名同学为国际商学院2013级会计专业硕士研究生。

分为文献分析,通过对已有文献的总结和思考提出本文假设;第三部分介绍本文的研究设计;第四部分通过实证分析,得出具有价值的结论并验证假设;第五部分为稳健性检验;第六部分得出本文结论及启示。

## 一、二外毕业研究生的基本就业倾向

在调研的前期准备阶段,我们从研究生处获得了2005年到2013年部分学院毕业研究生的就业信息,通过对这些信息的分析,我们发现二外毕业生的就业倾向如下:(1)主要就业方向为企业,占到全部就业总人数的75.66%;(2)主要就业单位为国有大中型企业和较为知名的非国有企业,且多数为在京企业,出现这一状况的原因可能与户口指标有关;(3)以2008年为分水岭,2008年以前选择去政府机关就业的人数较为集中,而2008年以后选择去银行就业的人数较为集中;(4)有5.05%的学生选择去三本独立院校和高职高专任教,经调查多数人现已离开并转向企业,出现这种状况的原因可能与户口指标有关;(5)选择攻读博士或继续从事科研工作的人占到总就业人数的11.97%。

表1　2005—2013年二外毕业生主要就业倾向

| 就业单位类型 | | | 人数 | 比例 |
|---|---|---|---|---|
| 政府机关 | | | 54 | 7.18% |
| 企业 | 国有及国有控股企业 | 银行 | 71 | 9.44% |
| | | 其他 | 179 | 23.80% |
| | 非国有企业 | | 319 | 42.42% |
| 研究院所 | | | 74 | 9.84% |
| 独立学院及高职高专 | | | 38 | 5.05% |
| 攻读博士 | | | 16 | 2.13% |
| 中学教师 | | | 1 | 0.14% |
| 合计 | | | 752 | 100.00% |

## 二、文献分析及研究假设

国外对就业幸福感影响因素的探讨,一方面是对工作幸福感影响因素的探讨,包括工作自主度、工作要求、工作不安全感、工作时间以及管理风格、对工作单位前景看法等,比如 Peter B. (1990)、De Jonge(1998)、Hellgren et al. (1999)、Cheng(2014)、Sparks et al.

(2001)、Wilson et al.(2004)、Jan et al.(2000)。特罗(M. Trow)和桑亚(B. Sanyal)对高等教育与就业问题进行了国际比较,发现随着高等教育规模的扩大,特别是高等教育由精英阶段进入大众阶段后,大学生就业状况越来越差、就业幸福感越来越低是一种普遍的现象。鲍尔(R. Ball)和奇科(R. Chik)对马来西亚本国培养的毕业生与在美国和英国留学的毕业生的工作满意度进行比较分析,没有发现不同就学地点毕业生的工作满意度存在显著差异。川弗洛里(E. F. Florit)利用计量回归模型分析了教育年限、教育与工作匹配程度对工作满意度的影响。沃顿(A. Wharton)于多水平线性模型研究了社会关系与就业幸福感之间的联系。另一方面是对主观幸福感影响因素的探讨,包括心理与生理健康状况、婚姻状况、家庭收入以及社会关系等,比如 Larson(1978)、Okun et al.(1984)、Kaukiainen(2001)、Headey(2004)、Dolan et al.(2008)。心理学认为,幸福是人类个体认识到自己的需要得到满足以及理想得到实现时产生的一种情绪状态,是一种复杂的、多层次的心理状态。作为构成幸福感的核心要素,心理幸福感则着眼于个体潜能开发和自我实现,以客观的标准来评估幸福。心理幸福感是在 Aristotle 提出的幸福论或自我实现论基础上建立的,但研究者并未对心理幸福感的结构达成共识。心理学家以不同理论为依据,构建出不同的心理幸福感结构,并通过研究证实了自己的假设。Ruff 从实现论出发探索了幸福感问题,他认为幸福不等于快乐,批评了主观幸福感对于情感的过度重视,认为情感的评估不能明确地回答幸福感的真正含义。Ruff 等人通过分析各种心理学理论,总结出六因素模型,将其作为心理幸福感的指标,分别是自我接纳、同他人的积极关系、环境控制、自主性、生活目标和个人成长。还有对社会幸福感影响因素的探讨,包括社会约束、社区环境、社会支持程度、工作与家庭的角色压力以及整体生存压力等,比如 Keyes、Aryee 等。在有关社会幸福感的西方研究中,将社会幸福感与多种领域结合研究成为新的趋势,但至今只有少数学者以毕业生为主要研究对象探讨社会幸福感的影响机制。多数学者一致认为社会幸福感的影响因素包括社会约束、社会支持程度、工作与家庭的角色压力以及整体生存压力,比如 Keyes、Aryee 等。近些年,一些学者丰富了社会幸福感影响机制的理论研究。Lin 进一步发现社会支持程度具备明显的催化剂作用,增强了社会幸福感满足程度。Chang 对 232 位 30 岁以下的成人进行研究发现,社会幸福感与积极态度、敏锐的时间洞察力、情绪控制力、家庭沟通显著正相关。Dolan 发现职场目标的满足程度与相关的家庭与工作环境两个因素正向影响着社会幸福感。Cheng 将家庭与工作之间的矛盾也列入了个人社会幸福感的影响机制。

国内对就业幸福感影响因素的研究思路与国外大致相同,一是主观幸福感的影响因素,有生活满意度、积极情感、消极情感、个体的社会关系以及价值取向等因素,如段建华,张雯与郑日昌,严标宾等,丁新华和王极盛等。二是工作幸福感的影响因素,有个人动机、家庭环境、工作性质、收入、人际关系、组织支持和压力,如张华和李志,苗元江等,田姗。雷育胜等把学生当作高校就业指导服务的直接顾客,把他们对于高校就业工作的满意度作为研究目标,通过建立模型,来评估高校的就业服务和指导的质量水平,为我国高等院校的就业服务发展寻找理论参考。涂晓明在问卷调查的基础上,利用实证研究的方法分析了影响大学毕业生就业幸福感的个体特征,研究显示,大学毕业生对起薪的期望值和签约工作与专业是否对口也是影响其就业幸福感的重要因素。刘雪莲从大学毕业生职业期望对就业幸福感影响的角度进行研究,调查发现毕业生就业幸福感不高,毕业生的就业幸福感与其性别和专业显著相关,与家庭背景、生源地无显著相关。三是社会幸福感的维度,有社会整合、社会认同、社会贡献、社会实现和社会和谐,如苗元江和陈浩彬,赵欣,王青华。马立英认为组织因素中的薪资报酬及人际关系,家庭因素中的成员关系、家庭工作冲突,社会因素中的职场满足感、亲朋认同感和社会地位感对个人的幸福感有着不同程度的影响;刘博、张羽发现社会支持对人们的社会幸福感有着显著的影响;郑淑超、赖小林和张建人、黄懿研究发现不同的应对方式对于社会幸福感也有着重要的影响,其中合理化、自责、幻想、退避为代表的不成熟的应对方式对社会幸福感的破坏效果要比解决问题、求助等成熟应对方式对社会幸福感的促进作用大。

通过对国内外相关文献的阅读,本课题在现有研究的基础上,进行相应的归纳和改进,提出了自己的研究思路。我们将影响二外研究生就业幸福感的因素归结为三类:一是对自我的感知因素,包括个人的生活目标、积极情感、消极情感等指标维度;二是对工作的感知因素,包括个人表现、社会福利待遇等;三是对社会约束及生存压力的感知,包括人际关系及他人认同、对社会的贡献度、社会对北二外的认可度等指标维度。以上归结可用如图1所示的模型表示。因此,本文提出如下假设:

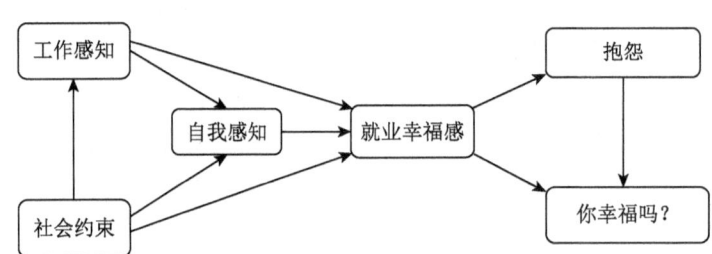

**图1 就业幸福感影响因素模型**

假设1:社会约束及生存压力小的样本幸福感更高,工作感知度好的样本幸福感更高,心理幸福感强的样本幸福感更高,且社会约束及生存压力的作用大于工作感知,工作感知大于自我感知;

假设2:在社会约束和生存压力的影响下,调查对象对工作的感知逐步发生变化,自我感知逐渐丰富,并最终影响就业幸福感;

假设3:男性比女性就业幸福感低;

假设4:职位的高低与就业幸福感正相关,低阶的职位提升比高阶的职位提升对就业幸福感的贡献小。

## 三、研究设计

### (一)样本选取与数据来源

本次调研以李克特五级量表为基础编制调查问卷,通过设计涵盖上述指标维度的问题来评估影响二外研究生就业幸福感的主要因素。之后,我们随机抽取已毕业的二外研究生进行调查,问卷将通过邮件、访谈或者邮寄的方式送达他们手中。通过对调查数据进行分析和整理,我们将得出一系列关于二外研究生对就业幸福感的感知特点,发现影响二外研究生就业幸福感的主要因素。通过前期的准备并结合研究生处提供的信息,我们在调研期间共发放了203份问卷,收回137份,去除有缺失值和不真实问卷,共获得122个有效样本。从表2我们也看到,Cronbach's Alpha的值为0.744,证明问卷是可靠的。

此外,为了更全面有效地完成这次调研,我们还将结合访谈法、个案研究法等,对研究对象进行深入的了解,以获取更为可靠的研究结果。针对研究过程中发现的问题和研究结果,本报告将提出一些提高我校硕士研究生就业幸福感的策略和建议。

表2 因子分析

| 题号 | 1 | 2 | 3 | $\alpha^2$ | $\alpha$ | 因子成分 | 因子载荷 |
|---|---|---|---|---|---|---|---|
| 1 | .039 | .002 | -.561 | 0.316 | 0.562 | 19.83% | |
| 4 | .002 | .177 | .412 | 0.201 | 0.449 | 15.82% | |
| 10 | -.051 | .162 | .642 | 0.441 | 0.664 | 23.42% | 20.14% |
| 20 | .129 | .004 | .424 | 0.197 | 0.444 | 15.65% | |
| 28 | .152 | -.181 | .677 | 0.514 | 0.717 | 25.29% | |
| | | | | 1.669 | 2.836 | 100.00% | |
| 2 | -.265 | .408 | -.250 | 0.299 | 0.547 | 11.72% | |
| 3 | .091 | .501 | .233 | 0.314 | 0.560 | 12.00% | |
| 5 | .043 | .500 | -.028 | 0.252 | 0.502 | 10.76% | |
| 7 | .238 | .594 | -.031 | 0.410 | 0.641 | 13.72% | |
| 8 | .183 | .530 | -.024 | 0.315 | 0.561 | 12.03% | 33.11% |
| 9 | -.059 | .669 | .041 | 0.453 | 0.673 | 14.43% | |
| 23 | .284 | .446 | .316 | 0.380 | 0.616 | 13.20% | |
| 24 | .229 | .456 | .244 | 0.320 | 0.566 | 12.13% | |
| | | | | 2.744 | 4.667 | 100.00% | |

续表

| 题号 | 1 | 2 | 3 | $\alpha^2$ | $\alpha$ | 因子成分 | 因子载荷 |
|---|---|---|---|---|---|---|---|
| 6 | .454 | −.081 | −.188 | 0.248 | 0.498 | 7.67% | |
| 11 | .595 | .194 | .005 | 0.391 | 0.626 | 9.65% | |
| 12 | .439 | .230 | .076 | 0.251 | 0.501 | 7.73% | |
| 16 | .621 | .045 | −.020 | 0.389 | 0.623 | 9.61% | |
| 17 | .612 | .049 | .193 | 0.414 | 0.644 | 9.92% | |
| 18 | .541 | .207 | .049 | 0.338 | 0.581 | 8.96% | 46.75% |
| 19 | .493 | .062 | .235 | 0.302 | 0.550 | 8.48% | |
| 21 | .540 | .194 | .086 | 0.336 | 0.580 | 8.94% | |
| 25 | .427 | .133 | .237 | 0.256 | 0.506 | 7.80% | |
| 26 | .578 | −.338 | .093 | 0.457 | 0.676 | 10.42% | |
| 29 | .623 | −.202 | .250 | 0.492 | 0.702 | 10.82% | |
| | | | | 3.875 | 6.486 | 100.00% | |
| Cronbach's Alpha | | | | 0.744 | | | |
| KMO | | | | 0.636 | | | |
| Bartlett's Test of Sphericity | | | | 1027.822(.000) | | | |

### (二)模型设计与变量选择

在数据的统计和分析过程中,我们将应用因子分析进一步归结各个因素的划分,使各因子更加独立,以便进行如下的线性回归,发现各因素的影响程度及影响路径:

$$Y = a_0 + a_1 \tilde{I} + a_2 \tilde{W} + a_3 \tilde{S} + \varepsilon$$

其中,Y 为调查问卷中被调查者对就业幸福感的评价,由 1~5 代替;$\tilde{I}$ 为被调查者对自我感知因素的向量组合;$\tilde{W}$ 为被调查者对工作感知因素的向量组合;$\tilde{S}$ 为被调查者对社会及环境感知因素的向量组合;以上各向量的维度由因子分析最终决定,$\varepsilon$ 为残差。

从因子分析的结果中我们可以看到,KMO 的值为 0.636,球形度检验结果显著,证明该问卷适合作因子分析。在表 2 中,我们可以直观地看到各因子的构成结构和加权系数,其中因子 S 的载荷为 20.14%,因子 W 的载荷为 33.11%,因子 I 的载荷为 46.75%,可见在社会约束和生存压力的影响下,调查对象对工作的感知逐步发生变化,心理活动较为丰富,并最终影响就业幸福感,这一点在实证分析中还将进一步得到论述。

## 四、实证结果及分析

### (一)主要变量描述性统计及分析

从表3的描述性统计来看,就业幸福感的最小值为1,最大值为5,可见个人对就业幸福感的评价差距是明显的;就业幸福感的均值为3.49,处于中等偏上水平,证明二外毕业生的整体就业幸福感还是较高的,这与二外学生较高的综合素质密不可分;另外3个解释变量的整体分布水平与因变量大致相同,但最小值普遍接近于2,可见各因素对就业幸福感的影响是一个渐进的过程,因而在有效疏导和帮助的情况下,乐观的心态更有助于就业幸福感的提升。

表3 描述性统计

|  | 就业幸福感 | S | W | I |
| --- | --- | --- | --- | --- |
| 样本量 | 122 | 122 | 122 | 122 |
| 均值 | 3.49 | 3.218093 | 3.148794 | 3.617332 |
| 标准差 | .929 | .4983408 | .4632377 | .4765716 |
| 最小值 | 1 | 1.8278 | 1.7098 | 1.9130 |
| 最大值 | 5 | 4.6039 | 4.2488 | 4.9233 |

通过 ANOVA 分析,我们看到了人口统计因素对各个变量的影响水平。表4为性别对各个变量的影响,从结果看 P 值并不显著,这与传统观念中男性的社会压力更大且就业幸福感低于女性的认知有所出入。造成这一结果的因素,一方面是由于 ANOVA 分析较为笼统,并未消除噪音的影响;另一方面,我们也可以从实地访谈中得到答案,许多女性受访者普遍指出研究生是一个极特殊群体,毕业年龄在25~27岁或更大,其择偶和生育的选择空间较本科生显著受到压缩,毕业即面临较大的工作压力和升迁压力,这一点又与博士生有所区别,且社会就业机会和升迁机会普遍倾向于男性,因而造成女性实际的社会压力并不比男性低,就业幸福感并不比男性高,对于性别的就业幸福感差异,在实证分析中还将进一步论述。

表4 ANOVA 分析

|  |  | Sum of Squares | df | Mean Square | F | Sig. |
| --- | --- | --- | --- | --- | --- | --- |
| 就业幸福感 | Between Groups | 1.616 | 1 | 1.616 | 1.885 | .172 |
|  | Within Groups | 102.876 | 120 | .857 |  |  |
|  | Total | 104.492 | 121 |  |  |  |

续表

|   | | Sum of Squares | df | Mean Square | F | Sig. |
|---|---|---|---|---|---|---|
| S | Between Groups | .374 | 1 | .374 | 1.511 | .221 |
|   | Within Groups | 29.676 | 120 | .247 | | |
|   | Total | 30.050 | 121 | | | |
| W | Between Groups | .187 | 1 | .187 | .870 | .353 |
|   | Within Groups | 25.778 | 120 | .215 | | |
|   | Total | 25.965 | 121 | | | |
| I | Between Groups | .103 | 1 | .103 | .450 | .504 |
|   | Within Groups | 27.379 | 120 | .228 | | |
|   | Total | 27.482 | 121 | | | |

表5为职位高低对各变量的影响,从结果来看,职位高低对调查对象的工作感知的影响在5%的水平上显著,对心理幸福的影响极不显著,这一方面是由于调查对象有着强烈的升职期望,认为高职位与高的幸福感知是一致的;另一方面,则是由于我们的调查对象有95.08%的人处于普通职位,因而职位高低对各个样本心理幸福感的影响并没有太大差异。

表5 ANOVA分析

|   | | Sum of Squares | df | Mean Square | F | Sig. |
|---|---|---|---|---|---|---|
| 就业幸福感 | Between Groups | 3.603 | 3 | 1.201 | 1.405 | .245 |
|   | Within Groups | 100.889 | 118 | .855 | | |
|   | Total | 104.492 | 121 | | | |
| S | Between Groups | .673 | 3 | .224 | .901 | .443 |
|   | Within Groups | 29.377 | 118 | .249 | | |
|   | Total | 30.050 | 121 | | | |
| W | Between Groups | 2.264 | 3 | .755 | 3.757 | .013 |
|   | Within Groups | 23.701 | 118 | .201 | | |
|   | Total | 25.965 | 121 | | | |
| I | Between Groups | .324 | 3 | .108 | .469 | .704 |
|   | Within Groups | 27.157 | 118 | .230 | | |
|   | Total | 27.482 | 121 | | | |

## (二)相关性分析

从表6的皮尔森相关系数来看,就业幸福感与解释变量S在1%的水平上显著相关,与W在1%的水平上显著相关,与I在10%的水平上显著相关;从斯皮尔曼相关系数来看,就业幸福感与解释变量S在1%的水平上显著相关,与W在5%的水平上显著相关,与I在5%的水平上显著相关。从相关分析的结果我们发现,社会约束及生存压力小的样本幸福感更高,工作感知度好的样本幸福感更高,心理幸福感强的样本幸福感更高,且社会约束及生存压力的相关度高于工作感知,工作感知高于自我感知。

表6 相关分析

| 变量 | S | W | I | 就业幸福感 |
| --- | --- | --- | --- | --- |
| S | 1 | .151 | .206 | .281 |
|  |  | (.097) | (.023) | (.002) |
| W | .169 | 1 | .229 | .233 |
|  | (.063) |  | (.011) | (.010) |
| I | .187 | .210 | 1 | .170 |
|  | (.039) | (.020) |  | (.061) |
| 就业幸福感 | .315 | .229 | .192 | 1 |
|  | (.000) | (.011) | (.034) |  |

注:左下角为斯皮尔曼相关系数,右上角为皮尔森相关系数。

## (三)多元回归分析

从表7的回归结果来看,S的系数为0.442(.009),在1%的水平上显著,证明社会约束及生存压力显著影响就业幸福感。W的系数为0.359(.047),在5%的水平上显著,证明对工作的感知水平显著影响就业幸福感。而自我的心理感知的系数为0.156(.337),其影响不显著,与我们的模型不符。通过VIF我们发现,各变量之间不存在多重共线性。从图2的残差P–P图中我们发现,残差基本符合正态分布。然而通过图3的检验,我们发现残差存在异方差性,因此我们推断,变量I的系数不显著是由于t检验失效所造成的。

表7 回归结果

|  | Coe. | Std. Error | t | Sig. | VIF |
| --- | --- | --- | --- | --- | --- |
| ε | .373 | .823 | .453 | .651 | . |
| S | .442 | .165 | 2.675 | .009 | 1.057 |
| W | .359 | .179 | 2.009 | .047 | 1.068 |
| I | .156 | .176 | .887 | .377 | 1.090 |

续表

|  | Coe. | Std. Error | t | Sig. | VIF |
|---|---|---|---|---|---|
| Adjusted R Square | | | 0.122 | | |
| Std. Error of the Estimate | | | 0.882 | | |
| F | | | 5.464 | | |
| P-value | | | 0.001 | | |
| Durbin-Watson | | | 2.139 | | |

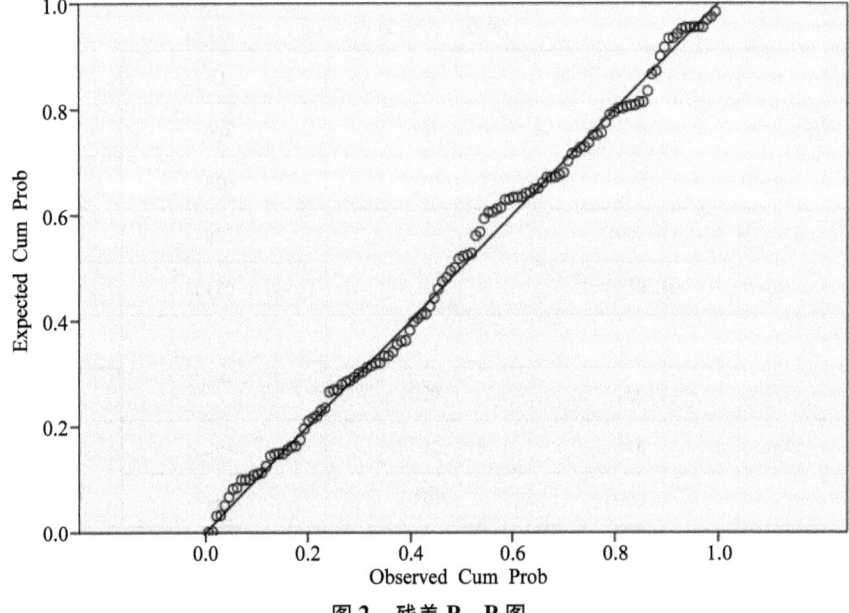

图2 残差 P-P 图

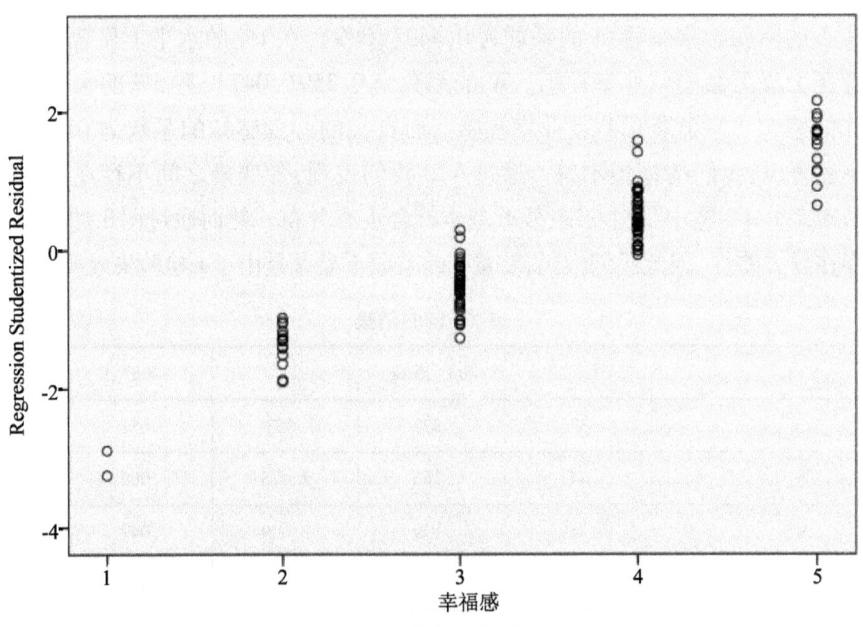

图3 残差散点图

综上所述,我们采用加权回归分析(WLS)的方法来消除异方差性,以1/|residual|的n次幂为权数进行加权回归分析,分析结果如表8所示,$R^2$显著提升为0.901,变量S的系数为0.529,在1%的水平上显著,变量W的系数为0.38,在1%的水平上显著,变量I的系数为0.104,在1%的水平上显著。从标准化了的系数来看,S每变化1%,就业幸福感变化0.57%,W每变化1%,就业幸福感变化0.457%,I每变化1%,就业幸福感变化0.144%。该结论充分验证了假设1,即社会约束及生存压力小的样本幸福感更高,工作感知度好的样本幸福感更高,心理幸福感强的样本幸福感更高,且社会约束及生存压力的作用大于工作感知,工作感知大于自我感知。

表8 加权回归结果

|  | Coe. | β | Std. Error | t | Sig. |
|---|---|---|---|---|---|
| ε | .198 |  | .115 | 1.721 | .088 |
| S | .529 | .570 | .031 | 17.288 | .000 |
| W | .380 | .457 | .029 | 13.087 | .000 |
| I | .104 | .144 | .026 | 3.921 | .000 |
| Adjusted R Square | 0.901 | | | | |
| Std. Error of the Estimate | 0.974 | | | | |
| F | 366.750 | | | | |
| P – value | 0.000 | | | | |
| Log – likelihood Function Value | -79.346 | | | | |

另外,从哲学和心理学的角度来讲,人们自我感知的变化和对事物的认识往往是由于外部环境的变化和压力所导致的。因而,在个人就业幸福感的变化过程中,最先起作用的,往往是社会约束及生存压力的强度,由此而引发工作感知逐步发生变化,自我感知逐渐丰富,并最终影响就业幸福感。这也可以从各个变量对就业幸福感的影响程度中推断出来,社会约束及生存压力的影响程度大于工作感知,工作感知大于自我感知,因而对就业环境的改善往往能够发挥更大的作用,假设2得到验证。

从表9含性别的回归来看,$R^2$显著提升为0.965,变量S的系数为0.401,在1%的水平上显著,变量W的系数为0.363,在1%的水平上显著,变量I的系数为0.184,在1%的水平上显著。从标准化了的系数来看,S每变化1%,就业幸福感变化0.562%,与表8中S每变化1%,就业幸福感变化0.57%基本相同;W每变化1%,就业幸福感变化0.276%,而表8中W每变化1%,就业幸福感变化0.457%,造成这一差异的原因是由于男性比女性面临更大的工作压力和工作强度,因而对工作的感知敏感性更差,这与假设3相一致;I每变化1%,就业幸福感变化0.18%,而表8中I每变化1%,就业幸福感变化

0.144%，二者基本相同。从回归的结果来看，男性的就业幸福感比女性低27%，且在1%的水平上显著，这进一步验证了假设3。

表9　含性别回归结果

| | Coe. | β | Std. Error | t | Sig. |
|---|---|---|---|---|---|
| ε | .524 | | .145 | 3.617 | .000 |
| S | .401 | .562 | .026 | 15.702 | .000 |
| W | .363 | .276 | .049 | 7.446 | .000 |
| I | .184 | .180 | .024 | 7.670 | .000 |
| 性别 | -.271 | -.276 | .043 | -6.358 | .000 |
| Adjusted R Square | 0.965 | | | | |
| Std. Error of the Estimate | 1.011 | | | | |
| F | 845.268 | | | | |
| P-value | 0.000 | | | | |
| Log-likelihood Function Value | -78.417 | | | | |

由于问卷中职位的值为1~5，因而在回归的过程中，构造了一个哑变量矩阵：

$$V = \begin{bmatrix} 1 & 0 & 0 & 0 & 0 \\ 0 & 1 & 0 & 0 & 0 \\ 0 & 0 & 1 & 0 & 0 \\ 0 & 0 & 0 & 1 & 0 \\ 0 & 0 & 0 & 0 & 1 \end{bmatrix}$$

由于职位的值为5的样本的个数为0，所以在变量中P5无法体现，将P1作为对照组，因而回归结果中只包含P2、P3、P4。从表10含职位的回归来看，随着职位的升高，职位对就业幸福感的贡献显著提升，P2的系数为0.177，P3的系数为0.288，P4的系数为0.3，这说明职位的高低与就业幸福感显著正相关，低阶的职位提升比高阶的职位提升对就业幸福感的贡献小，假设4得到验证。从标准化了的系数来看，S每变化1%，就业幸福感变化0.443%；W每变化1%，就业幸福感变化0.272%；I每变化1%，就业幸福感变化0.112%，这与前两次回归的结果基本相同。

表10　含职位回归结果

| | Coe. | β | Std. Error | t | Sig. |
|---|---|---|---|---|---|
| ε | .416 | | .067 | 6.200 | .000 |
| S | .558 | .443 | .046 | 12.175 | .000 |

续表

|  | Coe. | β | Std. Error | t | Sig. |
|---|---|---|---|---|---|
| W | .248 | .272 | .051 | 4.856 | .000 |
| I | .117 | .112 | .034 | 3.386 | .001 |
| P2 | .177 | .178 | .051 | 3.491 | .001 |
| P3 | .288 | .090 | .035 | 8.338 | .000 |
| P4 | .300 | .340 | .022 | 13.958 | .000 |
| Adjusted R Square | 0.991 | | | | |
| Std. Error of the Estimate | 0.980 | | | | |
| F | 2178.814 | | | | |
| P-value | 0.000 | | | | |
| Log-likelihood Function Value | -76.679 | | | | |

## 五、稳健性检验

为了进一步验证实证分析中对假设2的推理的稳健性，本部分将采用Amos结构方程模型来进行路径分析，其规范拟合指数为0.913，相对拟合指数为0.927，近似误差均方根为0.032。从图4的分析中我们发现，社会约束及生存压力间接地影响了工作感知，进而使调查对象对工作的感知逐步发生变化，自我感知逐渐丰富，并最终影响就业幸福感，这进一步验证了假设2。

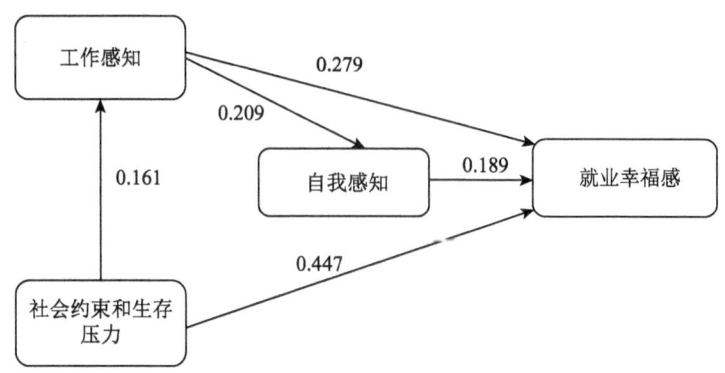

图4 路径分析

## 六、结论及启示

综合以上分析，我们发现，社会约束及生存压力小的样本幸福感更高，工作感知度好的样本幸福感更高,心理幸福感强的样本幸福感更高,且社会约束及生存压力的作用大于工作感知,工作感知大于自我感知;在社会约束和生存压力的影响下,调查对象对工作的感知逐步发生变化,自我感知逐渐丰富,并最终影响就业幸福感;并且,男性的就业幸福感显著地低于女性;另外,职位的高低与就业幸福感正相关,低阶的职位提升比高阶的职位提升对就业幸福感的贡献要小。

本次调研的意义主要在于为我校硕士研究生就业压力的减缓、就业幸福感的提升提供一些指导,进而为学校研究生就业工作提供更明确的方向,改善我校毕业研究生的就业质量,提升我校毕业研究生的心理素质,为社会提供高质量的就业人才。从本次调研中,我们获得如下启示。

(1)学校应在改善研究生的就业环境和社会约束方面作出努力,主要表现为:发布详细的招聘信息、企业信息和岗位信息,让研究生可以更清楚地知道工作的性质和工作环境,提醒研究生更多地关注企业信息和岗位信息,防止盲目择业。在访谈中我们发现,有些毕业研究生为二次甚至二次以上择业,对自己的第一份工作不满意或还未签订正式劳动合同即离职,这里面的原因主要包括对工作岗位不了解,认为工作缺少激情、单调枯燥,盲目地想要尽快解决户口,以及缺少职业规划,当升职无望时选择跳槽。

(2)加强研究生职业规划教育,促使研究生对工作有清晰的认识和更敏锐的感知。从目前二外研究生的课程设置和实践教育来看,缺少职业规划类课程和实践,造成的直接结果就是实践靠个人。因而,参与社会实习的研究生可能对职业规划有着更好的理解,而大多数未参与社会实习的研究生则处于盲目择业状态,增开这方面的选修课并鼓励大家学习,是解决的最简单方法。

(3)注重培养研究生乐观的生活工作态度,加强心理疏导和择业宣传,引导正确的择业观念,防止"唯户口观""唯公务事业单位观"和"唯高薪观"等极端择业观念。充分利用党委、团委和研究会的群众优势,加强宣传教育并建立心理辅导站,有效疏导研究生就业,开阔研究生就业眼界,鼓励研究生拓宽就业渠道。

(4)更多地倾向于帮助女性就业。由于二外的客观环境,女生明显多于男生,然而女生在就业过程中面临更多的就业歧视和就业障碍。因而,在就业季来临之际,应更多地关注女研究生就业和女生对外推介,帮助女生缓解就业压力。

## 参考文献

[1] 庞颖.大学生心理健康与心理幸福感的关系研究[D].长春:吉林大学,2013.

[2] 刘海英,李颖,于福洋.研究生社会支持、自我和谐与心理幸福感的关系[J].中国健康心理学杂志,2009(7):861-862.

[3] 朱婷婷,刘邦春.大学生心理幸福感及其影响因素分析[J].湖南第一师范学院学报,2013(2):95-99.

[4] 马立英.企业员工工作幸福感影响因素实证研究——以金华市为例[D].金华:

浙江师范大学,2013.

[5] 刘博.社会支持对不同雇佣形态员工的社会幸福感影响研究[D].石家庄:河北经贸大学,2013.

[6] 郑淑超,赖小林.医学研究生的社会幸福感与应对方式[J].中国高等医学教育,2013(9).

[7] 王青华.社会幸福感心理结构的跨群体研究[D].南昌:南昌大学,2011.

[8] 张羽.社会支持方式与城市居民主观幸福感的关系研究[D].济南:山东师范大学,2007.

[9] 张建人,黄懿.大学生社会支持、应对方式及其与主观幸福感的关系[J].中国临床心理学杂志,2007.

[10] 涂晓明.大学毕业生就业满意度影响因素的实证研究[J].高教探索,2007(2):117-119.

[11] 刘雪莲.大学毕业生职业期望对就业满意度的影响研究[D].成都:四川大学,2007.

[12] 曹雪莲.高校毕业生就业满意度影响因素分析[D].北京:北京大学,2012.

[13] 刘顺平.家庭社会资本视角下的大学生就业满意度研究[D].重庆:西南大学,2010.

[14] 赵蕾,郑秀珍.高职院校毕业生职业生涯规划跟踪调查[J].科教导刊(上旬刊),2010.

[15] 房欲飞.上海市高校研究生就业现状、前景及对策研究——兼论对全国研究生教育工作的启示[Z].复旦教育论坛.

[16] 雷育胜,房俊东,王坤钟.高校就业服务学生满意度指数模型研究[J].河南社会科学,2012(6).

[17] 王智丽,等.大学生员工角色失调,工作满意度和离职倾向关系研究[J].教育与职业,2011(6).

[18] Aryee, Samuel, et al. Role stressors, interrole conflict, and well-being: The moderating influence of spousal support and coping behaviors among employed parents in Hong Kong[J]. Journal of Vocational Behavior ,1999:259-278.

[19] Chang, E-Shien, et al. A psychometric assessment of the psychological and social well-being indicators in the PINE study[J]. Journal of aging and health,2014:1116-1136.

[20] Keyes, Corey Lee M. Social well-being[J]. Social psychology quarterly,1998:121-140.

[21] Trow M. Problems in the transition from elite to mass higher education[J]. Educational Problems,1973:57.

[22] Ball. R., Ehik, R. Early employment outcomes of home and foreign educated graduates:The Malaysian experience[J]. Higher Education,2001: 171-189.

[23] Florit E F, VilaLladosa L E Evaluation of the effects of educationon job Satisfaction: Independent single-equation Vs. structural equationmodels[J]. International Advances in Economic Research, 2007:157-170.

[24] Wharton A S, Rotolo T, Bird S R. Social context at work: A multilevel analysis of job satisfaction[J]. Sociological Forum, 2000:65-90.

[25] YSLin, WS Huang, et al. Work-leisure conflict and its associations with well-being: The roles of social support, leisure participation and job burnout[J]. Tourism Management, 2014: 244-252.

[26] Dolan, Paul, Tessa Peasgood, et al. Do we really know what makes us happy? A review of the economic literature on the factors associated with subjective well-being[J]. Journal of Economic Psychology, 2008: 94-122.

[27] Cheng, Ting, Saija Mauno, et al. The buffering effect of coping strategies in the relationship between job insecurity and employee well-being[J]. Economic and Industrial Democracy, 2014: 71-94.

[28] Ryff C D. Happiness is everything, or is it? Explorations on the meaning of psychological well-being[J]. Journal of Personality and Social Psychology, 1989(57):1069-1081.

[29] Warr, Peter B. Decision latitude, job demands, and employee well-being[J]. Work & Stress, 1990: 285-294.

[30] De Jonge, Jan, Wilmar B Schaufeli. Job characteristics and employee well-being: A test of Warr's Vitamin Model in health care workers using structural equation modeling[J]. Journal of Organizational Behavior, 1998: 387-407.

[31] Hellgren, Johnny, Magnus Sverke, et al. "A two-dimensional approach to job insecurity: Consequences for employee attitudes and well-being[J]. European Journal of Work and Organizational Psychology, 1999: 179-195.

[32] Sparks, Kate, Brian Faragher, et al. Well-being and occupational health in the 21st century workplace[J]. Journal of occupational and organizational psychology, 2001: 489-509.

[33] Wilson, Mark G, et al. Work characteristics and employee health and well being: Test of a model of healthy work organization[J]. Journal of occupational and organizational psychology, 2004: 565-588.

[34] De Jonge, Jan, et al. Job strain, effort-reward imbalance and employee well-being: a large-scale cross-sectional study[J]. Social science & medicine, 2000: 1317-1327.

[35] Larson, Reed. Thirty years of research on the subjective well-being of older Americans[J]. Journal of gerontology, 1978: 109-125.

[36] Okun, Morris A, et al. Health and subjective well-being: A meta-analysis[J]. The International journal of aging and human development, 1984: 111-132.

# 04 校友与生活

# 二外旅游管理专业研究生校友跟踪与调查

调研注册团队编号:13
调研注册团队领队:江国冬

**指导老师:**秦　宇
**作　者:**江国冬　焦　萍　王璐瑶　李　橙　展　敏　孙冬梅*

[摘　要] 本项目以二外旅游管理专业的研究生毕业校友为研究对象,通过问卷及半结构式访谈的方式搜集数据资料,并采用数据统计法和文本分析法结合的方式,实现定量数据与定性信息的相互补充,总结出二外旅游管理专业研究生毕业校友在地域分布、工作单位类型、薪资水平、工作是否与专业对口等多个方面的规律,并对二外今后的发展提出可行性建议。

本项目在理论及应用方面均具有一定的研究意义,主要体现在:第一,在研究对象方面,本项目选取研究生毕业校友作为研究对象进行追踪调查,区别于目前国内大多对高职院校校友追踪的研究;第二,在研究方法方面,区别于以往研究对校友资料的简单数据统计,本项目在定量数据统计的基础上,辅以定性的文本分析,对定量数据加以解释及扩充;第三,在理论基础方面,本研究结合了统计学、社会学、心理学、教育学等多个视角,将研究生毕业校友的工作情况进行量化,直观地呈献给读者。第四,通过定性文本分析的方式提出了对二外今后发展的建议,具有较强的实践意义。

[关键词] 研究生;就业;旅游管理;定性分析

根据现有文献,国外大学将高等教育与社会紧密联系,市场化程度高,因此特别重视收集毕业校友以及用人单位的信息,其毕业生信息反馈研究要相对完备。而目前国内对

---

* 江国冬,男,汉族,1989年生,江苏省南通人,北京第二外国语学院酒店管理学院2012级硕士研究生;焦萍,女,汉族,1990年生,山东省青岛人,北京第二外国语学院经贸与会展管理学院2012级硕士研究生;王璐瑶,女,汉族,1991年生,黑龙江省黑河人,北京第二外国语学院酒店管理学院2013级硕士研究生;李橙,女,汉族,1991年生,北京人,北京第二外国语学院酒店管理学院2013级硕士研究生;展敏,女,汉族,1989年生,山东省济南人,北京第二外国语学院酒店管理学院2012级硕士研究生;孙冬梅,女,汉族,1989年生,山东省菏泽人,北京第二外国语学院酒店管理学院2012级硕士研究生。

毕业校友的跟踪调查研究多集中于高职学校，尚未引起国内高等学府的重视。北京第二外国语学院（以下简称"二外"）作为旅游人才的摇篮，每年为中国旅游业输送大量人才，其教学质量尤其是研究生的教学质量将在较大程度上影响旅游业的发展。因此，本项目通过对研究生毕业校友的跟踪调查，希望能够建立适当的信息反馈机制，密切校方与毕业校友的感情联系，加强学校与各界校友的交流与合作，征求广大校友对学校各项工作和发展的建议，并且深入挖掘杰出校友的光荣事迹，为二外的后继学子树立榜样，将二外精神世代传承。

本项目以二外旅游管理专业的研究生毕业校友为研究对象，通过问卷及半结构式访谈的方式搜集数据资料，并采用数据统计法和文本分析法结合的方式，实现定量数据与定性信息的相互补充，总结出二外旅游管理专业研究生毕业校友在地域分布、工作单位类型、薪资水平、工作是否与专业对口等多个方面的规律，并对二外今后的发展提出可行性建议。

本项目在理论及应用方面均具有一定的研究意义，主要体现在：第一，在研究对象方面，本项目选取研究生毕业校友作为研究对象进行追踪调查，区别于目前国内大多对高职院校校友追踪的研究；第二，在研究方法方面，区别于以往研究对校友资料的简单数据统计，本项目在定量数据统计的基础上，辅以定性的文本分析，对定量数据加以解释及扩充；第三，在理论基础方面，本研究结合了统计学、社会学、心理学、教育学等多个视角，将研究生毕业校友的工作情况进行量化，直观地呈献给读者。第四，通过定性文本分析的方式提出了对二外今后发展的建议，具有较强的实践意义。

## 一、文献综述

（一）国外关于校友跟踪调查的研究概况

国外的校友跟踪调查研究起步较早，起初兴起于美国。美国的校友跟踪调查工作源于20世纪20年代至30年代的经济大萧条时期，高失业率、就业难使得高校必须通过调查研究以评估其教育教学的效力。20世纪后期，美国公立的高等院校开始实施"绩效问责制度"，院校需要通过毕业生获得的工作类型、学生获取的知识与技能等指标来衡量绩效。此后，校友跟踪调查的研究在美国快速发展。

国外的高等院校对校友的跟踪调查研究非常重视。例如，美国的相关教育机构通过对毕业生刚毕业时、毕业后三个月、六个月、九个月、一年和毕业后四年这几个时间节点对校友进行跟踪调查。日本高校也采取分阶段统计、即时公布的方式，向毕业生公布最新的信息，这样一方面可以为校友提供充分的信息支持；另一方面，也在一定程度上影响校友对于择业的态度。西班牙几乎所有高校都定期进行校友调查，认为高校教育质量应该通过毕业生在工作中的实践加以检验，形成同类学校竞争、市场调节的良性循环。法国的高校普遍借助校友调查的方式进行课程改革。南澳大利亚大学通过雇主的信息反馈，获取对其毕业生质量的有价值的看法和观点。

1998年,华盛顿大学教学评定办公室针对毕业后五年和十年的校友进行了一次跟踪调查,调查内容主要包括了校友对个人能力的自评,学校教育和学习经历对个人能力的影响等。调查结果显示:一是毕业五年或十年的校友能够把大学期间学习到的知识和相关的技能很好地运用到平时的生活和工作中去;二是这些校友在生活和工作中积累的经验充分体现了大学教育的相关价值。

(二)国内关于校友跟踪调查的研究概况

根据已有文献资料来看,我国关于校友跟踪调查的研究起步较晚,且研究大多集中在高职院校,对于高校毕业生的跟踪调查研究较少,而针对研究生校友的跟踪调查更是少有涉及。

虽然国内相关研究比较弱,但近些年一部分高校对校友毕业一段时间内是否得到了自己满意的工作,工作一段时间后是否有进修的考虑,工作单位对学生的评价如何等问题进行了调查。也有一部分高校开展了校友跟踪反馈方面的工作。上海交通大学和哈尔滨工程大学等高校在这方面做的比较突出,一直坚持了校友就业去向等方面的跟踪调查,并定期前往相关用人单位走访,调查校友在岗位上的适应情况。

相比于大陆地区,香港和台湾地区的高校更加重视校友的跟踪调查研究。比如,香港理工大学、香港浸会大学的有关部门会定期统计校友毕业后的就业情况,并通过电话访谈进行核实。台湾地区也有相关的研究机构,每年都会开展有关企业雇主对最爱大学生的调查,主要是请企业给各高校的毕业生从各方面的综合素质和职业态度进行打分,再将调查结果反馈给高校。

有学者对我国校友跟踪调查研究发展较慢的原因进行了探究,赖新华等学者通过调研广东省24所高校得出,高校面临的主要困难包括:调研人员和专项经费不足、没有形成制度化、调查形式单一、领导重视程度不够、调查对象不够配合、调查结果利用率低等。据此,他们指出高校应大力开展校友跟踪调查的研究,建立长效的工作机制,包括:建立多种信息交流平台、结合学校主题活动、高校自主调查与第三方专业机构调查相结合、提高毕业生就业跟踪调查结果的利用率等。学者梁少群认为,高校还应提高对校友跟踪调查工作的重视程度、建立就业跟踪调查工作制度、规范工作流程、提高调查实效、加强沟通交流、争取各方面的配合支持等。

(三)小结

我国关于校友跟踪调查的研究落后于西方国家,且研究较多地集中在高职院校,专门为研究生校友而设计的跟踪调查研究则很少。虽然已有部分高校开展了不同程度的校友跟踪调查,但无论在形式、内容还是资源投入方面都存在较多的不足,主要可概括为:研究形式单一、研究内容简单、投入资源有限。在研究方法方面,我国校友跟踪调查研究主要是以经验研究为主,缺乏理论体系的支撑。而研究结果则趋于雷同,缺乏创新。

## 二、研究方法

### (一)研究方法概述

本研究以二外旅游管理专业的研究生毕业校友为研究对象,通过问卷及半结构式访谈的方式搜集数据资料,主要采用定量的数据统计法,并辅以定性的文本分析法,对定量数据的结果加以解释,总结出二外旅游管理专业研究生毕业校友在地域分布、工作单位类型、薪资水平、工作是否与专业对口等多个方面的规律,并对二外今后的教育教学及发展提出可行性建议。

### (二)样本选择

本研究以二外旅游管理专业的研究生毕业校友为研究对象,主要通过两个梯度进行样本的选择,即问卷发放的样本选择及半结构式访谈的样本选择。

#### 1. 问卷发放的样本选择

由于校友联系方式可获得性的限制,我们无法拿到二外旅游管理专业全部研究生毕业校友的相关信息。因此,我们首先列出了旅游管理专业中带过研究生的导师名单,再借助同学关系拿到各个导师研究生群中的校友信息,通过通讯软件及邮件等形式向校友发放问卷。本研究共向 2000 级至 2011 级的 298 位校友发放了调查问卷,共回收 145 份,回收率为 48.66%。

#### 2. 半结构式访谈的样本选择

我们的问卷设计中有一道题目是询问填写问卷的校友是否愿意接受访谈,并根据这一信息进行半结构式访谈样本的初步筛选,经统计,在回收的问卷当中,愿意接受访谈的校友共有 70 名。在此基础上,我们根据地域的集中度、校友所从事的工作性质、工作与所学专业是否对口等因素进行进一步筛选,共对 12 名校友进行了半结构式访谈,其中,广州 3 位、厦门 2 位、北京 2 位、哈尔滨 1 位、临沂 2 位、青岛 2 位和天津 1 位。

## 三、研究发现

### (一)二外旅游管理毕业研究生的基本情况

从性别来看,二外属于语言类学校,女校友的比例达到 73.8%,男校友的比例约是 1/3;从政治面貌来看,本科期间大多数学生就已经入党,而一部分没有入党的学生在读研期间也会相继入党,从而校友中以党员居多,占总样本数的 74.5%,而群众居第二位,比重为 15.2%;从所在年级来看,以 2005~2008 级校友居多,占总样本数的 52.4%,2009~2011 级校友的比重为 37.2%;从所在单位性质来看,在国有企业、学校、民营企业供职的校友比重排名前三,分别是 26.3%、22.1% 和 16.5%。

表1 校友基本信息汇总

| | 变量 | 频数 | 百分比/% | 有效百分比/% | 累计百分比/% |
|---|---|---|---|---|---|
| 性别 | 男 | 38 | 26.2 | 26.2 | 26.2 |
| | 女 | 107 | 73.8 | 73.8 | 100.0 |
| | 合计 | 145 | 100.0 | 100.0 | |
| 政治面貌 | 党员 | 108 | 74.5 | 74.5 | 72.5 |
| | 民主党派 | 4 | 2.8 | 2.8 | 77.2 |
| | 团员 | 11 | 7.6 | 7.6 | 84.8 |
| | 群众 | 22 | 15.2 | 15.2 | 100.0 |
| | 合计 | 145 | 100.0 | 100.0 | |
| 所在年级 | 2000~2004级 | 15 | 10.4 | 10.4 | 10.4 |
| | 2005~2008级 | 76 | 52.4 | 52.4 | 62.8 |
| | 2009~2011级 | 54 | 37.2 | 37.2 | 100.0 |
| | 合计 | 145 | 100.0 | 100.0 | |
| 所在单位性质 | 政府机关 | 15 | 10.3 | 10.3 | 10.3 |
| | 科研机关 | 2 | 1.4 | 1.4 | 11.7 |
| | 学校 | 32 | 22.1 | 22.1 | 66.9 |
| | 其他事业单位 | 16 | 11.0 | 11.0 | 44.8 |
| | 国有企业 | 38 | 26.2 | 26.2 | 71.0 |
| | 外资企业 | 10 | 6.9 | 6.9 | 77.9 |
| | 中外合资企业 | 3 | 2.1 | 2.1 | 80.0 |
| | 民营企业 | 24 | 16.5 | 16.6 | 96.6 |
| | 金融单位 | 2 | 1.4 | 1.4 | 97.9 |
| | 其他 | 3 | 2.1 | 2.1 | 100.0 |
| | 合计 | 145 | 100.0 | 100.0 | |

（二）二外旅游管理毕业研究生所在工作岗位的基本情况

1. 二外旅游管理毕业研究生最初与目前月薪情况

校友的月薪分为刚毕业的最初月薪和当前月薪两块数据，从下面两张图中的数据可以看出，二外研究生校友毕业时的最初月薪较低，基本工资集中在5000元以内的校友占总样本数的77.2%，仅有6.9%的校友在刚毕业时拿到7000元以上的月薪水平。而反观校友当前月薪的统计情况,主要集中在4000~12 000,占总样本数的64.2%,16.6%的校友当前月薪在4000元以下,7.6%的校友当前月薪达到16 000元以上。由此可见,虽然二外研究生校友在刚毕业时缺乏工作经验,并且由于学校知名度、专业对口等因素的影响,其最初工资相对较低,但是工作一段时间后的工资涨幅还是比较大的。例如目前工作于北京的某2008级校友提到其刚参加工作时的薪酬仅有1260元/月,而随着工作经验的积累、工作能力的发挥,其当前薪酬水平为25 000元/月,该校友三年内的薪酬变动幅度之大以及定量数据的结果足以证明二外研究生校友在工作之中强大的后发力。

通过对校友最初月薪和当前月薪的分析,可以看出二外硕士毕业生在社会工作中的薪资处于中等水平。另外,由于不同校友在自身能力、机遇等多方面存在差异,因此,体现出了薪资水平之间的差异。

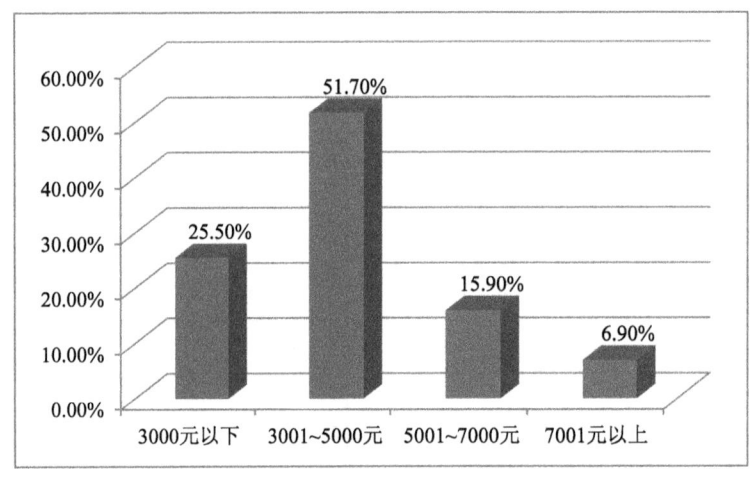

图1 校友毕业后的最初月薪情况

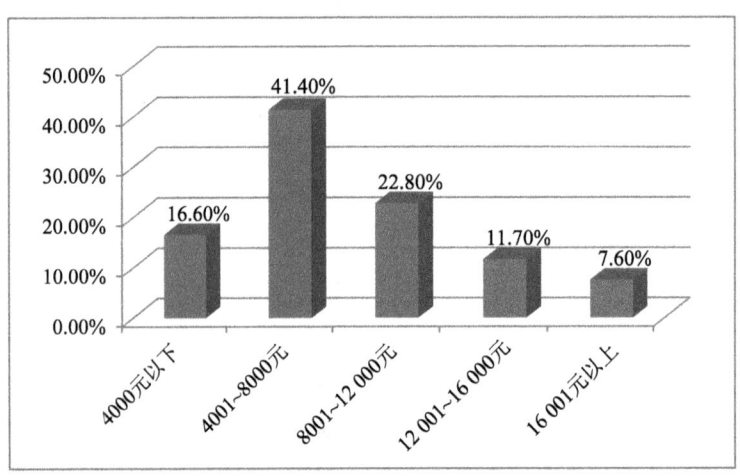

图2 校友目前的工作月薪情况

### 2. 二外旅游管理毕业研究生工作性质与所学专业的关系

根据调查结果显示,24.8%的校友目前的工作性质与所学专业"很对口",四成的校友认为其目前所从事的工作性质与所学专业"基本对口",而超过三成的校友所从事的工作与所学专业"不太相关"及"毫不相关"。

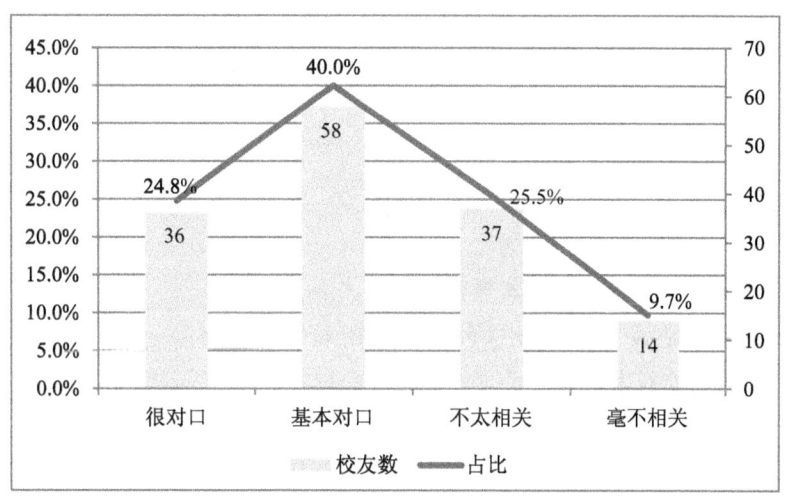

**图3　校友目前工作与所学专业关系的分布情况**

从校友从事工作的性质来看,排位前三的分别是"其他"、"培训教学"和"行政管理",占比分别为23.4%、19.3%和14.5%。另外,还有少部分的校友从事了类似金融财会、秘书、计算机信息处理等工作,从而验证了目前大部分校友从事了与专业无关的工作的事实。

表2　校友从事工作的性质

| 项目 | 频数 | 百分比/% | 有效百分比/% | 累计百分比/% |
| --- | --- | --- | --- | --- |
| 研究工作 | 14 | 9.7 | 9.7 | 9.7 |
| 产品开发设计 | 9 | 6.2 | 6.2 | 15.9 |
| 计划与策划 | 17 | 11.7 | 11.7 | 27.6 |
| 生产技术管理 | 1 | 0.7 | 0.7 | 28.3 |
| 计算机信息处理 | 1 | 0.7 | 0.7 | 29 |
| 销售 | 7 | 4.8 | 4.8 | 33.8 |
| 金融财会 | 5 | 3.4 | 3.4 | 37.2 |
| 外贸业务 | 5 | 3.5 | 3.5 | 40.7 |

续表

| 项目 | 频数 | 百分比/% | 有效百分比/% | 累计百分比/% |
|---|---|---|---|---|
| 秘书 | 3 | 2.1 | 2.1 | 42.8 |
| 培训教学 | 28 | 19.3 | 19.3 | 62.1 |
| 行政管理 | 21 | 14.5 | 14.5 | 76.6 |
| 其他 | 34 | 23.4 | 23.4 | 100 |
| 合计 | 145 | 100 | 100 | |

**3. 二外旅游管理不同性别毕业研究生目前月薪情况**

根据调查结果显示，男校友比女校友的当前月薪普遍要高一点。目前月薪4000元以下的女校友占比女校友总样本的20%左右，而男校友仅占7.9%；薪酬在8000元以上的校友中，男校友所占比例要显著高于女校友。尤其值得注意的是，在8001~12 000元内的男校友占男校友样本的31.5%，显著高于女校友的19.8%。

表3　不同性别校友的目前月薪占比情况

| | 4000元以下/月 | 4001~8000元/月 | 8001~12 000元/月 | 12 001~16 000元/月 | 16 001元以上/月 | 合计 |
|---|---|---|---|---|---|---|
| 女 | 19.8% | 44.3% | 19.8% | 9.4% | 6.6% | 100% |
| 男 | 7.9% | 34.2% | 31.5% | 15.8% | 10.5% | 100% |

**（三）旅游管理毕业研究生对工作岗位的评价**

**1. 毕业后校友成功就业受不同因素的影响程度**

在影响毕业后校友成功就业的因素方面，我们主要选取了12个影响因素，根据调查结果显示，超过80%的校友认为"学历层次""学校知名度""相关工作经历"和"面试综合表现"是影响其成功就业的重要因素，其中95.9%的校友认为"面试综合表现"是影响其成功就业的重要因素。

值得注意的是，33.1%的校友认为"学习成绩"不是影响其成功就业的重要因素，超过三成的校友认为其影响程度一般；校友中认为"社团工作经历"不是影响其成功就业的重要因素的比重占总样本数的33.8%；超过五成校友认为"政治面貌"不是影响其成功就业的重要因素。另外，校友中有46.2%认为"性别"对其成功就业具有一般性影响。

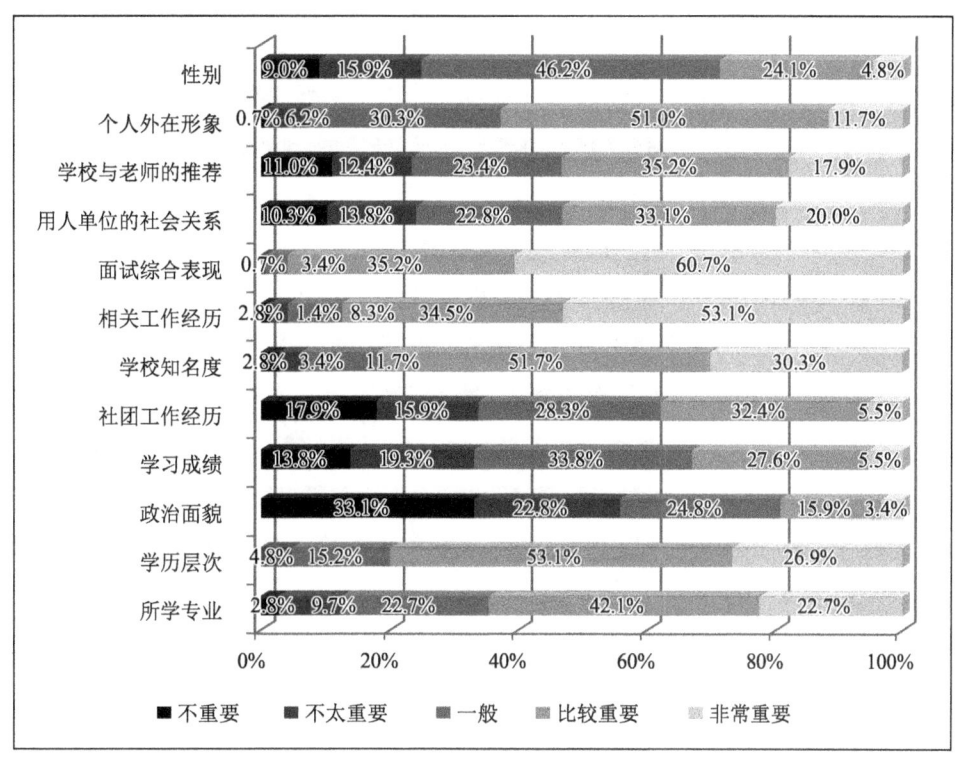

**图4 毕业后校友成功就业受不同因素的影响程度**

### 2. 校友职业决策受不同因素的影响程度

在影响职业决策的因素方面,我们共选择了9个影响因素。根据调查结果显示,"薪酬与福利""培训及提职、晋升机会""单位文化及激励机制""单位性质、规模和名气""单位效益与发展潜力"和"单位人际关系融洽"是影响校友职业决策的"重要"因素;绝大部分的校友比较看重工作单位领导是否对自己重视,从而使自己可以发挥专长,占比接近80%;值得注意的是,校友在选择工作时最看重工作单位的"培训及提职晋升机会",所占比例超过90%,持"非常重要"态度的校友高达43.4%。

反观"专业对口"的比例分布,仅有不到四成的校友认为专业对口是影响其职业决策的"重要"影响因素,例如,工作于青岛的某2010级校友表示其目前的工作与所学专业对口,是其兴趣所在,能够发挥专长,从而实现较高的工作满意度;有四成的校友持"一般"态度,例如,工作于胶州的某2007级校友表示研究生学习期间主要积累的是平台和资源,并未提及专业对口对其工作的影响;另有22.1%的校友认为"专业对口"对其职业决策的影响很小或者没有影响,例如工作于临沂的某2005级校友认为其目前的工作与所学专业基本无关,但其工作能力是非常得到领导认可的,"专业对口"对其工作的影响很小;除"专业对口"外,相较其他因素,"地理位置和周边经济环境"对校友职业决策的影响不是那么突出,有25.5%的校友认为其影响程度"一般"。

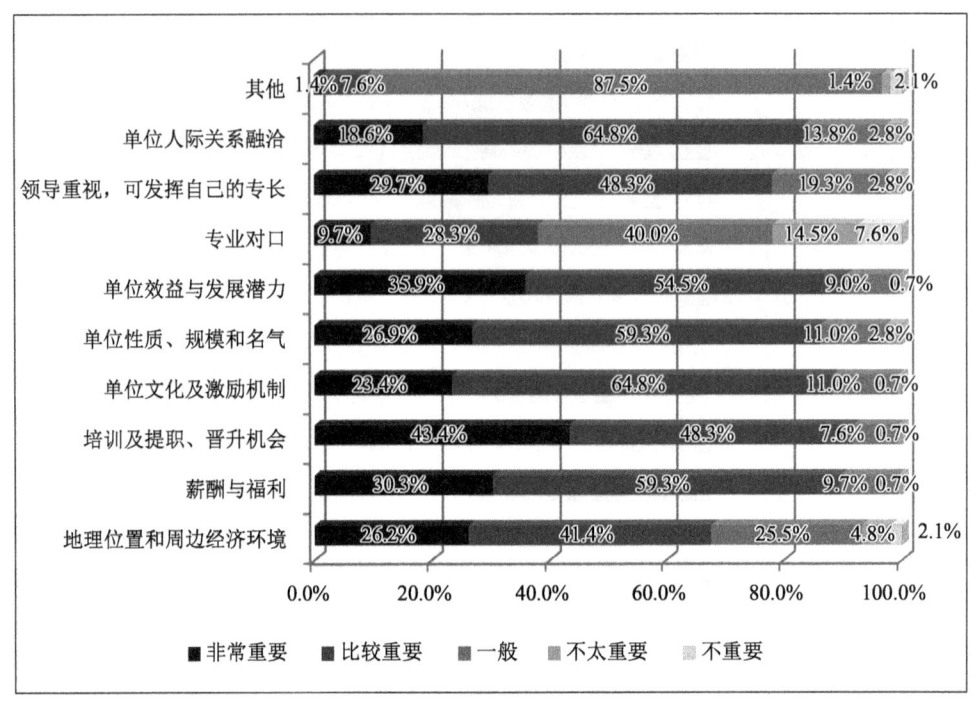

**图 5 校友职业决策受不同因素的影响程度**

**3. 校友工作成就感或职务晋升受不同因素的影响程度**

在影响校友获得工作成就感和晋升方面,我们主要选取了 10 个影响因素。根据调查结果显示,"综合素质好、工作业绩显著""较强的学习能力""良好的团队意识和人际关系"是对获得工作成就感和晋升产生"非常重要"影响的前三位因素;超过七成的校友认为"综合素质好、工作业绩显著""工作勤勉、有职业道德""较强的学习能力""良好的团队意识和人际关系"和"个人具有领导才能"是影响获得工作成就感和晋升的"重要"因素。

值得注意的是,超过 30% 的校友认为"较强的实践、动手能力""制定周全的职业生涯规划""毕业院校的知名度"和"良好的家庭背景、社会关系"对获得工作成就感和晋升的影响"一般",而且有超过 15% 的校友认为"毕业院校的知名度""良好的家庭背景、社会关系"的影响不是那么重要。

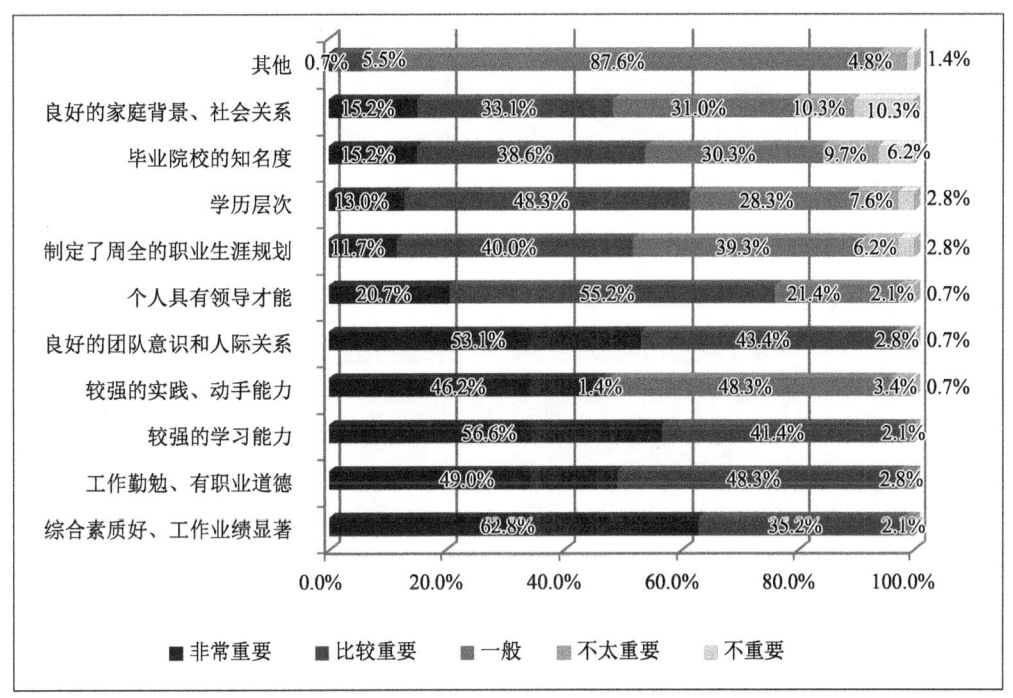

图6 校友工作成就感或职务晋升受不同因素的影响程度

### (四)不同性别旅游管理专业毕业研究生对工作岗位的评价及未来规划

#### 1. 不同性别校友职业决策受不同因素影响的程度

纵观图7,不同性别的校友都认为"单位效益与发展潜力""单位性质、规模及名气""单位文化及激励机制""培训及晋升机会"和"薪酬与福利"是影响其职业决策的重要影响因素。总体而言,不同性别的区别度不大,而在个别因素上,不同性别的校友之间存在差异。

男校友在选择工作单位时更看重它的地理位置和周边经济环境,78.9%的男校友认为它是重要影响因素,这一比例显著高于女校友;相较于女校友而言,男校友在选择工作单位时不太看重单位的人际关系是否融洽,男校友中有23.7%认为其对自身职业决策无影响,高于女校友的14.1%;值得注意的是,女校友中均有较小一部分的校友认为"单位效益与发展潜力""单位文化及激励机制""培训及晋升机会"和"薪酬与福利"对其职业决策没有重要影响,而男校友对应的比重均为0。

细看比重分布,男校友中认为"地理位置和周边经济环境""薪酬与福利""培训及晋升机会"和"单位性质和规模及名气"是影响其职业决策重要因素的比重均显著高于女校友;而女校友中认为"单位文化及激励机制""专业对口""领导重视,可发挥自己专长"和"人际关系融洽"是影响其职业决策重要因素的比重均高于男校友,但是二者之间的差距并不显著。

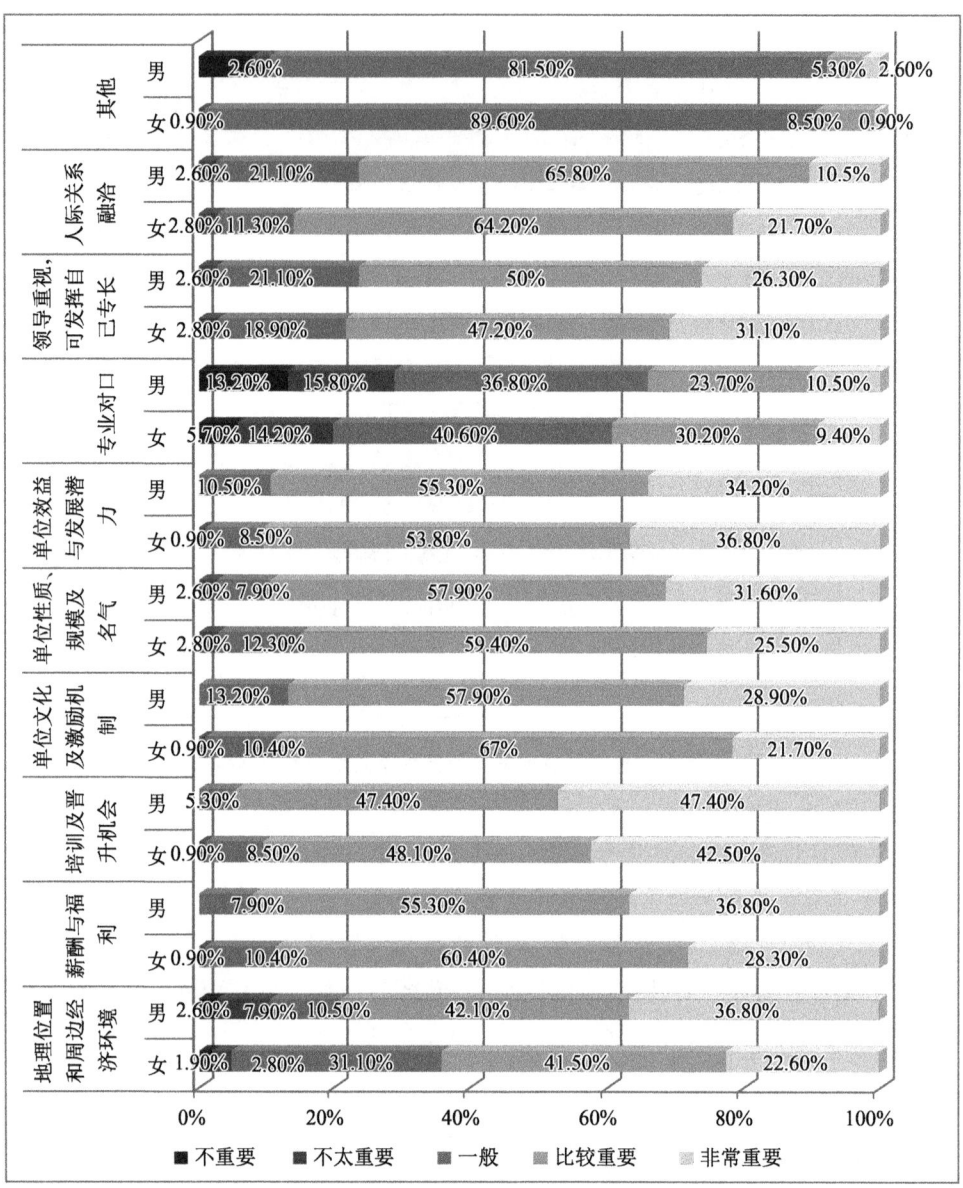

图7 不同性别校友职业决策受不同因素的影响程度

**2. 不同性别校友获得工作成就和职务晋升受不同因素的影响程度**

纵观图8，在不同性别的校友中，绝大部分认为"良好的综合素质和工作业绩显著""工作勤勉和有职业道德""较强的学习能力""较强的实践与动手能力""良好的团队意识和人际关系"是获得工作成就和工作晋升的重要影响因素。

其中，相较于女校友来说，男校友认为"个人具有领导才能"是其获得工作成就和工作晋升重要因素的比重达到84.2%，显著高于女校友的72.6%，另外有3.7%的女校友认为其不重要，而无男校友认为其不重要；13.1%的男校友认为"制定了周全的职业生涯规划"不是获得工作成就和工作晋升重要因素,这一比例高于女校友;100%的女校友认为"较强的学习能力"是重要影响因素,而男校友中100%的校友认为"良好的综合素质和工作业绩显著"是重要影响因素。

细看男女校友的比例分布,男校友认为"良好的综合素质和工作业绩显著""良好的团队意识和人际关系""个人具有领导才能"和"制定了周全的职业生涯计划"是获得工作成就和工作晋升重要因素的比例要高于女校友;相反,女校友认为"工作勤勉和有职业道德""较强的学习能力""较强的实践和动手能力""学历层次""毕业院校的知名度"以及"良好的家庭背景和社会关系"是重要因素的比例要高于男校友。

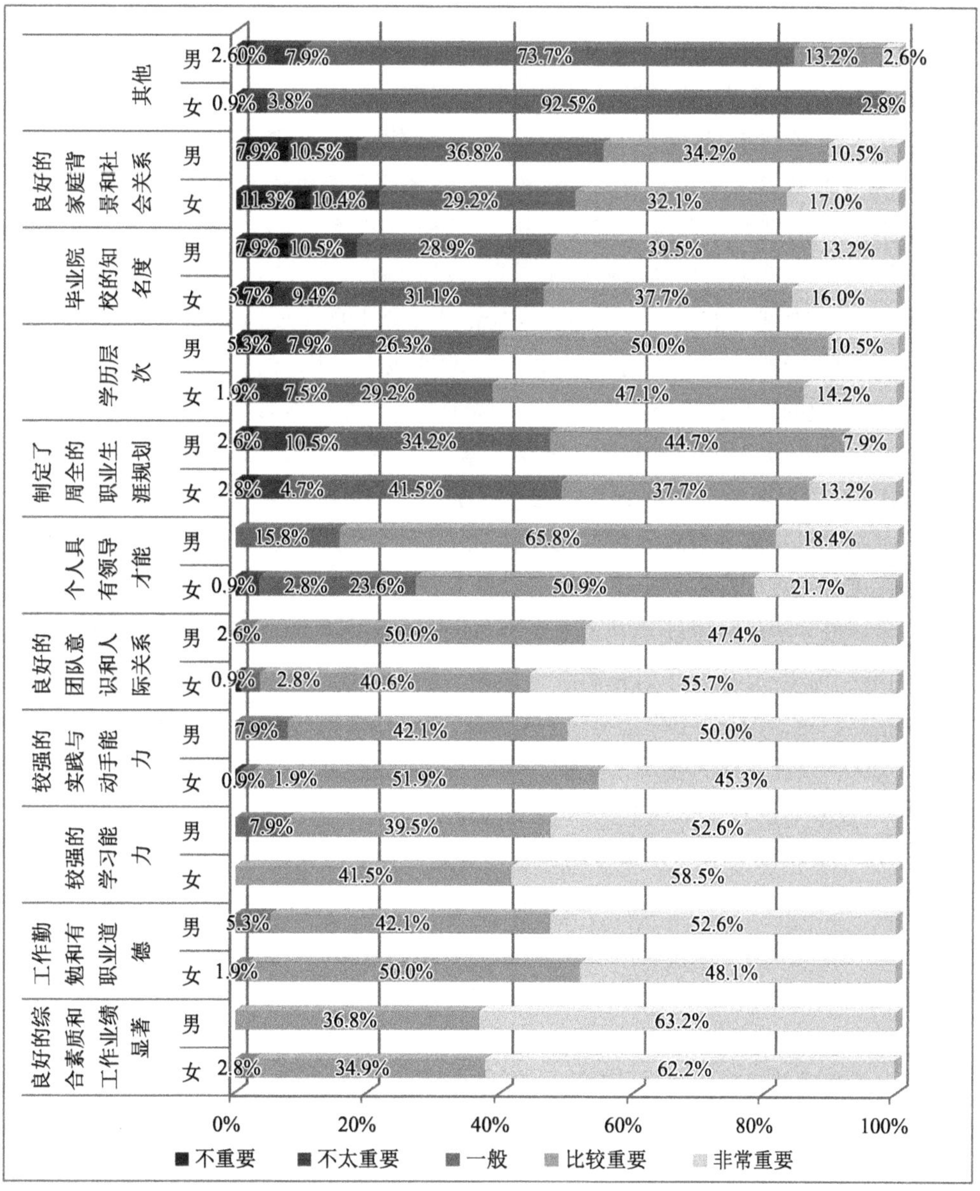

图8 不同性别校友获得工作成就和职务晋升受不同因素的影响程度

### 3. 不同性别校友对未来规划的差异

根据访谈资料可以看出,女校友在毕业3~5年后更倾向于结婚生子,并暂时将工作重心向家庭转移,例如工作于哈尔滨的某2008级女校友目前已怀孕,虽然其表示有创业的想法,但为了家庭还是要暂时将这一梦想放下,等孩子到了两三岁再将重心转移回工作上。但是也有部分校友在将重心转向家庭之后,不打算再换到更有前景、更专业对口的工作,例如工作于广州的某2006级女校友表示其当前的工作前景不佳,并且专业不对口,但因为刚刚结婚准备要孩子,还是希望把重心放在家庭上;

而男校友的重心则更偏向于工作,希望能够通过打拼在事业上有所成就,例如工作于厦门的某2007级男校友目前仍处在职业生涯的摸索阶段,重心明确,希望找到有良好发展前景并适合自己的工作;工作于广州的2012级男校友表示目前其重心完全在工作上,目前工作强度非常大,暂时没时间考虑个人问题。

### (五)不同年级旅游管理毕业研究生对工作岗位的评价

#### 1. 不同年级段校友毕业后的成功就业受不同因素影响的程度

纵观图9,"面试综合表现""工作经历""学校知名度"和"学历层次"对不同年级段的绝大部分校友在毕业后成功就业产生了重要的影响,"良好的面试综合表现""丰富的工作经历""名校毕业"和"高学历"是促成校友成功就业的重要因素。

细看不同年级段的校友比例分布,2000~2004级中100%的校友认为"工作经历"是促成其成功就业的重要因素,这一比例显著高于另外两个年级段;同样,2000~2004级校友中认为"学历层次"是其成功就业重要因素的比例高达92.9%;而2005~2008级和2009~2011级校友中均有超过96%的校友认为"面试综合表现"是其成功就业的重要因素,这一比例要显著高于2000~2004级的校友。

反观2000~2004级校友中仅有半成的校友认为"所学专业"是其成功就业的重要影响因素,并且近三成的校友认为其不太重要;值得注意的是,政治面貌对三个年级校友成功就业的影响都很小,相较于另外两个年级段,2000~2004级校友中有28.6%认为其是重要影响因素;对于"社团工作经历"这项因素,三个年级段呈现出了显著的差异,有39%的2005~2008级校友认为其不太重要,2000~2004级校友仅有20%左右,而2005~2008级中仅有三成左右的校友认为其是重要影响因素。

#### 2. 不同年级段校友对获得工作成就感影响因素的重视程度

校友年级分布区间为2000~2011级,根据各年级校友所占的比例,我们把其分为2000~2004级、2005~2008级、2009~2011级三个年级段。根据数据结果显示,不同年级段对获得工作成就感和晋升影响因素的重视程度存在一定的差异。

2000~2004级中100%的校友认为"综合素质好、工作业绩显著""较强的实践动手能力"是获得工作成就感和晋升的重要影响因素;2009~2011级中100%的校友认为"良好的团队意识和人际关系"是获得工作成就感和晋升的重要影响因素。值得注意的是,相较其他两个年级段,2000~2004级校友中有50%的校友认为"良好的家庭背景和社会关系"的影响程度一般,相较其他因素而言无足轻重;2005~2008级校友中有20.8%的校友认为"毕业院校的知名度""不太重要"或者"不重要";而相较其他两个年级段,2009～2011级的校友中近65%的校友认为"较强的学习能力"对获得工作成就感和晋升的影响程度是"非常重要"的。

从图10直观来看,三个年级段的校友都认为"综合素质好、工作业绩显著""工作勤勉、有职业道德""较强的学习能力""较强的实践动手能力""良好的团队意识和人际关系"这五个因素是获得工作成就感和晋升的重要影响因素,所占比例均超过90%。

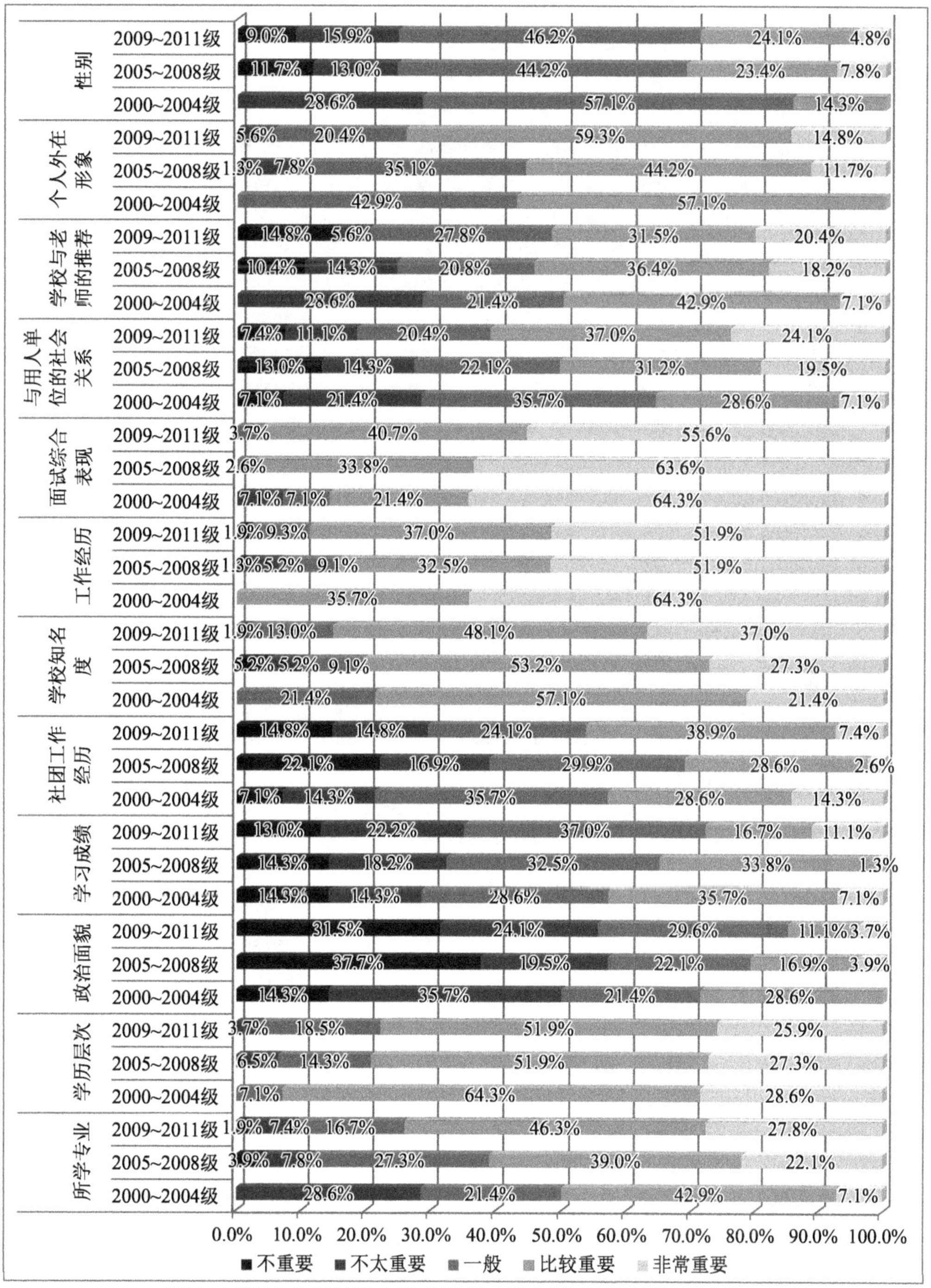

图9 不同年级段的校友毕业后成功就业受不同因素的影响程度

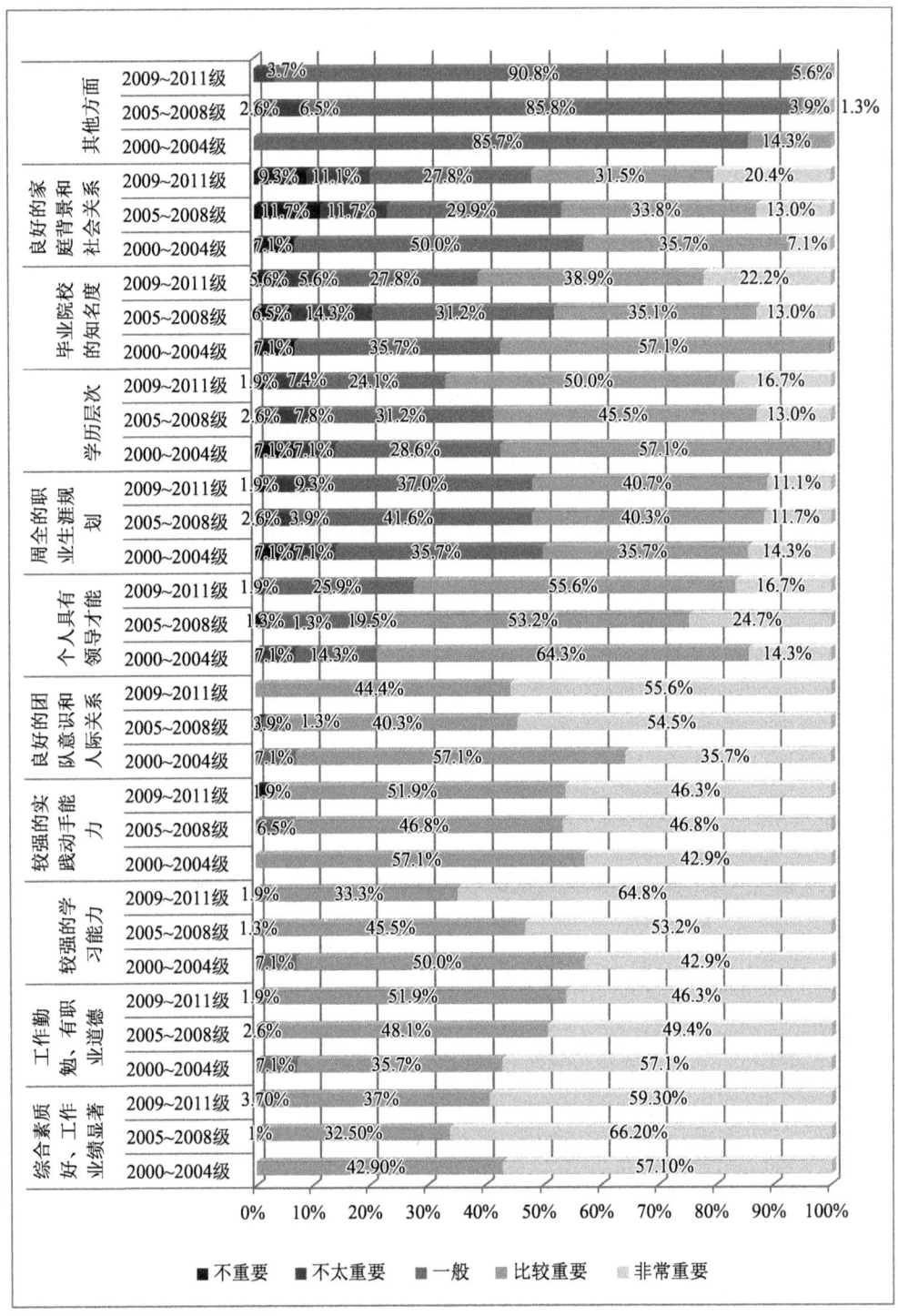

图 10　不同年级段校友对获得工作成就感和晋升影响因素的重视程度

## 四、研究结论

通过对二外旅游管理毕业校友发放问卷、实地调查访谈,并对回收结果进行分析,主要得出如下结论。

**(一)就业方向单一,以稳定为主**

当前,研究生承受着越来越多的社会压力,使其在面临抉择时往往考虑诸多因素,选择风险低,最稳定的路。受年龄以及专业的限制,仅有6.2%的校友选择了攻读博士学位,硕士毕业直接攻读博士学位的更是少之又少,95%以上的毕业生直接选择就业。而在工作单位的选择上大多也是偏向于政府机关、事业单位、国有企业等相对稳定的单位,在民营企业以及外资企业任职的不足25%,自主创业的只有3人,就业方向单一,所从事的工作性质以培训教学、行政管理为主。

工作起薪也相对较低,77.2%的校友毕业时的月薪在5000元以内。虽然目前已有7.6%校友的月薪达到了16 000元以上,但是基本上都已经工作3~5年,且均在企业工作,在国有企业等单位工作的薪资变化幅度小。在访谈过程中,70%以上的校友提到"社会地位高""稳定""户口"等相关词汇,这些都是毕业生选择事业单位等的主要原因。

**(二)企业注重与实践结合的复合型人才**

学校知名度、学历层次、所学专业是就业的敲门砖,对成功就业的影响较大,但是影响最大的是面试的综合表现以及相关的工作经历。有趣的是学习成绩以及社团经验在就业过程中显得并不十分重要。

工作是一个双向选择的过程,用人单位需要的人才不是拥有硕士学位的"高分"人才,而是与实践紧密结合的复合型人才。研究生教育主要是为了培养学术人才,但目前二外旅游管理是实践性极强的专业,在研究生纷纷选择就业的大趋势下,如何培养高素质的行业人才是二外旅游管理专业研究生培养所要思考的问题。

**(三)软实力是职场竞争的主旋律**

在职场竞争中,毕业校友将"综合素质好、工作业绩显著""较强的学习能力""良好的团队意识和人际关系"列为对获得工作成就感和晋升产生"非常重要"影响的前三位;超过七成的校友认为"综合素质好、工作业绩显著""工作勤勉、有职业道德""较强的学习能力""良好的团队意识和人际关系"和"个人具有领导才能"是影响获得工作成就感和晋升的"重要"因素。在对校友进行访谈的过程中,校友在被问及"在职场中什么最重要"的问题时,回答也包括了"学习能力""人际交往能力""综合能力"等软实力。

由此可见,软实力已经成为职场竞争的主旋律,严斌学长在受访时说道:"在公司里尤其是大公司,员工们的工作能力都是差不多的,毕竟都是高等学府毕业,真正能够产生差距的就是情商,也就是人际交往、学习等这些能力。"

**(四)不同性别在职业发展过程中呈现显著差异**

男校友认为"地理位置和周边经济环境""薪酬与福利""培训及晋升机会"和"单位

性质、规模及名气"是影响其职业决策的重要因素的比重均显著高于女校友;而女校友中认为"单位文化及激励机制""专业对口""领导重视,可发挥自己专长"和"人际关系融洽"是影响其职业决策的重要因素的比重均高于男校友。男生更注重自身职业发展,女生相较于更注重人际环境等条件。

男校友认为"良好的综合素质和工作业绩显著""良好的团队意识和人际关系""个人具有领导才能"和"制定了周全的职业生涯计划"是获得工作成就和工作晋升重要因素的比例要高于女校友;女校友认为"工作勤勉和有职业道德""较强的学习能力""较强的实践和动手能力""学历层次""毕业院校的知名度"以及"良好的家庭背景和社会关系"是重要因素的比例要高于男校友。男生更注重个人魅力,女生则显得更为务实与保守。

(五)就业观与时俱进

不同年龄段的就业择业观也发生着改变,2000~2004级中100%的校友认为"工作经历"是促成其成功就业的重要因素,认为"学历层次"是其成功就业重要因素的比例高达92.9%;而2005~2008级和2009~2011级校友中均有超过96%的校友认为"面试综合表现"是其成功就业的重要因素,这一比例要显著高于2000~2004级的校友。2000~2004级校友中有50%的校友认为"良好的家庭背景和社会关系"的影响程度一般,相较其他因素而言无足轻重,显著低于其他两个年龄段。随着社会的发展,企业的用人标准也不是一成不变的,相应的毕业生的择业就业观也与时俱进。

## 五、研究建议

(一)调整课程设置

李彬、张艳宁、严斌等二外毕业生均提出,二外学科设置有待进一步的调整。主要表现在学科设置太过于受专业限制,直接后果表现在学生视野不够开阔,思维不够活跃、缺乏创新性,且习得的知识不够扎实、深入。由此,提出对学校学科设置的建议:专业课设置更深入、前沿、与业界实践相联系;注重其他非专业相关课程的设置,以旅游管理为例,除了专业课程之外,重视金融学、经济学等方面的涉猎。其次,在教学方法上,注重各学科、老师之间相联系,使学生形成学科之间的联想,从而能够系统地、整体地完成课程的学习。此外,强化二外语言优势,使其成为二外学生的标签,从而成为学生求职路上的一块敲门砖。

(二)组织更多有深度的校园活动

多一些创新、创业大赛活动的组织,从而达到培养学生情商悟性、沟通交流和表达能力、合作能力,形成更高的眼界视野、更高的学习能力、更高的效率、更好的处理问题的思路和方法、更强的信息获取能力、更深的洞察力和逻辑思维能力、更强的抗压能力的目的,最终培养出"精英群体"。

(三)强化导师作用

徐雪娇、雒晓晓、张艳宁、严斌等毕业生均提出,读研期间导师作用没有得到充分发挥。协助老师做项目成为众多研究生学习的重要组成部分,学生也可从中接触到很多的知识,但鉴于自身学习能力的有待提高,学生本身很难将接触到的知识点进行系统的汇总,形成自身的思考。这就要求导师能够善于发现学生的兴趣点,对其学习、研究进行引导。另一方面,希望导师能够鼓励学生扎实做学术。二外自身鲜明的一点表现在没有设置博士点且学术型研究生为三年学习期限,与国内外众多高校的两年制研究生学制相比,应鼓励学生充分利用富足的时间,踏实做出一定的研究。

（四）提供更多的实践机会

多位毕业生提出,学校应为学生提供更多的专业实习机会,参观机会,多接触到业界人士的机会,增加学生对业界的了解,做好由学校到工作的过渡工作。在学校的培养过程中,尤其是让学生更多地去接触一些创业型的公司(笔者自身感受:酒店管理学院与旅游创业家协会的合作比较频繁,通过举办沙龙、讲座等形式,为学生开启了一扇开拓思维、视野的窗口,使学生受益匪浅),让他们有一些激情和热情去在行业里做一些创新和改变性的工作,让学生对行业的看法、人生的定位、价值观的追求能够多一些闯劲和团队精神和意识。

（五）整合校友资源

束菊萍、陈序桄等毕业生均提到校友资源的整合问题。束菊萍提到,在工作的过程中,遇到较多的校友,但同时也发现了校友彼此之间的黏合度、团结度有待提高。呼吁学校能够着手校友工作的建设,去激励二外的校友反哺学院和学校,将把本科生、硕士生和MBA都纳入整个二外校友的团队,创造一个联络平台,必然会为二外带来不可估量的资源。

（六）强化二外文化

多位毕业生提到,无论是在校学习期间,还是在工作初期,都存在不同程度的浮躁、不够坚持的现象,对此提出,强化校训,突出二外文化,为我们的长期发展打好坚实的综合素质基础,真正做到"明德、勤学、求是、竞先"。

（七）增加专业型研究生比例

陈序桄校友以其切身感受提出,针对二外研究生教育,应增加专业型研究生比例,因为专业型研究生具有一定的工作经验,学习目的性较强;其次,其有能力提供较高的学费,为学校带来较高的收益;同时,学校会为其进行较高的学习资源的投入,产学互动最终形成较高质量的教学。

## 参考文献

[1] Alberto F Cabrera, David J Weerts, Bradford J Zulick. Making an Impact with Alumni Surveys [J]. New Directions for Institutional Reaserch, 2005(126): 5 - 17.

[2] Jim Allen, Ger Ramaekers, Rolf van der Velden. Measuring Competencies of Higher Education Graduates [J]. New Directions for Insitituional Research, 2005(126): 49 - 59.

[3] Pace, C R. Measuring Outcomes of College [M]. San Francisco: Jossey – Bass, 1979:1 – 5.

[4] Peter T Ewell. Alumni Studies as Instruments of Public Policy: The U. S. Experience [J]. New directions for institutional research, 2005(126): 19 – 29.

[5] Sehomburg H Teiehler, U. Increasing Potentials of Alumni Research for Curriculum Reforms: Some Experiences from a German Research Institute [J]. New Directions for Institutional Researeh, 2005(126):31 – 48.

[6] Walker Narelle. Unisa Employer Feedback Survey External Report [J/OL].

[7] 荆德刚. 国外高校毕业生就业模式研究[J]. 教育研究, 2009(8): 38 – 43.

[8] 赖新华, 石瑞星, 曾彩路. 构建高校毕业生跟踪调查工作长效机制的思考[J]. 惠州学院学报(社会科学版), 2012, 32(5): 86 – 88.

[9] 梁少群. 建立高校毕业生跟踪工作机制的调查与思考[J]. 长沙航空职业技术学院学报, 2012, 12(2): 5 – 9.

[10] 娜林. 日本高校就业指导及给我国的启示[J]. 内蒙古师范大学学报(教育科学版), 2007, 20(3): 45 – 48.

[11] 魏燕. 高校毕业生就业跟踪调查系统的研究[D]. 杭州: 浙江工业大学, 2012.

[12] Walker Narelle. Unisa Employer Feedback Survey External Report [J/OL]. http://www.unisanet.unisa.edu.au/eradquals/Emolov – erRenort.ndf.

[13] Sehomburg H, Teiehler U. Increasing Potentials of Alumni Research for Curriculum Reforms: Some Experiences from a German Research Institute [J]. New Directions for Institutional Researeh, 2005(126):31 – 48.

[14] 陈霞. 高校毕业生信息反馈档案建设研究[J]. 档案, 2007(1): 49 – 51.

[15] 周洁. 高校毕业生信息反馈研究初探[J]. 华章, 2012(23): 143 – 166.

[16] 王德林. "售后服务": 高等教育质量保障的新理念[J]. 现代教育科学, 2004(1): 49 – 51.

# 外国语言学及应用语言学校友跟踪与发展

调研注册团队编号:17
调研注册团队领队:王瑞青

作　者:魏吴忧　王瑞青[*]

[摘　要] 北京第二外国语学院校友调研小组对外国语言学及应用语言学2008、2009、2010级校友就业和生活状况展开了调查。调研采用调查问卷、采访等形式,通过分析数据与访谈录,了解校友就业和生活状况,同时得到校友对学院人才培养计划和在读生读研规划的建议。此次调研旨在改进我院研究生人才培养计划和促进在校生职业生涯的合理规划,提高学院毕业生就业质量;同时在母校50周年校庆之际,通过此次调研,增进校友、师生感情,增强学院凝聚力。

[关键词] 校友;就业;课程设置;职业规划;生活满意度

## 一、外国语言学及应用语言学2008、2009、2010级校友就业信息总表

此次校友调研项目,调研团队通过问卷调查和访谈的形式,提取有效数据32份(其中问卷调查22份,访谈10份),详情如表1所示。

表1　外国语言学及应用语言学2008、2009、2010级毕业生就业详情

| 姓名 | 级别 | 就业单位 | 职业/岗位 | 工作地点 |
| --- | --- | --- | --- | --- |
| 谭斌斌 | 2008级 | 石油化工管理干部学院 | 教师 | 北京 |
| 龙颜 | 2008级 | 湖南理工学院 | 团总支书记 | 湖南 |

---

[*] 魏吴忧,女,回族,1991年7月生,湖北省仙桃市人,北京第二外国语学院应用英语学院2013级研究生;王瑞青,女,汉族,1991年1月生,河北省沧州市人,北京第二外国语学院应用英语学院2013级研究生。

续表

| 姓名 | 级别 | 就业单位 | 职业/岗位 | 工作地点 |
|---|---|---|---|---|
| 何星莹 | 2008 级 | 中央戏剧学院 | 教师 | 北京 |
| 施丽君 | 2008 级 | 中国地质大学长江学院 | 教师 | 河北保定 |
| 张卡丽 | 2008 级 | 北京四达时代集团有限公司 | 翻译 | 北京 |
| 刘婷 | 2008 级 | 中国进出口银行 | 交通运输融资部业务员 | 北京 |
| 宋柳 | 2008 级 | 北京工商大学嘉华学院 | 教师 | 北京 |
| 吴贝 | 2008 级 | 华为技术有限公司 | 市场营销专员 | 北京 |
| 李青青 | 2008 级 | 北京大学教育基金会 | 项目推广员 | 北京 |
| 黄甜 | 2008 级 | 嘉盛世达语言文化传播公司 | 翻译 | 北京朝阳 |
| 张艳芳 | 2008 级 | 中国国际航空股份有限公司 | 事务员 | 北京 |
| 谢俊飞 | 2008 级 | 美国阿巴拉契亚大学 | MBA 在读 | 美国 |
| 叶琳 | 2009 级 | 益阳市中心医院 | 宣传干事 | 湖南益阳 |
| 陈佳 | 2009 级 | 中国出口信用保险公司 | 项目经理 | 湖北黄冈 |
| 刘梦媛 | 2009 级 | 康泰纳仕广告有限公司 | 编辑 | 北京 |
| 贾寅 | 2009 级 | 中石化洛阳分公司 | 外事主办 | 河南洛阳 |
| 张明姿 | 2009 级 | 大唐电信集团 | 行政/外事 | 北京 |
| 沈冰洁 | 2009 级 | 北京建筑工程学院 | 教师 | 北京 |
| 李倩 | 2009 级 | 北京四中顺义分校 | 教师 | 北京 |
| 朱珂 | 2010 级 | 中科遥感信息技术有限公司 | 市场经理 | 北京 |
| 李先慧 | 2010 级 | 奥美公关 | 客户主任 | 北京 |
| 王璐 | 2010 级 | 麦肯锡(上海)咨询有限公司 | 执行助理 | 北京 |
| 栾书涛 | 2010 级 | 中国轻工业进出口总公司 | 经理助理 | 北京 |
| 李君 | 2010 级 | 中国铁建国际集团有限公司 | 商务经理 | 巴基斯坦 |
| 翁金燕 | 2010 级 | 北京奔驰汽车有限公司 | 项目管理助理 | 北京 |
| 李学佳 | 2010 级 | 京东方科技集团股份有限公司 | 销售经理 | 北京 |
| 郝晶晶 | 2010 级 | 北京市第四十七中学 | 教师 | 北京 |
| 陈灵琳 | 2010 级 | 深圳福田区外国语学校 | 教师 | 深圳福田 |
| 陈静敏 | 2010 级 | 河北师范大学附属小学 | 教师 | 河北 |
| 祝晶 | 2010 级 | 中国国际贸易促进委员会 | 商标代理人助理 | 北京 |
| 张文 | 2010 级 | 湖州师范学院 | 教师 | 浙江湖州 |
| 曹晨 | 2010 级 | 河北联合大学轻工学院 | 教师 | 河北 |

## 二、外国语言学及应用语言学校友就业情况分析

(一) 校友就业情况介绍

**1. 行业分析**

外国语言学及应用语言学校友就业领域大体分为两类,一类从事英语教育工作,以高等教育为主;另一类为从事非英语教育工作者,且占半数以上,其中以专业领域的业务人员为主。

由此可见,外国语言学及应用语言学科下设的三个方向(国际商务英语、跨文化交际、英语教学法)的就业行业,仍以语言类领域为主,除高校英语教学外,越来越多的毕业生以语言的专业优势为跳板,顺利进入其他与语言相关的行业中,比如国航中的外事事务员,贸促会的专利商标代理等。这类行业,既要有坚实的外语能力,还要有灵活的运用能力,即将研究生期间所学商务、经贸、法律等专业知识,运用到实际工作中来。因此,对于在校研究生而言,不管毕业后从事英语教育工作还是以英语为基点从事外事商务类工作,学好自己的专业知识,仍然是重中之重。具体数据如下:

从事英语教育行业共 11 人,占总人数 34.38%。其中大学教师 8 人,占英语教育行业的 72.73%;中学教师 2 人,占英语教育行业的 18.19%;小学教师 1 人,占英语教育行业的 9.09%。

从事非英语教育类共 21 人,占总人数 65.63%。其中行政类从业人员共 3 人,占非英语教育行业的 14.29%;翻译工作者共 2 人,占非英语教育行业的 9.52%;业务工作者(如商务经理,市场专员,企宣等)共 16 人,占非英语教育行业的 76.19%。

**2. 就业地点分布及工作单位性质分析**

外国语言学及应用语言学毕业的研究生中,无论专业方向,北京仍然是毕业生就业的首选。在从事英语教育工作的校友中,54.55% 的校友在北京任教,45.45% 的校友在京外(如:深圳,湖州,长沙等市)任教。非英语教育工作者的就业地点分布同上,但高达 71.42% 的校友在北京工作,仅 28.57% 的校友选择二线城市就业。因此,不难看出,作为国际化大都市,北京的学术气氛、工作机遇、工资待遇等,都是吸引毕业生留京的因素。

通过表 1 的数据得出,三届校友中,在事业单位工作的共 15 人,占总人数的 46.88%;在私营/民营企业工作的共 7 人,占总人数的 21.88%;在国有企业工作的共 7 人,占总人数的 21.88%;在外企工作的共 3 人,占总人数的 9.38%。由于英语专业毕业的研究生中,女研究生占比例最大。她们在就业单位选择上,稳定性是其主要考虑点。三届校友调研数据显示,事业单位以其工作稳定、福利待遇好而备受毕业生青睐。

### 3. 校友工作薪资待遇分布情况

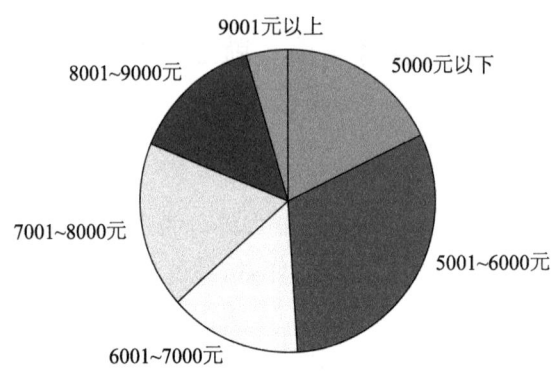

**图1　校友工资待遇分布比例**

注：月薪单位为 RMB，数据来源为 22 份有效问卷

上图显示，月薪5001～6000元的校友占到总人数的31.82%；月薪5000元以下以及7001～8000元的校友占18.18%；月薪6001～7000元以及8001～9000元的校友占14.63%；月薪9001以上的校友占到总人数的2.56%。三届校友的平均工资薪酬待遇为月薪5001～6000元。

### （二）校友就业情况总括及结论

根据上述几点分析，并结合访谈记录，外国语言学及应用语言学校友就业情况总括如下：

#### 1. 就业形势乐观

外国语言学及应用语言学三个方向研究生就业形势乐观，过去三年实现100%就业。就业领域涵盖英语教育、广告传媒、航空、银行业、铁道运输、涉外贸易等。因此，在今后的就业指导或者职业规划中，研究生们可以多涉猎与商务相关的领域，多利用研三的时间，参与实习，在理论学习的基础上，多多实战，发掘自己的潜能，为就业做好准备。

#### 2. 专业对口度高

外国语言学及应用语言学三个方向研究生就业专业对口度高。其中从事英语教学的人数占到总人数的34.38%。非英语教育类的毕业生，在各行业也从事着与英语相关的工作，比如：外企的市场专员，国企的外事助理等。这也表明，在北京等国际化大都市，扎实的英语功底，仍极具就业竞争力。研究生毕业时，掌握深厚的语言功底，加之相应的职业技能和职业素养的培养，如商务沟通，商务礼仪，计算机能力，人际交往能力等，可以为自己的未来就业多添机遇。

#### 3. 留京人数多

外国语言学及应用语言学三个方向研究生毕业后，选择留京与否的考虑点是不同的。从事英语教育的校友，选择留京时看重的是北京户口，稳定的教师岗位等；而从事商务或者非英语教育的校友，选择留京时，看重的是北京的国际化，就业的机会，以及自身职业发展的前景。在北京这个机会与挑战并存的大都市,利用好自己的语言优势,充分拓展其他方面的技能,每个人都可以找到自己定位,自己理想中的工作。

#### 4. 职业规划清晰及就业价值取向多样化

关于职业规划,问卷及访谈对象中的数据表明,专业对口度、上升空间以及自身兴趣和技能的发展,是毕业生在制定职业规划时,最为看重的几点。因此,对于在校研究生而言,选择实习或未来的正式工作时,工资薪酬待遇不再是唯一的标准,是否与英语相关,是否能在未来几年来有升职等机会,是否能增长自身其他方面的技能,这些标准已经越来越受毕业生推崇。

校友就业价值取向方面,可以说是上述分论点的总括,从行业、工作地点、薪资待遇等客观因素到专业对口度、发展空间、技能提升等主观因素,都是毕业生的择业期望。既然我们无法改变客观因素,但学院可以从专业对口度、技能提升方面,给研究生以指导。比如多提供校企合作平台,推荐授课教师增加专业 PPT 设计,问卷设计等科学研究法类的课程,从这些方面,帮助研究生提升职场竞争力。研究生也可以在择业前,或者在实习期间,发现自己的短板,尽量在自己不擅长的领域,有所尝试,并取得突破,为将来的就业再添砝码。

## 三、外国语言学及应用语言学校友对研究生培养计划满意度调查

### (一)校友对学院资源的推崇

#### 1. 师资力量雄厚

我院师资队伍中教授 2 人,副教授 22 人,讲师 27 人,助教 2 人,博士和在读博士 12 人,具有硕士和博士学位的教师占教师总数的 95%。学院还有经验丰富的外籍教师 11 人。这些教师严谨教学,认真授课,即使在毕业几年后,校友仍然能记起这些老师的精彩课堂,比如英语教学、教材设计与研究、微观经济学、市场营销、国际金融热点分析等。

#### 2. 师生关系融洽

课堂上,老师的授课氛围活跃,学生可以与老师进行充分的沟通,除此之外老师也给学生很多的宽容和理解。校友回忆到,在学习老师的课程中,他们的心态是轻松和积极的。

在平时生活中,学院老师也为学生提供了很多帮助。在如何合理安排业余时间、处理人际关系和娱乐爱好等方面提供指导。校友总结学院这些优秀老师不仅是他们的学业指导老师,更是他们的人生启发恩师。

#### 3. 提升平台广阔

校友提到虽然学院学生数量相对较少,但学院为学生提供的平台很广。

学院经常邀请国内外著名学者专家开展对外交流,同时学院为学生提供观摩各类国际会议的机会,学生在这个过程中可以开阔眼界,获得更多启发。

为给学生提供更多实践机会,学院鼓励学生参加"三助"工作和支教活动。在这些活

动中,他们锻炼了自己专业技能和人际交往能力。

**4. 生活环境良好**

就校友回忆说,在全北京高校校园食堂中,二外美食名列第二。在学习疲劳时,二外提供的美食让他们精力充沛,幸福感倍增。

除此之外,梆子井研究生公寓,住宿环境安静,洗浴设备齐全,供暖设施完善。所有的这些让他们在二外度过了愉快的研究生生活。

(二)校友对学院资源的改进建议

受访校友中,从事工作与所学专业的匹配度达到100%。根据采访记录,校友认为学校所学内容无论是在知识层面还是思维方面,都对他们的工作产生指导作用。从就业层面来讲,他们也对学院资源的改进提出了宝贵意见。

据调查问卷显示,校友对学院建议如下:

表2 校友对研究生人才培养计划的建议

| 对研究生人才培养计划的建议 | 频数 | 百分比 |
| --- | --- | --- |
| 加强同国内外院校的交流 | 11 | 34.38% |
| 拓展与就业单位的合作 | 15 | 46.88% |
| 师资培养 | 3 | 9.38% |
| 实时教材推荐 | 8 | 25% |
| 非语言类技能培养 | 14 | 43.75% |
| 完善教学方式 | 9 | 28.13% |
| 提高研究生科研能力 | 10 | 31.25% |

(数据来自有效问卷调查与访谈)

由以上校友建议统计表可以看出,学院可以改进的地方主要有以下几点:

**1. 强化学院与校企的交流**

首先,34.38%的校友提出可以加强同其他院校的交流。互相学习,为学生提供更加广阔的学习通道。通过与其他院校的交流与学习,一方面可以完善课程设计,另一方面让学生加强与其他院校学生的交流与沟通,互相改进研究方法,切磋学术问题。学院可以为学生争取更多出国深造机会。校友们提出作为英语类专业的学生,出国学习是夯实英语基础,切身体会英语文化的最佳途径。

其次,46.88%的校友建议学院可以加强与企业的联系,给同学们带来更前沿更具实践性的体验。一方面增强学生社会适应能力,另一方面获得更广阔的就业机会。

**2. 完善学院课程设置**

首先,在公共选修课方面,增加公共课程的选择类型,学生可以选择自己喜欢或与未来职业取向有关的课程。扩大全校范围内各学院间公共选修课的开放程度。

其次,课本选择方面,校友建议教材可以更加贴合时事热点,更具时代性,这样可以提升学生学习的兴趣和动力。

再次,在技能培养方面,43.75%的校友认为除专业知识外,学习其他实用性技能如商务礼仪、PPT的制作技巧、演讲技巧等,一方面可以增强学生实践能力,另一方面可以提高职场竞争力。所以校友建议学院在学生学习这些技能方面给予更多指导。

### 3. 加强教师指导

校友提到在课堂上多增加实践环节或多采用案例分析等教学方法,将理论通过实践环节来演绎,一方面课堂的气氛会更活跃,另一方面在实践中学习的效果会更佳。其次,31.25%的校友希望读研期间可以提高自己的科研能力。例如科学研究法的教授时间可提前到研一下学期,学院的科研项目可以鼓励有兴趣、有能力的学生观摩学习。

综合上述情况,无论是从教学还是生活环境方面,校友对我院研究生培养计划满意度高,读研收获大。

## 四、外国语言学及应用语言学校友幸福感调查及生活感悟

调研小组不仅对校友就业展开调研,同时也对他们的生活状况进行了解,进一步得出校友对现在生活质量的满意度和对在校生规划生活的几点建议。

### (一)校友生活状况

校友生活质量满意度调查详情如下:

表3  校友生活质量满意度调查表

|  | 频数 | 百分比 |
| --- | --- | --- |
| 很满意 | 3 | 13.04% |
| 满意 | 13 | 56.52% |
| 一般 | 5 | 21.74% |
| 不满意 | 2 | 8.07% |
| 很不满意 | 0 | 0% |

(数据统计来源为22份有效问卷,涉及住房、婚姻、朋友关系及假期安排等方面)

由以上数据可以看出,56.52%的校友对现在的生活状况持满意态度,大部分人的生活幸福指数较高。但也有8.07%的校友对现在的生活状况持不满意态度。在访谈过程中,校友对生活质量的考评主要从住房、婚姻状况及朋友关系和假期生活安排几个方面进行。

### 1. 住房问题

大部分校友仍在租房子,部分校友住在公司宿舍,同时还有小部分校友同父母住在

一起。

2. 婚姻问题

12.5%的校友已婚,但其余校友表示婚姻问题并不能为他们造成很大困扰,他们对人生的规划是在事业上继续打拼,遇到合适人的时候会自然考虑婚姻问题。

3. 朋友关系

校友们的交际一方面来自同学圈,另一方面来自工作圈。但校友表示,一方面工作圈里进行交往的主要是个别同事,主要交往圈来自同学圈;另一方面交流主要是利用微信、QQ等形式,面对面的交流数量不是很频繁。

4. 周末安排

校友表示绝大多数北京的工作都施行双休,双休时间由自己安排这也是增强他们幸福指数的关键因素。校友周末安排主要集中在联系朋友、自学知识及休息娱乐。

综合调查问卷和访谈记录中校友生活质量的调研,可以得出2008、2009、2010级毕业生的总体幸福指数较高,生活心态积极。

(二)校友生活感悟

当谈到生活感悟时,校友也对在读研究生提出了几点建议。

1. 学习方面

首先,在专业知识上,专业知识基础打好,无论是从事与本专业相关或者无关的工作,专业知识水平是证明自身学习能力的重要因素,因此读研期间首先要保证专业知识的积累。学习方法上如果感觉自己进步缓慢,一方面可以通过考取相应证书来督促自己学习,另一方面可以通过与导师或学长的交流,增进学习动力。其次,在专业外技能上,可以根据自身职业规划或兴趣取向来选择相应的技能学习。校友提到,英语专业学生的就业最佳技巧是灵活运用英语的同时,在其他方面也有较硬的本领。因此合理安排时间,学习其他技能是提高职场竞争力的重要砝码。

2. 职业规划方面

首先,要确定自己的职业目标,拥有计划才能让自己离目标更近。从就业层面考虑,在校的学习和生活规划要以自己最终的就业目标为导向。其次,实习上,绝大部分研究生会在读研期间有实习经历,但不能盲目选择实习。不同企业所能为学生提供的实习经历是不同的,有些实习可能为研究生带来的是强大的企业文化,有些企业的职位安排可能不是很明确,但学生可以涉猎到更广的知识。因此,实习的选择也要符合最终的就职目标。除此之外,一旦确定毕业进企业的同学,在不影响学业的基础上,可以尝试多实习,这样的好处是就职时不但可以很快地进入状态,而且可以帮助自身找到最适合的企业类型。再次,社交方面,校友提到读研期间,不要局限自己的生活。无论是在学习上还是在工作上,与人沟通是学习和促进自己的捷径。学术上,只有与他人交流才能获得更多的启发,工作上强大的人际交往能力更是职业目标实现的重要因素。

综合校友对在校生的建议,在校研究生应该科学规划研究生生活,确定目标。并注重知识的学习和合理安排实习和社交生活。

## 五、总结

从以上四部分的调查与分析来看,可以得出以下结论。

第一,以精确掌握外国语言学及应用语言学校友毕业去向为初始目的,此次调研通过 22 份有效问卷和 10 次不同地点的访谈为数据支撑,得出应用英语学院 2008 级、2009 级、2010 级三届校友就业详情。此毕业生就业总表,将对学院加强校友联系和在校研究生学习工作规划等方面起到一定参考作用。

第二,语言专业的研究生就业问题一直是社会的热点,尤其在新高考改革之后,高校及中学英语教师的前景并不乐观。但此次调研数据显示,我院 2008 级、2009 级、2010 级毕业的研究生的就业形势良好。就业领域涉及英语教学、广告传媒、航空、银行业、铁道运输、涉外贸易等多行业;工作地点以学术气氛浓厚,经济发展快,就业形势好的北京、深圳、天津等地为主;薪资待遇以月薪 5001 至 6000 元为准,呈上涨趋势;从国企、央企、民营企业、外企到自主创业,毕业生都找到了属于自己的岗位。如此可观的就业形势,得益于学院的合理化专业设置,学生的高素质专业技能,以及近几年来北京等地不断繁荣的文化和经济交流与合作。

第三,综合调查问卷和访谈记录中有校友工作后的生活感悟(采访录、问卷、访谈纲要分别见附件 1、附件 2、附件 3),得出我院毕业生的总体幸福指数较高,生活及工作心态积极。综合校友对学院研究生培养计划的满意度调查,得出校友对在校期间学习和生活满意度高。统计校友对学院人才培养计划的建议得出学院可以从强化学院与校企的交流,完善学院课程设置,加强教师指导等方面入手,进一步完善人才培养方案;同时学生应该合理规划自己的学习生活及职业规划。学院与学生共同努力,提高我院研究生的学习能力和就业质量。

局限性与不足之处:

第一,调研时间紧凑。此次 2014 年"复合人才社会调研促进计划"从计划书的提交到最终调研活动的结束,虽历时 5 个月,但真正用于实施调研,收集一手资料和数据,撰写调研报告的时间不足 2 个月。

主要原因:①外国语言学及应用语言学三届校友,毕业后大部分留京,且有各自的工作。调研团队分小组,与 10 名在京校友沟通后,选择每周末进行访谈。因此,仅实施访谈就耗时 2 个月。②外国语言学及应用语言学三届校友中,在京外的校友大部分分布在深圳、湖州、西安等地,与北京相距较远。调研团队在湖州师范学院开展的第一次实地调研,仅历时 3 天。第三,此次调研,团队采取了问卷调查的方式,面向应用英语学院 08 级/09 级/10 级所有校友分发,为保证问卷数据的有效性,问卷的收集工作从 8 月至 10 月,历时 2 个月。因此,在最终撰写调研报告时,由于数据收集的漫长性,使得整个调研过程时间紧凑。

第二,调研数据及结论的局限性。外国语言学及应用语言学校友跟踪与发展,选取的调研对象为应用英语学院08级/09级/10级三届毕业生,其中有效数据32份。此数据涵盖课程设置、就业情况分布、生活幸福感指数等方方面面。但是,这些数据仅适用于北京第二外国语学院应用英语学院。对于其他学术类或专业类报告而言,不具备数据适用性。同理,此调研目的明确,得出的结论仅适用于外国语言学及应用语言学人才培养计划、课程设计、就业指导、生活规划等方面,对本校其他学院或学科建设的适用性有限。

**参考文献**

[1] Earl Babbie. The Practice of Social Research, Eleventh Edition[M]. 北京:清华大学出版社,2007.

[2] Susan K Miller – Cochran, Rochelle L Rodrigo. The Wadsworth Guide to Research [M]. Wadsworth Cengage Learning,2009.

[3] 万聪. 网络问卷调查系统分析与设计[D]. 北京:北京交通大学,2014.

# 附录1

## 献礼 BISU 50 年——优秀校友采访录

(一) 国际商务英语篇

**1. 大唐电信——张明姿**

北二外2009级应用英语学院国际商务英语方向校友

现任职于大唐电信集团数据通信科学技术研究所

时间:2014年8月17日

地点:北京市朝阳区蓝岛大厦

采访者:魏吴忧　赵鑫

记录员:魏吴忧

说起二外,张明姿首谈翔宇楼的土豆丝和烤地瓜!风趣,大方,爱笑的张明姿,很自然地进入了此次优秀校友的采访氛围中。

背着书包出入在一教的报刊信息馆,是张明姿二外研究生学业的开始。聊起研一的课业,她提及了商务沟通、口译和第二外语。那时的她,想法很简单,研究生嘛,好好学习,多看点书。想起翻译课上的现场口译,到现在还觉得有点小紧张。那时的她,虽未体会到实习经验的重要,却很清楚自己的定位。和许多学姐学长一样,研一的生活,在梆子井公寓、一号教学楼、图书馆的来回间,悄然度过。

研二,不一样的生活在繁杂的出国手续的办理中开始。张明姿有幸参加了英语学院出国留学的项目,在北亚利桑那大学,度过了人生中一段难忘的留学时光。与国内的研究生课程不同的是,国外的课程压力很大,一学期修四门课,厚厚的资料要消化,崭新的理念要吸收,虽然累,却收获颇多。怀揣着当老师的想法,张明姿在北亚利桑那大学,还选修了教学课程。提及出国,张明姿感触很多。虽说我们学的是语言,用的是语言,但真正到了国外,语言的含义似乎就不一样了。在国内,英语是专业,是学习,深究的对象;到了国外,英语就是生活。出国的意义,并不仅仅局限于学业的深造,更多的是阅历的丰富,对新事物的接纳能力。留学时间长了,孤独感和恐惧感也会蔓延,幸运的是,在学院王美玲老师的引荐下,张明姿顺利入住当地一位教授家中,繁重的课程,闲时的外出探新,陌生的留学生活也日渐习惯。回国后,她仍不忘初心,积极争取学院助教的机会,在二外继续教育学院当起了英语助教。这段教师经历,学姐深表机会的可贵。二外的课堂,是个挑战。怎样面对学生的质疑,怎样提高临场处理事件的能力,怎样和学生处理好关系,都得一一攻克。说到这里,采访的团队和张明姿一样,很感谢学院提供的这个平台,让还在读研的我们,有机会锻炼自己的胆量,积累教学经验,摸索自己的教学风格。此外,为了丰富教学阅历,张明姿还曾在北方工业大学代课,积累了实习经验。

研三的日子,飞快而逝,毕业论文完稿后,张明姿开始为工作而奔波。一直希望当一名英语老师的张明姿,最终却顺利入职于大唐电信集团。经采访,我们了解了这所中国著名的央企,也深感外企和央企的差异。在国家政策的扶持和自身的业务开拓下,大唐电信集团现主要涉及军队和党政两大业务。张明姿就职的数据通信科学技术研究所主要涵盖市场部、研发部、生产部三大部门。英语专业毕业的张明姿,在一个保密性极强的央企里,从事着与行政管理、外事相关的事宜,这不得不说是一次华丽的转行。与外企不同的是,央企没有如此大的竞争压力,没有疯狂加班的工作量,每周朝九晚五的工作,双休,节假日和其他的待遇,增强了张明姿对稳定工作的满意度。

谈到为人处世这个话题,不得不提及张明姿的导师——李向民老师(现任应用英语学院院长)。"李老师一直给我们传达一种精神就是以轻松的心态,灵活的思维,去处事,去学习,去生活。工作后我经常会想起李老师以前说过的一些话,有很多是我在学生时代没有理解就囫囵吞枣地消化了,现在回想起来却是非常受益,因为那些经验之谈更多的是在我步入社会后大派用场,在我的工作生活遇到一些问题时,我常发现自己最后苦苦摸索出来的方法就是以前老师或正式或闲谈时告诉过我的,原来为人处世之道在不经意间早就教过了。所以毕业后虽然没有经常和老师见面,但是我时常会想起以前我们聚在李老师的办公室,他热心地给我们每个人冲杯咖啡,大家侃侃而谈的场景"。学姐也说"大学是包容的,是允许犯错误的地方";"多尝试,耐心地摸索合适自己的路""不要盲目地听从别人的建议,不要过于看重别人的经验,适合自己的,自己选择的,才是最好的,即使错了,也是非常宝贵的人生经验"……这些话,都是她这一路走来的感悟,更是对学弟学妹的深切期许。

在将近两小时的采访中,"轻松心态,灵活处事,大胆尝试,认清自我"等话语,传递着满满的正能量。张明姿也对我们这次活动非常肯定,希望学院多倡导此类活动,多聚会,多联系,增进我院的凝聚力和师生之间的感情。

**2. 奥美公关——李先慧**

北二外2010级应用英语学院国际商务英语方向校友

现任职于奥美公关

时间:2014年8月5号

地点:北京第二外国语学院

采访者:王瑞青、王小娅

记录员:王小娅

谈及在二外的三年生活,李先慧很是兴奋,仿佛有讲不完的故事,怀有说不尽的感情。李先慧在研一期间担任了办公室的助教,在一年的助教期间,她跟老师们相处十分融洽和谐,主动积极帮助老师干活,同时老师们对她十分喜爱,在她三年的学习和以后的工作中给了很多建议。在研二期间,学姐也积极担任了北二外本科生的大学英语课程助教的工作,这给她定义了一种不一样的身份——英语助教。李先慧称这个经历让她收获颇多,不仅在校体验了当老师的角色,而且学会从学生的角度思考问题,这是一个十分宝贵的经历，李先慧希望我们以后的学弟学妹们一定要好好珍惜这次学院给的机会。李先慧称三年的研究生学习是十分必要的，自己在方法论、思维和学习能力上有着一种潜移默化的提高，尤其是学习能力。相比于本科生，面对同样一件事，作为研究生接受学习的时间肯定是比较快的，因为更懂得学习研究的方法，这便是研究生的优势。对于论文，李先慧称在写论文的过程中学到的研究方法对自己很有帮助，自己的论文是研究社交媒体在体育营销中的用途，这个主题还是以自己实习的经历为基础的，当时的领导负责体育营销这一块，所以李先慧希望我们要好好把握自己的每一份经历，因为所有经历都是相通的。

奥美公关是世界十大专业公关公司之一，被称为"公关行业的黄埔军校"。面对这样一份诱人的工作，我们自然问了好多李先慧的工作详情。李先慧认为一定多实习，多经历，多尝试，尤其是商务英语方向的学生，因为在这过程中你可以接触不同类型的人，他们都是微型社会的缩影，与他们交流，了解他们的工作生活，能发现自己到底适不适合这行这业，同时也可以让自己的生活变得更加丰富多彩。

李先慧在2012年也就是研三上学期开始实习，第一份实习是在奥美公关待了4个月，在那儿感受到公司的文化环境，年轻人居多，注重自由平等和精神交流，当然还有喜欢的现磨咖啡。公司会定期举办讲座，国内外优秀同事之间分享成功案例，互相学习经验。虽然实习期工资较低，50元/天，但学习的是经验，同时在奥美的实习为现在的奥美工作提供了一个认可。李先慧的第二份实习是在宣亚公关（国企）待了大概两个月，第三份是一个汽车公关公司，比较小的私企但是工资比较高，但是最终正好有机会还是决定回到奥美。李先慧的三个实习都是与公关相关，因此她称选实习一定要找准目标，不能盲目为就业而就业，要学会去选择自己适合的，或者说学会排除自己不适合不喜欢的。

不是每个人都可以把自己的兴趣带到工作中，而李先慧却做到了这一点。她称自己在研究生期间慢慢培养了摄影的兴趣，这对现在的工作也有一定的影响。李先慧之前给领导和同事送了自己做的台历，照片都是自己拍的，因此现在组里有相关拍摄的任务，领导都会交给学姐去联系，这可以说是将兴趣融入到工作中，因兴趣取得领导的信任。

李先慧建议，一定要认识到第一份实习的重要性，大企业学做人，小企业学做事，对于大企业复杂的人际关系需要情商，但对于小企业自己可以多学学怎么样安排时间优先顺序，要与领导多沟通交流，在第一时间将自己的效率呈现出来。

访谈最后，李先慧针对研究生阶段课程设置提出建议：

（1）课程设置中并没有过多关注师生互动和意见交流。在工作中深有体会的一点就是做present的技能方面有些缺失。

（2）建议：

①组织一些小课堂让老师教学生怎么在语言，逻辑上去感染听众。

②如果可以，请一些具有实践经验的人来学校讲习，或者充分利用学校资源，让学生选出在present方面最受欢迎的老师来讲习。

③送老师去培训，回来再传授给学生。

④自己去寻找提高的机会,比如多去面试,学习 employer 是怎么陈述自己的观点的。

(二)跨文化交际篇

**1. 潜心学术,湖州师范学院——张文**

北二外 2010 级应用英语学院跨文化交际研究方向校友

现任职于湖州师范学院

时间:2014 年 7 月 3 号

地点:湖州师范学院求真基础部大外教研室

采访者:王瑞青  魏吴忧

记录员:魏吴忧

张文简介:2012.11 获研究生国家奖学金、北京市高等学校学生公派境外学习奖学金、校三好学生荣誉称号。2012.3.1~2012.8.1 受邀赴哥本哈根大学跨文化研究系交流学习、撰写论文。发表译文《"格陵兰的新开始"——"全明星"朱莉合唱组和〈格陵兰自治法案〉》于中国人文社会科学核心期刊、CSSCI 期刊《学习与探索》2012 年 01 期。完成 11 万字著作翻译《从道教到爱因斯坦》(From Taoism to Einstein)。主持并完成北京第二外国语学院研究生科学研究基金项目"从道教到爱因斯坦中的文化融合"。完成毕业论文《杜维明和李丁中国传统文化观研究》。多次协助学院组织例如"西方和中国语境下的文化研究前沿问题"等国际学术会议和学术沙龙。2012.9~2013.1 人民日报社《环球时报》英文版国内新闻组英文采编。编译新闻 20 余篇,发表报道 20 篇,如 Former officials in demand, Grads eye lowly govt jobs, Campus "Gangnam style", Digital resources raise costs, Uni students revive Han Chinese clothing,其中多篇被人民网、中新网等媒体转载。

2010 年 9 月,张文来到二外应用英语学院。读研之初,导师张喜华教授就向她推荐中国哲学著作 From Taoism to Einstein,为她开启学术之门。此后张文利用课余时间开始翻译著作,在导师严谨踏实的治学精神和学术作风的感染下,她逐渐踏上了学术之路。研一期间,张文就已明确研究生期间的研究方向。在短短的半年时间里,她翻译了《从道教到爱因斯坦》(李丁)。在这个漫长艰辛的翻译过程中,她收获颇丰,不仅深入理解了中西文化之间的共性和差异,而且深刻把握了中国哲学传统的内涵,这为她今后的中西跨文化研究奠定了必不可少的哲学基础。

研二上学期,在认真学习专业课程的同时,张文就已着手准备硕士论文的初稿。在课程学习和论文准备之外,她担任北二外本科生大学英语课程助教工作。在任教过程中,张文进一步提升了英语语言功底,学会了如何高效备课。在课堂上,她自信地面对学生,耐心地为学生解难答疑,灵活地处理师生关系,和学生建立了深厚的师生情谊,至今仍和许多学生保持联系。研二阶段最值得张文回忆的是在丹麦哥本哈根大学的留学经历。2012 年春季,她通过应用英语学院与哥本哈根大学跨文化研究系的合作项目,赴哥本哈根大学跨文化研究系交流学习,终于有幸与译著作者李丁教授见面。她每周与老教授相约在中央火车站的 Ritazza 咖啡馆探讨中西哲学。在哥本哈根的那段日子里,李丁教授总是以无限的耐心为她阐释《从道教到爱因斯坦》中的哲学思想,探寻中西文化共生互助之道。在此期间,张文每周与导师张喜华教授保持联系,交流学术心得,最终顺利完成毕业论文初稿。此外,张文学姐还积极与跨文化研究系主任 Professor Gimple 积极探讨中西文学,交流学术思想,这拓宽了她的学术思路。张文还行万里路,她走访了包括挪威、瑞典、德国、瑞士、意大利和法国等许多欧洲国家,克服了旅途中遇到的文化差异和各种困难,开阔了文化视野,做到了理论与实践相结合。

回国之后,迈入研三阶段的张文一心一意为工作做准备。经过笔试面试,她成功获得《环球时报》英文版的实习机会。她凭借出色的语言功底和清晰的写作逻辑能力得到报社工作人员的一致好评。英语新闻需经过中外专家审核,所以对于英语专业实习生来说,可谓是真正见功底的时候了。但也正是这半年辛苦的实习经历,让张文的语言能力更上一层楼。实习结束后,张文顺利通过《环球时报》英文版的招聘笔试。而此时,她也得到了湖州师范学院的工作机会。面对两份不错的工作,作为家中独生女的她最终还是决定回到美丽的家乡湖州从教。

"在 BISU 的那三年,头两年就是学习和做研究,在课堂上学到的专业知识也许无法显现在日后的工作中,但学习的态度真的很关键。这种踏实认真的态度和严谨细致的作风会对将来的工作和生活产生深远影响。如果说工作中什么最重要,那我会说态度第一、业务能力第二。前者是后者的充分条件。"张文在研究生期间,抓住一切机会向导师求教,参与院里各种学术沙龙,提升学术思维和开阔学术视野。导师张喜华教授严慈并济的师风和严谨踏实的科研态度对张文的影响是显而易见的。

关于实习,张文的态度非常明确。首先,她建议将实习定在研三期间,即完成毕业论文后开始实习,这样没有了学校课程和毕业论文的压力就可以一心一意投入到实习中。其次,对于实习的选择,一定要和自己的职业规划相关,切忌分散精力。北二外的教学以及《环球时报》英文版的实习经历,都极大地巩固了她的英语语言功底,为其日后工作奠定了良好的专业素养。再次,身处北京这个国际性大都市,我们一定要有眼界。选定的实习工作一定要有良好的就业前景,比如留京机会有多大、升职空间有多大。最后,也是最重要的一点,心态。以一个初学者"beginner"的身份投入实习,更容易学到业务知识。切忌眼高手低。张文在《环球时报》英文版实习期间,一直被上级要求找各类新闻热点和趣事。最开始张文不明白这类工作的必要性,但真正自己写新闻时,它的意义就凸显出来了,那就是专业的敏感性。在两个月后,她不再写七版的校园新闻而开始写三版社会新闻了,这是对她实习表现的极大肯定。因此张文认为企业在培养人才的时候,看重的并不是你进来时的文凭有多高,而是专业的学习能力有多强,而最为重要的是实习时候端正的心态和踏实的作风。能高效准确地完成上级任务,同时积极思考,明确工作意义对于实习生来说是很有必要的。

张文在湖州师范学院工作的第一年,主要教授物理系,化学系和体育系的大学英语综合课程。在此访谈期间,调研小组成员主动要求参与访谈。大家关于英语教学,有很多共鸣。张文就英语学习兴趣的重要性、学生课堂表现和教师课下监督三方面进行了分析。她认为高中只求单词量的 ABC 背单词模式早就该淘汰了,兴趣的激发才是学习英语的关键。张文会在课堂上介绍国外文化,比如美国国家起源、宗教、教育、社会运动、风土人情等,以此激发学生了解外部世界的欲望,从而更有动力学习英语。此外,她还充分利用美剧来培养学生英语学习的兴趣。她会让学生口述美剧剧情或者通过填空等形式概括剧情。张文认为到课率只是一种监督手段,更为重要的是要抬高学生的"抬头率",让每个学生都作为主体积极参与到课堂中来。她认为仅仅强调到课率是远远不能体现英语教学的质量的,抬头率,即学生的关注程度才能反映课堂教学的成功与否。完成教材教学任务后,张文还以中国传统文化为例教授翻译技巧,比如京剧,茶文化,传统节日文化等,这无疑与 CET-4 翻译题型接轨。这一点更是传承了 BISU 国际化的文化传播理念。学以致用,发扬民族传统文化是每一个中国人的义务。身为二外人,我们更应该传承这种文化理念,让更多的外国人了解地道的传统中国文化。最后,张文还提出课下跟踪教学也至关重要。每节课后她都会在公共邮箱发布听写、翻译等英语作业,遇到励志或感人好文也会与学生共享。教学第一年,张文的工作就得到了学院师生的肯定,而她仍然在提升教学质量的路上不断努力。

在 BISU 的三年,专业课学习、本科生教学、留学和实习的忙碌研究生生活让张文没有时间和精力去经营一份美好的爱情。然而,优秀如你,爱情自在身边。不管你刻意地追逐还是有意地逃避,爱情,它就在那里,不离不弃。现在,张文已在家乡湖州收获了一份甜蜜爱情。对于调研的小团队,张文的恋爱观和建议很明确:研究生期间,碰到兴趣相投,合适的就试试吧。毕竟二外女学生多,就业压力大,女生更是要勇敢追求爱情。她认为爱情和工作两不误才算得上圆满人生。

关于生活质量,张文表示相比北京的快节奏,湖州的生活幸福感指数是很高的。湖州师范学院的教学工作不需要坐班,张文会在没课的时候阅读文学和文化理论的书籍,继续自己研究生期间的科研。有兴致的时候,还会学习烘焙,提升生活品位。饭后她会陪家人散步聊天,分享一天中的点点滴滴。这就是她心中理想的"生活状态":不懈地追求自己的专业,不惧怕工作上的挑战,不忽略家人和身边的朋友。这也许就是人们常常说的家庭,工作,感情——三重人生吧。

在将近一个半小时的访谈和团队交流中,队员们感触很大,尤其深感自己对专业,对学术的态度不够严谨。此外,关于研究生阶段的课程设置,张文提出了很多建议:比如翻译的重要性,文学课的必修性,最重要的是找到自己的专业研究方向。正确的方向比努力更重要。在访谈过程中,张文多次提到导师"爱在细微处、严在当严中"的培养才使得她有不断前行的动力和方向。师恩难忘,因此她建议学弟学妹多向导师学习,与导师多沟通。

### 2. 中国贸促会——祝晶

北二外应用英语学院 2010 级跨文化研究方向校友
现任职于中国国际贸易促进委员会专利商标事务所
时间:2014 年 8 月 5 号
地点:北京第二外国语学院

采访者：王瑞青、王小娅、李润博

记录员：李润博

2010年9月，祝晶来到二外应用英语学院。开学之初，当大家还在适应新环境、感受新生活时，祝晶已经开启了他的研究生学术之旅。

研一9月份，祝晶开始拜读其导师张喜华教授的博士论文专著《超越东方主义——希尔中国题材作品的跨文化研究》。接近一个多月的阅读思考后，祝晶从处在当今"东方主义"文化观阴魂未散的时代中传统文化何去何从这一问题出发，阐释了自己的观点，完成文章《跨文化研究的一种理论维度和阅读范式——读〈跨文化视野中希尔作品的研究〉》的创作。该篇文章得到了老师的大力赞扬，并于2011年4月发表于国家级刊物《黑龙江省社会科学》。在这期间，除了潜心学术研究，祝晶还辅助导师用一年的时间翻译文化研究领域的重要理论书籍《Cultural Theory: The Key Concepts》。在漫长艰辛的翻译过程中，他收获颇丰，不仅深入理解了文化研究领域的主要旨趣，而且扩充了自己的知识面，这为他今后的中西跨文化研究奠定了必不可少的哲学基础。

研二上学期，在认真学习专业课程的同时，祝晶就已着手准备硕士论文的初稿，在这一点上无疑走在了其他学生的前面。在课程学习和论文撰写之外，他担任北二外非英语专业本科生的大学英语助教工作。研二上学期结束，他就已经完成了硕士毕业论文的初稿。研二下学期的大部分时间，祝晶都是在异国他乡度过的。2012年初，他通过应用英语学院与哥本哈根大学跨文化研究系的合作项目，赴哥本哈根大学跨文化研究系交流学习。在丹麦的半年，他不仅充分感受了异域的风土人情，也充分利用国外宝贵的资源和充裕的时间，定期和国内外导师沟通，将毕业论文反复修改，并于回国前将论文完成。在国外的半年时间，他开阔了文化视野，做到了理论与实践相结合。

回国之后，他选择了继续深造、攻读博士这条道路。他以专业课第一的好成绩进入复试，虽然由于一些原因最终未被录取，但相信他在学习准备的过程中，一定收获颇多，受益终身。

当问到他为什么会选择跨文化交际，为什么选择继续深造时，他不假思索地回答："这是人生旨趣。"我想这就是为什么大家总说"兴趣是最好的老师"的原因，只有真的做到学一行爱一行时，人的潜力才能得到释放，真正的自己才能得以展现，不虚度、不迷茫，找准位置，绽放光彩。

考博落榜时已经是找工作的最低潮时期，但是机会都是给有准备的人的，祝晶就是这样在当时严峻的就业环境下仍能脱颖而出的。

工作的前半年，也是特别辛苦的半年。除了有从学校到社会的不适应，也有对业务的不熟悉。因为恰逢新《商标法》即将实施，加班加点在所难免。但是，在祝晶看来，工作和事业可以是两回事，可以并行不悖。工作磨炼一个人的耐性，满足生存的需要，而事业则考验一个人的心性，满足心灵成长的需要。祝晶的求学经历不同于一般的应届毕业生，在读研之前，他曾经有过几年的工作经验，所以，他更加知道自己需要什么，更加懂得珍惜来之不易的重返校园的经历，用他的话说便是"不会去想那些有的没的，只会好好利用这三年,对得起自己的选择"。

祝晶说,工作以来最大的挑战源于"需要面对庞杂且类型不一的任务、需要适应不同代理人的工作风格"。在学校,除了正常的课堂作业,他可能仅仅需要完成导师布置的研究任务或工作,除此之外,还会有大量空余的时间供自己进行合理安排。然而在工作中,单单围绕商标问题,他可能需要每天充满激情、带着细心和耐心在商标主管机关、外国客户和其他事务所之间努力游走,进行必要及时的沟通协调工作。有时,他也可能面对各个领导层分配的任务。每当这时,他便需要清晰的头脑分清工作的轻重缓急,权衡利弊,有节奏地完成分配任务。

祝晶建议,如果没有打算继续读博深造,一定要在研三上半学期开始找工作。第一份工作最好时间长点,工作中切记严谨细致、注意节奏。就拿很简单但也很重要的发邮件来说,写邮件时一定要写清楚标题,正文中注意抬头和署名,如有附件,也要在邮件中说明,千万不要没头没脑、不作任何说明地给别人发去一封邮件。小事之处,体现细节;大礼不辞小让,细节决定成败。

毕业之后,祝晶也有了充足的时间去遇见未来可以携手一生的伴侣。当我们问到,谈恋爱的具体原因是家庭着急,还是觉得已到岁数,又或者是出自同辈压力时,祝晶只用了简短的四个字——因为爱情。这短短的四个字让在场的我们感动万分。当今社会,人们越来越物质,越来越现实,我们的确需要这种纯纯粹粹的爱情观。我们也祝福他可以很快找到自己的精神伴侣。

访谈最后,祝晶针对研究生阶段课程设置提出建议:把一些不必要的必修课转换成选修课。同时,祝晶也给我们在读研究生提出了三点建议:第一,不要抵触学术研究,学术和工作并不冲突,学术研究培养的是思辨能力和看待问题的方式方法。第二,读研的目的要明确,做好职业规划。第三,多向导师学习,多和导师沟通有无。在将近一个半小时的访谈和交流中,我们收获颇多,感谢祝晶在百忙中与我们交流,为我们今后的研究生之路指引了方向。

(三)英语教学研究篇

### 年轻班主任,北京市第四十七中学——郝晶晶

北二外2010级应用英语学院英语教学法方向校友

现任职于北京市第四十七中学

时间:2014年8月28号

地点:北京第二外国语学院

采访者:王瑞青、王小娅

记录员:王小娅

身为教学法方向的研究生,我们不难猜想似乎从进入二外开始郝晶晶便怀有一个成为老师的梦想,不管是受到小时候的那句"长大后,我便成了你"的影响,还是想要体验从学生的角色转换成老师的角色,郝晶晶的"老师之梦"在北京完美实现了。

在二外的研究生生涯中,郝晶晶积极承担了北二外本科生的大学英语课程助理一

职,作为学生的同时,也体验着作为老师不一样的角色,郝晶晶称这样的经历不管是对她在校期间的校外教师兼职还是毕业之后的教师工作都有很大很重要的影响,访谈期间郝晶晶十分感谢学院给了她这样宝贵的机会。

对于在校期间的学术问题,郝晶晶特别强调了一年一次的科研立项。郝晶晶称这样的科研立项不仅仅是写好一篇论文,更重要的在这过程中学到的方法。她认为这样的科研立项对她现在的教学工作帮助很大,帮助自己发现问题,寻找改进方法,提高教学质量,这是十分有意义的教学研究。

虽然郝晶晶一直怀有一颗成为人民教师的心,但是在假期和课余时间她还是尝试了许多其他的实习,学姐称只有多尝试,多体验才能找到自己真正喜欢,真正适合的职业,而且学姐认为我们应该多去面试,因为每一次的面试都会给最后的成功增加一个砝码。在研究生的三年期间,郝晶晶曾经在北京化工大学北方学院担任过兼职教师,也在中国日报社和一家广告公司分别实习过一段时间,但是毕业后还是毅然选择了教师这个行业,虽然生活需要多多体验,但是坚定"最初的梦想"也同样重要。

当我们问到在现在的工作中是否遇到一些挑战的时候,学姐毫不犹豫地给了我们两个字——沟通。郝晶晶称第四十七中学是北京的一个比较偏僻的学校,相当于农村学校,所以刚刚担任班主任的她面临着与学生和学生家长的沟通问题,也许是因为刚刚从事这个行业,郝晶晶称在班级管理方面还经验不足,但是相信在前辈的关照之下一定会越来越好。

在跟郝晶晶的谈话中,我们很惊讶于郝晶晶提到的"老公"这个称呼,细细挖掘才知道,学姐和她男朋友将要于今年结婚,这是一个从大学开始至今已有8年的爱情长跑,在今年终将修成正果。在感动之余,我们也不忘送上我们最真挚的祝福。在北京这个大城市,一个人似乎很难在这儿找到归属感,但是两个人的生活却是大大不一样的,相互的陪伴似乎找到了"家"的感觉。

访谈最后,郝晶晶针对研究生阶段课程设置提出建议:学校的课程理论多,实践少。对于教育这个行业,注重的是"讲好每一节课",而在校期间所学的理论层次太高,很少能真正应用到实际教学中。在一年的实际教学实践中,郝晶晶认为可以学习一些课件设计的技巧,比如PPT的设计,将计算机技术与学科学习结合起来,更好地完善课件。

# 附录2

## 外国语言学及应用语言学校友跟踪调查问卷

1. 您的性别是：
   A. 男
   B. 女

2. 您的毕业年份：

3. 您目前的工作单位所在地：（请填写省市）

4. 您目前的工作单位名称：（请填写全称）

5. 您目前担任的岗位/职务：（请填写全称）

6. 您当前工作单位的性质：[单选题]
   A. 党政机关　　B. 国有企业　　C. 事业单位　　D. 三资企业
   E. 民营企业　　F. 私营企业　　G. 自主创业　　H. 其他

7. 您在求职过程中的主要信息来源：[多选题]
   A. 校园招聘会　　B. 校外招聘会　　C. 学校就业网站　　D. 求职专业网站
   E. 公司招聘网页　　F. 校友推荐　　G. 亲朋好友　　H. 导师推荐
   I. 其他

8. 您在求职过程中感觉哪些能力和素质存在不足：[多选题]
   A. 沟通能力　　　　　　　　　　B. 团队协作与领导能力
   C. 分析与解决问题能力　　　　　D. 学习能力
   E. 职场礼仪　　　　　　　　　　F. 办公技能
   G. 自我管理能力　　　　　　　　H. 科研能力
   I. 实践能力　　　　　　　　　　J. 其他

9. 您选择目前工作单位的主要原因：[多选题]
   A. 工作地点符合期望　　　　　　B. 薪酬与福利好

C. 单位发展前景好  D. 专业对口
E. 符合自身性格和兴趣  F. 符合父母意愿
G. 工作稳定  H. 工作环境好
I. 为做好长远打算  J. 仅作为过渡选择
K. 其他

10. 您将来考虑更换工作的主要原因会有哪些？[多选题]
A. 薪水太低  B. 专业不对口
C. 同事关系不融洽  D. 工作强度太大
E. 工作时间长  F. 个人发展空间不够
G. 单位经营管理状况差  H. 职业的社会声望低
I. 想改变职业或行业  J. 其他原因

11. 您毕业时月薪是：[单选题]
A. 2000元以下  B. 2000～3000元  C. 3001～4000元  D. 4001～5000元
E. 5001～6000元  F. 6000元以上

12. 您现在工作的月薪比刚毕业时增加：[单选题]
A. 基本没有增加  B. 500元左右  C. 1000元左右  D. 2000元左右
E. 3000元以上

13. 您认为我院毕业研究生的竞争优势有哪些：[多选题]
A. 综合素质  B. 专业知识  C. 外语水平  D. 实践能力
F. 其他

14. 您认为我校毕业研究生的竞争劣势有哪些：[多选题]
A. 综合素质  B. 专业知识  C. 外语水平  D. 领导力
E. 实践能力  F. 其他

15. 在校期间,哪些培养环节对您现在的工作帮助较大：[多选题]
A. 专业理论课  B. 公共基础课  C. 实习经历  D. 参与导师课题
E. 学术竞赛交流活动  F. 人际关系(导师/同学等)

16. 参加工作后您感觉压力：[单选题]
A. 很大  B. 比较大  C. 一般  D. 比较小
E. 很小

17. 您对现在的生活状态(感情、生活质量、人际交往等)的满意度是：[单选题]
A. 很不满意  B. 不满意  C. 一般  D. 满意
E. 很满意

18. 结合您的工作体会,您觉得研究生毕业后：[单选题]
A. 直接就业  B. 继续攻读更高学位
C. 出国深造(学习/工作)  D. 自主创业

19. 您认为研究生毕业在择业时,应该优先考虑：[多选题]

A. 企业发展前景和个人发展空间  B. 是否与所学专业对口
C. 薪酬待遇福利等  D. 工作地域条件(交通等)
E. 自身实际情况  F. 其他

20. 您认为我校的研究生培养中最应该改进的地方：[多选题]

A. 课程数量和类型不合理  B. 课程内容不实用或陈旧
C. 教学方式较单一，如PPT  D. 教师不够敬业
E. 实习和实践环节不够  F. 课堂互动
G 培养主动学习能力不够  H 培养批判性思维能力不够
I. 其他

21. 您对我校研究生培养、就业工作的意见和建议？

# 附录 3

## 北京第二外国语学院外国语言学及应用语言学校友就业情况访谈纲要

一、访谈前的准备工作

1. 自我介绍
2. 项目介绍
3. 问卷填写提示

二、访谈内容

1. **个人基本信息**

专业方向、公司性质、职位

2. **个人工作情况**

工作地点、工作获取来源（例如老师推荐、朋友介绍、自己谋取）

职业规划（继续本工作、更换工作行业、更换公司）

薪酬（数量、满意度）

工作环境（办公室环境、公司奖金制度、公司福利制度、与同事和领导的关系、公司晋升制度等）

工作中的挑战（是什么以及怎么应对）

工作中的收获（技术，知识，为人处世甚至穿衣、饮食习惯等）

3. **个人生活情况**

住房（房租及租房地点等）

婚姻状况（是否有结婚对象，以及爱情来自大学、相亲、工作等）

假期日常安排（比如宅、参加展览或活动、学习、跟朋友相聚等）

与朋友关系（朋友来源为研究生同学、大学、老乡、同事等）

朋友对其工作的影响

三、请校友对自己的生活状况做概述总结

1. **在校期间情况**

是否是党员及对工作是否有影响

是否是班干部及对工作是否有影响

学校活动参与情况如何及对工作是否有影响

学校学习情况（例如科研等）及对工作是否有影响

学校社交情况如何对工作是否有影响（有形无形）

对学院学科设置的建议。

对学校培养研究生的建议(可具体到研究生的活动、生活方面)。

2. 读研期间实习情况

实习时间

实习次数

具体实习单位

实习规划

实习中面临的挑战(可展开,例如处理压力、处理人际关系、处理实习与学习的矛盾、PPT或计算机技巧等各方面)以及如何应对这些挑战

实习对正式工作的影响体现在

对学弟学妹实习方面的建议

**四、总结一下自己对现在工作生活的评价**

# 京外高校研究生奖助政策对比与反馈

调研注册团队编号:10
调研注册团队领队:苏芳源

作　者:阮晓庆　钱苏兰　唐芮　陈金超　王婷　苏芳源[*]

[摘　要] 2013年3月4日,财政部、国家发改委、教育部联合发布《关于完善研究生教育投入机制的意见》(以下简称《意见》)。根据《意见》,从2014年秋季学期起,所有纳入全国研究生招生计划的新入学研究生须缴纳学费。与此同时,我国将全面加大对研究生的奖助力度,确保研究生、特别是家庭经济困难研究生顺利完成学业。从清华大学等有关研究生培养试点单位的实际运行现状及国家出台的相关文件等材料,可以预测出我国未来的研究生奖助体系的大致轮廓,即包括研究生国家助学金、研究生国家奖学金、研究生"三助"(助管、助教、助研)津贴、社会捐助奖助学金、研究生助学贷款,以及各研究生培养高校结合自身实际情况设定的其他奖助形式。全面收费制度的实施,对国家政府以及各高校培养单位及研究生都将带来许多变化和影响。

[关键词] 京外高校;研究生奖助政策;对比;经验做法;借鉴

## 一、调研背景及意义

随着我国经济社会的快速发展,尤其是近些年来,国家对教育投入力度的持续加大,围绕研究生奖助政策,政府职能部门、专家学者、各地高校纷纷探索更加合理的政策及体系。但可以看到,各地高校无论是在学费收取方面还是在奖学金的评定和发放方面,既

---

[*] 阮晓庆,女,汉族,1988年生,河北省唐山市人,北京第二外国语学院经贸与会展学院2012级硕士研究生;钱苏兰,女,汉族,1990年生,浙江省嘉兴人,北京第二外国语学院经贸与会展学院2013级硕士研究生;唐芮,女,1991年生,陕西省安康市人,北京第二外国语学院经贸与会展学院2013级硕士研究生;陈金超,男,汉族,1989年生,河北省石家庄市人,北京第二外国语学院经贸与会展学院2013级硕士研究生;王婷,女,汉族,1990年生,江西省赣州市人,北京第二外国语学院经贸与会展学院2012级硕士研究生;苏芳源,女,汉族,1990年生,河北省邢台市人,北京第二外国语学院日语学院2012级硕士研究生。

存在问题与漏洞,也缺乏统一标准,甚至出现了一些负面的效果,使奖学金失去了奖励功能,影响了研究生钻研学业、提高能力的积极性。

近年来我国学者也对国外研究生奖助金体系进行了大量的研究,主要探讨了其体系的主要内容、特点、评定标准以及对完善我国现行研究生奖助金体系的启示和建议。通过对相关文献的研究,可以看出,在国外尤其是一些发达国家,政府对研究生奖助政策高度重视,其研究生奖助政策及其体系是十分完善的,各类奖助项目都建立了科学的体系,形成了良性、合理的氛围,为研究生学习、生活解除了诸多后顾之忧。

2014年,在我国全面收费下、研究生奖助制度的改革下,研究生奖助政策体系已初步完善。但全国高校在今后的实践操作过程中还会遇到一些不可预知的问题,对京外高校研究生奖助政策进行对比与反馈,可以充分借鉴其他高校的合理做法,并在此基础上发展创新,完善北京第二外国语学院研究生的奖助政策体系,使北京第二外国语学院的学子们享受到国家及政府更多更好的优惠奖助政策,以此来激励学生加倍努力学习,调动学生参与科学研究、教学实践、管理工作的积极性,将来为社会做出更大的贡献。

## 二、调研方案设计

### (一)调研指导思想及调查方式

本课题以《研究生国家助学金管理暂行办法》以及《研究生学业奖学金管理暂行办法》这两个重要文件为指导思想,以问卷和实地调研为两种主要调查形式,利用网络和实地两种资源,针对在校研究生这一群体,对研究生奖助政策进行全方位的调查与分析,在此基础上与本校研究生奖助政策进行比较,为本校研究生奖助政策的进一步完善提供建议与意见。

### (二)调研具体计划

#### 1. 调研前期准备工作

(1)政策研究。参阅关于研究生奖助学金国家政策,调阅相关文献,通过理论层面了解国家目前针对高校研究生的奖助学金体系及政策规定;同时对二外的研究生奖助学金政策(评选标准、评选流程等)进行针对性研究。

(2)问卷设计。根据对政策的研究,设计纸质版调查问卷(内容包括高校奖助学金评选标准、评选流程、高校学生评价等多个方面),提前以网上调查问卷的方式取样调研。

(3)研究方法。第一种为网络调查,主要采用网络资源,了解各高校的研究生奖助政策,并与本校的相关政策进行比较,除了在网上搜索各大高校的政策,我们还利用网络渠道,采用网络调查问卷等多种形式,了解各大高校在校研究生对研究生奖助方面的政策和规定的了解情况;第二种为实地调研,选择上海财经大学、复旦大学、浙江大学等几所有代表性的高校进行实地调研,调研形式多样化,不仅有调查问卷,还有实地对在校师生进行视频录音采访、与相关高校研究生处相关负责人采访了解;第三种是成果研究,在所有资料研究的基础上,我们采用开展讨论组等形式,在校内针对本校研究生奖助政策进行讨论,集思广益,将讨论组的成果的装订成册,选择其中有建设意义的意见和建议作为本次调研的重要成果之一。

2. 实地调研

(1)实地调研时间:8月8日至8月16日。

(2)实地调研地点:上海、杭州、苏州。

(3)实地调研院校:上海财经大学、复旦大学、杭州电子科技大学、浙江理工大学、浙江大学、浙江传媒学院、苏州大学。

(4)实地调研工作。

进行实地采访:与对象院校研究生联系,确定采访地点,就奖学金制定原则、评定标准、具体实施过程中存在的问题等内容展开采访,并做好充分的记录工作,在得到对方允许的情况下,可以采取录音等形式。当天晚上要对采访的内容进行整理,每天形成一份简短的阶段性工作总结报告;

调查问卷:调查问卷分为两种形式——纸质问卷和电子问卷,在实地调研阶段主要涉及纸质问卷。分别组织调研院校的部分研究生,分发事先设计好的相关问卷,允许其在规定的时间内作答。

## 三、预计成果

通过政策研究、调研、访谈、比较分析、数据分析等研究方法,与指导老师共同讨论,分析京外高校研究生奖助学金体系的特点及优缺点,并与二外研究生奖助学金现行体系进行对比,最终得出建议及反馈成果,形成规范系统的调查报告或学术论文。

(1)分别整理纸质版及网上调查问卷,总结访谈记录,对所获得的数据和调研结果进行理论和数据分析,与前期查阅资料结合,归纳整理京外高校研究生奖助学金体系的特点、优缺点以及其在校研究生对该体系的评价等,形成工作总结。

(2)利用调研获得数据建立应用模型,包括数学模型和图表模型,对所建立的模型进行系统和全面的分析,与二外研究生奖助学金现行体系进行对比。

(3)与指导老师讨论,队内相互交流并调阅前期准备资料及后期补充资料以进一步完善对京外高校研究生奖助学金体系的研究,深入对比二外与京外高校研究生奖助学金体系的异同点,为二外研究生奖助学金的设立、评选标准、流程等方面提出切实可行并符合校内规定的建议,撰写研究报告。

## 四、实地调研报告

(一)实地调研之上海财经大学篇

上海财经大学是一所以经管为主,法、文、理协调发展的多科性全国重点大学。截至2013年,该校有12个一级学科硕士学位授权点,79个二级学科硕士学位授权点,10个专业硕士学位点。调查研究生奖助体系主要包括奖学金、助学金、助学贷款、学费减免、困难补助、绿色通道六个方面,自2014级研究生开始执行新的奖助政策,具体内容如下。

(1)奖学金政策。奖学金体系包含国家奖学金、学业奖学金以及社会奖学金。

**国家奖学金**——奖励对象:纳入全国研究生招生计划的学业成绩特别优秀、科研成果特别显著、社会公益活动表现突出的全日制研究生;奖励金额:硕士研究生每人2万元/年,博士研究生每人3万元/年。

**学业奖学金**——奖励对象:纳入全国研究生招生计划的全日制研究生(不包括定向生、MBA、MPA);奖励金额:硕士研究生0.8~1.2万元/学年,博士研究生1.4~1.8万元/学年。详见下表:

| 学生类别 | 学业奖学金等级 | 奖励金额（万元/年） | 获奖学生比例 | |
| --- | --- | --- | --- | --- |
| | | | 入学当年 | 阶段考核后 |
| 博士生 | 一等 | 1.8 | 0% | 20% |
| | 二等 | 1.4 | 100% | 80% |
| 硕士生 | 一等 | 1.2 | 0% | 20% |
| | 二等 | 0.8 | 100% | 80% |

社会奖学金则按社会奖学金捐赠协议执行。

(2)助学金体系。**国家助学金**——将原有研究生普通奖学金调整为研究生国家助学金,用于补助研究生基本生活支出。奖励对象:纳入全国研究生招生计划的全日制研究生(不包括定向生、MBA、MPA);资助金额:硕士研究生0.6万元/年,博士研究生1.2万元/年。

同时提供研究生助研、助教和助管职位,资助标准:500~600元/月或12元/小时。

另外还有硕博连读硕士阶段津贴和专项计划培养研究生津贴。

(3)国家助学贷款。

(4)学费减免——对孤残学生、烈士子女及优抚家庭子女等,实行减免学费政策。

(5)特殊苦难补助。

(6)绿色通道。

**(二)实地调研之复旦大学篇**

复旦大学在1923年便开始了研究生教育,1984年成立研究生院,迄今已有30年历史。目前复旦大学培养科学学位研究生共涉及43个一级学科,其中博士学位授权一级学科点35个,硕士学位授权一级学科点7个;培养专业学位研究生涉及博士专业学位授权点2个,硕士专业学位授权点24个。复旦大学不断致力于培养高素质创新拔尖人才,同时为确保研究生能够潜心钻研,安心学习,也不断完善研究生奖助政策。2014年全面收费后,复旦大学构建了以生活津贴、奖学金、"三助"、国家助学贷款和困难补助为主要内容的研究生奖助体系。具体内容如下:

1. 研究生生活津贴

由国家助学金和校内助学金构成,其中国家助学金部分由学校按月发放,校内助学金由院系统筹发放。津贴标准为博士生每生每月不低于2000元,科学学位硕士生每生每月不低于600元。

2. 研究生奖学金

主要由国家奖学金、学业奖学金、优秀奖学金和冠名奖学金构成。同一年度以上三项奖学金互不兼得,主要面向高年级研究生。其中国家奖学金按国家相关文件要求执行,学业奖学金标准为博士生10 000元,科学学位硕士8000元,正常学制内非在职博士生基本全覆盖,科学学位硕士生覆盖面不低于70%。冠名奖学金目前每年约有30个奖项,名额500余个,奖金总额230余万元,奖额为1000~20 000元。优秀奖学金由学校出资,奖励正常学制内二年级及以上的优秀研究生,奖励标准为博士生5000元,硕士生3000元。国家奖学金、冠名奖学金和优秀奖学金的设奖总比例约为30%。

3. 研究生"三助"

学校为鼓励研究生参与学校的教学、管理工作,为全日制研究生提供助管或助教岗位,全岗津贴标准为博士生1500元/月,硕士生900元/月,每学期发放5个月,助管和助教岗位不可兼得。

4. 研究生帮困助学体系

家庭经济困难的全日制非在职研究生可申请家庭经济困难学生认定,通过认定后即可申请国家助学贷款和困难补助。

(三)实地调研之浙江大学篇

浙江大学(以下简称"浙大")是目前国内学科门类最齐全的综合性大学之一,自1927年开展研究生教育,迄今已有80余年历史。浙大研究生院创建于1984年,现有博士学位授权二级学科267个(含自主增设39个),涉及一级学科63个,其中博士学位授权一级学科58个;现有硕士学位授权二级学科329个(含自主增设41个),涉及一级学科79个,其中硕士学位授权一级学科72个;并可授予临床医学博士/硕士、法律硕士(JM)等26种专业学位。在长期办学过程中,浙大建立了相对成熟的研究生教育体系,其研究生奖助政策也颇具特色,以下便是我们调研小组深入这所百年老校获得的资料。

据调查了解,浙大根据国家相关文件精神,从2014年9月1日起执行新的研究生奖助政策,具体内容如下。

1. 奖学金体系

包括竺可桢奖学金、国家奖学金、学业奖学金、研究生专项奖学金和单项奖学金。

（1）竺可桢奖学金：浙大最高层次奖学金，奖励学习成绩特别优异，有较强科学研究能力和创新精神，发表过高水平学术论文或取得高水平科研成果，有较强动手能力和分析问题、解决问题的能力，在教学活动或社会实践中取得显著业绩的优秀研究生。名额为每年 24 名，其中研究生和本科生各 12 名，奖励为由学校颁发竺可桢奖学金荣誉证书、竺可桢奖章一枚和奖学金 30 000 元。

（2）国家奖学金：与上述两所学校基本相同，不再赘述。

（3）学业奖学金：该项奖学金自 2014 级秋季入学研究生起实行，奖励对象为全日制非在职研究生（不包括金融硕士、国际商务硕士、税务硕士、会计硕士、旅游管理硕士、法律硕士（非法学）、工商管理硕士、公共管理硕士、软件工程硕士），奖金标准为博士生 10 000 元/学年，硕士生 8000/学年，获得研究生学业奖学金奖励的研究生，可以同时申请研究生国家奖学金、研究生国家助学金等其他研究生国家及学校奖助政策奖助。

（4）研究生专项奖学金：是由热心教育事业的社会各界捐资设立的奖学金，分校设奖学金和系设奖学金。校设奖学金有 11 项，评比对象为全日制二年级及以上研究生，奖励名额、额度及要求按捐赠协议。系设奖学金每个学系情况不同，名额分配方法为：由学系将根据本年度的奖学金名额，依据各研究所参评学生人数和业绩，将名额下达到研究所，如果名额较少，无法做到相对平均地下达，则由学系统一评审。

（5）研究生单项奖学金：该项奖学金为鼓励在德、智、体、美中某一方面表现优异，或为学校、社会做出特殊贡献的研究生，包括创新创业奖学金、社会实践奖学金、社会工作奖学金、文体活动奖学金、特殊贡献奖学金。

**2. 助学金体系**

包括岗位助学金，"助研、助教、助管"津贴（以下简称"三助"），以及助学贷款、困难补助、专项助学金等。

（1）研究生岗位助学金：用于资助研究生基本生活支出，包括学校资助部分（含国家助学金和学校统筹经费）、导师资助部分。获得岗位助学金的研究生应当完成研究生培养所要求的科学研究、教学实践等工作。其中学校资助部分：博士生标准为中期考核前 1300 元/月，中期考核通过后 2100 元/月；硕士生标准为 700 元/月。

（2）研究生"三助"津贴：①助研：研究生承担导师安排的科研任务，从导师科研经费中的劳务费等支出。②助教：每个岗位资助标准为 800 元/月，一学年按照 10 个月计算。③助管：固定助管岗位资助标准为 720 元/月，一学年按照 10 个月计算；临时助管岗位的资助标准为 15 元/小时，根据实际工作时间发放。

另外，浙大对研究生因公出国期间的岗位助学金发放也做了相关规定：研究生因公出国（境）不超过 6 个月者，出国（境）期间继续发放岗位助学金；超过 6 个月者，自第 7 个月起停发岗位助学金，回校后次月起恢复发放（补发当月）。未办理延期手续擅自延长在外停留时间者、逾期不返者，须退还出境期间所得岗位助学金。

（四）实地调研之杭州电子科技大学篇

杭州电子科技大学是浙江省重点建设的教学研究型大学，该校于1981年开始招收研究生，现今已有13个学术性一级学科硕士授权点，53个学术性二级学科硕士授权点及12个专业学位硕士授权点。虽然杭州电子科技大学作为工科类高校，与属于语言类综合文科类高校的北二外不同，但这两所学校同属专业性院校，其研究生奖助政策可以为我校提供一定的借鉴作用。综合实地调研和网络调研的结果，我们了解到杭州电子科技大学从2014年秋季开始，硕士研究生新生报到注册后，可获得如下奖助：

（1）国家助学金：每生每年6000元；

（2）学业奖学金：每生每年最低8000元，最高12 000元；

（3）学生通过努力可以获得国家奖学金20 000元，华为奖学金5000元等企业奖学金。

此外，学校提供助教、助管、助研机会，获得相应津贴。

关于学业奖学金评定办法方面，参照学校往届"优秀奖学金"的评定方法，以德育成绩、学习成绩和科研成绩三个方面作为主要考核内容，以考核成绩的最终结果作为评定依据。三个方面的满分均为100分，总分值计算公式如下：

硕士研究生一年级总分值计算公式：总分 = 德育成绩 × 20% + 学习成绩 × 60% + 科研成绩 × 20%

硕士研究生二年级总分值计算公式：总分 = 德育成绩 × 20% + 学习成绩 × 20% + 科研成绩 × 60%

可以看出，由于一年级主要以课堂学习为主，所以学习成绩占60%，而到了二年级阶段，课程减少，主要以学生自主学习和科研为主，所以科研成绩占60%。这样的评定办法不仅遵循了研究生教育特点，而且在激励学生努力学习、认真科研方面起到了积极作用。

（五）"实地调研"之浙江理工大学篇

浙江理工大学是一所办学历史悠久的浙江省重点建设大学，作为一个综合性的大学，浙江理工大学制定了比较完善的研究生奖助政策。学校的奖助学金做到所有研究生全覆盖。研究生学习期间，可以获得学校各类奖助学金。具体奖助体系包括：国家奖学金、国家助学金、学业奖学金、岗位助学金（含助研、助教和助管等"三助"津贴）、专项奖学金等。经过短暂的交流以及该校公布的相关政策，我们可以将其主要的奖助政策可以归为以下十大类。

1. **国家奖学金**

硕士研究生国家奖学金奖励标准为每生每年2万元。

2. **国家助学金**

硕士研究生国家助学金发放标准为每生每月500元。

### 3. 学业奖学金

学业奖学金情况见下表:

| 学生年级 | 学生类别 | 发放等级 | 发放比例 | 发放标准（元/生/年） |
| --- | --- | --- | --- | --- |
| 一年级研究生 | 硕士 | 一等 | 根据考生来源确定 | 10 000 |
| | | 二等 | | 8000 |
| 二、三年级研究生 | 硕士 | 一等 | 20% | 12 000 |
| | | 二等 | 30% | 10 000 |
| | | 三等 | 50% | 8000 |

其中,根据考生来源确定这一项主要包括:一志愿考生、985或211高校考生、推免生获一等奖学金,其他调剂志愿考生获二等奖学金。

### 4."三助"岗位助学金

研究生可以通过兼做研究生"三助"工作(助教、助研、助管)而获得的岗位酬金,资助标准为每生每月450元。

### 5. 出国(境)资助

(1)硕士研究生主要资助学生长(短)期出国(境)交流学习。

(2)研究生出国(境)资助分两档设置,资助标准:硕士研究生一档每生20 000元,硕士研究生二档每生10 000元,奖励比例分别为在校生人数的5%和10%。

### 6. 研究生创新研究项目

用于资助研究生开展创新性研究。每年资助50项,资助经费1500~2000元。

### 7. 优秀研究生学位论文培育基金

用于资助研究生开展高水平科学研究,提高学位论文质量。资助额度:硕士6000元/人。

### 8. 研究生创新成果奖励

用于奖励研究生发表高水平论文、获得发明专利、或高等级学科竞赛获奖等创新成果。

### 9. 硕士生考博奖励

为帮助有志考博的硕士研究生攻读博士研究生,学校制定了考博奖励,奖励金额从500元到3000元不等。

### 10. 专项奖学金

包括桑麻奖学金、纺织之光奖学金、华鼎奖学金、健盛卓越奖学金、金富春奖学金等10余项。奖金额度从4000到10 000元不等。

### (六)"实地调研"之浙江传媒学院篇

浙江传媒学院位于浙江杭州,有"北有北广,南有浙广"之称,是国家广播电影电视总局和浙江省人民政府共建高校,是全国培养广播影视及其他传媒专门人才的两大基地之一。以传媒类和艺术类专业为主干,文经工管协调发展。该校研究生奖助政策可以作如下概括。

**1. 国家奖学金**

硕士研究生国家奖学金奖励标准为每生每年 2 万元。

**2. 学业奖学金**

一年级研究生学业奖学金等级设定、金额标准、获奖人数比例及等级评定依据如下表所示:

| 学业奖学金等级 | 学业奖学金金额 | 获奖人数比例 | 等级评定依据 |
| --- | --- | --- | --- |
| 一等奖学金 | 10 000 元 | 30% | 第一志愿优秀考生或本科阶段为 985、211 院校的考生 |
| 二等奖学金 | 8000 元 | 70% | 国家计划内的调剂考生 |

二年级研究生学业奖学金的等级设定、金额标准、获奖人数比例及等级评定依据如下表所示:

| 学业奖学金等级 | 学业奖学金金额 | 获奖人数比例 | 等级评定依据 |
| --- | --- | --- | --- |
| 一等奖学金 | 12 000 元 | 15% | |
| 二等奖学金 | 10 000 元 | 25% | 第一学年的成绩、实践和科研立项等 |
| 三等奖学金 | 8000 元 | 60% | |

**3. 国家助学金**

研究生国家助学金奖励标准为每生每年 6000 元,国家助学金按月发放,每学年按 10 个月(7、8 月除外)计算。

(七)实地调研之苏州大学篇

苏州大学是国家 211 工程重点建设高校和江苏省属重点综合性大学,其主要前身为创立于 1900 年的东吴大学。110 多年来,苏州大学沐江南地域之灵气,寻求是传统之文脉,承"养天地正气,法古今完人"之校训,形成了优良的精神传统和鲜明的办学特色。该校研究生奖助政策设置如下。

**1. 研究生国家奖学金**

硕士生 20 000 元/人/年,获奖人数由省教育厅下达。

**2. 苏州大学普通奖学金**

硕士生 400~600 元/月。

**3. 苏州大学优秀奖学金**

1000 元/人,获奖人数为硕士生不超过 10%。

#### 4. 勤工助学（助管岗位）

助管岗位每周工作时间原则上不超过 14 小时，每人每月津贴为人民币 200 元（有条件的用人单位可酌情给予一定补贴），一年按 10 个月计算。

#### 5. 其他捐赠奖学金

主要包括朱敬文奖学金、周氏奖学金、杜子威奖学金、许骧教授奖学金、正雄企业奖学金、苏州中化王致权奖学金、三星奖学金、苏州工业园区奖学金、朱敬文助学金、中锐助学金。这些捐赠奖学金主要针对不同专业而设，奖金额从 1500 元到 6000 元不等。

#### 6. 爱心互助基金

（1）学生家庭遭受灾害的或发生家庭变故的，依据实际困难发生的情况，分别给予一定的生活补助。

（2）学生本人患重大疾病的，补助金额分别为：医疗自费部分在 1~3 万（含 3 万）之内按 30% 支付；自费部分在 3~5 万（含 5 万）按 25% 支付；自费部分在 5~10 万（含 10 万）按 20% 支付；自费部分在 10 万以上酌情递增，但最高补助金额不超过 3 万元。

## 五、调查问卷结果分析

### （一）问卷结果分析

通过网上与纸质调查问卷的发放，本次共有 330 人受调研，其中有约 87.88% 的学术型研究生及 12.12% 的专业型研究生，男女约各占一半。42.42% 是所在学校的研究生一年级，36.36% 为研究生二年级，其余 21.21% 为研究生三年级。

如图 1 所示，每月基本生活开支为 701~1000 元与 1001~1300 元的均占 30.3%，每月花费 1301 元以上的占 39.39%。

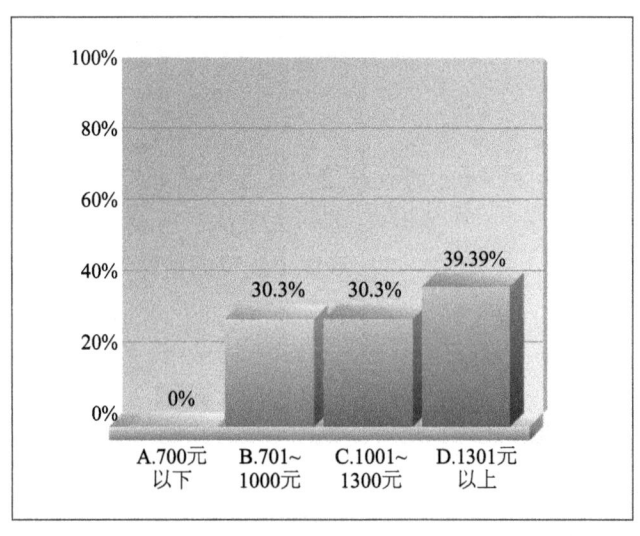

图 1　一个月的基本生活开支情况

结合在校研究生的每月基本生活开支,27.27%的研究生认为没有就学的经济压力,而过半的学生(51.52%)表示研究生的就学有一定的经济压力,15.15%的学生表示就学经济压力比较大,仅有6.06%表示就学经济压力非常大。针对目前所面临的经济压力,63.64%的同学表示亲人支持是自己就学的主要经济来源,21.21%的同学则选择自己兼职作为自己目前的主要经济来源,同时,12.12%、3.03%的同学表示分别通过学校奖助学金、其他借助来缓解就学的经济压力(见图2)。

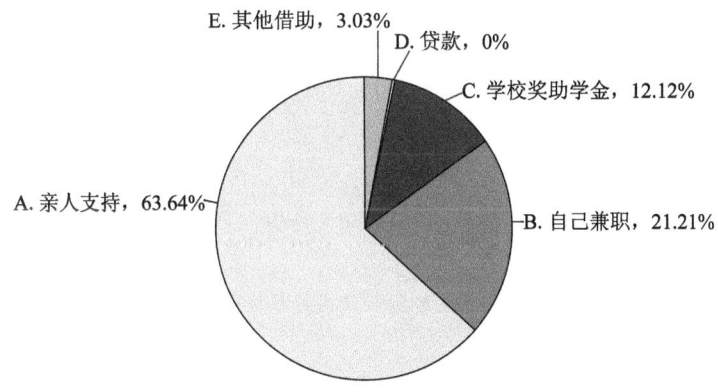

图2 目前研究生就学的主要经济来源情况

对于研究生全面收费的相关政策是否了解,这一问题的调查结果令人惊讶。一大半(57.58%)的受调研同学对于该政策仅仅停留在"有听说,不太了解"或者"不了解"的层面上,其中不了解的同学占比12.12%。根据接下来所调查的"新出台的研究生收费政策是否会影响家长对自己的考研支持态度"这一问题,有57.58%的同学选择了不会,这也从另一个侧面解释了上一题中超过一半的同学对于研究生全面收费这一政策不了解或者不太了解的答案。其中所揭示的另一答案也不容小视,表示新出台的研究生收费政策会影响家长对自己的考研支持态度的占21.21%,表示不清楚这种全面收费的政策对家长态度的影响的也占据21.21%(见图3),由此可见,政策的变化对于学生及家长做出选择的影响是较大的,研究生全面收费的政策也使得高校制定研究生奖助政策体系更加重要,迫在眉睫。

针对硕士研究生的学费问题,认为每年学费应为5000元的最多,占39.39%,认为每年学费应为6000、7000、8000元的分别为33.33%、0%、18.18%,同时,还有9.09%的同学对于硕士研究生每年的学费持无所谓的态度。

关于研究生奖助学金的评定模式,87.88%的同学表示应将优秀研究生奖学金与助学金分开评定,只有少数(12.12%)表示都可以,即无论优秀研究生奖学金与助学金的评定是分开或者合并都是可以接受的。除了奖助学金的评定模式以外,在财力有限的情况下,其等级设置的原则分为量少额大、量大额少、都可以三种,受调同学们在这一问题上选择量少额大的占27.27%,选择量大额少的占63.64%,仅有9.09%认为都可以,由此可以看出大多数的研究生更加关注奖助学金的覆盖范围而非数量。

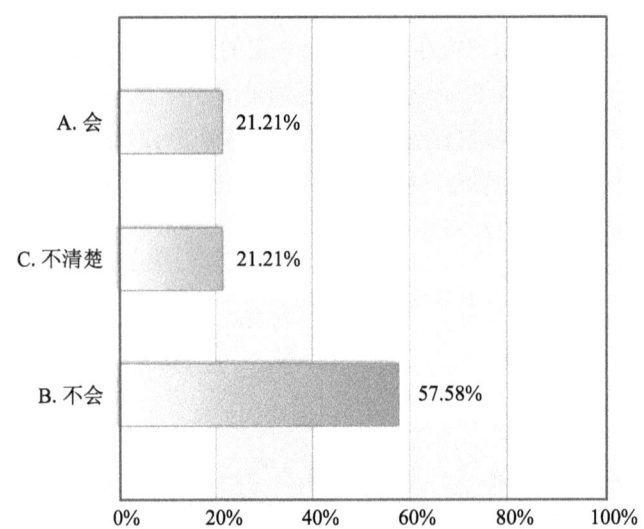

图3 对研究生全面收费相关政策的了解情况

研究生助学金评定的构成要素有学业成绩、科研成果、社会服务、综合表现、家庭经济五个,按照选择比例由大到小的顺序,分别是综合表现、学业成绩、科研成果、家庭经济、社会服务,分别有 84.85%、81.82%、63.64%、60.61%、45.45% 的同学选择(见图4)。

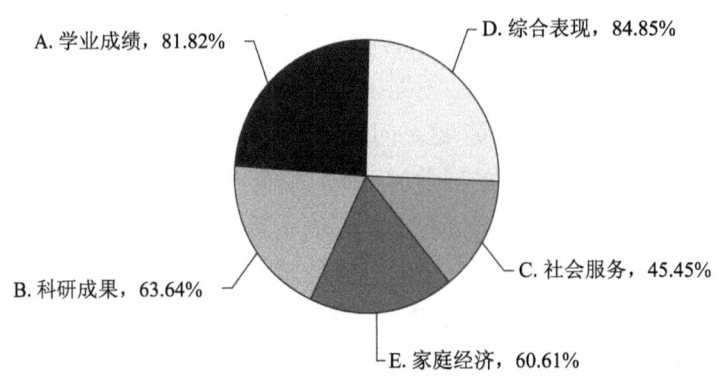

图4 研究生助学金评定的主要构成要素选择情况

关于研究生奖助学金的发放方式,9.09% 的同学选择按学年一次性发放,39.39% 的同学认为按学期一次性发放,还有 51.52% 的同学则更倾向于按月发放。对于调查问卷中唯一的一个假设问题——假设受调同学是收费政策下录取的研究生,他们会以何种方式解决经济压力,其中,选择争取奖学金的比例最大,占比 45.45%,其次是兼职,占比 42.42%,其余的为寻求家人支持或贷款,占比分别为 9.09%、3.03%(见图5)。

关于研究生"三助"的岗位津贴问题,83.36% 的同学认为时薪应为 15 元,10.74% 的同学认为时薪为 10 元是合理的,其余 5.9% 的同学则认为时薪应为 20 元。针对优秀学

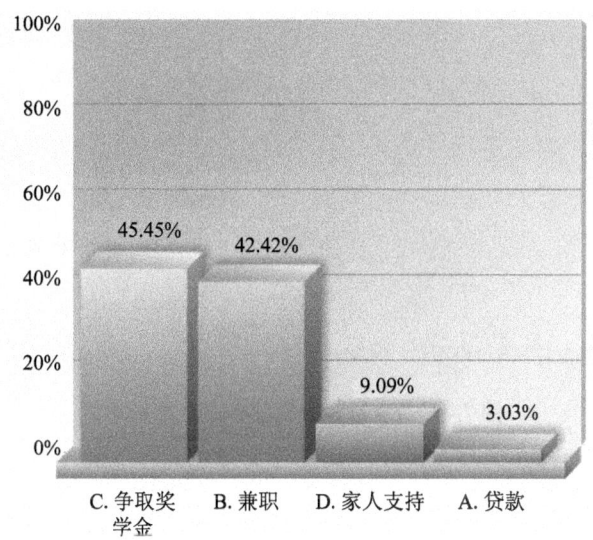

图5 假设为收费政策下录取的研究生解决经济压力的方式

生奖学金的评定,认为一年级应以报考志愿和考试成绩为评定主要素合理的占84.85%,选择二年级以学业成绩和科研成果为评定主要素,考察综合表现的占96.97%,认为三年级以科研成果为评定主要素,考察综合表现合理的占78.79%(见图6)。

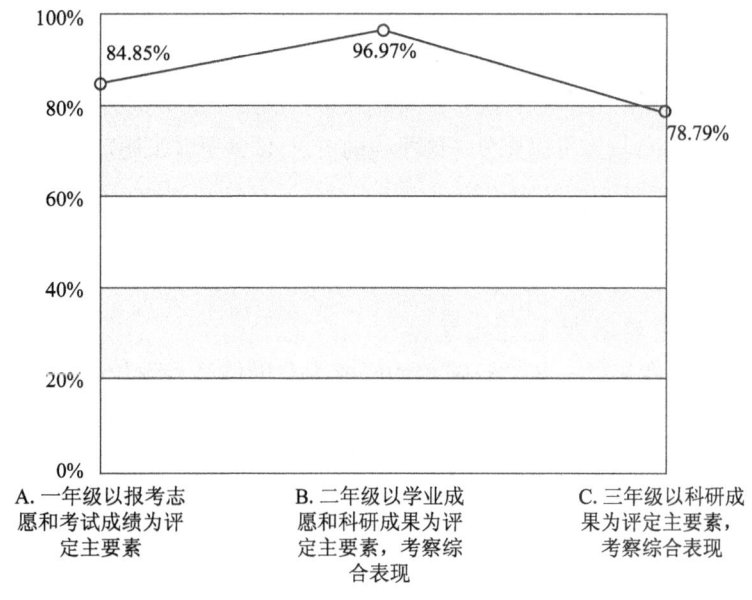

图6 优秀学生奖学金评定的合理主要素情况

关于研究生助学金的发放标准问题,39.39%的同学认为应为同一标准,出乎意料的是,过半(54.55%)的同学认为研究生助学金的发放应为不同学科专业标准不同,6.06%的同学则认为都可以,即无所谓发放标准同一或不同(见图7)。

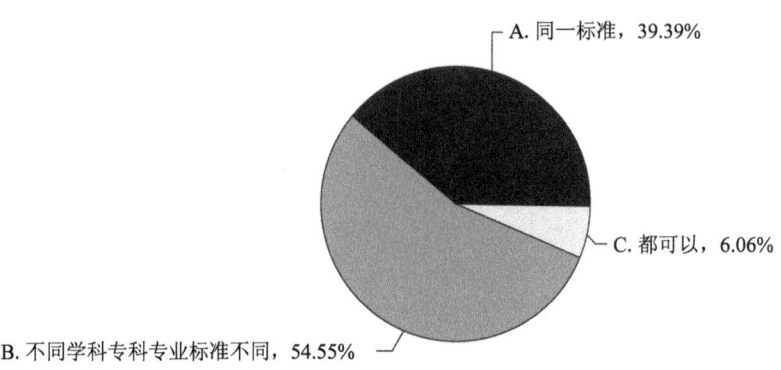

图7 研究生助学金发放标准的调查情况

（二）问卷结果总结

通过上述对调研问卷的具体分析,我们可以看出,当前各高校在研究生奖助政策设置方面基本是体现科学、公平的理念的,有较好的区分度,可以很好地激发在校研究生的竞争意识,有助于研究生整体学习、科研、社会实践等方面的综合提高。

但是,通过问卷的分析,也能看出一定的问题,例如受调研的大部分学生对研究生奖助政策只是停留在"听说过"的层面,对于一些细节的内容就知之甚少,这反映出校方对政策的宣传度还不是很高,在一定程度上会造成参评奖学金人员的盲目性,影响奖学金评定的科学、公正;又比如研究生"三助"津贴,近90%的学生认为应为15元/小时,但我校目前采用的仍是10元/小时,这就造成学生申请"三助"岗位的积极性不高,一定程度上影响了学校行政、科研工作的效率。所以,各院校在奖助政策的制定上还有提升的空间,在不影响整体客观、公正的原则下,校方可以充分考虑学生的诉求,以力争政策制定有最大的满意度。

## 六、调研总结

（一）调研院校奖助政策对比总结

通过此次调研,我们可以看出各院校的研究生奖助体系大致轮廓,即包括研究生奖学金（国家奖学金、学业奖学金）、研究生助学金、研究生"三助"（助管、助教、助研）津贴、社会捐助奖助学金、研究生助学贷款,以及各研究生培养高校结合自身实际情况设定的其他奖助形式。

从基本的奖助形式来说,在研究生奖学金方面,首先,7所高校在执行国家奖学金上是一致的,执行国家政策标准。其次,各学校对学业奖学金的比例及额度也根据不同情况做出了具体的规定,数额相差不大。在研究生助学金方面,7所高校对助学金规定一学年按照10个月计算或按年计算,标准平均在每月600~700元;在"三助"方面,7所高校设置月标准或小时标准,平均每月从500元到900元。

通过对比我们可以看到7所高校奖助政策的一些好的方面值得我们分析和借鉴。

在学业奖学金的标准划分上，围绕激励学生学习进步、规范化评定，浙江理工大学学业奖学金的设置更为细化，发放比例和发放金额都较大，将硕士研究生分为一、二、三年级，可以起到不同年级间的激励作用，而不是单一的年级，有利于更多学生参与奖学金的申领中来，提高其积极性。杭州电子科技大学以德育成绩、学习成绩和科研成绩三个方面作为主要考核内容，针对不同年级学生有详细具体的计算公式，研究生一年级主要重点放在学业成绩，而研究生二年级主要侧重于科研成绩。但我们也发现浙江传媒学院对于研究生一年级的评定标准有一定的歧视性，第一志愿选择浙江传媒学院作为考研高校的学生可以享受一等奖学金，这点与北京第二外国语学院是一致的。然而对于985和211高校的学生，即使第一志愿并没有选择浙江传媒学院，仍然可以享受一等学业奖学金的待遇，这点就体现出了其奖学金评选的歧视性倾向。

上海复旦大学有近40种的研究生奖学金。这些奖学金针对不同年级，不同学科，不同经济状况。可以说，这是一个非常完整的体系，几乎覆盖到了每一个在读研究生。该校研究生奖助体系的完善性，即使是最一般的"三助"岗位，不仅要参加专门的培训才能上岗，还要签订一定的合同，并且会定期举办一些评比活动。当岗位空缺时，可通过该校研究生网站发布，有意愿的学生可以快速获取信息，提交申请。

上海财经大学实施学费减免政策，为孤残学生、烈士子女及优抚家庭子女等提供学费上的优惠，设置特殊苦难补助和绿色通道，保障学生不会因经济原因而无法求学。苏州大学研究生奖助政策特别之处不仅在于各种捐赠奖学金，更在于其"爱心互助基金"针对学生家庭遭受灾害的或发生家庭变故的，依据实际困难发生的情况，分别给予一定的生活补助。

浙江理工大学在研究生出国(境)资助方面，规定明确，消息畅通，体系完整，设置了两档资助标准：硕士研究生一档每生20 000元，硕士研究生二档每生10 000元，奖励比例分别为在校生人数的5%和10%。该校还有四项奖助政策值得我们借鉴，第一，是研究生创新研究项目，用于资助研究生开展创新性研究，每年资助50项，资助经费1500~2000元；第二，是优秀研究生学位论文培育基金，用于资助研究生开展高水平科学研究，提高学位论文质量，资助额度为6000元/人；第三，是研究生创新成果奖励，用于奖励研究生发表高水平论文、获得发明专利或高等级学科竞赛获奖等创新成果；第四，是硕士生考博奖励，为帮助有志考博的硕士研究生攻读博士研究生，学校制定了考博奖励，奖励金额从500元到3000元不等。

在浙江大学，竺可桢奖学金是该校最高层次的奖学金。它对申请者的学习成绩、科学研究能力和创新精神以及科研成果都有着非常高的要求。我们调研小组着重研究了该校多种多样的研究生专项奖学金，主要包括校设奖学金和系设奖学金。以校设类奖学金为例，就有CASC奖学金、冠廷李锺焕奖学金、光华奖学金、国睿奖学金、南都奖学金、陶氏化学奖学金、温持祥奖学金、昭和电工奖学金、庄氏奖学金、东芝奖学金、康而达奖学金等多达10余种。这些多样化的奖学金为该校在校研究生提供了广阔的舞台，让每个研究生都能积极投身到各类活动中，不断提高自己的各方面的能力。

具体总结见下表。

| 高校名称 | 各类奖学金分配比例 | | | | | | | | | | | | | | 备注 | 助学金 | 三助(助管、助教、助研) |
|---|---|---|---|---|---|---|---|---|---|---|---|---|---|---|---|---|---|
| | 国家奖学金 | | | 学业奖学金 | | | | | | | | 社会奖学金 | | | | | |
| | 一年级 | 二年级 | 三年级 | 一年级 | | 二年级 | | | 三年级 | | | 一年级 | 二年级 | 三年级 | | | |
| | | | | 一等 | 二等 | 一等 | 二等 | 三等 | 一等 | 二等 | 三等 | | | | | | |
| 上海财经大学 | 无 | 根据国家分配名额,两个年级按校评奖标准依排名获得(即无固定年级分配比例) | | 无 | 100% 0.8万元/人 | 20% 1.2万元/人 | 80% 0.8万元/人 | 无 | 20% 1.2万元/人 | 80% 0.8万元/人 | 无 | 根据社会奖学金捐赠协议执行 | | | 1.该校国奖奖励对象:学业成绩特别优秀,科研成果特别显著,社会公益活动表现突出 2.该校未设三等学业奖学金 | 0.6万/年 | 500~600元/月或12元/小时 |
| 复旦大学 | 无 | 根据国家分配名额,两个年级按校评奖标准依排名获得(即无固定年级分配比例) | | 无 | 无 | | | | | | | 优秀奖学金 | 冠名奖学金 | | 国家奖学金、冠名奖学金和优秀奖学金的设奖总比例约为30% | 每人每月不低于600元 | 900元/月,每学期发放5个月,助管岗位和助教岗位不可兼得 |
| | | | | | | 1.高年级评定学业奖学金覆盖面不低于70% 2.硕士生奖励标准为8000元/人 3.奖励标准为8000元/人 | | | | | | 1.由学校出资 2.奖励标准为硕士生3000元/人 | 每年约有30个奖项,名额500余个,奖总金额230余万元,奖额为1000~20 000元不等 | | | | |

续表

| 奖、助学金设置 \\ 高校名称 | 国家奖学金 | | 学业奖学金 | | | | | | | | 社会奖学金 | | | 备注 | 助学金 | 三助(助管、助教、助研) |
|---|---|---|---|---|---|---|---|---|---|---|---|---|---|---|---|---|
| | 一年级二等 | 二年级三等 | 一年级 | | | 二年级 | | | 三年级 | | 一年级 | 二年级 | 三年级 | | | |
| | | | 一等 | 二等 | 三等 | 一等 | 二等 | 三等 | 一等 | 二等 | 专项奖学金 | 单项奖学金 | | | | |
| | | | 各类奖学金分配比例 | | | | | | | | 1.分校设奖学金和系设奖学金 2.评比对象为全日制二年级及以上研究生,奖励名额、额度及要求按捐赠协议 | 1.金额、名额不定 2.鼓励在德、智、体、美中某一方面表现优异,或为学校做出特殊贡献的研究生,包括创新创业奖学金、社会实践奖学金、社会工作奖学金、文体活动奖学金、特殊贡献奖学金 | | | | |
| 浙江大学 | 根据国家分配名额,两个年级按校评奖标准依校排名获得(即无固定年级分配比例) | | 无 | | | | | | | | | | | 研究生因公出国(境)不超过6个月者,出国(境)期间继续发放岗位助学金;超过6个月者,自第7个月起停发岗位助学金,回校后次月起恢复发放(补发当月) | 700元/月 | 1.助研:从导师科研经费中的劳务费等支出 2.助教:800元/月,10个月 3.助管:固定岗位,720元/月,10个月;临时助管,15元/小时 |

1. 获学业奖学金奖励的研究生,可同时申请研究生国家奖学金、研究生国家助学金等其他研究生国家及学校奖助政策奖助
2. 奖励标准为8000元/人
3. 覆盖面为100%

续表

各类奖学金分配比例

| 高校名称 | 国家奖学金 | | | | 学业奖学金 | | | | | | | | 社会奖学金 | 备注 | 助学金 | 三助（助管、助教、助研） |
|---|---|---|---|---|---|---|---|---|---|---|---|---|---|---|---|---|
| | | 一年级 | | | 一年级 | | | 二年级 | | | 三年级 | | | | | |
| | | 一等 | 二等 | 三等 | 一等 | 二等 | 三等 | 一等 | 二等 | 三等 | 一等 | 二等 | 三等 | | | | |
| 杭州电子科技大学 | 根据国家分配名额，两个年级按校评奖标准依排名获得（即无固定年级分配比例） | | | | 1万元/人 | 8千元/人 | 无 | 每生每年最低8000元，最高12000元 | | | | | | 1. 华为奖学金5000元 2. 根据社会奖学金捐赠协议执行 | 1. 学业奖学金以德育成绩、学习成绩和科研成绩三方面考核 2. 计算公式：硕一总分＝德育成绩×20%+学习成绩×60%+科研成绩×20% 硕二总分＝德育成绩×20%+学习成绩×20%+科研成绩×60% | 0.6万/年 | 无 |
| 浙江理工大学 | 无 | | | | 根据考生来源确定 | | | 20% 1.2万元/人 | 30% 1万元/人 | 50% 0.8万元/人 | 20% 1.2万元/人 | 30% 1万元/人 | 50% 0.8万元/人 | 包括桑麻奖学金、纺织之光奖学金、华鼎奖学金、富春奖学金、健盛卓越奖学金等10余项。奖学金额度从4000元到10000元不等。 | 出国（境）的资助分两档设置，一档5%，每生20000元；二档10%，每生10000元 | | 450元/月 |

续表

各类奖学金分配比例

| 奖、助学金设置 / 高校名称 | 国家奖学金 一年级 | 国家奖学金 二年级 | 国家奖学金 三年级 | 学业奖学金 一年级 一等 | 学业奖学金 一年级 二等 | 学业奖学金 二年级 一等 | 学业奖学金 二年级 二等 | 学业奖学金 二年级 三等 | 学业奖学金 三年级 一等 | 学业奖学金 三年级 二等 | 学业奖学金 三年级 三等 | 社会奖学金 一年级 | 社会奖学金 二年级 | 社会奖学金 三年级 | 备注 | 助学金 | 三助(助管、助教、助研) |
|---|---|---|---|---|---|---|---|---|---|---|---|---|---|---|---|---|---|
| 浙江传媒学院 | 无 | 根据国家分配名额,两个年级按校评奖标准依排名获得(即无固定年级分配比例) | | 30% / 1万元/人 | 70% / 0.3万元/人 | 15% / 1.2万元/人 | 25% / 1万元/人 | 60% / 0.8万元/人 | 无 | | | 无 | | | 无 | 600元/月 | 无 |
| 苏州大学 | 无 | 根据国家分配名额,两个年级按校评奖标准依排名获得(即无固定年级分配比例) | | 1. 苏州大学普通奖学金 硕士生400~600元/月,获奖人数不限 2. 苏州大学优秀奖学金1000元/人,获奖人数为硕士生不超过10% | | | | | | | | 主要包括朱敬文奖学金、周氏奖学金、朴子威奖学金、许鹏教授奖学金、正雄企业奖学金、三星奖学金、王致权奖学金、苏州工业园区奖学金、苏州中化奖学金、苏州朱敬文奖学金、中铭助学金。这些捐赠奖学金主要针对不同专业而设,奖金金额从1500元到6000元不等。 | | | 无 | 无 | 每周14小时,200元/月,一年按10个月计算 |
| 北京第二外国语学院 | 无 | 根据国家分配名额,两个年级按校评奖标准依排名获得(即无固定年级分配比例) | | 新生奖学金,不分等级,3000元/人 | | 10% / 1~1.2万元/人 | 30% / 0.6~0.8万元/人 | 40% / 0.4万元/人 | 10% / 1~1.2万元/人 | 30% / 0.6~0.8万元/人 | 40% / 0.4万元/人 | 根据社会奖学金捐赠协议执行 | | | 无 | 700元/月 | 500元/月 |

## (二)政策建议总结

在对比总结了7所受调研院校研究生奖助政策的基础上,现将其与我校研究生奖助政策作对比分析,从我校与京外高校在研究生奖助政策的差异之中,对我校在今后改进政策方面提供一些建设性意见。

第一,严格执行国家政策,不断完善二外研究生奖助体系。要对国家奖助政策的文件精神把握准确、执行到位。在执行国家政策的基础上,对奖助政策引起高度重视,不断改善和研究有利于学校发展和学生进步的奖助方式方法,吸收和借鉴全国各地高校经验做法,立足二外实际,勇于制度创新,使好的政策真正落实到位,惠及广大学生。

第二,规范奖助设置标准,优化激励机制和奖助效果。要对设立的标准进行跟踪研究和定期分析,对激励效果不理想的,要及时调整,不仅将政策细化到年级,必要时要细化到具体专业,在不同年级采取不同的评定方法,让每名研究生在良性的机制中积极投身学习和科研工作。要不断完善"以科学研究为主导的导师责任制"和"以科研项目经费为引导的导师资助制",充分发挥指导教师在研究生学业奖学金评定过程中的主导作用。导师直接参与学业奖学金评定工作,对研究生的学习、科研全面负责,有助于密切师生关系,营造良好而高效的学习及科研环境,激励和调动研究生的学习热情与科研热情,从而促进研究生培养质量的进一步提高。

第三,积极进行政策宣讲教育,保障奖助透明,评定公平。学生对奖助政策的充分了解,是发挥奖助政策作用的重要因素之一。要畅通政策宣讲渠道,通过设立咨询机构、网站宣传等多种形式,让学生更加了解政策,真正让政策惠及每名研究生。另外,奖助学金的评审遵循公平、公正、公开、择优的原则。在具体操作中,多方听取意见,增加评选的透明度,力求研究生学业奖学金评定工作更加有序、更加规范。

第四,畅通帮扶救济渠道,完善经济困难研究生助学政策。开辟助学贷款绿色通道,健全研究生助学贷款机制。目前,助学贷款的申请周期较长,名额较少,额度较低,还贷期短,研究生普遍认同度不高。要积极协调有关管理部门适度降低研究生助学贷款申请门槛,加大助学贷款资助力度,充分发挥助学贷款的资助作用,以满足部分研究生对于国家助学贷款的迫切需求,保证经济困难学生接受高等教育的平等机会,充分发挥助学贷款作用。另外,可设立互助救济体制,保障研究生在完成学业的过程中免受其他因素的不利影响。

第五,积极设立丰富的奖励方式,拓宽外部奖助渠道。优化资源配置,增加研究生建设专项经费覆盖面,对研究生的科研论文撰写和发表给予奖励或资助,引导和激励研究生更加关注科研工作与科研活动。让多样化的奖学金为在校研究生提供广阔的学习科研平台,吸引更多的企业到我校设立专项奖学金中来,为我校的人才培养和基础设施建设提供一定的资金支持,同时也可以吸引更多的人才前来二外学习,为社会培养更为有用的人才。

# 05 学生工作

# 改革前沿阵地的外语类高校研学组织管理体制探析

调研注册团队编号:01
调研注册团队领队:王维俊

作者:王维俊　赵　莉　吴嘉伟　朱　迎　李渡石　薄　倩

[摘　要] 随着我国高等教育的发展,高校学生组织日益成熟。学生组织已经成为了连接学生和社会的桥梁,为广大学生提供了成长、锻炼的平台。高校学生组织、研学组织管理体制的建设对于学生素质的培养具有重要的作用,一直以来受到教育界重视,正是在这样的研究背景下,项目组探析了改革前沿阵地的外语类高校研学组织管理体制。

本调研报告根据调研成果,并采取文献研究、推理演绎、网络调查、数据统计、案例分析、比较研究等多种研究方法,开展本课题的研究。从研究生事务管理载体与抓手、党组织建设对比分析、共青团系统制度对比分析、研究生会建设对比分析、学习型研究生班级建设等多个方面对本校与改革前沿阵地的外语类高校进行了剖析与研究,从中得出互有所长的管理体制与研学组织的发展模式,以期有助于外语类高校之间就可参考部分相互借鉴取长补短。

[关键词] 研学组织;外语类高校;管理体制;改革前沿阵地

## 一、导论

(一)选题背景及研究意义

随着我国高等教育的发展和需要,高校学生组织应运而生并且日趋成熟。高校学生组织作为一座桥梁,连接了作为管理研究生事务的研究生处与作为培养目标的研究生。研究生组织形成了一个传达、反馈的有效沟通机制,为党委研究生工作部和研究生提供了一个沟通平台,既能够将学校的指示快速地传达给学生,也可以将学生的诉求迅速反映给学校,学校再根据研究生组织反馈的信息对决策进行进一步的调整,正是通过这样的反馈机制,学生学术事务与学生生活事务才得以正常运行。

由此可见,研究生组织在高等教育中确实起到了重要作用。而一个组织正常运行就必须有一个有效的、稳定的组织体系,同时必须拥有明确的组织目标和指导思想。那么在这种情况下,对高校研学组织管理体制进行探析就显得十分必要。

本文的研究意义就在于获得研究生事务管理制度、研究生党组织建设、研究生共青团系统、研究生会组织构建的相关经验,以期对我校研究生组织提供借鉴。利用这些经验来给研究生组织建设过程中的一些问题以启示,通过体制的改进来增加研究生组织的活力。

(二)概念界定及研究现状

高校学生组织通常指本科阶段学生的学生团体和组织,而高校研学组织则特指高校研究生阶段的学生组织。研究生学生组织由研究生党支部、研究生团支部、研究生会、研究生班委、研究生社团等组成。这两个群体的人员构成有着明显的区别,其管理方法也应当区别对待。

国内外众多的学者研究了学生组织对于学生建设的作用,本项目组针对研究生群体的学生组织制度进行了探析,旨在探寻出符合研究生群体发展的学生组织管理模式。

关于思想政治教育,国外学者虽然多未使用"思想政治教育"的概念,但其所谓的"道德教育""政治教育""公民教育""政治社会化",实际就是我们所称的思想政治教育的几块内容。从世界范围来看,思想政治教育一直以来都存在,并且在当代尤为重视。国外学者对道德教育、政治教育、公民教育有许多著名的论著,如美国拉瑞·纳希的《道德领域中的教育》和柯尔伯格的《道德教育的哲学》、杜威的《民主主义与教育》、英国彼得斯的《道德发展与道德教育》和约翰·威尔逊的《道德教育新论》等。这些著作既有理论的系统评述,又有教育实践方面的详细研究,为学术界和从事思想政治教育研究和实践的人提供了重要的参考资料。国外学者 Fretwell 指出,每个校园都有两所大学,一个是教授所传授的课程,一个是传统的课堂之外的学生活动。他认为每所大学都应致力于丰富学生的思想和活动,学生活动是大学最自由的教育手段。Jo Gayle Hudson 分析了学生组织建议者的角色、技能和类型,如教育工作者为学生组织提供建议的当权者和专家的角色,他们如何影响学生组织运作,通过何种方式帮助学生组织发展。

关于研究生思想状况,当前研究生思想特点主要有:生源广泛、思想状况复杂,独立意识强,思想逐步社会化,学习生活压力大,心理问题日益突出。也有研究者认为,当前研究生思想政治状况的主流是积极向上的,但同时部分研究生的思想政治状况存在一些问题:政治修养欠缺,思想境界不高,存在信仰危机,集体观念淡薄,个人色彩浓厚,缺乏团结协作意识,心理状况复杂,心理压力增强,抗挫折能力较弱,诚信缺失,科研造假现象严重。而对于研究生思想政治教育管理体制来说,工作体系尚不健全,对研究生思想政治教育的责任不明确,研究生思想政治教育评估体系不完善。进而提出要树立研究生思想政治工作的新观念,创新研究生思想政治教育的工作体系和运行机制,建立科学合理的研究生思想政治教育管理组织体系,优化研究生思想政治教育的环境。

国内学者孙月霞认为,研究生干部组织的功能主要有以下几点:积极投身学校、院系的创新文化建设;定期组织学术活动;培养研究生群体的自我教育能力及社会实践能力;维护广大研究生群体的利益;加强师生之间的了解并和兄弟院校及其他高校的研学组织进行交流和合作。学者郑丽从研究生就业角度,探讨了研学组织与提升研究生就业力的关系,认为研究生学生组织对于提升研究生就业水平具有积极作用。

学者李慧芳,董海军分析了研究生社团工作中存在的问题,指出基于研究生本身个人经历导致的年龄层、心理成熟度、社会阅历差异等因素,使得研究生对于社团活动缺少积极性。通过建立明确的研究生社团管理制度、完善研究生社团自身组织建设、打造研究生社团品牌文化等方法,可以促进研究生学生活动的展开,对研究生素质教育具有积极作用。

(三)研究思路及研究方法

本课题的研究思路主要分为以下几点。

一、通过网络搜寻、数据统计、文献对比、个案分析等方法,客观全面地分析非综合类高校研究生学生组织结构现状和活力提升面临的主要问题,例如经费来源单一、组织覆盖面窄、影响力不足、创新力缺乏、人员流失大等问题。

二、从对比广东省非综合类高校研究生组织管理制度以及语言类高校研究生组织结构的优劣入手,找出可资借鉴的经验和长处。

三、提出完善语言类高校研学组织的结构建设应当坚持的基本点(例如以学生为本、从学生角度出发),以及完善研学组织内部结构要着重处理好的几大关系(学术科研与校园活动、个人发展与组织管理以及经费渠道和活动创新等)。

四、提出符合专业类高校本土特色、满足研究生个人教育培养方向的现代研学组织结构管理体制。

研究方法拟综合采取文献研究、推理演绎、网络调查、数据统计、案例分析、比较研究等多种研究方法,开展本课题的研究。从研究生事务管理载体与抓手、党组织建设对比分析、共青团系统制度对比分析、研究生会组织构建等多个方面对本校与改革前沿阵地的外语类高校进行了剖析与研究,从中得出互有所长的管理体制与研学组织的发展模式,以期有助于外语类高校之间就可参考部分相互借鉴取长补短。

## 二、研究生事务管理载体与抓手

我国的研究生教育起步相较于西方发达国家略晚,且由于历史等原因时断时续,1963年教育部通过的《高等学校培养研究生暂行工作条例(草案)》标志着研究生教育已经正式初步建立起来。在经历种种曲折发展与大力推动后,从最开始1965年全国研究生在校人数4.5万人发展激增到2012年全国硕士研究生143万余人,研究生群体在1978年这个时间节点之后激增,一方面标志着我国高等教育事业的蓬勃发展,同时也给高校的研究生相关工作带来了巨大的压力。

高校内研究生群体由来自各地方、各个不同环境、各个不同文化的同学构成,多样化的成分就带来了多元化的诉求和问题,同时高校研究生辅导员配备情况无法满足现今研究生的规模比例,覆盖面较小。对于研究生辅导员来说,不仅要做学生的思想政治教育工作、学生奖学金管理工作,还要同时兼具学校行政类事务管理工作,在日益发展的社会与时代背景下,心理健康辅导和就业发展指导工作也逐渐纳入到一名职业学生事务管理人员的工作范畴内。而从历史的发展中可以看出,学生事务管理逐渐地与学术事务管理相互渗透相互影响又相互独立,它是高校管理的一个重要组成部分,在这样的情况之下,研究生的教育和管理工作任务就需要多方力量的参与和协作。从校方层面需要在宏观方面即在制度的顶层设计上构造出一个针对研究生个人发展的培养框架,协调好学术事务和学生事务间的矛盾,梳理好校内行政权力、学术权力和民主权力之间的关系,形成一个有活力、高效率的组织体制。从院系层面需要配备专职的研究生事务管理教师,专业化的管理队伍才能有效地抓起研究生的事务管理工作。从学生民主的角度出发,研究生自我组织、自我管理、自我教育的自治系统不仅能够发挥研究生本身扎实理论基础优势,也能帮助学校老师承担一定的学生事务管理工作,同时在研究生群体中引导同学正确去认识一些有关就业、成才、爱情、生活等现实问题。

下面将结合几所高校的现实情况,就一些学生事务管理方法和制度规范进行一些初步的分析和比较,在研究生的事务管理上遇到的问题和看法简单讨论一番。

## (一)学生事务与学术事务

### 1. 两者关系

一所高校中目前需要处理的主要事务可以分成学生事务和学术事务,教育功能作为学校的核心功能固然使得学术事务从校长层面到学生个体都是重中之重,但伴随着时代发展、经济繁荣,社会的进步让学校管理者面临着新的课题,研究生群体的扩张以及成分构成多样化,其本身对于学校这一主体的诉求不单单局限于对科学知识的吸收,在培养适应社会、符合现代化生产要求或者其他目标要求下,本科生乃至研究生都应该掌握更多的技能,不断提升本身的综合素质。此时简单的学术事务管理由于其本身的性质无法在具体的事务过程中赋予学生某些综合能力,而这些综合能力是需要在社会实践和与人的沟通交流中去锻炼总结的。

那么高校中的教师队伍就不能单一地由兼任学术事务和学生事务的老师构成,在面临新的任务时,专业化的管理团队将有利于实施研究生的事务管理。这样学术事务和学生事务就由曾经的自然统一转变为相互独立,可这样依然不能更大程度地发挥学生事务的效用。我们知道学生事务是学生非学术性活动,是学生课外的一切活动和管理,它是高校管理的一个重要组成部分,随着学生事务内涵的进一步拓展,在具体的管理和服务过程中,追求对学生的教育功能和发展功能而且其教育功能隐性地贯穿于管理和服务的具体事务中,让彼此相互独立的两个工作内容又重新汇合到一起,相辅相成,学术事务给学生事务注入了理论指导和价值内涵,学生事务通过实践发挥了寓教于行的功用,学生事务趋于学术化并逐步与学术事务形成教育性的合作伙伴关系。

### 2. 管理目标

学术事务的管理目标可以从每个学校的人才培养目标以及各个学科的培养计划中总结出来。部分外语类高校学术型硕士研究生的培养目标旨在培养"能独立从事所学专业方面的科研工作",以理论研究和科学研究为主。学生事务管理的目标则主要关注学生个人的思想、心理、社会技能等方面。学生事务管理经历了一段漫长的过程,管理者的理念也在发生着变化,有人认为经历了"学生人事工作"——"学生服务"——"促进学生发展"几个阶段,可以看出来关于研究生的事务管理也在此基础之上有大幅度的转变。这也暗示了高校内教育、管理、服务工作的趋向,究竟是实现一体化还是分别的专业化,其实在确定这三者关系之前需要弄清楚其背后的行政权力、学术权力和民主权力的关系。一所高校的管理者或领导者需要根据学校的发展目标来协调这几个力量之间的平衡,要充分运用它们之间的优势互补,才能不断给予学校发展的不竭动力,才能为培养高素质、有学问的研究生打造一个科学而有活力的环境。

也就是说学生事务管理者应该创造一个与时俱进的环境,让学生有权根据自己的价值观去选择,引导学生如何做出选择。根据"经济人""社会人"的假设,都是以人为本的科学发展观,即关注学生本身的社会因素,考虑学生的自身权益和他们的实际需求,考虑他们的社会性,满足他们的归属感和安全感是集体组织的团体优势,这种社会需要对人的作用往往比经济需要更大,也就是说管理的重点不在于满足他们的经济需要,而在于发展人际关系,满足他们的社会心理需要,这使得学生事务关注的目光从外在目标转向了学生的内在心理世界。但鉴于现实社会的实际情况,仅仅做好心理咨询还远不能满足学生的需要,在面对就业、成才、爱情等各种压力时,有重点地或者说有引导性地去帮助学生掌握社会生存技能以及与人交往的技能是使教育面向世界、面向未来提高竞争能力的一种方法。

### (二) 事务管理的载体和组织制度

作为高校管理的一部分,研究生事务管理也牵动着学校的各个部处室以及培养单位,主管研究生事务的为研究生处或者研究生院,从研究生的入学、培养计划的制订、研究生经费的使用、学校在读期间的生活学习管理到最后毕业、就业等环节,都基本上在研究生处这个部门里面发生和运作。这些就是学术事务和学生事务的统一枢纽处,其角色定位相当于校内研究生教育的中枢大脑,统筹制定各项研究生大小事务,规划学校研究生不同学科的发展框架,整合各方资源为研究生的个人发展提供帮助。一个中枢大脑的政策信号往往需要各个培养单位也就是院系的具体实施和帮助,才能真正地将培养计划落到实处,应用在学生的身上。在面临师资不足,覆盖面不够广的现实情况下,作为老师和学生之间桥梁作用的学生组织应运而生。学生组织的建设和管理需要一个稳定的组织系统,明确的指导思想和组织目标,同时需要一定量的专职研究生辅导员和一定的物质条件和资源保证。

学生事务管理要抓住研究生社会属性的需求这一关键点,不能因为假设其是一个成熟的人，具有稳定世界观和人生观的个体，而忽略他们组织归属感和安全感的诉求，每一个人都渴望一种人际关系中的认可与关注，所以在学生事务管理第一线的教师是接触研究生最多的也是最开始的一个环节，凝心聚力第一仗就是在这一个环节。而其实营造组织归属感可以有很多渠道，在广州的几所大学中，研究生群体中都建立有党团组织，以广外为例，其团组织架构从校到院系再到每个班级支部都有覆盖，在日常以及重大节日点时，团组织的广泛覆盖就呈现出了其功用：第一，组织的运作让研究生从本科毕业再到校园内后又一次认识青年团组织；第二，重大节日点的互动让研究生们能够意识到在专心进行学术研究之时还有与实际相关的责任与义务去完成。那么党团组织的建设意义就在于从思想认知上给予同学一个标杆和集结点，告诉广大青年学子，步入高等教育阶段的同时也肩负了应该去履行的责任和义务。当然，在某些院校可能会遇到一个专业年级的人数过少，在构成团支部或党支部的时候，会遇到人员匮乏的问题，比如小语种专业，这样一个班的班长就要兼任团支书或者党支部的职务。工作量和为之付出的时间也就会成倍增加，这不仅让学生自己犯难，也给辅导老师出了难题，在这样的情况下，矛盾往往是因为职权不清晰，有些烦琐的工作或者事务性的工作本可以简化或者提高效率而没有找到合适的途径去解决，就让人望而却步了。

研究生会制度和研究生党团组织是高校内普遍存在的关于研究生事务管理的抓手，因为研究生有着不同于本科生的基本学科基础以及生活经验，在承担一部分学生事务管理的工作过程中会更加熟练。所以参考几所高校内研究生事务的管理制度后，可以发现：

第一，在各个院系培养单位会配备有专职研究生辅导员或由其他有学生工作经验的老师兼任。

第二，在某些人数较多的培养单位会成立研究生分会机构，人数较少的则有相类似的研究生代表。

第三，校内都有一套"三助"岗位的制度，充分运用研究生的人力资源。

"要想富，先修路"，这句话的内涵其实就是说拉动一方的经济活力就需要一些基础设施的支撑，高校内的学生工作也是如此，严谨的组织架构，相当于为事务管理制定一套运行法则，而充分利用学生组织的力量，就使得这个系统的运作更有效率。

但同样也面临一个问题就是，研究生能有自己的思考和对事务的看法，加上学业方面的任务和压力，许多研究生不愿意进入到学生事务管理中来，但其实不然。

第一，从学校的管理者出发，充分利用新媒体和网络科技的力量，能够高效处理许多烦琐的事务工作，明晰的职责内容会让工作更有效率。

第二，学生事务的管理过程对于一些管理类学科的学生其实是一个将理论付诸实践的良好机会，能让他们实地地积累事务处理过程和决策过程的相关经验。

第三，加入到学生事务管理过程中也是充分利用校内民主权力的体现，是学生维护自身权益的一种正规渠道。

作为研究生权益的代表，研究生会制度在每个高校内都是研究生事务管理的必要手段,而有针对性地依据各个高校的培养任务、学科特色打造属于各自的研究生会即本土化是一件有意义的工作,不能过分强调服务理念,会丧失组织权威性,也不能过于死板,忽略正当的诉求,实事求是地处理好学术事务和学生事务,厘清行政权力、学术权力和民主权利的利弊权衡也十分必要。学生事务不是边缘工作,它在过程管理当中也渗入了学术的理论思维,建立好事务管理的"基础设施"将更加有利于各项管理工作和组织建设的运行。

## 三、研究生党组织建设比较分析

近年来,随着我国研究生教育事业的快速发展,研究生总体数量的增加,使得研究生党员队伍也在不断扩大,研究生培养工作跨入了快速发展的新时期,各高校党委都十分重视研究生党员和党支部的党建工作,针对研究生党组织给予了有别于本科生党支部的发展空间和有利条件。笔者将结合几所高校的现实情况,从研究生党组织的建设现状,如党组织制度建设、组织机制建设与创新、理论学习形式建设与创新、激励制度等角度出发,对研究生党组织这一类研学组织的管理体制予以研究和对比分析,以期望从中得到外语类高校研学组织中党组织的发展模式与培养模式的启示。

研究生作为高校组成特殊的群体,他们具有较高层次的专业理论基础,思想比较活跃敏锐,易于接受新事物。大多数研究生主观意识较强,具有独立思考和自律能力,同时他们的组成结构复杂,具有思想认识多元化的特点。因此,在调研中我们发现,我校与广东外语外贸大学和深圳大学,三校的研究生党员发展和管理工作与本科生相比,有着自身共同的鲜明特点:一是研究生党员比例远高于本科生的党员比例;二是研究生的自我教育、自我管理、自我服务的要求和能力较强;三是与本科生党支部相比,研究生真正成为党支部的主体,党支部书记大部分由学生担任,其理论水平、工作经验与教师尚存在较大距离。而教师对于党支部的指导作用也比本科生党支部要少,也更为间接,因此对于研究生党支部理论水平的要求就更高;四是研究生活动的相对分散与党组织的高度集中相矛盾,随着研究生招生规模的逐年扩大,研究生人数和党员数量也逐年递增,而研究生住宿较为分散,加上专业的差异,选修课的不同,科研任务重,使得支部活动的开展不如本科党组织那么容易。

针对这些研究生党组织出现的共同点与问题,三所学校有着不同的处理方法和经验。我们从调研中选取了几个方面的亮点,下面从四个方面进行分析对比和借鉴。

### (一)党组织制度建设分析

制度是决定性、根本性、全局性、稳定性和长期性的因素,建设高校研究生党组织必须要有相应的制度才能使学习活动持续地推进。

三校通过健全"党员组织生活""党员民主评议""党内监督""入党积极分子教育培养""党员参加党内活动登记""党内考评"等制度,进一步规范基层党组织的主要任务和职责。并重点规划了工作计划和总结制度、主题教育制度、"三会一课"制度、党员发展制度等加强党支部学习型功能的制度,有效地推进了本校研究生党支部的制度建设与学风建设。

(二)组织机制建设与创新

创新组织机制,根据研究生专业的不同特点,基层党支部的设置应采取多元化建制方式。我校部分研究生党支部按照"学生党员在哪里,学生的党组织就建在哪里,党组织的战斗堡垒和党员的先锋模范作用就发挥在哪里"的思路,积极推进组织工作创新,确保基层党建零距离、全覆盖。开始着手探索研究生基层党支部设立的多种模式,部分院系根据自身特点,建立海外学习党支部小组,与国内的党支部小组开展定期的党组织生活视频会议。部分专业根据自身特点,进行双语党课的学习,并对一些经典党的文献进行不同语种的翻译。

广东外语外贸大学拓宽了原有的"学校——院系"二级管理模式,将全校研究生党支部根据不同的小区划为十二个模块,学校从每个模块所属的研究生党支部书记中公开招聘研究生党建助管,负责各模块的党建工作,并由他们组成研究生党建工作核心小组。核心小组通过组织生活会观摩、支部工作汇报等形式,促进不同支部间开展互访互评,提高支部建设整体质量。这些举措,为研究生党支部间的横向交流提供了畅通的渠道,促进了先进经验的传播和支部之间的互动,有效地推动了研究生党建工作的发展。

深圳大学从 2007 年起开展"研究生示范党支部"创建活动,按照"广泛发动、分层指导、阶段推进"的原则,分期分批创建研究生"示范党支部"。通过调研、创建、交流、评选、表彰,广泛调动研究生党员的积极性和创造性;通过总结经验、推广案例、弘扬先进,规范支部建设、创新支部活动,在学术研究、社会服务、坚定理想信念、营造和谐氛围等方面不断进行新的尝试和探索,不断增强研究生党支部的创造力、凝聚力和战斗力。在加强宣传马克思主义中国化最新成果时,成立了"马克思主义中国化最新成果学习兴趣小组""党的最新理论政策宣讲团"等,积极为研究生党员创建党性锻炼的实践载体,举办了形式多样的主题创建活动和实践活动,使学生党员的思想政治建设在学习实践中不断得到加强。通过理论学习和实践锻炼,很多学生党员不仅自己从中受到了教育、得到了锻炼,提高了自身素质,而且他们积极组织和参加各种校园文化活动,主动帮助同学,顺利完成学校交给的各项任务,充分发挥党员先锋模范作用。

(三)理论学习形式建设与创新

研究生党组织应充分开发网络资源,广泛布点设站,抢占网络上的马克思主义阵地,提高互联网上研究生党建工作的覆盖面,争取在较短时间内建立起数量众多、具有一定规模、信息量大的具有鲜明的马克思主义网站信息传播系统和电子化党务管理集成系统,从而使马克思主义主流意识形态成为网上的重要信息资源,为广大研究生入党积极分子和研究生党员提供理论思想武器。

深圳大学运用现代网络技术,提高研究生党务工作的效率,实现研究生党务日常工作的现代化和科学化。建立并适时更新研究生党员电子信息系统数据"深圳大学党校网",对研究生党员、预备党员、入党积极分子的入党申请书、思想汇报、党课培训结果、政治审查、群众意见等情况进行系统管理与动态更新,以文字、图片、视频等方式真实记录管理对象参与组织活动、支部大会、学业科研的表现,作为发展入党积极分子、发展预备党员、预备党员转正、评选优秀党员的重要依据,有利于党支部管理的全面化、公开化、透明化,加强党内外监督水平和管理服务水平。

广东外语外贸大学加大校园基础设施投入,加大人才引进力度,全力夯实研究生党组织阵地。积极开辟网络阵地,开通以广东外语外贸大学党委组织部、机关党委为主页的"网上课堂""网上党校",实现与传统教育有机结合,为广大研究生党员的学习提供迅捷的信息资源。在此基础上,不断提高各种学习设施、学习资料的利用率,提高研究生党员学习成果的转换率。采取多种形成,如举办讲座、培训班及兴趣小组等,加强研究生党员对学习的关注度和参与度,增强学习的持续性,有效推动研究生学习型党组织创建的长效化。

我校的党员在线学习系统的翔宇网已经投入使用多年,翔宇网主要是在网上开展各种学习活动,开展各类微党课培训,入党积极分子进行网络学习网络考评,党员同学进行理论学习,让其成为宣传党的各项路线方针政策和理论创新成果、普及学习型理念的渠道。

(四)激励制度

在2012至2014年年度优秀党支部的评比中,我校优秀学生党支部的考核与评优标准为在下列五个方面取得突出成绩:

1. 宣传、执行党的路线方针政策和上级党组织的决议,推动学生班级进步。

2. 加强对学生党员的教育、管理、监督和服务。开展理想信念教育,坚持每月一次组织生活,定期召开组织生活会。发挥学生党员的先锋模范作用,影响、带动广大学生明确学习目的,树立优良学风,完成学习任务。关心和帮助学生党员全面成长,帮助学生党员解决实际困难。鼓励学生党员承担社会工作、参与志愿服务。

3. 组织学生党员参与班(年)级事务管理,努力维护学校的稳定。支持、指导和帮助团支部、班委会及学生社团根据学生特点开展工作,促进学生全面发展。

在班级建设中发挥党支部的核心作用和党员的骨干带头作用。经常讨论班(年)级事务,建立与团支部、班委会协同工作机制,以党建带团建、促班建,带动班级团结进步。

4. 培养教育学生中的入党积极分子,帮助端正入党动机,按标准和程序发展学生党员,保证新党员质量,不断扩大学生党员队伍。做好预备党员的考察和转正工作。

5. 积极了解学生的思想状况,经常听取他们的意见和建议,并向有关部门反映。根据学生特点,有针对性地做好思想政治教育工作,使党支部成为学校开展学生思想政治教育的坚强堡垒。

与我校的先进党支部评优标准相比,广东外语外贸大学的评优标准则更为细化,具体内容与评分标准如下表。

表1 广东外语外贸大学研究生党组织激励机制评分模式

| 自身建设 | 评价指标 | 得分标准 | 备注 |
| --- | --- | --- | --- |
| 思想政治工作（50分） | 1.每月开展思想政治教育活动党组织生活,形式多样,注重实效 | 20分 | 以支部记录手册为凭 |
| | 2.及时准确地掌握学生的思想动态和热点问题,每学期有针对性分析研究1~2次学生思想动态,有效地开展思想政治教育或者其他主题活动 | 20分 | 学生党支部要建立思想政治工作记录簿,以记录为凭 |
| | 3.支部成员在学生思想政治教育研究方面有成果 | 10分 | 党员每人写1篇论文或心得得基础分1分,在此基础上多发表1篇文章(第一作者)加1分。获学校科研课题立项的负责人加2分;获省级立项的负责人加4分;获国家立项的负责人加6分,加满10分为止(课题成员按所属档次的课题,人均分值加分) |
| 专业学习（20分） | 4.学生党员学习目的明确,态度端正,学生自觉性高,考试成绩真实,无违纪现象,学生党员在专业学习方面成绩突出 | 10分 | 学生党员考试违纪的,在不得分的前提下,每人次扣1分,不与共性目标同时扣分。本科生学生党员每发表一篇专业论文加1分,加满10分为止 |
| | 5.每学期研究分析1次学生的学习情况,了解学生对教学工作的建议 | 10分 | 体现在支委会记录中,措施和办法要形成具体材料。 |
| | 6.学生党员成绩优良 | | 有一人次的补考或者不及格扣1分,扣完为止 |
| 社会工作（10分） | 7.主动承担社会工作,认真完成上级交办的任务 | 10分 | 基础分为5分,在社会实践等活动中获奖或者影响程度大的酌情加分 |
| 综合效果（20分） | 8.学生党员能正确处理好个人与集体利益关系 | 5分 | 此项基础分为2分,当会员有突出事迹如毕业生党员参加西部计划等,在校内外反响较大,每人次加1分 |
| | 9.学生党员模范作用突出,支部内受到学校及以上的各类表彰 | 5分 | 达到10%得基础分2分,超过10%的党员受到校、市、省、国家级表彰每增加1人加1分 |
| | 10.党支部工作成绩突出,受到学校以上的表彰或奖励 | 10分 | 此项基础分为2分,党支部受到校级表彰加2分,每往上一个级别分别递加 |

通过评优激励机制,可以发现,我校一定程度上缺乏量化标准,在这方面,在以后的基层党组织建设评优过程中,应予以考虑。

(五)结论

研究生教育是我国高等教育的最高学历层次,肩负着为国家现代化建设培养和输出高素质、高层次人才的重任,是我国提高综合国力、增强国际竞争力的重要支撑。研究生党员更是具有先锋性和模范性的优秀青年代表。研究生基层党组织的将发挥着至关重要的作用,通过对广东外语外贸大学、深圳大学等与我校条件相似的外语类院校研究生党组织的调研,通过交流,获得了以上有益的经验,希望能够对我校的研究生党组织的建设以及其他研学组织的发展提供一些思路。

## 四、外语类高校研究生共青团系统制度比较分析

共青团是党建设的先进青年的群众组织,是党联系青年的桥梁和纽带,它担负着团结教育青年,带领青年为党的事业奋斗,培养社会主义事业接班人的历史重任。习总书记五四讲话时提到:青年是标志时代的最灵敏的晴雨表,时代的责任赋予青年,时代的光荣属于青年。在党的领导下,青年要勇做走在时代前列的奋进者、开拓者、奉献者。因此,通过共青团组织加强对青年的教育和引导必不可少。研究生阶段的青年,虽然其世界观和人生观都业已形成,有着较强的自主意识和独立思考的能力,但对其信仰的坚定和价值观的正确引导仍不容忽视,仍需要诸如研究生团委等研学组织予以正确引导和重视。

(一)组织制度建设分析

制度建设是组织机构规范运行的有效约束和得力保障。共青团是按照民主集中制组织起来的统一整体。高校共青团的组织工作制度主要包括以下几个方面:团员证管理;民主评议团员;团员学习培训;"推优",如对优秀团支部、优秀团干部、优秀团员的评选。

北京第二外国语学院、广东外语外贸大学以及深圳大学三校在组织制度建设方面,严格遵守共青团工作制度规程,严格履行高校共青团工作义务,在青年学子的思想引领和精神引导方面起到了非常积极的作用。同时,研究生共青团作为共青团组织的一部分,严格遵守共青团的制度规范,是对研究生共青团的最基本要求。研究生团委作为高校研学组织的一部分,在具体制度管理和组织管理过程中考虑到了研究生区别于本科生的特殊性,在组织制度的建立上,更加看重研究生的自主管理、民主决议的水平。

(二)发展模式建设分析

研究生团组织的建立不可过度模拟本科生基层团组织的模式,也不可拘泥于固定形式一概而论,应参考其院系培养单位的具体情况具体分析,尤其是针对外语类院校存在

众多小语种人数较少的情况而言。

广东外语外贸大学研究生团组织在设立团支部的模式方面,有以下经验可供我校参考:研究生团员人数达30人及以上的研究生培养单位应成立研究生团总支,由各研究生培养单位团员代表大会选举产生,采取一届两任制,每任任期一年。根据工作情况,研究生团总支由团总支书记、组织委员、宣传委员组成。班级团员人数达3人以上应成立团支部,由班级团员大会选举产生,采取一届两任制,每任任期一年。根据工作情况,研究生团支部由团总支书记、组织委员、宣传委员组成。

深圳大学研究生团委具体工作定位主要包括:制订全校研究生共青团工作计划并组织实施,指导各院系研究生团工作和研究生基层集体建设,组织全校性研究生主题教育活动,推进研究生就业引导工作,加强研究生干部队伍建设,创建良好的舆论氛围与宣传平台,联络少数民族和港澳台研究生,开展调查研究与信息收集,统筹研究生志愿服务工作等。

北京第二外国语学院研究生团建工作还不成熟,可以从工作定位和组织形式两个方面予以借鉴。同时,在基本建制和架构健全之后,研究生团组织的发展也应考虑到其可持续性、科学性和先进性。党委研究生工作部和校团委、院(系)团总支要加强对校研究生会、院(系)研究生会、研究生社团等学生组织的指导,充分发挥研究生学生组织在教育、团结和联系研究生方面的优势,积极开展富于思想性、教育性的各类活动,为广大研究生成长成才服务。

(三)团干部培养形式分析

团干部是研究生团组织开展工作的主要抓手,也是研究生团建的中坚力量,因此在团建过程中加强对团干部的培养不容忽视。

北京第二外国语学院在研究生团组织方面的架构虽规模不大,但对团干部的培养却尤为重视。团干部培养以增强团员意识为出发点,各级研究生团学组织以研究生团干部、研究生会干部,研究生社团骨干为重点培养学习骨干,以点带面,形成良好的学习风气。

(1)在理论水平方面,研究生处通过"研究生干部骨干培训计划"定期举办有针对性、目标明确、可行有效的团干部培训活动,邀请校外知名嘉宾从社会热点问题、就业须知和职场经验、职业生涯规划等方面对研究生团干部进行全方位的培训,同时通过企业参观活动,促使研究生了解现代企业的管理运行模式,着力提高团干部的政治素质、思想素质、科学文化素质,不断提高业务能力。

(2)在校园活动方面,打造品牌学术活动,充分发挥研究生在学术科技创新方面的优势和带动作用。通过学术作品大赛、翻译大赛、模拟面试大赛、文化艺术节、学术文化节等种类丰富的活动提升研究生团干部全方位的能力。通过打造各学科精品学术活动,拓展团干部学术研究视野,营造高层次的学术环境,建设高品位的校园文化,培育高素质的创新人才。

(3)在社会实践方面,不断拓宽研究生社会实践和志愿服务平台。学校通过开展"复合人才社会调研促进计划"、科研立项等来积极鼓励研究生参与课题调研、实习实践,通过推荐学生注册志愿北京的平台来鼓励研究生团干部参加志愿服务活动。充分发挥了研究生群体的高层次人才优势和优良的专业技能素质,并积极探索实践活动与专业学习、服务社会、择业就业、创新创业相结合的新颖模式,引导研究生团干部在社会实践和志愿服务中受教育、长才干、做贡献。

广东外语外贸大学研究生团委以培养具有国际视野和创新意识,能直接参与国际合作与竞争的国际化特色鲜明的高层次人才为目标,紧密团结在校党委研究生工作部的领导下,全力打造思想、科研、文体皆优的学习型团队:

(1)完善研究生党建研究会,以党建带团建、班建,组织开展结合时代主题的党日、团日活动,营造"党、团、班"和谐共建、研究生科学发展的良好氛围。

(2)在各项工作和学习中,坚持以学术科研活动为主,文娱体育活动为辅。广外研究生团委结合研究生各专业特点,联合研究生会举办各类高水平学术活动(如研究生学术文化节)。同时,开展学术活动受众调研,将学术文化节办成研究生的品牌活动和研究生创新培养的展示平台。

(3)在一系列的学术科技活动之外,积极构筑特色文娱活动,以文体嘉年华系列活动、中秋茶话会、新年联欢晚会等校园文体活动新框架,开展丰富多彩的校园文体活动如文体嘉年华、博士生登山俱乐部等文娱活动。

深圳大学在研究生团干部的培养方面通过举办研究生干部的系列培训讲座从"沟通艺术"到"时间管理"等方面加强团干部的素质提升;通过研究生学术论坛——荔研论坛——开展从思政、学术到歌手大赛、舞会、主题晚会等各方面的活动,加强对研究生团干部全方位的培养。

三校在对研究生团干部的培养方面均注重其理论与实践的结合,学术和文体的并重。我校在坚持自身成功模式之外,应积极吸取广外和深大的经验,在活动的建设上更加注重其深度,考虑到对研究生的实用性和对其思维空间的拓展。同时考虑到研究生团干部有其独特的思想特征,进一步加大对研究生团干部思想政治工作的力度,既要从其思想政治工作内容上来考虑,也要从改进针对研究生青年思想政治工作的方式方法上来思考。

(四)激励评价机制分析

深圳大学在研究生团建方面建立了有效的激励机制,并不断完善荣誉表彰制度。定期评选"优秀团干(团员)""先进团总支(支部)""品牌团小组""示范群体""有特殊贡献团员"……设立多种奖项,增加奖励面,以此激发团干团员的工作积极性、参与活动的积极性,激励那些在团工作中有所作为、创造了成效的团干团员,使研究生团建工作稳定蓬勃地发展。

广东外语外贸大学在研究生团组织评优评价方面建立了合理有效的工作评价机制。各级团组织都期望自己的工作能够得到上一级组织的信任和认可,每一位团干也希望自己的工作能力和价值能得到组织的公正评价和认可,广外以学期为时间单位,对研究生各级团组织的工作计划、工作目标、工作过程、工作成效进行细化评价,对每一位团干的工作态度、工作方式、工作效果进行量化评价。通过评价,一方面,激励了团组织和团干自我价值实现;另一方面,使团组织和团干明确认识到工作中存在的问题和不足,在以后的工作中避免出现相同的失误和过错,达到褒扬先进、鞭策后进的目的。

北京第二外国语学院在每学年之初,针对上一年度在团建工作中表现突出的个人和团体进行集中的评比和展示。但是目前该"评优"体系仅针对本科生进行,在研究生层面尚未普及,在今后研究生团委的评优机制建立过程中和评价体制的建设中尚有很多值得向两校借鉴的经验。

(五)结论

党的十八大报告中指出,全党都要关注青年、关心青年、关爱青年,倾听青年心声,鼓励青年成长,支持青年创业。研究生作为新时期社会人才、青年队伍的骨干力量更应得到重视。研究生团委作为凝聚研究生群体中的团员同学的研学组织,更应得到多方资源的支持和配合。

研究生团建不可一蹴而就,也并非几日之功,在摸索中前进、在前进中调整、在调整中求精是不变的宗旨,结合本校的校情和学生特点建立适当的培养体系和合适的研学组织架构则是二外研究生团建工作的重中之重。

## 五、外语类高校研究生会与班级的建设探析

(一)研究生会的建设分析

**1. 校研究生会的定位**

北京第二外国语学院、广东外语外贸大学和深圳大学研究生会的定位和建设宗旨大同小异:以服务广大研究生为根本宗旨,全面及时地反映全校研究生的呼声,构建学生学校双向沟通的桥梁。本着"自我教育、自我管理、自我服务"的教育方针,推进思想政治素质和学术、体育、文化、心理素质的培养,推进面向广大研究生同学的科技、生活、信息等各方面服务的发展,推进研究生会和各院(系、所)研究生分会的自身建设,在学校培养高素质、高层次、多样化、创造性人才和建设世界一流大学的进程中发挥了积极作用,做出了自己独特的贡献。

同时,在研究生会的工作过程中,要注意在考虑研究生的专业设置、男女比例、学生人数的基础上保证研究生会人员的代表性,同时形成梯队,做好高低年级的传帮带工作。

**2. 组织结构设立特色**

三校在研究生组织机构的设置上,均保留了常规的办公室、组织部、宣传部等常务部门,以及文艺部、体育部等职能部门。但是在结合本校研究生规模和专业分布特点后,分别设置了自身特有的部门和指导团体:

北京第二外国语学院研究生会除了常规部门的设置,还下设四个专门团体并对其起指导和领导作用:研究生报刊杂志编辑委员会(简称"报刊杂志编辑部")、翻译社、青年

发展中心、青年研究中心。其中报刊杂志编辑部以出版反映二外研究生精神风貌和风采的稿件杂志《研荟》为载体,以《二外研究生学报》《二外研究生学刊》为辅助思政类读物,以文字形式呈现我校研究生的科研生活和课外生活。翻译社以举办校内各级笔译、口译大赛为主,团结广大语言类专业研究生积极参加实务翻译比赛,并鼓励非语言类专业同学共同学习共同进步。

深圳大学由于地处改革开放前沿阵地,有着出入香港等地的便利条件和出入境的审批优势,有鉴于此,深圳大学研究生会设立了国际部。国际部是推动深圳大学研究生国际化的重要平台。其工作重点包括:(1)在深圳大学大力推动国际化的背景下,国际部积极整合、推广校内国际化资源,增加研究生国际交流的兴趣,强化其赶超世界一流的意识,增强其国际交流能力,拓宽视野;(2)服务和引领留学生,通过深入了解深圳的"深圳文化探访"等活动,为他们更好地融入深圳大学、融入深圳和融入中国提供有利条件,增强他们对深圳的归属感与认同感;(3)通过"荔研论坛""联合港澳台地区学术活动"等交流活动,搭建对话平台,建立沟通渠道,促进各地区研究生学术和文化交流,增进研究生青年的交流和友谊。

广东外语外贸大学将学术交流认为是促进学术成长、激发科研灵感的有效途径。下设专门博士研究生的部门——博士生工作委员会(以下简称"博工委")。经过近几年来的发展,博工委已逐步建立起包括学术沙龙、院系论坛及专题论坛、校级论坛及两岸论坛和巅峰对话在内的横纵结合、四位一体的研究生学术交流体系。所承担及组织的相关学术交流活动已成为广东外语外贸大学博士研究生展示科研成果、交流学术思想的重要平台。专题论坛均希望通过充分发挥院系活力,合理分配资源,协助院系自主开办高水平的博士生学术交流论坛,校级论坛和两岸论坛的定位为校内的年度学术盛宴,增进学科交叉,促进院系合作,营造良好的校内学术氛围。

### 3. 学术品牌活动分析

北京第二外国语学院研究生会在学术方面的品牌活动为"隽彦问道"研究生学术文化节,由多个子项目组成,在当年的11月到第二年的5月间有序开展。各子项目活动每年会根据时政热点和研究生群体思想政治教育的重点有所变化和侧重,基本概括来说,通常有以下几个子项目:研究生学术作品大赛、研究生眼界故事汇、研究生就业创业大讲堂、研究生"职来职往"模拟面试大赛、"译生有你"研究生翻译比赛等项目。"隽彦问道"研究生学术文化节有利于引导和激励二外研究生实事求是、刻苦钻研、敢于实践、勇于创新的精神,帮助二外研究生积累学术科研知识和经验,增强社会实践应用能力,为研究生提供一个锻炼和实践的平台,使二外研究生在专业发展和创业就业中处于优势。每年将前一年度的征文类大赛的获奖作品集结成册进行展示。

广东外语外贸大学学术分化节的举办时间为每年的3—6月,以2014年为例,各项目内容如下表所示。

表2　广东外语外贸大学研究生学术文化节项目表

| 序号 | 项目名称 | 地点 | 承办单位 |
| --- | --- | --- | --- |
| 1 | 开幕式暨学术讲座 | 南校区图书馆报告厅 | 研究生会、研究生团委 |
| 2 | "《沙漠之花》:女性的自我解放"学术沙龙 | 北校区六教 | 英文学院 |
| 3 | 学术文化节——著名教授论坛 | 南校区 | 经贸学院 |
| 4 | 海鸥卫浴企业管理能力挑战赛 | 南校区学术报告厅 | 管理学院 |
| 5 | 以文会友——读书报告会 | 北校区中文学院会议室 | 中文学院 |
| 6 | "中文杯"汉字听写大赛 | 水上报告厅 | 中文学院 |
| 7 | 广外法学院 Dream Season 寻梦季学术系列活动 | 南校区 | 法学院 |
| 8 | 第2届"广外高翻杯"全英辩论赛 | 北校区图书馆负一层 | 翻译学院 |
| 9 | "高翻杯"第8届笔译大赛暨第26届"韩素音青年翻译奖"竞赛选拔赛 | 北校区四教424 | 翻译学院 |
| 10 | 翻译学院第8届翻译学研究生论坛 | 北校区 | 翻译学院 |
| 11 | 黄建华教授讲座 | 北校区四教424 | 词典学研究中心 |
| 12 | 2014年全国外国语言学及应用语言学博士生论坛 | 北校区 | 文科基地 |
| 13 | 研究生校友讲坛第5讲 | 南校区 | 研究生校友会 |
| 14 | 博硕论坛 | 北校区 | 研究生党建研究会研究生会博士部 |
| 15 | 第5届广外模拟联合国大会 | 南校区教学楼 | 广外模拟联合国协会 |
| 16 | 研究生"良师益友"征文活动 | 南、北校区 | 研究生会、研究生团委 |
| 17 | 闭幕式暨优秀活动评选 | 北校区图书馆报告厅 | 研究生会、研究生团委 |

通过上表我们可以看出广外研究生会在学术节的举办过程中有效发挥了各学院研究生会的作用,以征文活动,校友讲坛,学术沙龙等形式进行,同时结合了模拟联合国特色活动,有效利用了学校的各项资源,覆盖南、北校区的研究生主体人群,影响力大,活动内容丰富。尤其是模拟联合国大会方面,我校研会还未举办过类似活动,可以从中予以借鉴。

"荔研论坛"是由深圳大学研究生院主办,校研究生会承办的面向粤、港、澳三地的校际研究生学术论坛,首届"荔研论坛"于2013年开幕,以"创新城市·和谐生活"为主题,下设医学与生命科学、光电与信息科学、建筑与材料科学、人文与社会科学四个分论坛,旨在探讨现代科技创新与城市生活的关联之处。论坛汇聚粤、港、澳三地高校专家学者,优秀的学子齐聚一堂,为三地研究生搭建了一个专业的学术探讨平台。分论坛结合学校学科发展现状,国际发展水平等进行主旨发言和论坛访问。

### (二)学习型研究生班级建设路径分析

#### 1. 学习型组织的内涵

学习型组织作为一种开拓性的理念和创新的管理模式,短短几十年,已经在研学政企等领域引起了巨大反响。虽然把学习型组织理论引入到高校学生班级管理工作的研究还属于崭新的"课题",但从学习型组织视角探讨高等院校硕士研究生专业成长及教育管理新模式却具有现实意义,这是建立"学习型高校"的必然要求,也是培养全面发展人才的客观需要。

研究生班集体与本科生班集体相比,具有明显不同的特点。由于培养目标、培养方式、培养过程、研究方向不同,在同一年入学的研究生中存在着所选课程差异较大、共同学习时间较短的问题,加之研究生的主要任务是以研究为主,至少有2/3的时间是在相应的课题组进行学术和科研活动,所以研究生的班级建设比本科生的班级建设难度要大许多。这就需要我们克服建立学习型组织的重重障碍,形成一种有效的学习架构模式,使个体价值得到充分体现,学习型班级建设得以全面提高。

#### 2. 学习型班级建设思路

由于研究生班级具有有别于其他学习阶段班级的鲜明特点,可以从以下几个方面入手建立学习型班级。

首先,建设新型的研究生班级文化。建设"学习型班级"需要形成有特色的班级文化氛围,班级文化是班级成员共有的价值观念和行为准则,它是一个班级具有发展潜力的基础。彼得·圣吉把学习型组织看作一个不断创新、进步和自我超越的组织。"学习型班级"的文化应该是坚持民主的文化,是贯穿人格独立、对话平等、教学相长理念的文化,而不是重视等级、强调服从的文化;"学习型班级"的文化应该是追求发展的文化,是体现敢于扬弃、拒绝平庸、鼓励超越精神的文化,而不是满足现状、故步自封的文化;"学习型班级"的文化应该是培养高质量学习品质的文化,是团结协作的文化,是充满个性特征的文化,是勇于创新和敢于失败的文化。

其次,优化研究生学习行为。"学习型班级"宏观上表现为追求促进学生成长,提高生命质量,中观上表现为使研究生学会学习,微观上表现为优化研究生的学习行为,为此,建设"学习型班级"必须从规范学生的学习行为抓起。要加强学习过程的管理,具体表现为:明确学习的目标,选择恰当的学习方式,了解自己的学习风格,管理好学习时间,抓住各种学习机会,使用好各类教育资源,调整好学习过程。

然后,培养学习中的正向行为,具体表现为:要敢于提出问题而不是默许,要善于表明观点提出新的学术创新论点而不是抨击,要勇于探索新路而不是守旧,要富有冒险精神而不是过于谨慎,要从失误中学习而不是重复同样的错误,要学会反思与回顾而不是总在原地打转,要谈论学习而不是谈论琐事,要主动学习而不是等着导师安排学习,要承认不足与失误而不是开脱与推诿。

最后,建立和谐的人际关系和激励机制。"学习型班集体"的人际关系应该是和谐的、健康的、自由平等和积极向上的。行为科学理论告诉我们,和谐的人际关系可以增强学生学习积极性,激发创造性,挖掘学习潜力,提高学习效率,养成良好的学习习惯,提升学习的思维品质。明确研究生班级激励方式,让班级同学意识到在这个学习型组织中除了要遵守基本法则外,还可以让大家在达成某些任务后获得收益或奖励。其一,导师或组织者的持续激励。一般来说,在研究生学习型班级中,导师或教秘辅导员在组织中具有较高的威信,可以利用在组织中的威信和地位实施持续的情感激励。其二,同学之间彼此激励。一个良好的组织或团队,应该是一个积极向上、成员彼此关系融洽的团队。因此,为了更好地促进班级和同学的发展,提高班级组织向心力,需要组织成员在共同愿景下加强沟通协作,不断进行彼此激励,促成彼此的共同进步与发展。

（三）结论与致谢

本部分内容基于外语类高校的研究生会、研究生学习型班级建设,结合专业培养的特点和学科背景分析,对三校研究生会的组织结构和学术品牌活动进行了对比分析,对研究生建立学习型班级组织的发展思路发表了刍议,希望能为类似二外情况的外语类高校组织的建设提供经验和可参考的思路。

与其他高校相比,二外的研学组织具有研究生学生人数少,学生积极性欠缺等问题。因此,基于学校自身发展特点,需从实际出发,建设符合实际的研究生会、研究生学习型班级组织,管理和服务并重,上层与基础结合,相互补充,协调发展,以适应不断变化的管理环境。

1. 结论

本调研报告主要通过对广东外语外贸大学和深圳大学进行实地调研采访座谈等多种形式,从研究生事务管理载体与抓手、党组织建设对比分析、共青团系统制度对比分析、研究生会和学习型班级建设等多个方面对本校与改革前沿阵地的外语类高校进行了剖析与研究。

从研究生事务管理制度来看,学生事务与学术任务迥异,二者构成了高校行政教学工作的主要事务。研究生会和研究生党团组织作为研究生事务管理的载体,是高校内普遍存在的关于研究生事务管理的抓手,事实证明,要充分发挥、利用好抓手作用,

通过对三校研究生党组织建设进行对比分析,得出了在党组织制度建设等方面都严格按照上级党组织的部署,完成应有的基层党支部的作用。在组织机制建设,理论学习形式,激励制度等方面,由于校情不同,所处地区不同,学生群体优势特点不同,均有不同的创新举动,如建立海外党小组、多语种翻译党章、评优表彰积分制等举措。

在共青团系统制度对比分析部分,重点通过对广东外语外贸大学研究生团干部培养、研究生团组织发展等层面的剖析,得到了可供各高校参考学习的团代会制度等内容。

同时,由于高校研学组织具有自身独特特点,如知识结构层次较高,维权意识强,成员积极性波动大、组织成员流失率高等特点。在研究生会分析方面,对比了三校在组织结构设置方面的特点以及学术品牌活动的开展,从中选取亮点以供相互学习;同时文中从建设新型的研究生班级文化、优化研究生学习行为、建立和谐的人际关系和激励机制

等方面进行研究生学习型班级的建设。

### 2. 致谢

"改革前沿阵地的外语类高校研学组织管理体制探析"项目组于2014年6月22日—29日前往分别位于广东省广州市、深圳市的广东外语外贸大学和深圳大学进行了为期8天的课题调研,在调研期间,顺利完成了预期的各项调研任务,收获颇丰。

在作为调研集中成果之一的该报告完成之际,首先,要感谢二外研究生处以及相关院系部门为我们提供的这次身体与精神均在路上的调研活动机会。其次,感谢以指导老师庄老师为代表的我校和另外几校的老师们,你们无私认真的悉心指导与严谨求实的学工态度让我们顺利完成了调研任务。

这次改革开放前沿阵地外语类高校的调研之行对项目组的成员们学术能力与学生管理工作等多方面的复合能力与复合人才品质的养成产生了深刻而又久远的影响,这种影响必将伴随我们走向不同的工作岗位,走向人生一定意义上的成功。最后,再次感谢学校、研究生处、学院、各位老师提供的便利条件和帮助,感谢团队成员之间的相互扶持与照顾。

## 参考文献

[1] 孙月霞.谈高校研究生学生干部组织的管理[J].辽宁工学院学报(社会科学版),2007(2).

[2] 郑丽.研究生学生组织对提高研究生就业力的作用研究[J].福建论坛(社科教育版),2011(2).

[3] 李慧芳,董海军.研究生社团:研究生教育管理的新载体[J].江西教育学院学报,2012(10).

[4] FRETWELL E K. College and University Teaching[J]Elsevier Ltd, 1965:50-84.

[5] 刘子真.高校学生事务管理专业化的内涵与特点[J].现代教育管理,2009(6).

[6] 侯志军.学习范式下高校学生事务管理的转型变革[J].江苏高教,2014(5).

[7] 周金鹏.学生事务专业化发展问题研究[D].济南:山东大学,2011.

[8] 唐昌维.学术事务管理视野下高校辅导员队伍专业化发展探析[J].大家,2011(2).

[9] 吴晓求,宋东霞.深化研究生培养机制改革,提升研究生培养质量——基于中国人民大学研究生培养机制改革成效的调研[J].学位与研究生教育,2011(5).

[10] 熊华军.研究生培养机制改革的指导理念与实践目标——基于内容分析[J].学位与研究生教育,2012(3).

[11] 张寿庭,刘韩星.研究生培养机制改革与创新研究[J].国家教育行政学院学报,2010(6).

[12] 车峰,张妹.路径依赖视角下研究生培养机制改革的制度创新[J].现代教育管

理,2012(1).

[13] 赵军,蒲波,房洪全.研究生个性化教育扫描:问题、原因与对策——基于研究生培养机制改革的视角[J].学位与研究生教育,2012(6).

[14] 徐刚.综合改革背景下的研究生思想政治教育研究[D].武汉:华中师范大学,2013.

[15] 彭莉君.我国高校研究生教育资源配置现状研究[D].合肥:中国科学技术大学,2012.

[16] 吴志功,张新娟,姚建平.高校基层团学组织现状调查研究[J].华北电力大学学报(社会科学版),2011(4).

[17] 刘期彪.试论高校团学组织管理效率影响因素及对策[J].湖南科技学院学报,2009(8).

[18] 向杰.新时期高校共青团组织凝聚力研究[D].长沙:湖南大学,2013.

[19] 朴丽娟.大学生共青团员团员意识教育研究[D].北京:中国青年政治学院,2009.

[20] 陈卓武,秦卫民,黄培清.广东高校团建工作的现状调查与研究[J].广东工业大学学报(社会科学版),2006(6).

[21] 石功鹏.高校党组织开展保持学生党员纯洁性教育的路径探析[J].经济与社会发展,2012(5).

[22] 尹占军.论高校党组织执行力的发展与提升[J].学校党建与思想教育,2012(7).

[23] 孙进.以党的创新理论推进高校党组织活动方式创新[J].思想教育研究,2012(3).

[24] 贾万樑.新形势下增强高校党组织活力的理路[J].学校党建与思想教育,2010(2).

[25] 王飞.当前加强高校党组织建设的路径探索[J].前沿,2013(7).

[26] 迟维意.基于网络背景下的高校党组织建设[J].现代教育管理,2012(2).

[27] 胡振宇.学习型组织理论视域下的高校学习型学生党支部建设[J].江西中医学院学报,2011(12).

[28] 赵祥刚,梁志.高校学生社团的现状分析与管理对策[J].济南职业学院学报,2007(10).

[29] 周进,王前哨.高校学生组织机制创新:建设学习型学生组织[J].理工高教研究,2009(6).

[30] 刘永栓.高校学生组织发展问题研究——基于学习型组织建设视角[J].北京教育(高教),2014(5).

[31] 北京第二外国语学院官网:http://www.bisu.edu.cn/.

[32] 广东外语外贸大学官网:http://www.gdufs.edu.cn/.

[33] 深圳大学官网:http://www.szu.edu.cn/2014/.

# 京外高校研究生校园文化生活聚焦

调研注册团队编号:9
调研注册团队领队:张家兴

作　者:张家兴　张　玲　谢　佳*

[摘　要] 校园文化是指校园的物质文化和精神文化,它主要反映在包括校园环境、教育设施和教学、生活管理制度在内的硬件部分,也反映在包括校风、教风、学风、校园文体活动等软件方面。鲜明、统一、和谐的校园理念形象,是一种高尚的精神塑造、能够为学生的人生价值观起引导作用,具有前瞻性、生命性、社会性。本文将结合校园文化建设的理论和调研过程中积累的视频采访、调研图片、调查问卷及其结果分析,就研究生在当今社会的时代潮流下的校园文化生活的变迁,运用比较、综合归纳等方法进行一些必要的预见性的探讨,提出"轻文化"概念并进行相关的探讨。

[关键词] 研究生;校园文化生活;高校文化建设

## 一、校园文化生活的历史性

文化何为?人文化成。《大学》中说:"大学之道,在明明德,在亲民,在止于至善。"大学文化有极为深厚的历史内蕴,有独特的人文关怀,它以其特有的导向性、生命性、塑造性,为大学中各行为主体、学生对象源源不断地输送着动力。通过"校园文化"一词本身,我们能够看到它有着文化的背景、范畴,讨论的对象是校园,或者是说校园各主体;狭义的角度来看,其"校园"更多是对学生所指。

正因为如此,我们在探讨校园文化的时候就不得不去努力发现其中文化的力量。有学者指出,一所大学的质量在于它为自己定制的发展水平和前景以及它的原动力和潜在

---

* 张家兴,男,汉,1991年生,北京市昌平区人,北京第二外国语学院跨文化研究院2013级硕士研究生;张玲,女,汉,1990年生,安徽人,北京第二外国语学院跨文化研究院2013级硕士研究生;谢佳,女,汉,1990年生,河北省石家庄人,北京第二外国语学院跨文化研究院2013级硕士研究生。

动力。大学文化的最伟大之处,在于它潜移默化地影响校园学生主体,从心灵层面去塑造人的价值观、人生观,为大学提供了生气和动力;它于大学,如同筋骨、血肉,与学校各行政部门、院系所研究院紧密相连,在引导大学人的思想和行为方面,有其独特的自觉性。

在1997年,费孝通先生提出了"文化自觉"这一概念,指出"生活在既定文化中的人对其文化有'自知之明',明白它的来历、形成过程、所具有的特色和发展的趋向。自知之明是为了加强对文化转型的自主能力,取得决定适应新环境、新时代文化选择的自主地位"。不难看出,文化建设是一项重要且复杂的系统工程,我们在考虑大学的文化发展建设的时候,不得不从长计议,研究它所具有的各种属性,并依照所探究的规律来进行系统的考究、提供更稳妥的思路。

(一)校园文化的历史内蕴

1. 校园文化的文化内涵

探究校园文化的文化内涵,就需要把握文化深层的内在含义。"文化"一词的出现可以追溯到先秦时期,如"以文教化"之说,文化与大学之间本就有着难以割舍的联系,大学教育系教育,教育本身就是一种文化的体现,而教育又具有独特的传播性,因此探究校园文化,其实也是谈大学教育。只不过从更狭义的范围来看的话,我们所讨论的校园文化的主体更多的是指现今的不是具有教学性质的学校部门,多为学生部门,具有强烈文化组织性和特征的学生组织。作为文化历史产物及文化发展的重要载体,大学发展必然担负文化使命。

"文化"一词的复杂性在语言学词汇研究中可谓名列前茅,迄今为止,国内外学者对文化的理解认识也是大相径庭,众说纷纭。萧俊明曾言:"英国人类学家R.威廉姆斯在对文化进行几十年潜心解读之后得出如此结论:英语中有两三个词最难理解,文化就是其中一个。"[1]

从词源学角度来看,"文化"一词早期出现在拉丁文"Culture"一词,在拉丁语本来就具有敬神灵、种天地、做练习等意思,在西方也有陶冶性情的意思。从西方词源学的角度来看,"文化"一词之所以在中国古代没有如此丰富含义却在当今具有如此丰富的含义,是因为它本身所表达的意思就是非常广泛的,因此这一词语在用来表达这一英语词汇含义之后,本身就从古代到现代产生了如此的变异,让它地中文含义逐渐的丰富起来,赋予了学者更加广阔的研究空间。

英国文化人类学家泰勒(1832—1917)在他的著作《原始文化》中,将"文化"与"文明"两个概念共用。他认为:"所谓'文化'或'文明',乃是包括知识、信仰、艺术、道德、法律、习惯以及人类作为社会成员而获得的种种能力、习性在内的一种复合整体。"[2]泰勒第一次从整体性上界定文化,试图将文化从各种显性条件中寻找出一种普遍性规律,以此来把握文化属性,这一阐述也成为最早对文化进行定义的经典之作,它以上层建筑中的意识形态角度来诠释人类生活发生关系、习得能力、社会属性等,因而对之后的文化研究产生了深远影响。而其中的知识、信仰、艺术、道德、法律、习惯,正是与高校教育不谋而合,校园文化的兴起就是文化的一大迈进。因此校园文化的研究方法,不能局限于校园本身,也应该放置进历史的背景当中,借用历史的方法来研究校园文化的发展方向。

在我国,"文化"一次古已有之。"文"的本意,是指各色交错的纹理,有文饰、文章的意思。《说文解字》里面也说:"文,错画也,象交集。"[3]①其引申义为包括语言文字在内的各种象征符号,以及文章典章、礼仪制度等。"化"本义为变易、生成,所谓"万物化生",其引申义为改造、教化、教育等。最早见于《周易·贲卦》:"关乎天文,以察时变;观乎人文,以化成天下。""人文化成"一词就是由此而来。

### 2. 校园文化的发展演化

大学校园文化从某个层面来说是文化发展的产物,但实际上它就是文化的一部分。中国大学的发展可以追溯到公元前124年汉王朝创立的太学到唐宋时期的书院,从近代洋务运动时期"西学东渐"到20世纪办学模式的现代化开端,从建国初期苏联模式下的大学建设到文化大革命时期的低谷再到改革开放以来我国大学的重构和飞速发展。我国大学的发展可谓经历了一段相当漫长的历史阶段,从我国大学发展的历史进程,我们能够从中感受历史的烙印,领悟大学历史给我们带来的经验。

中国大学建设的发展具有双重性,具有相当长的本土历史。《汉书·董仲舒传》中提到,"养士之大者,莫大乎太学。太学者,贤士置所关也,教化之本原也"[4],太学的设立虽然更多的是为了培养官僚,但是在文化传播方面也起到了相当大的作用,这在历史中具有举足轻重的作用。其所提倡学习儒家经典,也为后世的儒家思想的传播起到了推动的作用。之后,经历唐宋时期书院的发展,明清之际逐渐衰微到被新式教育取代,这一过程中是中国古代学校文化的发展时期,对近当代中国仿西学创立新式学校也起到了意想不到的影响,使中国发展成为特色的大学发展模式,传播了特色的大学文化氛围。

因此,在近代史上,很罕见的,在中国出现了这种校园文化冲突和融合的时期,洋务运动时期"西学东渐"里,中国没彻底地改变教育模式,只有外语、技术、军事三个方面向西方进行学习,由于封建社会的特殊性,并没有在文化层面上进行开放性的改革,因此,在笔者看来,中国近代教育彻底革命之前,出现了西式教育东方文化氛围的奇特状态,这一时期,教育改革虽然失败,但是中国人开始意识到校园文化在学校教育改革中的独特性和重要性。因此才奠定了我国民国初期和"五四"新文化运动中对多元文化方向改革的基础。大学理念、大学文化、大学精神在这一时期开始成爆发性的发展,本土意识终于没有完全主导,也没有被外来文化所占据,两种文化有机地融合在一起,这种平衡,恰恰促进了学校建设的蓬勃发展。因而,当今的中国高校文化模式是不能一概而论的,我们不能完全照搬西方高校文化研究的套路,也不能完全按照历史的情况照搬,因此,这就有必要对高校校园文化进行自主的调研和研究,那么第一手调研的资料就显得更加宝

---

① 《说文解字》,东汉许慎著,它是世界上最早的字典之一,也是我国第一部按部首编排的字典。

贵了。

## 二、当今研究生关于校园文化的理解状况

### (一)研究生校园文化理解调查

中国真正意义的大学是到近代后期才出现,很多大学也都是在近代半殖民地半封建社会背景下建立起来的,虽然中国教育的历史事件是以千年为计算单位的,但是严格意义上来说,中国大学的历史确是很短的,但是中国大学的校园文化是有很大的研究价值的,对于校园的硬件、软件,具体像校园的教育建设、基础设施建设、学风建设等都是大学精神的体现,大学精神也不断地向多元的方向发展,探究和调查大学精神的所在成为研究高校校园文化的重要步骤,在当今科技飞速发展的背景下,作者利用互联网、微信以及实际的调研为手段,进行了调查问卷的发放、收集、整理和分析的工作,并从微观的角度探讨当今研究生关于校园文化的理解之所在。

**1. 研究生校园文化调查问卷设计**

蔡元培先生说:"大学者,研究高深学问者也。为囊括之大典,网罗众学之学府。"这句话涵盖了大学生校园生活的内容,校园精神、学术氛围、精神和物质文化等。这次的调研问卷的设计,就是为了发掘校园生活和校园文化之间的关联性,以求丰富大学校园文化研究的手段,将对校园文化这一包含多种属性的较为抽象的概念的研究,转化成为在微观层面上,运用量化的手段从小的细节开始的研究。

---

**研究生校园文化调查问卷**

1. 你的性别

   A. 男　　　　　　　　　　　　　　　　B. 女

2. 如果你给校园文化定义,你会选?

   A. 校园网络,网络文化　　　　　　　　B. 校风学风,校园精神

   C. 精神文化,物质文化　　　　　　　　D. 校园特色,品味风格

3. 你认为校园文化的核心是?

   A. 校风校训　　　B. 办学理念　　　C. 校园环境　　　D. 大学精神

4. 你认为校园文化建设对学校有什么作用?(可多选)

   A. 凝聚师生人心　　　　　　　　　　　B. 丰富校园文化底蕴

   C. 导向和激励　　　　　　　　　　　　D. 熏陶

5. 你认为你所在学校的舆论自由和新闻宣传的力度如何?(可多选)

   A. 舆论基本自由　　　　　　　　　　　B. 舆论自由,能畅所欲言

   C. 新闻宣传较为滞后,有效信息不足　　D. 新闻宣传力度较为及时,信息量一般

   E. 校园网新闻多为表面文章,不够贴近同学

续表

6. 你觉得一个学校的校园文化是如何体现的?
A. 学术氛围　　　　　B. 学校管理制度　　　　　C. 教师的教风　　　　　D. 人文气息

7. 物质文化建设应该注重哪些方面?
A. 校园主体建筑　　　B. 文化设施　　　　　　C. 校园环境　　　　　　D. 文化网络

8. 你认为文化设施对学习生活有帮助吗?
A. 肯定的,非常有帮助　　　　　　　　　B. 有一定帮助,不是很大
C. 没什么关系　　　　　　　　　　　　D. 没留意

9. 学生活动方面
A. 团委工作开展得丰富多样　　　　　　B. 学生社团自身发展很好
C. 一般　　　　　　　　　　　　　　　D. 很差,几乎没有什么有意义的活动

10. 学术氛围
A. 很好,有知名的学者让你崇仰　　　　　B. 一般,偶尔有外来的
C. 学术交流活动让你感到不错　　　　　D. 很差,看不见文化底蕴

11. 硬件建设方面
A. 很好,图书资料齐全,教学科研设施先进
B. 一般,基本能满足你的要求,偶然也有不尽如人意的地方
C. 较差,很多资料设施不齐全
D. 很差,学习生活中经常遇到难题

12. 你觉得当前你校校园文化主要存在的问题是
A. 重视显性文化建设,忽视隐性文化建设
B. 校园文化建设缺乏系统规划,校园文化档次不高
C. 局限于学生管理和思想教育层次上,缺乏以教师为主导的校园文化建设
D. 封闭型的活动较多,对外吸取和辐射较少

13. 你是否参加过学校的各种学术竞赛或讲座?
A. 经常　　　　　　　　　　　　　　　B. 偶尔
C. 没参加过　　　　　　　　　　　　　D. 想过,但觉得实力不够

14. 你认为校园环境和硬件设施建设怎么样?
A. 设施完善先进、环境优美　　　　　　B. 校园环境优美,各类设施基本完善
C. 设施不够完善,但环境不错　　　　　D. 环境有待加强,硬件设施也不够完善

15. 你认为学生活动组织情况及参与度如何?(可多选)
A. 社团和活动参与度都一般　　　　　　B. 活动参与度都较高、组织得较为成功
C. 社团很多,但活动不足　　　　　　　D. 社团多、活动参与度一般
E. 社团与学生活动都很多,但规模偏小且缺乏影响力

16. 你认为校园文化建设的主体应该是?(可多选)
A. 党政机构　　　　　B. 思想宣传机构　　　　　C. 文化体育机构　　　　　D. 学生工作机构

17. 你认为校园文化与学校发展之间有什么联系?
A. 学校的发展决定校园文化的发展
B. 校园文化与学校发展之间没任何关系,两者是相互独立的
C. 校园的发展文化与学校的发展是相互决定,相互影响的
D. 其他_____

续表

18. 校园文化建设的意义在于？（可多选）
A. 有利于学生个性的健康发展与完善
B. 有利于学生全面素质的提高
C. 有利于学生实现人格的现代化
D. 有利于师生融洽教学关系

19. 你认为大学生文化生活中有效的发展平台是？（可多选）
A. 竞争平台（各种考试、比赛等）
B. 学生社团（组织、协会等）
C. 平面平台（书籍报刊、BBS、Blog等）
D. 社会平台（兼职、中介等）

20. 你心目中的校园文化是怎样的？
A. 能放松娱乐自己
B. 能交到有共同兴趣的朋友
C. 能学到很多东西，提高自己的文化水平
D. 其他_____

21. 我校的文化活动有不足吗？如果有，最主要的不足是什么？
A. 形式比较古板单一          B. 内容老土过时
C. 与年轻人的生活脱节，没有亲和力    D. 形式主义严重，为举办而举办

22. 对于校园文化活动的开展形式，你更喜欢？
A. 活动形式     B. 专家讲座     C. 视频对讲     D. 其他_____

23. 目前学校举办的报告讲座等活动中较突出的问题是？
A. 专业性太强，听不懂也没兴趣      B. 缺乏高层次高水平的报告
C. 主讲人知名度低，没有吸引力      D. 时间安排不合理，不方便参加

24. 你最经常阅读的校园文化网络产品是？
A. 动态信息（新闻、信息、通知、公告等）
B. 文艺原创（小说、随笔、摄影、动漫等）
C. 高教集萃（大学论坛，名家新论、高教研究等）
D. 师生论著（人物专访、成果推介、科创心得、博客播客等）

**2. 研究生校园文化调查问卷数据统计表**

调查问卷共发放200余份，并利用互联网和微信手段进行网上调查，问卷发放对象是高校研究生，目的是得到研究生这一校园调研主体的最为直观的第一手材料；互联网和微信的调查手段是为了从更广泛的年龄段、社会不同层面、不同教育水平等宏观的角度进行面向全社会的调研，力求使数据涵盖范围更广，具有更强的研究价值。

| 题号/选项 | A | B | C | D |
| --- | --- | --- | --- | --- |
| 1 | 148 | 145 | 2 | 5 |
| 2 | 48 | 128 | 66 | 58 |
| 3 | 44 | 83 | 93 | 81 |
| 4 | 142 | 209 | 186 | 135 |
| 5 | 124 | 82 | 133 | 93 |
| 6 | 76 | 52 | 70 | 102 |
| 7 | 61 | 136 | 67 | 40 |
| 8 | 142 | 70 | 52 | 37 |
| 9 | 83 | 91 | 85 | 41 |
| 10 | 71 | 72 | 120 | 37 |
| 11 | 72 | 132 | 58 | 23 |
| 12 | 64 | 74 | 115 | 48 |
| 13 | 82 | 100 | 72 | 47 |
| 14 | 37 | 121 | 83 | 61 |
| 15 | 105 | 109 | 137 | 117 |
| 16 | 108 | 130 | 191 | 137 |
| 17 | 55 | 75 | 145 | 29 |
| 18 | 173 | 197 | 187 | 108 |
| 19 | 143 | 185 | 167 | 81 |
| 20 | 54 | 97 | 146 | 23 |
| 21 | 56 | 79 | 63 | 107 |
| 22 | 126 | 89 | 68 | 34 |
| 23 | 75 | 116 | 48 | 62 |
| 24 | 87 | 77 | 49 | 55 |

下面是问卷题目所占百分比:

| A | B | C | D |
| --- | --- | --- | --- |
| 49.33% | 48.33% | 0.67% | 1.67% |
| 16.00% | 42.67% | 22.00% | 19.33% |
| 14.67% | 27.67% | 31.00% | 27.00% |
| 47.33% | 69.67% | 62.00% | 45.00% |
| 41.33% | 27.33% | 44.33% | 31.00% |
| 25.33% | 17.33% | 23.33% | 34.00% |
| 20.33% | 45.33% | 22.33% | 13.33% |
| 47.33% | 23.33% | 17.33% | 12.33% |
| 27.67% | 30.33% | 28.33% | 13.67% |
| 23.67% | 24.00% | 40.00% | 12.33% |
| 24.00% | 44.00% | 19.33% | 7.67% |
| 21.33% | 24.67% | 38.33% | 16.00% |
| 27.33% | 33.33% | 24.00% | 15.67% |
| 12.33% | 40.33% | 27.67% | 20.33% |
| 35.00% | 36.33% | 45.67% | 39.00% |
| 36.00% | 43.33% | 63.67% | 45.67% |
| 18.33% | 25.00% | 48.33% | 9.67% |
| 57.67% | 65.67% | 62.33% | 36.00% |
| 47.67% | 61.67% | 55.67% | 27.00% |
| 18.00% | 32.33% | 48.67% | 7.67% |
| 18.67% | 26.33% | 21.00% | 35.67% |
| 42.00% | 29.67% | 22.67% | 11.33% |
| 25.00% | 38.67% | 16.00% | 20.67% |
| 29.00% | 25.67% | 16.33% | 18.33% |

(二)研究生校园文化理解调查数据分析

调研成果中除了对高校教授的采访的视频资料,还有调研问卷的调研分析。在此次的问卷调研中,调查的对象多为大学研究生,男女生各半,所以很好地避免了男女性别差异导致思维结果的不平衡,在近200份的样本对象里,42%的学生认为校园文化应定义为校园学风和精神;22%的学生认为校园文化包括物质文化和精神文化,北大有未名湖,二外有特别的外语学习环境,都为学生提供了读书的好环境,这些也构成了校园特色,成为校外人品鉴的标准。校园环境就像一个人内外兼具的体现,是花容月貌,也是蕙心兰质,有三成的学生认为校园文化的核心体现在校园环境;办学的理念和大学精神也展现了学生的风貌,也得到了近30%调研对象的认可支持;校风校训仅有14%的学生选择,毕竟这是一个校园文化风貌中一个小的部分。

当今大学都在大力投建自己的设备设施和公共设施,在物质层面,这些基础设施建设反映了校方以人为本的办学理念。投放了心力和物力来完善校园物质建设,比如图书馆的书籍增加、体育设施的完备、游泳馆体育俱乐部等的建设,都丰富了学生身心生活,有利于学生实现人格的现代化和全面素质的提高,七成的学生认为也丰富了校园文化底蕴;近一半的人认为物质文化建设应该注意文化设施,如报刊亭、图书阅览室、电子阅览室等,使追求人类文明的精神永不止步;20%的学生认为主体建筑也是物质建设的重要方面,有特色的有个性的建设为人高山仰止。物质也是构成大学校园生活的一面,20%的人认为有帮助但不是决定性作用;近五成的学生认为好的设施就是好的环境,对学习生活也有帮助,他们觉得本校的硬件建设方面基本能满足个人要求;近一半的对象对现在的校园环境感到满意,他们认为环境优美,各类设施基本完善;有24%的学生认为教学科研设施达到满意的状态;有一成的学生认为设施不齐全,在生活中造成了一些不便。

在精神文化建设方面,学校会不定期举行各种讲座或者学术竞赛,有27%的学生会经常参加,三成的学生声称偶尔参加,二成的学生不参加,比如报告讲座的活动参加人数不多是因为缺乏高层次高水平的报告,专业性太强,学生听不懂也没有兴趣。在专家讲座中,有30%的学生喜欢;42%的学生更喜欢活动的形式,因此参加社团活动的学生居多。一半的学生认为学校的社团选择性多,比较多元化,但是活动不足,数量和形式都不够到位;大部分人认为有些活动形式主义严重,为举办而举办,内容比较老土过时,亲和力不强,这的确是个很大问题。在笔者所读的学校中,学生组织的活动确实不算多,最吸引人的活动形式也不是很多,因此各人高校的学生活动应多注意这方面的问题,组织多,更要尝试多次实践。

校园文化建设如此重要,必须得力于学生工作机构和文化体育机构,一半以上的学生觉得实施它的载体应为学生组织如学生会、社团、俱乐部等,当然校方的强大后盾为开展活动提高了档次和质量,为校园文化得以顺利进行保驾护航、锦上添花。有三成的对象支持党政机构和思想宣传机构在校园文化的开展中发挥效力,为学校的整体氛围发挥价值,所以教师和学生无疑是打造魅力校园文化的主力军,融洽的师生关系,使之在严谨认真和青春活力中迸发出校园特色。

## 三、校园文化与高校建设

高校的教育并非只关注于学生的学科成绩,大学时代的特殊性决定了思想教导和人格方面的熏陶和鼓励需要大学给予相当程度的自由性,所以显性和隐性的校园建设是引导学生身心发展的重要环境。龙应台说:"要求你读书用功,不是因为我要你跟别人比成绩,而是,我希望你将来会拥有选择的权利,选择有意义、有时间的工作,而不是被迫谋生的工作。工作在你的心中有意义,你就有成就感。当你的工作给你时间,不剥夺你的生活,你就有尊严。成就感和尊严,给你快乐。"不难看出,文化教育成为高等教育建设的重中之重。如此,高校教育的趋势不断地向更加轻松、更加自由的多元方向发展,在主体上开始向学生倾斜,在内容上生活性和心理层面并重。笔者将未来这种校园文化趋势定义为"轻文化"。

### (一)"轻文化"概念

#### 1. 主体多元化

校园文化是大学风貌的精髓之一,有一半的学生认为校园文化与校园发展是相互决定、相互影响的,是正向循环的。在物质文化和精神文化建设方面,调研的对象从校园硬件设施、主体建筑、环境和讲座、活动等方面发表了自己的看法,为高校的校园文化发展提供了宝贵的意见,从学生的兴趣出发,把握时代发展的脉搏,满足学生的需求,改进校园文化建设的不足,发扬现有的成绩,高校的校园文化不论是物质还是精神层面定会做的如火如荼,也就能更好地服务于广大的师生。

"文化的本质和源流,在于它在生长和发育中不断交流、吸纳、碰撞、融合。这正是文化本身所具有的宽容性表现……是文化生生不息的活力之源。"[5]大学作为文化前沿阵地,包容性是其发展需要具备的重要素质,而多元化便是这一点的集中体现。在主体多元化的角度下,学生开始在学校的行为和活动中不只是数量最多的参与者,更在主导性的地位上开始逐渐爬升;高校不只在学术上开始给学生主导的权利,还在更多的学校物质和文化建设方面给予学生更大的权力,比如在学校招标方面给予学生部分决定权,在学校活动方面给予学生更多的自主权。因此,随着这样的发展态势出现,学校与学生的互动不断地增加再增加,学校和学生之间的依赖感逐步攀升,关系由"行政牌"开始走向"感情牌",学校氛围开始走向轻松态势,这是学校"轻文化"的第一点体现。

#### 2. 自由式对话

在之前的调研结果中,随着科技的进步,高校的网络交流平台也被逐渐开发和推广开来,方便了学生交流,加强了师生之间的连接,让每个人参与到校园活动中,成为校园文化的主人。在有效的发展平台中,60%的学生选择社团组织和平面平台,如书籍报刊、BBS、Blog等,这也是校园文化的网络产品,学生可以查看学校动态,以及同学们发到网络平台的各类消息,参与互动;作为学习和生活的主人公,学生们还可以进行文艺原创,有近三成的学生爱好小说、随笔、摄影、动漫等,将大学生活过得多姿多彩,这也和学生组织活动相关,体现了高校校园文化多是以学生为主体,具有很强的社会性。学校学生之间的交流变得更加自由方便,多媒体为这种自由式对话提供了相应的技术和媒介支撑,高校和学生之间的对话也更加方便轻松,校园网的邮件系统、朋友圈系统都为学生参与高校工作提供了强大的吸引力,也促进了高校学生成为高校建设的生力军。

## 参考文献

[1] 教育部思想工作政治司.高校校园文化建设的理论与实践[M].北京:中国人民大学出版社,2009.

[2] 高文兵.中国高等教育资源分布与协调发展研究[M].北京:高等教育出版社,2008.

[3] 冒荣.大学精神与高等教育创新[M].青岛:中国海洋大学出版社,2009.

[4] 刘献君.大学之思与大学之建[M].武汉:华中科技大学出版社,2013.

[5] 教育部科技委"中国未来与高校创新"战略研究课题组.中国未来与搞笑创新2012[M].北京:中国人民大学出版社,2012.

[6] 徐飞.文化的力量——中国大学文化建设的创新之路[M].上海:上海人民出版社,2012.

[7] 丁山.中国古代宗教与神话考[M].上海:上海世纪出版集团,2011.

[8] 张卫良.大学核心竞争力理论与实践研究[M].青岛:中国海洋大学出版社,2006.

[9] 萧俊明.文化的语境与渊源——文化概念解读之一[J].国外社会科学,1999.

[10] [英]泰勒.原始文化[M].上海:上海文艺出版社,1992.

[11] [汉]许慎.说文解字[Z].

[12] [汉]班固.汉书·董仲舒传[Z].

[13] 俞思念.宽容与文化[M].北京:社会科学文献出版社,2009.

# 京外高校研究生社团文化生活聚焦

调研注册团队编号:11
调研注册团队领队:王婷婷

作　者:王婷婷　程方方　杜　佳　高　佳　徐美慧[*]

[摘　要] 高校校园文化是社会主义先进文化的有机组成部分,自我国实行研究生扩大招生政策以来,构建研究生校园文化越发具有现实意义。调研小组通过走访调研京外两所高校(大连外国语大学和东北师范大学)研究生校园文化生活,从高校研究生会的角度出发,了解同一类外语院校研究生校园文化现状与建设问题,在对该现状进行分析的基础之上提出了研究生校园文化建设的若干建议。

[关键词] 研究生;校园文化;研究生会;日语学院聚焦

## 一、研究生校园文化现状分析

校园文化是以学生为主体,以校园为主要空间,以育人为主要导向,以精神文化、环境文化、行为文化和制度文化建设等为主要内容,以校园精神、文明为主要特征的一种群体文化。其主要包括:以青年学生为代表的文化观念以及有所规范的学生特有的思维特征、行为特征和方式;学生课余生活中一切以群体形式出现的文化活动,如学生会、学生社团、学生自治组织等活动,其中,学生会与学生社团最能体现校园文化本质内容。

与本科生不同,研究生的校园文化生活有着不一样的特点。本科生的学制长、精力充足、对大学生活怀有新鲜感以及面对就业压力比较轻,本科生的校园文化参与度远远

---

[*] 王婷婷,女,汉族,1989年生,辽宁省盖州市人,北京第二外国语学院2013级硕士研究生;程方方,女,汉族,1991年生,河南省南阳市人,北京第二外国语学院2013级硕士研究生;杜佳,女,汉族,1990年生,河北省唐山市人,北京第二外国语学院2013级硕士研究生;高佳,女,汉族,1989年生,河北省张家口人,北京第二外国语学院2013级硕士研究生;徐美慧,女,汉族,1991年生,河北省承德市人,北京第二外国语学院2013级硕士研究生。

高于研究生。但是也不能因此忽视研究生的校园文化生活。纵观当前高校研究生校园文化,其特点主要表现在"学术性较强""积极性不高"和"吸引力不足"三个方面,这也是由研究生群体的特殊性所决定的。首先,研究生的学术和科研压力较大,大多数精力投投入在科研中,无暇分身;其次,研究生的课外活动很少,有些院校的研究生甚至没有体育课程设置;再次,研究生相对缺乏激情与活力。相较于本科生来说,研究生正处于生理、心理更为成熟的阶段,更能潜心于学术科研。

## 二、先行研究及调研内容

本团队通过此次复合人才社会调研,旨在调查京外两所高校(大连外国语大学外国语学院日语系和东北师范大学外国语学院日语系)研究生校园文化,研究其在研究生校园文化建设中的突出特色、可借鉴优点以及需要改进的问题,从而为我校的研究生校园文化建设做出针对性、可行性的改进建议。

本团队在此次调研前,做了两方面的先行研究。其中,一方面包括对我校研究生校园文化生活的调查和研究;另一方面是聚焦日语学院,探讨了日语专业研究生参与校园文化生活与未来就业的相互关系。之所以在现行研究中调研本校研究生校园文化生活,旨在通过分析本校研究生校园文化生活现状与建设中的问题所在,与即将进行的同为外国语院校的调研对象学校进行横向比较,与不同类型的综合性师范大学进行纵向比较,进而希望能够为我校的研究生校园文化建设有所帮助。

我校研究生校园文化生活主要分为校研究生会与学生社团。其中,研究生会主席团是研究生会的决策机构,研究生会秘书处是研究生会的指导和纪律监察机构,研究生会各部门在研究生会主席团和秘书处的指导下开展工作。目前,研究生会设有部门共七个,分为权责部门和职能部门。权责部门包括办公室、组织部、宣传部,职能部门包括联络部、权益部、文艺部、体育部。此外还包括研究生学生社团四个,即研究生报刊杂志编辑委员会、青年研究中心、青年发展中心和翻译社。同时,我们也分析了研究生参与校园文化生活与未来就业时的相互关系。由于聚焦全校、全部专业来分析,可能会导致问题分析模糊,不能作出明确结论,所以在这个问题上,本团队选用日语学院为着眼点,重点探讨了日语学院研究生参与我校研究生会与研究生学生社团的情况,以及在就业方面有无影响。我们通过调查参加过研究生会或社团、并且已毕业的日语学院学生去向,以及与负责日语学院学生工作的老师进行沟通,了解到研究生参与研究生会或社团活动,对于就业确实有一定积极影响。这一影响主要体现在以下三个方面:一是提高了学生的本身能力与素质。研究生会与学生社团,是学生的群众性自治组织,举办了为数众多的活动,学生的各方面能力和素质均可以得到锻炼和提高。二是丰富了学生在求职时的简历内容。三是学生在参与校园文化生活时拓宽了人际关系,接触到更多社会资源。

本次调研中,我们采用了问卷调查与走访座谈两种方法结合的形式,既保证了调研过程的普遍性、广泛性,也保证了调研中能切实地深入了解到两所学校的不同特点。这种形式符合本次调研的特点,同时可行性高,在实际调研过程中也取得良好效果。

问卷调查内容翔实,问题设计包括学生对于研究生校园文化的认可度、参与度的方面;关于校园文化生活对于研究生能力提升与培养方面;关于校园文化生活对就业的影响方面。本次调研中,共发放问卷400份,大连外国语大学与东北师范大学各200份。其中,大连外国语大学收回调查问卷共173份,有效问卷为169份。东北师范大学收回问卷182份,有效问卷176份。有效问卷占发放问卷总数86.25%,符合问卷调查可行性成果标准。

同时,我们在大连外国语大学与东北师范大学进行了走访座谈,对象包括研究生同学、研究生会会长、研究生导师、研究生辅导员、研究生处主管老师。从不同角度、不同层次的走访对象中进行了解,保证了本次调研的真实性、可靠性、科学性。

## 三、调研对象高校研究生校园文化现状与问题分析

通过本次对大连外国语大学和东北师范大学的调研,调研小组深入了解了不同类型高校的研究生会情况,把握了研究生生活与学习现状。在调研的过程中,我们发现,不论是师范类院校还是包括二外在内的外语类院校,研究生都没有组建社团。研究生的校园文化生活一方面由研究生会组织,一方面独立进行。因此,相比于本科生的学生会,研究生会对于丰富学生生活的作用更加重要。但调研小组同时也发现了一些问题,如研究生参与研究生会和其活动的积极性不高、研究生会成员工作学习难以兼顾等。下面主要介绍研究生会的现状和问题,并试分析其出现的原因。

(一)研究生加入研究生会情况

大连外国语大学的330多名研究生中,有约70名同学加入了研究生会。由于只设校级研究生会,各院系同学的参与程度有所不同。时间充裕、对组织管理有兴趣的同学积极参与,而如俄语系口译研究生一样课程繁忙、时间有限的同学则基本与研究生会脱节。作为各种活动的组织者,研究生会的成员一般不直接参与活动,而是为研究生同学服务。因此,相比于参与活动的同学收获的快乐,他们得到的则是组织管理的经验和工作能力。相比于自愿参与活动的研究生同学,研究生会成员有较为固定的工作量,因此有些同学出于对学业的担忧,而没有选择加入研究生会。加入研究生会的同学尤其是两年制研究生,第二年即面临就业问题,他们一般多在第二年选择退出或将工作交给一年级的新成员。

东北师范大学除校级研究生会外,各个院系还有自己的研究生会,因此同学们的参与程度更高,校级研究生会的选拔条件也相应地有所提高。每年举办的两场大型活动需要大量研究会成员进行组织策划,工作量也较大,但研究生会成员有机会直接与专家、资深教师联系和交流,活动的组织者还可以得到学校开具的证明,有利于以后的评奖评优,因此同学们参与研会和组织活动很有热情。但由于研究生人数众多,研究生会选择余地较大,因此竞争也较为激烈,有的同学未能通过面试入选。也有许多同学出于学业方面

的考虑,没有选择加入研究生会。

(二)研究生会组织与举办活动介绍

大连外国语大学的研究生会与二外类似,只设校级研究生会,各院系不设分会。不同的是其研究生会隶属于团委,研究生处则主管研究生学习和就业工作。组织活动时,研究生会各部门间相互协调,不同专业的研究生分工合作,统一组织适合各专业研究生参加的活动,如到孤儿院、养老院等从事志愿者活动,到旅顺参观战争纪念馆、监狱,与邻近的理工科学校联谊等。这些活动不分专业,全体研究生都可以自由报名参加,但同时还有一些特点。如考虑到外语类院校女生多、男生少的现状,联谊活动主要为女生服务;由于学校距离旅顺较近,研究生会充分利用地理位置上的优势,积极举办爱国科普活动等。另外,研究生会还为同学们提供交流平台,如微信群、QQ群等,研究生们可以在群内自主交流和组织活动,而研究生会的招新等工作也是通过网络进行的。

与外语类院校相比,东北师范大学作为综合性大学,专业更多、研究生人数也更多、研究生会规模更大,除校级研究生会负责统筹管理外,各院系还有自己的研究生会,可以独立开展活动。东北师范大学的研究生会归团委管理,内部都设有"一室六部",即办公室、学研部、女生部、实践部、文体部、美宣部和生活部。每年,研究生会都要组织两场全校规模的大型活动——学术沙龙和教师技能大赛。这两场活动一场以学术为主,由不同学院和专业共同举办,形成学术交叉、促进不同专业学生间交流;教师技能大赛则注重教学实践,赛前邀请知名院校的教师为选手们进行培训,赛后组织获奖选手交流经验,表现突出的选手有可能获得工作机会,因此同学们的参与热情非常高。举办大型活动需要相当的经费,不同于本科生举办活动时要拉赞助,东北师范大学的研究生院为这些活动提供资金,积极支持研究生活动。同样,东北师范大学的研究生会也注重网络建设,除了在官方主页"扬思网"上发布活动信息和新闻外,也通过QQ群等平台为同学们提供交流和自主组织活动的机会。

由于研究生同学普遍没有组建社团和参与社团活动,研究生会组织的活动和提供的平台成为了他们校园文化生活的重要方面。东北师范大学的学术沙龙和教师技能大赛等大规模传统活动得到同学们的广泛参与,舞会等创新活动也获得了意想不到的青睐。但在调研过程中我们发现,还有许多研究生同学对于研究生会组织的活动不感兴趣、参与积极性不高,究其原因,主要有以下几个方面。

**1. 研究生课业繁重**

部分研究专业,如大连外国语大学的俄语口译专业和东北师范大学的化学专业等,课业较为繁重。化学专业属于理科,研究生同学要做大量科研工作,每天早八晚十、一周六天泡在实验室;而俄语口译专业则因为学制较短(两年),课程被挤压到一年,第二年忙于论文和工作。同学们不仅难以抽出时间参与研究生会举办的文体活动,也很少有课余活动时间。

对于外语类研究生来说,出国留学也成了参与研究生会活动的阻碍因素。如东北师范大学日语系研究生,有的入学半年即可出国留学,回来后又面临论文和工作或升学的压力，研究生阶段基本与研究生会脱节。学术性强的研究专业，同学们对学术讲座等较为感兴趣，对于文体活动则参与度较低。

*2. 研会活动缺乏新意*

许多研究生同学在本科阶段积极参与活动，体验过学生会、文艺表演、志愿活动等各式活动，而研究生阶段的活动比起本科，不但数量有所减少，类型也比较单调，其中还有一大部分是讲座等学术活动，因此对于这些同学来说，无法从研究生会举办的活动中找到新鲜和刺激，便逐渐对其失去兴趣。

舞会、广场舞等创新活动能够满足研究生同学们的交流、交友需求，但数量较少且刚刚起步。有些活动只举办了一次便由于研究生会换届、经费或研究生会成员的时间问题等无法继续举办下去。还有很多活动刚开始举办，仍处于试行阶段，尚没有形成规模，活动参与程度和在同学们中的知名度都有待提高。

*3. 研究生思想成熟、独立性强*

相比于本科生，研究生独立性较强，经过本科阶段的锻炼和年龄上的成长，都建立起了比较成熟的人生观，对于自己的学习和生活有更强的支配能力。一些研究生同学不愿受到研究生会的束缚或不被研究生会的活动吸引，喜欢独立参与活动，如寻找实习、成为社区志愿者等。也有许多同学通过研究生会提供的QQ群、微信群等网络平台自行组织联谊、郊游等课余活动。

*4. 研究生参与活动目的性强*

进入研究生阶段，同学们对于找工作、取得学术成果或争取奖学金的意识有所加强，多数同学很清楚自己以后想做什么，并开始为之努力，因此在学习和参与活动时都有明确的目的，参与活动前经常会考虑为什么要参加、参加这项活动能为自己带来什么好处等现实问题。学术科研活动和教师技能大赛、翻译大赛等与研究生同学的学习和工作息息相关的活动容易受到欢迎，但志愿关怀老人、爱国教育活动、体育比赛等文体活动则相对不受重视。

总体来说，研究生会一般独立于本科学生会，研究生同学与本科同学也缺少交集，研究生没有组建社团，也不参与本科生的社团活动。研究生会的工作主要是组织活动和面向研究生同学进行宣传，举办的活动以学术活动为主，有少量文体、志愿者和联谊活动。部分研究生由于课业繁忙、专注科研，基本没有校园文化生活，课业之余的时间用来休息。参与活动的研究生在学业之余，主要参加讲座等学术活动、实习实践和联谊，很少参加文体活动。有少量自主组织和参加郊游等半交友半体育类活动的同学。研究生对各项活动的总体参与程度不高。

## 四、聚焦日语学院研究生校园文化生活

（一）校园文化活动与日企用人标准

通过与大连外国语大学日语学院研究生干部的座谈，我们了解到日语专业的学生毕

业后的去向大概包括如下几个方面：进入日资企业，进入事业单位，留学深造。大连地理位置优越，与日本的贸易往来频繁，日资企业众多，这也给学生就业提供了一个有利的平台，因此，研究生毕业后选择进入日企工作的学生占大多数。

目前，在日语人才招聘中，日资企业反映，他们需要的不仅仅是精通日语、具有良好交流能力的人才，与此同时，更加重视考查学生是否具有一定管理创新能力，且能适应日企工作环境。从中我们可以解读出这其实反映出日企用人标准的变化，即日企更多的是需要一专多能的复合型人才，不仅能为公司做些翻译的工作，还必须具备出色的工作能力，同时更为重要的是学生的团队意识，以及守时、奉献精神、吃苦耐劳等内在品质。即将进入社会工作的研究生除了通过实习锻炼自己，校园文化生活也为他们提供了平台，使他们获得上述品德和能力。

**1. 研会活动提高学生的专业能力**

通过与大连外国语大学研会副主席姚洪磊、日语学院各年级研究生进行座谈，我们了解到研会的活动基本包含学术、文体两类，其中学术类占大多数，如开设外语角，举办讲座，日语学院还会为学生提供翻译实习机会，以提高学生的专业水平，促进就业。同时，学院还会组织学生参加一些与日语相关的大赛，如"佳能杯"日语演讲比赛，"YKK"杯日剧创作表演大赛，全国口译大赛等，不仅培养了学生们的团队精神和创作能力，丰富了学生们的课余生活，更提高了日语专业学生的语言应用能力，从而使研究生更加顺利进入日企，提高语言交流能力。

**2. 校园活动培养了学生的个人素质**

组织一场校园活动，从活动前的策划，到活动结束后的信息反馈，都需要学生会的成员积极参与，并付诸实践。在这个过程中，学生的综合素质得到提高。包括与人的沟通能力，获取信息的能力，团结协作能力，吃苦耐劳的精神，自我学习能力等。例如，参加一场活动的策划，需要与其他院系进行沟通，这锻炼了他们的人际交往能力；活动需要集体合作才能完成，这锻炼了他们的团队合作能力；在与日方的沟通中，也学习到了日本人的工作态度，严谨谦虚，不畏辛劳的精神；前期的活动策划和工作总结还锻炼了他们的文书写作能力。这些能力和素质恰恰是日资企业迫切需求的，可以说研会活动的开展为学生更好进入日企打下良好基础。座谈中，日语学院各年级研究生代表表示，通过各种研会工作，他们增加了学习技能、提高了工作能力，研会活动为其成长为社会人，顺利进入日企提供了锻炼的机会。

（二）日语学院研究生活动存在的问题

日语学院从研究生的专业需求和就业需求出发，提供了多种平台丰富研究生校园文化生活，在提高学生素质、促进就业方面起到了一定作用，但也存在诸多问题。

**1. 学生参与度低**

日语学院的特殊情况阻碍了学生参与研会活动。在大连外国语大学日语学院，多数学生在研一时课业较多，会以学习为重，因此不会有时间去参加研会；研二时出国留学的学生非常多，因此根本无法考虑参加研会一事；等到了研三，大家都在实习，所以整个研究生期间,研会被排在了时间表之外。这是一个原因,此外,经过走访,我们了解到很多学生在本科期间已经加入过学生会并担任了相关职务,研会对他们来说已经没有吸引力,并且他们已不是当初刚上大学的"新人",那股新鲜劲已经所剩无几,所以研究生还是更愿意把精力放在学习上。

**2. 研会自身建设有待提高**

(1) 研会自身影响力不大

走访时,我们询问了一些学生,其中很多人表示对研会举办的活动印象不深或是没什么印象。这表明研会宣传力度不够,而且质量有待提高。

(2) 研会举办活动无创新

大外的研会活动以学术型为主,多为一些讲座和沙龙,出发点是好的,但缺乏新意,很难吸引学生参加,内容上要巩固,形式上要做到丰富多彩。例如,东北师范大学的教师技能大赛取名为"我是教师第一季","研究生去哪儿"等,这些题目与流行元素紧紧契合,博人眼球,获得了很大成功,这一点是需要效仿和发扬的。

(3) 研会成员积极性不高

即使进入研会,与其他非研会成员相同,研会干事也面临学业、实习就业等情况,时间紧张,因此就出现懈怠的情况,这会导致研会活动质量降低,收效不明显。

综上所述,日语学院研会为学生进入日企提供了双重保证:一是在专业技能上,通过提供实习机会,组织外语活动提高学生对语言的应用能力,为学生进入日企打下专业基础;二是通过组织活动,提高学生的个人素质和能力,使其更好地适应日企的氛围和工作环境。

## 五、高校研究生校园文化建设建议

研究生校园文化生活作为一个锻炼研究生综合素质的平台,承担着培养德、智、体、美全面发展的高素质人才的重大责任。校园文化的进展成果是衡量研究生教育是否成功的标准之一,同时也在检验着研究生教育质量的好坏。研究生作为一群高素质人才,承担着努力建设中国的责任,如何将他们培养成为优秀的专业人才、卓越的社会主义建设人才,离不开对研究生校园文化的研究和改进。在调研过程中,我们也发现了许多关于研究生校园文化生活的弊端和问题,找准对策努力解决这些问题是当务之急,只有解决了这些问题,才能促使研究生同学更加积极地投身于校园文化生活,建设和谐、文明、创新的校园文化生活。我认为可以从以下几点来探讨关于如何解决当前研究生校园文化建设中存在的问题。

(一) 积极建设校园文化的大环境

学校方面有责任构建一个有利于校园文化发展的大环境,推动一系列政策的实施,积极鼓励研究生同学成立形式多样的社团,开展丰富多彩的活动。我认为在积极建设校园文化活动大环境这方面,学校应该从以下几点做起。

### 1. 加大对研究生活动的改革和创新

研究生活动目前存在着吸引力不强,无法引起学生兴趣等弊端。研究生活动内容单一,活动形式与本科雷同,没有创新和特色,这导致了一部分学生对研究生会活动没有兴趣。在研究生群体中,有一部分的同学在本科时也参加了许多社团、学生会等,在进入研究生阶段后因为研究生会与本科学生会在机构设置上、开展活动上都很相似,基本上属于换汤不换药,这就降低了研究生会工作的挑战性和新颖性,不少同学认为参加研究生会并不能够真正地得到锻炼,因此就打消了加入研会的念头。这不仅仅是一个学校出现的问题,基本上是一个普遍存在的问题。如果不能够从根本上将研究生活动与本科活动区别开来,研究生活动的成功将无从谈起。因此,学校方面应该采取措施对研究生活动进行改革和创新,重新定位研究生活动的目的和方向,将研究生活动往独立自主的方向上引导,结合研究生的专业性,配以丰富的社会实践和学术、文体活动,充分发挥研究生同学的综合能力。只有研究生活动发展成为一个独立有特色的活动,才能够使同学们在其中得到锻炼,发挥自主性,积累处理问题和团队协作的能力,并通过丰富的学术知识来开阔视野,充实自己;通过多样的文体活动来培养学生的艺术情操、鉴赏美的能力。

### 2. 加大对研究生活动的资金支持

导致研究生活动单一的另一个原因是经费不足。在问卷调查和对研究生会干部的访谈中,90%以上的同学反映研究生会的经费不足。因为没有足够的经费做支撑,很多有创意的活动因此被搁浅。另外研究生干部在开展研究生活动时,管理能力、组织能力等受财力限制,开展活动时只能选择规模小、花钱少的活动,无法吸引学生的注意力,活动效果无法得到学生的认可。因此,学校应该加大对研究生活动的经费投入,支持学生独立自主地进行各种活动,能够真正地发挥自己的能力,在活动中得到锻炼,找到自信,并且不断积累经验,努力成为适应社会的有用人才。

## (二)积极发挥研会干部的中流砥柱作用

研会干部作为研究生活动的组织者和策划者应该承担起自己的责任,积极地带领队员开展研究生活动。在积极贯彻学校政策的同时,在工作中要积极听取同学们的意见,了解同学们真正的心理需求——即他们希望通过研会活动得到什么锻炼。在开展工作时,注意结合研究生同学的心理需求,开展能够锻炼到同学的活动,从而达到同学期望达到的目的。同时,在调研过程中,我们发现有不少同学对研会了解甚少,这说明研究生干部在平时的工作和学习中并没有与同学保持良好的沟通。因此一定要注意与研究生同学进行沟通和交流,将研究生会活动的情况详细地介绍给同学,使同学们熟悉研究生会活动。同时,在开展工作时不要一味按照往年惯例一成不变地去操作,要结合时代特色和研究生同学关注的话题积极开展相关活动,做到与时俱进、开拓创新才能够真正地提高研会的关注度。

积极鼓励研究生投身于校园文化建设具有重要的意义。研究生群体是校园文化建设的主力军,校园文化的蓬勃发展离不开一支创新、活跃、积极的研究生群体。只有真正调动了研究生同学参与的积极性,校园文化建设才能得到发展。那么,现今存在的问题是大多数研究生同学对校园文化活动不感兴趣,参与度低。有一部分原因是研究生群体经历了四年本科的锻炼,在进入研究生阶段后做事情更具有目的性和功利性。他们认为研究生阶段关注的重点应该放在就业和实习上,研究生会等活动并没有让他们看到有可以得到锻炼的地方,因此对研究生活动并不感兴趣。研究生活动涉及组织、策划、分配任务、执行等各个过程,在活动上处处体现了学校的教育目的和培养计划,影响着研究生同学的价值观导向和责任感的养成。同时在整个活动操作和进行的过程中,需要有一定的统筹能力、策划能力和团队协作能力。事实上这为同学们提供了一个不可多得的平台,放下偏见和功利心,选择在这里锻炼的话,一定会有大的收获。因此,我们建议研究生同学抛弃偏见,正确地审视自己,认真思考研究生会的价值,积极投身到校园文化建设中,从中得到锻炼,为以后的职业生涯做准备。

另一方面,一部分研究生对未来的规划甚少,这部分研究生整天碌碌无为,既不参加学生活动也没有清楚的职业规划,做事情盲目性较大,当进入社会时又不能及时转换自己的角色,从而导致与社会格格不入。作为一名研究生,应该具有相对清楚的自我认识和判断能力,对自己的未来要有一个清晰的规划。独立意识不强,做事情没有目标没有意识都是不可取的。因此,积极参加研究生会活动具有重要的意义。积极参加研究生会活动,通过活动锻炼自己认识问题分析问题的能力,通过参加问题活动开阔自己的视野,锻炼独立思考的能力,结合用人单位的需求,努力地改造和提升自己,以便更快地融入到社会主义建设中去,实现由学生到社会人的转变,积极承担起应负的责任。

## 六、小结

校园文化是一种氛围,一种精神。精神的作用可能并不明显,但却对每一个学生都会产生潜移默化的影响。这种影响,将伴随学生步入社会,持续一生。校园文化不仅是当今高等教育中一所学校发展的灵魂,也是一所学校综合实力的反映。我们的高校,不应是闭门造车,仅仅做好教学工作就可以,更要提升自己的品牌影响力,其中,校园文化就是至关重要的一个方面。而研究生会在构建高校研究生校园文化中至关重要。它不仅是构建研究生校园文化的中坚力量,也是构建研究生校园文化的组织保障。在实际工作开展中,研究生会始终坚持通过自发的、非强制性的方式,借助活动、网络等载体和媒介,潜移默化、春风化雨般引导、服务于广大研究生的成才成长;同时,研究生会的组织性质天然使之具有团结和凝聚广大研究生的优势,加上引领、服务、维护广大研究生等职能,借助研究生会开展校园文化建设可以充分保障组织基础。

研究生作为高学历、高素质群体,其素质优势、年龄优势、社会优势和榜样优势是显而易见的,构建研究生校园文化要充分兼顾到这一点。对于北京第二外国语学院来说,我校在本科生的校园文化建设方面已经有很好的建设,学生会与学生社团建设完善,活动精彩纷呈。但是,在研究生的校园文化建设方面,尚存在需要改进的地方。希望本次调研成果能为我校的研究生校园文化建设贡献绵薄之力。

## 参考文献

[1] 周军,隋吉原.关于我国高校日语专业毕业生在日资企业就业现状的调查[J].江苏技术师范学院学报,2010(7).

[2] 程玲.日语专业毕业生就业状况调查与分析[J].长春理工大学学报(高教版),2009(10).

[3] 汪晓莉,刘淑华.需求导向的中国外语高等教育战略初探[J].外国语,2006(6).

[4] 徐峰.高校研究生会视角下的研究生校园文化建设[J].中国校外教育(下旬刊),2012(3).

# 聚焦厦门大学外文学院硕士生校园文化，为北二外校园文化建设注入新活力

调研注册团队编号：14
调研注册团队领队：王洪洁

作　者：王洪洁　安乾凤　张佳琪　张　琳　万文佳*

[摘　要] 校园文化作为高校的无形资源，对于师生的方方面面起着潜移默化的熏陶、引导、激励与凝聚作用。厦门大学由著名爱国华侨领袖陈嘉庚先生于1921年创办，厦大外文系于1923年建立，英语语言文学专业于1961年开始招收研究生。50多年来，独具特色的厦大外文学院研究生校园文化逐渐形成、发展并完善。为了给北二外的校园文化建设，尤其是硕士研究生校园文化建设注入新的活力，我们通过实地考察、对厦大师生进行访谈的形式，对厦门大学外文学院的硕士生文化生活进行了深入的调研和了解。为了更好地展示调研成果，本报告从以下三个方面进行分析：以教师为主导的硕士生培养制度文化建设；以学生为主体的研究生会文化建设；厦门大学特色"嘉庚精神"和校友文化建设。

[关键词] 厦门大学；外文学院；硕士生；校园文化建设

## 一、厦门大学外文学院硕士生培养制度的历史与现状

厦门大学由著名爱国华侨领袖陈嘉庚先生于1921年创办，是中国近代教育史上第一所华侨创办的大学，也是国家211工程和985工程重点建设的高水平大学。厦门大学

---

* 王洪洁，汉族，1992年出生，山东省临沂市人，北京第二外国语学院英语学院2013级硕士研究生；安乾凤，汉族，1988年出生，河北石家庄人，北京第二外国语学院英语学院2013级硕士研究生；张佳琪，满族，1990年出生，河北省承德人，北京第二外国语学院英语学院2013级硕士研究生；张琳，汉族，1989年出生，河北邯郸人，北京第二外国语学院英语学院2013级硕士研究生；万文佳，汉族，1988年出生，安徽安庆人，北京第二外国语学院英语学院2013级硕士研究生。

研究生教育始于1926年,外文系的英语语言文学专业于1961年开始招收研究生,是国内最早招收英语语言文学专业研究生的大学之一。53年来,厦门大学外文学院研究生教育坚持"养成专门人才、研究高深学问、阐扬世界文化"[1]的办学宗旨,以培养具有创新思维与能力、具有社会责任感的精英为目标,不断摸索与创新,形成了独特的研究生培养体系。这构成了当前厦门大学研究生校园文化的重要部分。

(一)厦门大学外文学院硕士生培养历史沿革

厦门大学外文学院成立于1999年,前身外文系建于1923年,是厦门大学最早成立的院系之一。1961年厦门大学英语语言文学专业开始招收研究生。2000年,日语、法语语言文学系开始招收研究生,2003年外国语言学和应用语言学硕士点建立,2005年厦门大学英语语言文学学科成为福建省重点学科,2006年建立外国语言文学一级学科硕士点,2007年开始招收俄语语言文学研究生。目前,就硕士研究生教育而言,学院拥有1个一级学科硕士点(下设英语语言文学、外国语言学及应用语言学、日语语言文学、俄语语言文学、法语语言文学等学科点)和1个翻译硕士专业学位点。

厦门大学在建校初期就注重外语教学。陈嘉庚先生于1921年创办厦门大学时,就在建校的校旨上写明:"注重英文,使有志之士得研究世界各国学术之途径。"[2]外文系建立伊始,就吸引了大批国内知名学者,比如周辨明、李庆云、林语堂、洪琛等学贯中西的名教授前来外文系任教。外文学院的这些先师们认为语言是文化的一种表现形式,语言和文学都是文化的重要组成部分,也是文化的重要载体。学习、掌握外语只有通过研究、通晓外国文化方可实现。这一培养目标不断传承发展、与时俱进,并通过课程设置、教师的渊博学识和优异的教学内容、方法得到实现。同时,外文学院研究生教育在科研方面侧重于编、译。改革开放以来,尤其是近几年来,外文学院在继承过去优良传统的同时又重视改革创新,发展出自己的特色。

当前,厦门大学外文学院师资力量雄厚,研究生队伍强大,科研成果丰硕。有专任教师152人,其中教授22人、副教授47人。同时聘请外籍专家和教师38人。外文学院各系、专业在长期的教学实践中,形成了自己的特色。

(二)厦门大学外文学院研究生培养制度特点

由于此次调研目的主要在于借鉴厦门大学的优秀校园文化的建设,为北二外校园文化建设注入新的活力,所以对厦门大学当前研究生培养制度的基本情况介绍中,本调研报告将侧重于介绍厦门大学在此方面的特点及优点。

1."与时俱进"的培养与管理

厦门大学研究生处一直注重研究生教育的改革与创新,不断提高研究生的培养质量。从2014年5月中旬开始至9月中旬,研究生处开展并顺利完成了厦门大学研究生培养方案修订工作。厦门大学这次研究生培养方案改革的核心内容是要把研究生的培养拉到科学研究的轨道上,为研究生更好地探索未知、适应未来创新型社会的需要创造良好条件。

厦门大学此次培养方案的制订和修订工作以提高研究生创新能力为目标,并紧密围绕"重研究、高水平、硕博贯通、一级学科贯通、资源共享以及学科交叉"的原则[3]。在此大原则下,外文学院的研究生培养计划也做出了相应的修订。根据外文学院的修订过后的培养方案,硕士总学分显著减少:总学分从 31~35 学分减少为 22~26 学分;公共课程学分压缩近一半;其他培养环节的学分普遍增加:比如将学术讲座(可含 seminar 等)设为硕士生的必修环节,硕士研究生必须参加学术讲座或学术报告,在学期间应至少听满 10 场讲座。这样的设置,有利于让学生投入更多的时间和精力进行科学研究。根据厦大外文学院各专业的培方案,外文学院学术型硕士生学制为 3 年,课程安排时间一般为 1 年。但对提前完成培养计划,学位论文符合申请答辩要求的研究生,经过规定的审批程序可以提前答辩、毕业并申请学位。

同时,研究生院继续加强研究生短学期的教学活动,资助研究生各类教学和实习实践活动。厦门大学从 2011 年开始正式抓短学期教育:增大投资请校外专家前来讲座,仅在短学期,全校的讲座数量可以达到 100~200 场;同时投资教学环境,鼓励老师在暑假上课。在短学期可以开展多种多样的活动,比如开放教学资源,开设多层次、多类型、跨学科的短学期研究生课程;邀请国内外知名专家,开设课程或讲座;鼓励推免生提前修读研究生课程;组织和指导研究生开展实习实践、田野调查和高水平研究等。

总体来说,在硕士生培养上,厦门大学和北二外有异曲同工之处。硕士生的培养,采取课程学习和论文研究工作相结合的方式。通过课程学习和论文研究工作,使学生系统掌握所在学科领域的理论知识,培养学生分析问题和解决问题的能力。因此,厦门大学的研究生培养方案的设置与修改,可以对今后北二外的研究生培养方案的修订工作提供借鉴。比如:为了更好地使研究生把更多的精力投入到专业课程的研究上,在学分设置上,北二外研究生院也可以考虑适当地减少公共课程的必修学分,以及将听讲座和 seminar 设为研究生必修课程;同时,可以借鉴厦门大学短学期的设置,使研究生有充足的时间来从事科研和实践活动,为科研学习提供更多的平台等。

**2. "内外兼修"的国际化教育**

厦门大学一直以来,也高度注重研究生教育的国际化,将高层次留学生教育与出国出境交流项目作为主抓重点,使整个学校的研究生教育形成了"内外兼修"的双轨模式。

厦大硕士生国外留学,主要通过国家公派这个渠道。2014 年,全研究生院通过国家公派出国的超过百人。为了推进研究生教育国际化,充分利用国家留学资金,研究生院制定了一系列的措施:制定了厦门大学公派留学工作管理办法,加强对公派研究生项目的管理工作;加强与国家留学基金委的联系和沟通,邀请国家留学基金委领导来学校进行公派留学政策宣讲;组织部分学院、研究院开展针对本院学生的国家公派研究生项目专题说明会,派出该项目工作人员到场为学生答疑解惑;编纂厦门大学公派留学工作手册,为学生申报提供指南和帮助等。[3]此外,为推动研究生国际交流不断向前发展,研究生院也及时调高了支持经费标准。

对于外文学院来说,研究生教育国际化更为普遍。近年来,厦门大学外文学院与法国、日本、英国、荷兰、俄罗斯、美国、澳大利亚、德国、爱尔兰等国家和中国台湾地区高校有频繁的交流和合作,建立了"2+1"办学模式。因此,外文学院研究生出国交流和学习的机会很多。日语、法语语言文学方向的研二学生的出国率几乎可以达到100%,英语语言文学和外国语言学与应用语言学方向的研二学生出国率可以达到20%以上。同时,外文学院也接受来自国内外高校的学生前来学习,目前14级新生中有来自俄罗斯和美国的国际学生来研究生院学习英汉翻译。

除此之外,在学术讲座上,厦大外文学院力求做到国际化。2003年至今,厦大外文学院主办讲座500多场,邀请来自美国、英国、澳大利亚、加拿大、法国、日本、俄罗斯、意大利、荷兰等国著名专家学者讲学。比如国际著名语言学家韩礼德、词典学家哈特曼、英语专家麦克阿瑟、语言学家福赛特、作家米歇布托、语言学家工藤真由美、文学评论家小森洋一等。

厦门大学不断为研究生创造接触国内外优秀文化的机会,给研究生提供放眼"大世界"、拓宽国际视野、增长学术见识、了解前沿信息的平台,"引进来"和"走出去"相结合,真正做到教育的国际化[4]。

北二外,作为我国著名重点外语类大学,致力于建设国内一流、国际知名的教学研究型大学,"教育的国际化"是其重要的办学目标。因此,厦门大学推行国际化教育的方法,比如不仅注重"引进来",也注重"走出去"的双轨模式,可以用来为北二外教育的国际化提供新思路。

### 3."止于至善"的管理服务理念

"止于至善"是厦大的重要精神,潜移默化地渗透在厦大文化里。同时,这种精神和理念也体现在学校对学生的管理和服务层面:所有学生宿舍均由学校免费统一安装空调;所有学生均享受免费米饭、米粥;全部教室均提供免费饮用桶装水;长期以来实行的"院长信箱"、约两周一次的"校长早餐"等。

我们调研期间,厦门大学的"研究生自助打印系统"正式投入使用,这正是这种管理理念的另一体现。在"研究生自助打印系统"投入使用前,研究生办理成绩单、在学证明等需要在学院(或研究院)审核签字盖章后到研究生院复核盖章,流程较为烦琐,不仅耗费了学生和工作人员的时间,也降低了工作效率。而这款由研究生院自主开发的研究生学籍学务信息服务系统,从研究生实际出发,省去了办理各类证明材料跑前跑后的时间成本,也避免实际工作中人工出错的可能,提高了研究生日常教务管理的工作效率和准确性。

这种从细节做起,"止于至善"的管理服务理念贯穿了厦门大学研究生教育的管理的各个方面。与厦大一样,北二外的教育管理坚持"以生为本"的方针,努力为二外学子服务。因此,根据自身条件,北二外也可以借鉴厦门大学的经验,比如充分利用"院长信箱"等,更好地改进教学教务管理机制、提高教学教务运行效率和为学生服务。

## 二、厦门大学外文学院研究生会的研会文化

通过座谈,我们了解到外文学院研究生会在外文学院研究生们的生活中起到了非常重要的作用。不论是社会实践还是志愿者活动,不论是学术交流还是娱乐活动,都与研

会有着密切的联系。厦门大学外文学院研究生会,暨"厦门大学外文学院研究生团总支、研究生会",自创立之日起,就以"学术为本、文体并行、服务同学、奉献社会"[5]为出发点,承办了大量优质活动,铸成了众多研会品牌,内容多元,结构系统,兼容并蓄,注重交流,成为研究生校园文化生活的重要组成部分。北京第二外国语学院各个学院自己的研究生会刚刚成立,很多地方尚不成熟,因此深入地调查和了解厦门大学外文学院研究生会的各个机构组织和举办的各类活动以及活动经验,对于北二外各个院系研究生会今后的发展具有很大的意义。

(一)厦门大学外文学院研究生会简介

厦门大学外文学院研究生会,即外文研会,由外文学院各系研究生组建,接受厦大外文学院党、团委指导。研会下设团总支与研究生会两大机构,下辖10部:团总支辖美工、宣传、组织、青工四部;研究生会以主席团领办公、学术、文娱、体育、生活、女生六部。当前更有心理部在建设中。2013—2014学年,研会共有成员48人。

目前,外文研会团总支有4名,主要负责总揽内外,都统大局。团总支下的美工部有3名成员,负责将研会策划的所有活动以艺术形式展示在师生眼前;宣传部成员有7名,是研会人数最多的一个部门,他们为研会的各项活动锦上添花;组织部成员有3名,主要负责活动时间、场地、人员与设备的安排协调;青工部成员有3名,负责国内外多项大型活动的志愿者招募及分工。青工部于2013年特别设立,专门为全院研究生提供参加志愿活动、参与社会实践的机会和平台。

外文研会主席团成员有4名,负责任免、核定人事;主持会务,集思广益;联络校方,疏通上下,充当桥梁。下辖的办公室成员有3名,主要负责活动中的总务文秘工作,也负责联络各个部门,以保障研会正常运行;学术部成员有6名,该部门是外文研会的核心部门之一。大到全国性学术会议,小至院校级学术讲座,联络名师、策划方案、征集论文、组织交流,全是学术部成员的责任;生活部成员有4名,负责研会活动的物资供应、费用报销,同时兼辖宿舍环境卫生;文娱部成员有4名,负责举办各种娱乐活动,为研究生的读研生活注入更加丰富的色彩;体育部有成员4名,负责组织各类体育运动兴趣小组,促进同好之间切磋技艺、增进感情,同时也致力于主办和协办院、校级体育赛事,充当外院在赛场上的领跑与旗手;接下来是女生部,有3名成员,外院以女生占优,且以之为荣,因此特立女生部,主要负责女生节活动。心理部正在建设中,于2014—2015学年开始招收成员,致力于培养广大学子的浩然之气。

厦门大学外文研会的各部门分工明确、协同合作,使得研会的各项活动得以顺利开展。北二外的各个研会,正处于起始阶段,应该不断地根据研会的发展需要或学校和同学的需求,在继承和发展研会优良传统的基础上,与时俱进,不断改革与创新,使研会的建设不断迸发新的活力。

(二)外文学院研究生会活动类型简述

总体来说,厦门大学外文学院研究生会以"弘扬学术精神、促进学术研究、推动学术交流、发掘学术成果"为目标,每年主办与协办国家级、地区级与校院级各类学术、文娱、体育、志愿、实践活动数十次,规模宏大,内容丰富,影响深远。以下简述研会曾经成功举办的各类活动。

1. 弘扬学术精神,推动学术交流

"研究生学术研讨会"是外文研会的一项品牌学术活动。2007年,外文研会承办了首届"外文学院研究生学术研讨会",取得了引人瞩目的成果。此后,"研究生学术研讨会"得到继续发展,由研会每年举办一次。2013年12月,"第6届外文学院研究生学术研讨会"在厦大顺利举行。研讨会之主题报告会由研会承办,也隆重举行,参与报告会的教授有中山大学翻译学院院长、博士生导师黄国文教授,南京大学外国语学院院长、博士生导师朱刚教授,复旦大学外文学院副院长、博士生导师曲卫国教授。三位教授均为外语学术界的翘楚,讲座的主题涉及语言学、翻译学、文学以及社会学等各个领域,使学子们受益匪浅。同时,此次研讨会共收到投稿82篇,其中半数以上投稿来自研一新生。研讨会帮助学生切身了解到何谓学术研究,鼓舞精神,振奋士气,为新生此后三年的学术生涯打下坚实基础。

除"学术研讨会"外,由厦大外文研会承办的"囊萤之光"学术沙龙即是以交流互动为主题的二大品牌学术活动。2013—2014年度,研会共举办三场学术沙龙,分别请到英语系主任杨士焯老师、英语系肖晓燕老师和李力老师,引发全院研究生空前反响。学术沙龙将学院各专业老师与学生会聚一堂,畅谈学术问题,探讨学术思考,交流学术经验,拉近了师生距离,揭示学术神秘面纱下的苦与乐。

同时,外文研会也频繁邀请各名校、学院的不同专业老师在外文学院开设"人文学科的研究方法系列讲座",从各学科角度阐述学术研究的方法途径,帮助学生集思广益,鼓励学生大范围、高深度地涉猎各学科知识,在跨学科的思想火花中寻求学术灵感。并请来10位不同学科背景的教授学者为外文学院学子讲学。

除此之外,为了激发学生主动思考的学术精神与研究意识,外文研会独创性地开展同学间学术交流分享活动,令学术不再是名师的专属,真正走入研究生群体中。2014年3月至4月,研会相继举办了"翻译、修辞、认知"和"悦读悦享"两届"研究生SEMINAR",帮助研一同学在一年级即掌握科学的学术研究方法。研会每个学期也会定期承办"院长coffee time",为师生提供更加自由的交流平台。

在厦大外文研会承办的众多学术活动中,更值得一提的是"海峡两岸口语大赛"。自2009年首届大赛开幕以来,大赛已连续举办4届,现已成为全球范围内英汉口译界的顶级赛事。今年10月,"第5届海峡两岸口译大赛"两岸总决赛将在厦门大学举行。期间,外文研会将协助外文学院及其他单位,在大赛、大会之中负责接待、赛务、会务、宣传等工作。

2. 拓展文娱活动,丰富课余生活

厦门大学外文学院研会虽专注于学术活动,却并不一味囚禁学生于书本之中,将他们变作只知学习的书呆子。外文研会也会倾心策划与组织各种文娱和体育活动。比如:四院迎新、研会内联、女生节插花与水果拼盘大赛、"欢送杯"院内篮球赛等。

外文学院研究生团总支、研究生会的第一次内联活动——"鼓浪屿寻宝"很受同学喜欢。寻宝活动不仅丰富了同学们的课余生活,更加深了相互了解,使研究生团总支、研究生会更具凝聚力和温馨感。

除了院内活动,外文研会也积极组织、参加院际活动。比如,2013年3月,与其他五院共同组织的厦门大学六院研究生趣味运动会。2014年3月至4月,联合厦门大学其他5个院系,联合举办厦门大学第1届六院研究生骨干培训班,凝聚六院之力,共同打造高水平、高层次、高素质的研究生学生骨干队伍,致力于通过各研会的院际合作,为六院研究生奉献更大规模、更具特色、更有吸引力的大型学生活动。六院干训班成立之后,接连组织了"培训系列讲座""一站到底""趣味运动会""快闪青春"等文体娱乐活动,并获得前所未有的巨大成功和热烈反响。

这些活动有利于大大增进学生之间的友谊,拓宽和发展学生的兴趣爱好,保证学生的身心健康,深受同学们喜欢。

#### 3. 爱心参与志愿,培养奉献精神

厦门大学外文研会也致力于培养研究生的奉献社会精神。外文研会总结过去数年的志愿、实践经验,于2013年特别设立青工部,专门为全院研究生提供参加志愿活动、参与社会实践的机会和平台。

在短短的一年间,青工部成绩显著。组织招募培训大型活动志愿者十余次,如2013年CCTV希望之星英语风采大赛、首届外语专业优秀大学生暑期夏令营等,同时还在全校范围内召集2013年全球际花园城市(社区)大赛总决赛和第70届中国国际医疗器械博览会的志愿者等。

最为突出的志愿活动是2014年7月底,外文研会组建外文学院研究生"囊萤之光"暑期实践队赴平和县坂仔镇,就"林语堂文化"开展为期一周的调研实践活动。其影响广泛,吸引了各界媒体的注意,已有多家媒体对调研的结果表示关注。

厦门大学外文学院研究生会经过多年的发展,日趋成熟,为研究生同学的读研生活注入了乐律与诗意。根据调研结果,研会同学和非研会同学,对研会举办的各项活动都给予了极高的评价。厦大外文研会"学术为本、文体并行、服务同学、奉献社会"的出发点,也可以用来为北二外各学院的研究生会建设提供新的思路。北二外的各个研会的建设,也应该立足于科研学术交流,为学生提供高质量的学术交流活动,同时也开展丰富多彩的文娱活动和社会实践活动,帮助学生实现个人追求和社会价值。

## 三、厦门大学传承"嘉庚"精神,弘扬校友文化

众所周知,厦门大学是由爱国华侨陈嘉庚先生倾资兴办的一所大学,在校主陈嘉庚"教育兴邦,公而忘私"伟大精神的感召下,厦大校友血脉相传,形成了饮水思源、图报师恩的传统。据统计,厦门大学校友对母校的捐赠,一直位于各大高校的前10名。厦大校友以各种方式回馈母校。有的捐建楼堂场馆、改善教学设施;有的捐赠先进仪器设备

和图书,以提高教学水平;有的设立奖教奖学金,奖励优秀师生。总之,这种捐资兴学代代相传的传统,成了"厦大文化"的重要组成部分之一。毋庸置疑,这种"嘉庚精神"和校友文化也潜移默化地影响着厦门大学外文学院的各位研究生们。

(一)传承"嘉庚"精神,兴学精神相传

1921年,厦门大学作为华侨捐资举办的第一所私立大学屹立于风景秀美的厦门岛。在作为私立大学的16年间,陈嘉庚先生抱着"宁可变卖大厦,也要支持厦大"的坚定信念,担负学校的几乎所有经费。1937年抗战爆发后,因实在无力维持,他才将学校交给国家接办。近百年来,陈嘉庚先生倾资兴学,献身社会公益事业的精神一直鼓舞着厦门大学校友,代代相传,久盛不衰。

这种"嘉庚"精神体现在厦门大学的角角落落。放眼厦门大学校园,大部分楼群皆为校友捐资所建:有1921年建校时,陈嘉庚捐建的首批校舍——群贤楼群,近1万平方米建设面积;有1951—1955年,李光前先生捐建的雄伟堂皇的建南楼群、芙蓉楼群、国光楼群和丰庭楼群,近6万平方米;以及容纳2万观众看台的气势非凡的上弦体育场。还有20世纪80年代以来,校友丁政曾、蔡悦诗、黄克立、邵建寅、黄保欣、余明培、蔡清洁、林联兴等校友和社会贤达捐建的楼堂馆所:电镜楼,"华侨之家"楼、明培体育馆、国际学术交流中心楼群、学生活动中心、海外教育学院楼群、钟美林广场、基金楼、微机电中心楼等,这些捐建的校舍相当于主校园教学行政用房和学生宿35.7%。[6]

而且,每年校庆期间,为改善厦大教学科研条件,校友们纷纷捐款或者捐赠各类先进的教学科研仪器设备,捐资图书,甚至捐赠了价值连城的徐悲鸿画,捐赠价值累计折合人民币上亿元。嘉庚倾资兴学精神在厦大校友血脉相传中得到弘扬。

(二)组织校友活动,培养校友意识

校友文化是大学文化的一个特殊的组成部分,校友文化对于传承大学精神、扩大学校影响、增强学校活力、促进学校发展和校友事业进步均具有重要作用。厦门大学一直以来非常注重校友文化的建设。厦门大学注重开展丰富多样的校友活动,为校友文化不断发展提供动力。

厦门大学在每年新生入学的时候,会组织学生集体参观校史陈列馆,开展了解母校历史、了解母校杰出校友等一系列活动。通过对新生的入学培训,培养其校友意识。

厦门大学校友总会于1940年5月6日在长汀宣告成立。2004年12月20日,为了进一步加强校友工作,厦门大学成立了校友总会秘书处作为校友工作的专门机构。在我们调研期间,厦大校友总会秘书处已经开始着手准备"第4届厦门大学校友周"的各项活动。

目前,厦门大学校友总会下辖海内外校友分会已达78个。学校和校友之间会开展经常性的活动,如邀请校友代表参加学校重大活动、学术报告会、科技协作、成才座谈会、创办校友刊物等。校友在举行毕业周年庆祝活动时,学校也会给予多方面的支持与服务,并特别邀请校友们与在校生座谈或为他们开专场的报告会。在这些活动中,校友与在校生共同创造和发展着校友文化。每年校庆,都有大批校友返校,成为学校文化的一大亮点。

外文学院也不断地开展各种院友活动,增加院友与学校的联系。比如,2014年4月4日,英语系系友系列讲座拉开帷幕,邀请外文学院83级院友安琪教授分享澳洲法庭口笔译经验。

而且,根据此次调研访谈的结果,外文学院在读研究生对厦门大学的"嘉庚"精神表示了深刻的认同,更表达了以后愿意以知识、智力等回报母校的愿望。

北二外正值建校50周年之际。50年来,北二外校友遍布世界各地。因此,加强校友文化建设,增强二外校友和母校的联系,更是具有重大意义。厦门大学在校友文化建设方面,经验丰富,校友会遍布全球。比如,厦门大学通过各个校友分会、校友总会联络校友感情,增加校友归属感,建立校友微信号等方面的经验也可以借鉴,用来建设北二外校友文化。

## 四、结束语

校园文化作为学校教育不可分割的重要组成部分,是学校长期积淀、创造的深厚的文化底蕴,是培养学生诸多素质的有效载体。良好的校园文化环境是塑造学生理想人格的"阳光""空气"和"土壤"。然而,如何加强高校校园文化建设,仍然是各大高校师生面临的重大课题。此次通过对厦门大学的外文学院研究生校园文化的调研,了解了厦大研究生校园文化和北二外研究生校园文化的异同。通过调研,我们发现厦门大学和北二外在校园文化建设上各有所长。比如,与厦大相比,北二外研究生的志愿者工作更为突出。然而,此次报告以取厦大之长,补北二外之短为目标,因此报告更加侧重于厦大校园文化建设的优秀经验。总体来说,在建设校园文化时,要做到取他人之长,学习他人的成功经验,不断地与时俱进。同时,在借鉴其他学校的成功经验的同时,也要因地制宜,建设具有自己特色的校园文化。

## 参考文献

[1] 厦门大学外文学院九十华诞·辉煌历程[M].厦门:厦门大学出版社,2013.

[2] 厦门大学外文学院九十华诞·博学之路囊萤之光[M].厦门:厦门大学出版社,2013.

[3] 厦门大学研究生院工作简报第二期[R].厦门:厦门大学研究生院,2014.

[4] 马跃华."改"出一片新天地——厦门大学研究生培养质量大幅提升[N].光明日报,2014-04-30(6).

[5] 郭亚楠,沈冬欢.囊萤研风[J].厦门大学外文学院,2014(7).

[6] 朱崇实."嘉庚"精神与校友捐资兴学[J].中国高等教育,2006:15-16.